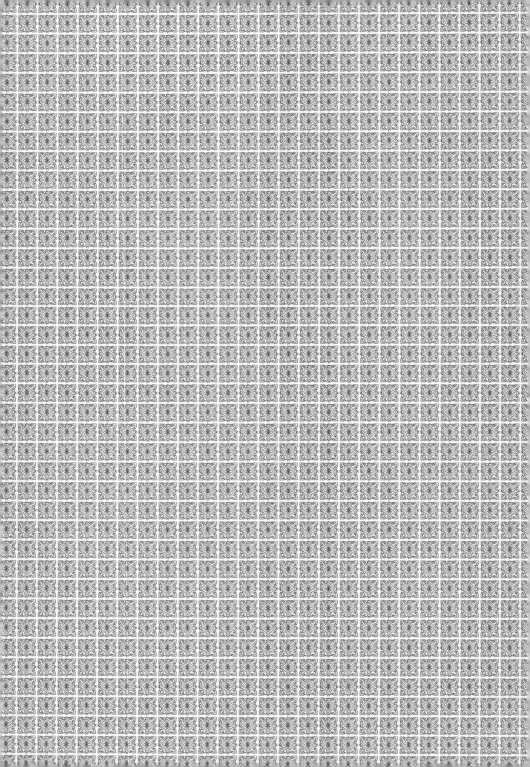

阿含正義——唯識學探源

第七輯

平實導師 著

ISBN-13:978-986-82992-7-6

佛陀成佛時，是先作十因緣觀之後才繼之以十二因緣觀，由此故能親證因緣觀，發起辟支佛的智慧與功德。由已親證因緣觀故，斷定實有本識常住，爲一切法之根本，但是仍未能成佛；隨後以最後身菩薩的果德，繼續參究本識所在而得明心，大圓鏡智現前；又於夜後分、東方天空明相將出時，因睹火星而得眼見佛性，成所作智現前，圓滿一切種智的功德，此時方才成爲一切智智的佛陀。但是因緣觀的修習，必須先修十因緣，次修十二因緣，方能成就。若未修習十因緣觀即不能推知「確實有本識常住不滅，是由本識入胎而出生名色」，便無法成就十二因緣觀：當現觀蘊處界皆悉無常而必須滅盡，才能取證出三界果的無餘涅槃時，彼時比丘必將於內、於外皆有恐怖，畏懼墮入斷滅空；由是緣故，我見即不能斷，我執更無論矣！故說應當先修十因緣觀，推知有本識實存、常住不滅，次修十二因緣觀，方能實證初果功德。

—平實 導師—

必須已經閱讀前面每一輯，並且確實瞭解其內容以後，才不會誤解這一輯書中所說的法義，或讀不懂此輯書中的法義。若直接從這一輯閱讀，將很有可能誤會這一輯書中所說的義理，而仍然自以為沒有誤會；越到後面數輯，越是如此。若不從第一輯開始依次第閱讀、思惟，有可能在非故意的情況下，誤犯了大妄語業，請您持別注意這個叮嚀。斷我見之最重要義理為識蘊之內容，若欲確保我見已完全斷除者，可向正覺同修會索取《識蘊真義》結緣書，更深入而詳細的瞭解識蘊之內容，我見當可斷除，三縛結因此可斷。

——平實誠懇的叮嚀——

目錄

第三輯

第四輯

第五輯

第六輯

第七輯

自序

本書的義理，僅從四阿含諸經中取材而說，不從大乘諸經中取材而說，如是證明大乘方廣唯識諸經的法義，從來不違四阿含諸經的解脫道法義，證明大乘經典中的法義並非歷經演變而成者，也證明一件事實：四阿含中解說涅槃時，爲了不墮入斷見外道見中，不得不處處隱語密意說有第八識**本住法**的存在，而第八識法義本是應該留到第二、第三轉法輪時才正式宣說的。所以二乘法其實是以大乘法爲根本而方便宣說的，若離大乘法宗本的如來藏根本心，二乘涅槃將難逃於斷滅見之譏評，本質也將成爲斷滅空，如同印順之所墮。

本書之所以不取材於大乘經典來說者，是因爲印順……等人私心之中，認爲大乘經典是部派佛教以後的佛弟子們長期創造演化出來的，不承認大乘經典眞是 釋迦世尊所說，是故此書中原則上都不引證大乘經典法義。又因佛學學術界公認的阿賴耶識權威史密豪森先生（Lambert Schmithausen），依據後出的《瑜伽師地論》爲根據，立論說：阿賴耶識心體是在論中的〈本地分〉才出現的，四阿含中並未說有阿賴耶識心體；又說意根在論中的〈攝抉擇分〉證明分〉中仍然尚未建立起來，是到後面的〈流轉分〉中才建立起來的，認為在此論出現以前，佛法中是尚未建立意根末那識的；但是他的說法，完全違背佛教法義弘傳的最早文獻記錄中的歷史事實，因為在四阿含教典中，不論是南傳或北傳的阿含部經典，都曾明說或隱說阿賴耶識了，只是史密豪森讀不懂罷了。又因為大乘經典是被印順、史密豪森所否定的，他們都不相信大乘經典，都對大乘經典持否定態度，堅稱不是 佛口親說，由此緣故，此書中不舉示大乘經典、論典而說，單取四阿含諸經（印順說為原始佛法）經文證據來說，證明四阿含中早已說過有意根及阿賴耶識心體的存在，證明印順……等人所信受的西方學術研究者說法是全面錯誤的。

復次，本書對四阿含諸經法義的取材，是全面性的，不是像印順、證嚴……等人一樣專取四阿含中自己所愛樂的法義來說，也不是像印順、證嚴……等人一樣的排斥四阿含中對自己不利的法義而省略不說。印順甚至說**四阿含的經文不完全符合 佛意**，而主張親聞 佛陀所說的才是完全符合 佛意，所以另行建立**根本佛法**（親聞佛口所說之法義）以別於**原始佛法**的四阿含諸經所說。但是，莫說印順今天親自聽聞佛說一遍就能眞解法義，乃至現存四阿含經典，可以讓他再三、再四乃至再十的連續研讀，他尚且一樣嚴重誤會，錯解經文的證據確鑿，何況親聞 世尊演說一遍可以解義？絕無斯理！

由於印順……等人已有否定大乘經，說非佛說，以及別行建立根本佛法等二種**不正當**作法，所以他們對四阿含諸經經義的解說，已經使原意喪失泰半，也使四阿含的眞義廣被埋沒，印順、證嚴……等人已將 佛陀的本懷加以嚴重曲解了。但是他所謂的**根本佛法**，在 佛陀入滅以後根本就不可能存在，除了古時當場聽聞者；但在此時是絕無可能的，所以他的主張是毫無意義的。本書則是普遍、廣泛對四阿含經文加以引證廣說，使四阿含諸經的眞實義，可以示現在末法時代廣大學人眼前，也使四阿含諸經所說的解脫道眞義，重現於末法時世的今天，這是本書與印順……等人取材阿含法義而說時的最大不同所在。

四阿含諸經所說法義，以二乘菩提爲主；二乘菩提則是解脫道之法義，專述出離分段生死之解脫道法義，不以實證法界萬法實相爲內涵，故與成佛之道的佛菩提道無直接關聯，因爲成佛之道是必須從親證萬法本源的第八識如來藏開始的。第二、三轉法輪之大乘諸經法義，則以成佛之道爲主；大乘成佛之道則以佛菩提智慧爲主，卻又函蓋了二乘菩提之解脫道；是故大乘成佛之道，非唯第二轉法輪之般若系諸經所說實相般若總相智、別相智，亦須再進一步求證一切種智增上慧學。般若既以親證如來藏爲始，依所證如來藏才能現觀如來藏的中道實相義；而一切種智增上慧學，則是第三轉法輪諸經所說如來藏自性妙義，以及如來藏所含藏一切種子等增上慧學爲本；以親證萬法根源如來藏心體中所含藏之一切種子已具足故，名爲圓滿成就一切種智，名爲成佛。

如是，合解脫道智慧、般若總相智、般若別相智，以及一切種智之智慧，方可名爲成佛之道，非如印順單以二乘菩提之解脫道可以名爲成佛之道也！否則，一切阿羅漢應皆已經成佛也！然而現見一切阿羅漢皆非是佛，亦無任何一位阿羅漢敢在 佛入滅後自稱成佛也！故知成佛之道函蓋二乘菩提之解脫道，亦函蓋大乘別教不共二乘之般若總相智、別相智、一切種智等智慧也！具足如是智慧，方名成佛。然而二乘聖人所證解脫道，既不曾證般若總相、別相智慧，更不曾證一切種智，印順焉得單以二乘解脫道小法智慧而稱爲成佛之道？更何況他早已誤會二乘解脫道的涅槃智慧了！然而印順卻敢在死前，同意潘煊把他的傳記以《看見佛陀在人間》爲副書名而出版，這是以凡夫之身僭稱成佛，顯然不懂解脫道及佛菩提道。

由因諸多崇尚二乘小法之聲聞種性法師與居士，盲從日本、歐美一分否定如來藏妙義之佛學學術研究學者，盲從藏密堅持意識是最終心的應成派假中觀邪見者暗指「大乘非佛說」之邪論，極力誹謗第二、三轉法輪諸經所說如來藏正義，謗無如來藏，私下言語中常常無根誹謗：「原始佛教四阿含諸經中不曾說有第七識意根，亦不曾說有第八識如來藏；如來藏即是外道神我思想淨化而成佛教中的一個支派，大乘經中所說如來藏富有外道神我色彩，本是後來大乘崛起之後，方由第六意識心體上細分演變而建立起來的，故實無七、八識。」

由彼等妄謗三乘菩提根本之第八識如來藏，將確實可以親證的第八識心體謗爲實無，導致他們所弘揚的二乘涅槃墮於斷滅空無的本質中，也導致他們所理解的般若成爲**性空唯名**之戲論；然而印順所判「般若爲性空唯名」之說，其實極不如理；此因第七、八識皆是四阿含諸經中本已處處隱覆密意而說之法，特因二乘聖人智慧不足，不能領受之；亦因初時不應即時宣講甚深般若及一切種智妙法，是故 佛設五時三教而說。然而彼等對此事實都無絲毫之信，極力否定大乘經典，謗爲非 佛所說；由是緣故，本書不從大乘經典中舉證如來藏之實有，唯採擷阿含諸經中有關大乘唯識增上慧學之法義，證明四阿含中早已處處隱覆密意而說第八識法，故都只由四阿含諸經中舉證之，令彼等不能不信服，欲令未來佛教正法流傳無礙。

亦因彼等常言：「唯識學專論名相，專說諸法之虛妄相，乃是專爲降伏外道而施設之法義論辯學問，與佛法實證無關，故名之爲虛妄唯識；唯識學中都只說明虛妄的六識心，又不曾言及佛道之眞實義，故亦名爲虛妄唯識。」然而第三轉法輪方廣唯識經典所說一切種智極妙勝義，方是眞正成佛之道，彼等諸人以無力親證如來藏故，因此完全不懂第三轉法輪之精義，乃不顧此一事實，妄將自己所無法親證之唯識增上慧學所說本識如來藏，謗爲外道神我思想。由是緣故，本書不單以阿含基本法義解脫道內涵之解說爲主，而同時以菩薩之大乘解脫道證量及大乘般若正理而觀阿含、而說阿含，乃是以菩薩所證得佛菩提道之般若智慧而觀之、而說之，乃是以菩薩所證得道種智之智慧而觀之、而說之，乃是以菩薩雙證解脫道與佛菩提道之現量境界而闡釋之，證明唯識增上慧學實已在四阿含中粗略隱說，證明 釋迦世尊於初轉法輪時期，即已圓滿具足第二轉法輪經中所說之般若智慧，亦已圓滿具足第三轉法輪諸經所說之一切種智，非如別有心機者所說：「在宣說阿含時之釋迦其實尚未成佛。」以此書舉示四阿含中的開示，證明 釋迦不是在宣講方廣唯識系列經典時方才成佛的。是故四阿含諸經所說，非唯具足二乘聖者所知之法，亦已粗略含攝二乘聖者所未知悉之大乘不可思議解脫妙理。說穿了，其實某些阿含部的經典，本質即是二乘聖凡在第二轉法輪時期，聽聞 佛說大乘經典以後結集出來而變成阿含部的小乘經典。平實即以如是正義，寫作此書，匡正末法時期已被大法師們誤導之傳法方向與內容。何故如是而爲？其故有九：

一者，聲聞人智慧狹劣，或不信、不解、不證大乘法，故其所結集之經典中，其實雖有許多本是大乘經典，然因聞而不解故，對大乘法義的念心所不能成就，則不可能憶持大乘經典，只能以解脫道之觀點而結集成爲小乘經典，絕不可能兼含隱說之大乘法義而結集之。由是緣故，四阿含諸經結集完成後之所說者，必定偏重於二乘聖人所修證之解脫道，必定因此而昧略二乘聖人所不能修、不能知之大乘菩薩修證之佛菩提道，此乃必然之結果。

有何證據而作是說？有經文爲證，《雜阿含經》卷二十七．第七二七經明載：【如是我聞：一時，佛在力士聚落人間遊行，於拘夷那竭城希連河中間，住於聚落側，告尊者阿難，令四重襞疊，敷世尊鬱多羅僧：「我今背疾，欲小臥息。」

尊者阿難即受教敕，四重褺疊、敷鬱多羅僧已，白佛言：「世尊！已四重褺疊、敷鬱多羅僧，唯世尊知時。」爾時世尊厚褺僧伽梨枕頭，右脅而臥；足足相累，繫念明相；正念正智，作起覺想，告尊者阿難：「汝說七覺分。」時尊者阿難即白佛言：「世尊！所謂念覺分，世尊自覺成等正覺；說依遠離、依無欲、依滅，向於捨。擇法、精進、喜、猗、定、捨覺分，世尊自覺成等正覺；說依遠離、依無欲、依滅、向於捨。」】阿難宣說其餘六覺分時亦如是說。

此經中既說精進修習七覺支者，即得親證無上正等正覺——成佛，可見七覺分之修行是函蓋二乘解脫智、般若總相智、別相智及一切種智的，方能依七覺分之修行而成佛道：**一切種智具足圓滿**、**四智圓明**。然而四阿含諸經中的七覺分修習，未嘗言及親證如來藏之方法，唯言如來藏之名；亦未嘗言及如來藏所含藏之一切種子，未嘗教導佛子修學一切種智之方法，又如何可能成就一切種智？一切種智既未能熏習、修學、親證、具足，又如何能成就究竟佛道而得四智圓明？然而卻又明言七覺支之行門可以成就究竟佛道，是故四阿含諸經中，必然本有部分經典是大乘經典，故說修學之者即得成就無上正等正覺。然由二乘聖凡結集時，因爲他們對於所聞般若、唯識種智之深妙正理，無法理解；

由此緣故即無勝解，則於所聞之佛菩提智內涵，不能成就念心所，則無法憶念受持，當知結集之後所成就者，必定單以解脫道而言爲成佛之道也！今此阿含經典明文所載言句即是明證。若不爾者，則諸俱解脫又得三明六通之大阿羅漢等人，既已修學七覺支而證解脫道之極果，豈不都已究竟成佛了？然而卻無一人敢在　佛滅度後自稱成佛、紹繼佛位以弘佛法！也無一人能如　彌勒菩薩一樣被授記爲當來下生之佛，更何況是當時成就佛果？

二者，上座部中固然有極少數大乘菩薩僧，然而多屬聲聞聖人與凡夫；彼等既依　佛語而得入於聲聞法中，而聲聞乘中之凡夫，每多不信　佛之境界異於聲聞羅漢；彼等凡夫聲聞人心中猶有大我慢故，每認爲二乘羅漢智慧同於世尊，是故於　佛宣說法華之時，猶自不信　佛之實相般若境界，何況能信　佛所說之大乘種智妙法？是故不信而公然退席、數有五千者，可以徵之爲眞。

亦如今時台灣地區南傳佛法之多數信受及隨學者，崇尙原始而只具雛型之二乘聲聞阿含部諸經，是故甫聞大乘法之般若正義已，便成爲聞所未聞的生疏佛法，因此心生煩惱而私下破斥之，何肯信受而嘗試理解及修學之？今時聰慧而又資訊發達時之學人如是，古時彼諸聲聞種性之凡夫僧與不迴心之聖僧亦然，何肯信受 佛所宣說之大乘法義？由不信或未證大乘深妙法義故，當知不願、亦無能力結集大乘經典也！故於 佛所專說大乘勝妙之法義，當知皆無可能結集成大乘經，要待其後諸多眞悟菩薩情商不得而親聞大迦葉等聖僧結集完成之後，極不滿意而當場表示將另外結集，然後方才開始結集也，這就是傳說中的大乘經典結集。

三者，聲聞人雖聞大乘法，然因尚未證悟如來藏故，聞之不能解義，故其所聞 世尊親口宣說之大乘經，若由聲聞僧眾結集之，結果必成聲聞法解脫道之經典，聲聞人必以二乘解脫道法理而解釋大乘法義故，必以自身所理解之二乘解脫道精神而結集故。即如今時之印順、星雲、聖嚴、證嚴、傳道……等人，同以二乘**緣起性空**之不究竟理而解說大乘般若空之究竟理，絕無二致。然而聲聞聖僧結集二乘菩提之解脫道經典時，其中必定有諸大乘法義之身影微存焉，必定可於其中覓得許多大乘法之蛛絲馬跡；此因聲聞解脫道之法義不得稍離大乘般若正法而獨存故，若離大乘如來藏般若正義，則二乘解脫道之證境必定會墮於斷滅見中故；是故聲聞聖僧結集二乘菩提四阿含經典時，不能不留存 世尊所說大乘法義中之第八識名相法句，以免聲聞解脫道陷於斷滅見中。由四阿含諸經中都有如是不得不保存之大乘法義蛛絲馬跡仍存故，平實今日得據四阿含諸經爲證而成立是說：**世尊確曾宣說大乘法理，第二、三轉法輪諸經所說大乘法理方是眞正的成佛之道**。今於書中處處舉說證據，令台海兩岸乃至南洋諸多崇尚南傳佛法之聲聞心態僧眾，悉皆不能反駁，唯能心裡信受而於口中猶作強辯，以維護面子、名聞與利養。

四者，二乘聖人設使有心，欲結集 佛所宣說大乘法義之經典，然因自身聞之尚不能解義，以無勝解故，則其**念心所**不可能成就，又何能記憶而後結集之？是故二乘聖人雖亦曾在般若期、方廣期聽聞大乘經典，縱欲結集，終不可得。而且第一次結集時之僧團，以大迦葉等二乘聲聞僧爲主；大乘法中之出家菩薩，在僧團中唯是少數，而在家菩薩們本非佛教僧團中之上座、長老，何能率領僧團結集彼等多數僧眾所不能理解、不願結集之大乘經典？是故欲求聲聞羅漢爲主之出家僧團，結集彼等聞而不解、不能記憶受持之大乘法義經典者，斷無可能；是故要待菩薩們與聲聞聖僧溝通而不可得之後，方由大乘行者中人數不多之出家菩薩眾，會合人數眾多之在家菩薩眾，別行倡議醞釀，在後來共同誦出、鑑定而結集之。如是大乘法義之經典結集，必然產生如是曲折，必然產生如是時間上之延宕，乃是因爲佛教向來以出家僧團爲主故，出家僧團多數是聲聞僧而少菩薩僧故，是故大乘經典之結集及出現於人間，必然後於四阿含諸經之結集，乃是有智之人都可以理解者。

猶如今時平實之深義著作，絕無可能先於諸方質疑之前寫出，或與諸方大師著作同時寫造出來；若非眼見諸多率領當代佛教之出家大師處處說法錯誤，而又無根誹謗余之正法者，絕無可能預先寫作種種顯示大乘深妙法義之書籍，亦將不可能作種種破邪顯正之事，深妙之法義辨正書籍即無可能出版；是故平實辨正深妙法義諸書之出版，必定後於諸方大師之錯誤書籍，不可能同時或先出，要待大師們嚴重誤導眾生而又不肯改正惡行之後，方始爲之：逮至彼諸出家大法師皆以聲聞法而解釋大乘般若空已，逮至彼諸出家大師悉皆錯解聲聞菩提已，逮至諸大法師抵制三乘菩提根本如來藏妙法之嚴重破壞佛教惡行出現已，然後始作闡釋聲聞菩提正法之行，然後始作破斥邪說以顯正法之行。猶如弘法十餘年後之今時，方才不得不寫作《阿含正義》一書，證明唯識學部分內容本已隱說於四阿含中的事實。

今時如是，古時亦必如是：要待希望聲聞僧結集大乘法而不可得之後，方有大乘法中諸出家、在家菩薩會合結集之；由是緣故，大乘經之所以後於四阿含諸經而出現於世間者，乃是勢所必然者；然不可因結集出現之時較晚，便言當年 世尊未於宣演阿含之後，繼之以般若、方廣等開示也！何妨 世尊分爲三教弘演，弟子四眾於佛滅後始漸次結集之？若不能然於此者，則四阿含諸經亦將可被援引同一邏輯，誣謗爲 佛滅後之聲聞僧眾「創造」結集者，則亦可謂四阿含諸經非是 佛所親說者；彼理如是，此理亦當如是故。

大乘法之菩薩僧，向來皆以在家菩薩爲多數，出家菩薩極少；十方世界之人間悉皆如是，天界更無出家菩薩而唯有在家菩薩住持大乘佛法。此謂大乘佛教遍於十方世界人間與天界，非獨人間方有大乘佛教勝法流行弘演；然而十方世界之佛教，皆唯在人間時方有出家僧，諸佛所制人間之佛教則皆同以出家僧爲住持佛教之代表，在家菩薩多是佐助之身分。然於十方世界之天界及純一清淨之淨土世界佛教中，則皆無出家菩薩僧也！一切色界天眾生都無家庭繫屬，從無所謂出家或在家可言，而欲界第四天雖有佛法弘傳中，卻也沒有出家菩薩，是故唯有人間方有出家菩薩僧，則人間之大乘佛法在 佛入滅後數百年間，仍當以出家菩薩僧作爲大乘佛教之代表，大乘法後弘於聲聞法故，聲勢尚小故。

不論是在大乘法與小乘法中，人間佛教之住持代表，既然都以出家僧為主要，則一切人間大乘法之在家菩薩眾，當須先行尊重上座部中出家聖僧，故而長時以待，不以自意而結集之。然而久待之後終不可得，終究被聲聞聖僧將大乘經典結集成解脫道的小乘經典，於是方始邀集在家、出家四眾菩薩而結集之；是故大乘經典後出於四阿含諸經者，乃是可以理解者，亦是勢所必然者，亦是上座部聲聞僧不樂於公開證明者，他們絕對不會將大乘經典的結集記入聲聞律中；故大乘法義之事實存在與弘傳，以及大乘經典之結集，其實都與部派佛教之演變無關。部派佛教之演變者，都只是在事相上及未悟凡夫之弘法表相上顯示之，而且都屬於聲聞人的弘法內容，都與大乘法義之實質無關，世尊本來已傳之法義仍然在大乘眞悟者中繼續弘傳著，只是不被取作考證之資料。

而且根據部派佛教留下的說法資料觀察，部派佛教所弘傳的法義，大部分都已違背 佛之解脫道聖教，現在仍可查稽；所以部派佛教的佛法弘傳演變，其實只是未悟凡夫間的錯誤法義流傳與演變，與經教中的正法無關；經教中的正確佛法仍然不曾改變的繼續弘傳著，雖然一直都是如絲如縷，但卻至今仍然不絕，仍有正覺同修會傳承不斷。吾人不但能舉示此一事實，並且能進一步舉證說明：四阿含諸經中本已有大乘法義隱說於其中，並將在這一套書中舉證出來；故說正法弘傳的史實並不等於部派佛教的弘法歷史，正法弘傳的歷史其實與部派佛教錯悟諸師弘傳之法義前後演變無關。部派佛教法義有許多是未悟般若、未悟解脫道之凡夫所說者，但必定會被當時的眞悟般若、眞悟解脫道者所說正法影響，導致錯悟者前後代的說法必然會有所演變；就如今時一般弘法者所說法義，已經多少被平實所說 世尊正法所改變而多少有所回歸了，當然是會有所演變的，此理殊無二致。然而平實始從出道所弘正理，至今仍然沒有演變，仍然是一貫的如來藏妙義。

五者，聲聞僧中之凡夫本屬多數人，到第二次的七百結集時，已經是絕大多數爲凡夫僧了。聲聞法中的凡夫僧，多數人既不信佛菩提道，不信 佛地之智慧境界不可思議，只信 世尊所說之解脫道而又誤會之；佛世時，他們尚且不肯聽聞 佛所宣說的《法華經》等佛菩提道，何況能結集而流傳之？何況能爲大眾而宣說之？宜其反對大乘法。是故經部師等聲聞法出家僧團，會與大乘等菩薩僧團在法義弘傳上對立，乃是可以理解者，也是勢所必然者。

然而如是對立的現象，只是表相，看來似有二部對立之意，其實不然：唯是上座部聲聞僧團向大乘菩薩僧團對立，大乘僧團諸菩薩僧則不與上座部諸聲聞僧對立也。何故如是說？謂上座部等雖曾親聞 世尊宣說大乘法義諸經，然而多數人聞之不解，是故將 佛第二、三轉法輪本屬大乘法之經旨，結集成小乘解脫道之阿含諸經中典籍，如同《央掘魔羅經》四卷本以外之另二譯本事例無異：極爲簡略而不涉及大乘妙義。如是結集者，本非忠實於 佛意之結集；而後來大乘經典之結集者，則是忠於 佛意之結集，能受當時及今世後世一切證悟菩薩，乃至證得道種智之初地至等覺地菩薩檢驗之，而當時及其後數百年間之阿羅漢們亦不能斥爲僞經；由此證明大乘經典之眞實無僞，卻是一切大阿羅漢所不能稍加理解者，何況能評論之？

如是，二乘聲聞僧自身之法義未能具足完備，而與大乘等菩薩僧諍辯者，方是諍論者；大乘諸菩薩僧自身之法義眞實無僞，圓滿具足，又已實際證解二乘菩提，爲欲利樂有情故，出世指正聲聞僧對大乘法義之誤解與偏頗者，則非是諍論者，乃是護持眞正佛教者，亦是護持二乘聲聞僧法義，令不墮入斷滅見中；故菩薩僧之說法，乃是指導他人改正法義錯誤者，乃是顯示佛法之眞正本質者，乃是爲令佛法回復原來具足三乘圓滿之妙義故，當知不是諍論。是故大乘經典之結集，指正聲聞人法義之嚴重不足處，絕非諍論之舉，乃是指正、提攜與護持之舉；然而諸聲聞僧必有許多人不能相信、不肯接受，彼等若出而辯解，則有諍論之現象。

猶如今時印順及諸方大師之否定如來藏或誤會如來藏，悉皆同以意識心作爲修證之標的，迴異於平實；平實見彼等諸人同皆誤導眾生，便先隱其名而諫之，以冀彼等之修正，庶免誤導眾生之罪；如是待之數年，而彼等大法師悉皆不肯改之，並且私下不斷抵制與誹謗，平實冀望不得，然後乃出世救之：**指名道姓而明言彼等之謬，亦救廣被誤導之多數眾生**。平實如是所行，本非諍論之舉，以法義正眞故，眞是護持佛教正法故，亦是救護彼諸誤會佛法之大師故，是則顯非諍論之言。然而印順之隨從者及星雲、證嚴……等人，則不能忍之，每以錯誤之見解，縱令隨學者於網站及私下大肆否定平實，以種種不如理作意之見解，以言語在私下強言狡辯；如是不如理作意之言，方是諍論。然平實所說法義正眞無訛，皆非彼等所能置辯；若所說正眞者，即非諍論。

是故，法義正眞者，所作種種破邪顯正之說，皆是不與人諍論之說，只是據實而言罷了！只有法義錯誤而強行辯解者所言，方是與人諍論者。是故諸聲聞僧方是與人諍論者，大乘諸菩薩僧則非是與人諍論者。由是緣故，印順、傳道……等人都不應言「大乘諸菩薩僧與諸聲聞僧諍論」，應言「諸聲聞僧對大乘諸菩薩僧諍論」。法義正眞者所說法，都非是諍論之言故；法義錯誤者強行狡辯之言，方是諍論之言故。猶如外道之與 佛諍： 佛雖廣爲破斥外道邪謬，令諸外道不悅，是故招來外道與 佛諍論；然 佛實不與外道諍也，由所說法理正眞故，亦欲藉摧邪顯正以救外道得證解脫故。

六者，解脫道乃是世俗諦，專在世俗法之蘊、處、界上觀行其虛妄，而蘊處界都是現成可觀之世俗法，因其易於修證故，聲聞聖僧必然成爲佛教中之多數；但法界實相之如來藏心反之，非屬蘊處界世俗法，是蘊處界之根源，故是實相法界，極難親證，故證悟之菩薩永遠都是僧團中之少數人；特別是在出家僧團中，證悟之菩薩更是極少數人；是故初始結集經典時，由於大乘實相般若之法義深妙、難解難證，已經證悟之出家與在家菩薩僧乃是極少數，數量遠不及聲聞聖僧，是故第一次結集時難免皆以聲聞人所共信受之二乘解脫道爲主，則大眾皆無諍論，皆無異議，易於結集；是故初次結集的五百結集時，皆唯是小乘解脫道之經義，乃是勢所必然者；菩薩僧亦共同修證二乘法之解脫道故，非不修學故，亦且皆能眞實證解聲聞解脫道中之大乘密意故。

是故，初次結集四阿含諸經時，其中雖有許多經典本是大乘法之教義，然因聲聞人聞　佛說已，不解其中大乘法之眞義，唯能理解其中之解脫道正義，是故由聲聞人初次結集所得之大乘經典，亦必成爲二乘法解脫道之經典，而將其中之大乘法義加以省略不錄，是亦勢所必然者，菩薩們當然不滿意結集成果，自然會當場表示要另外結集。是故，四阿含諸經中，本有許多是大乘法義之經典，大乘法義則因廣被省略而隱晦不明；然而其中卻隱藏極多大乘法義之總相，非是二乘聲聞聖人所能棄捨者。若必捨之，則二乘聲聞聖僧所證之解脫道，即墮斷滅見中，故諸二乘聖凡諸人結集時，不能不將　佛所曾說大乘法之部分義理加以攝入，藉此等大乘法之眞實義理，護持二乘聖者所弘傳、所修證之解脫道，護持所結集之四阿含二乘菩提正理，令常見及斷見外道都不能破壞之。平實如是說法，乃是事實，今猶可於四阿含諸經中檢校，將會舉證於這一套書中，都是歷歷可證之事實故。

七者，既然人間之佛教是以出家僧衆爲主，出家僧衆既然是以上座部等出家聖僧爲代表，而上座部等僧衆則多屬聲聞僧，而少菩薩僧；大乘僧衆則都是菩薩僧，而菩薩僧中之在家人，其數遠多於出家人。然而佛教在人間之表相住持者必是出家僧寶，大乘之出家菩薩僧乃是少數，遠不及聲聞僧之上座部僧，是故當時佛教自當以出家僧極多之上座部爲首，非以出家菩薩僧較寡之大乘菩薩爲代表；是故當時佛教僧團之聲聞僧數必然極眾，出家菩薩僧數必然極寡，這都緣於大乘妙法本即難修難證之故。

在家賢位菩薩及聖位菩薩僧，復遵 佛語：一向自處於護持僧團之外護地位，雖是證量較爲高深之人，然皆依 佛所命，唯居陪襯護持之地位，非是代表人間佛教住持正法之地位者，則上座部聲聞僧結集經典時，此等菩薩必然難以主張結集方向，導致初次結集偏於小乘所修之解脫道法義，聲聞僧不願、亦無力結集大乘菩薩僧所修證之佛菩提道法義，此是可以逆料者；是故第一次結集之四阿含諸經，皆是以上座部之聲聞僧爲主，因此將 世尊在般若期、方廣期所說之部分大乘經結集成《增一阿含、雜阿含》等二乘解脫道之經典，亦是可以逆料者。

逮至大乘法之修學親證者，見聲聞聖僧所結集之內容偏在解脫道而無成佛之道，乃陳述其親從 佛聞之大乘法義妙理，欲求聲聞聖僧加以結集之；然而結集過程中長時溝通終不可得，久候而不能獲得認同之後，方始自行將親從 佛聞之大乘法義，別行結集成經而弘傳之，亦是可以理解之事。是故《央掘魔羅經》雖由 佛說，然而經由不同之部派結集而成者便有三經，其中二部成爲小乘法，經中所說者爲解脫道之極果；由大乘菩薩所結集者，即成大乘法義之經，所說者爲佛教之極果佛果。雖同屬一經，然而聞者根器有異，所集成之經義便致有異。小乘、大乘諸經之結集，莫不如是，增一部及雜阿含部諸經即由此故，在第一次結集完成時，已被結集爲二乘解脫道的經典，仍歸類在四阿含中。是故大乘出家、在家菩薩，要因商議結集 佛說大乘法義諸經而不被大迦葉等人接受，方於隨後另行結集；不得以其是否爲最先結集者而楷定其是否眞爲 佛說，要在法義之正眞與勝妙，是否符契 佛意爲準，要以是否妙符三乘菩提證量之正義爲準，不問結集之先後。

即如一**切世間樂見離車童子**，待諸大阿羅漢皆不樂護持 世尊正法於最後時世，方始向 佛承諾護持最後時世三乘妙法。亦如今時余之造此書，以疏阿含諸經中所蘊藏、所隱說之大乘法義者，其理殊無二致：久候諸方出家、在家大師造如是書而不可得，然後方始造之。絕不可能先行造立以候，平實從來不以阿含解脫道作爲弘法主軸故。然大眾不應因此而謂：「如是義理，他人豈不能造耶？須待爾平實之始造？惟因阿含諸經所說者，本非大乘法，本是二乘菩提之解脫道，並無大乘法之佛菩提法義隱於其中，是故汝平實居士所造是書者，乃是後出之書；後出之書則大有問題！故汝平實居士之造此義，後於諸方大師，爲是妄論。」然而推究書中所陳述之法義，比對三乘諸經義理，平實所說者其實正是 佛之本懷，反而顯示如是事實：先出書之印順、星雲、證嚴……等人所說諸法，大有問題！是故，以先出、後出之表相，作爲經典眞僞之證明者，有大過焉！眞實從事於佛法修學之人，當以經中法義眞僞爲主而作辨正，勿以先出、後出之事相而採信之！

亦如印順……等未解 佛陀本懷之人，追隨藏密及日本一分否定第七、八識之佛學研究者，妄以己意而造諸書以說阿含義理，妄謂阿含諸經中不曾說第七、八識；如是錯誤之言論，流傳誤導於中國佛教界者，至今已歷百年；後來依之而廣傳的印順等人所說，亦是先於平實而出之言、之書，但皆非阿含之正理，先出又有何用？惟平實久候出家大師出而宣示阿含諸經中隱說之正理，然不可得，方乃出而造作種種法義辨正之書，以阿含諸經所隱說之眞義而證實之：「釋迦世尊確曾在四阿含諸經中隱說大乘法義，非不曾說；佛世尊確曾在四阿含中宣說第七、八識心，非未曾說。唯是彼諸上座部……等二乘聲聞聖人與凡夫僧都不能知之，是故未能結集之，是故要待後時大乘菩薩僧別行結集般若諸經，別行結集唯識系一切種智方廣諸經，方令佛教經典如實顯示釋迦世尊本懷，而成爲三乘經典。」雖是後出之書、之法義，又何妨法義之正眞？今時乃至後世，亦將無人可以推翻平實所言如是事實；唯除四阿含諸經已經湮滅不存，故不能舉證之。

然而今時乃至後世無智之人，聞平實如是語已，讀平實如是著作已，仍將不能解義，仍將以如是語而責平實：「古來諸方大師皆不曾言四阿含中有說七、八識，皆不曾言四阿含中曾說大乘法，汝平實居士之《阿含正義》一書乃是後出者，不可爲憑，當以先出之古時諸方聲聞法中大師所造諸論爲主。」如是等人，悉皆不解 佛世尊於四阿含所說之意旨也，唯能以先出後出之事相而分辨之，不能從四阿含諸經中之法義而分辨之，則是無智之人也。

八者，根據長阿含部《佛泥洹經》的明文記載，四阿含諸經是在大迦葉等人的第一次五百結集時，即已具足了；既然第一次結集時就具足四阿含部之經典，而且阿含部有雜藏與律藏，三藏已經都具足了，顯然第二、三次的經典結集，並非結集阿含部的經典，所以不能說第二、三次的經典結集都是四阿含諸經，因此也不能據此而主張說，大乘經典是部派佛教以後的佛弟子長期創造結集出來的。而且，在聲聞僧大迦葉尊者結集完成四阿含時，菩薩們已經當場提出異議說：「吾等亦欲結集。」顯然是異議後不久就開始結集的，應該是在第二次七百結集之前就結集完成的，因爲第二次的七百結集，已是 佛陀入滅一百一十年後的事了，而且只是結集二乘出家眾的聲聞戒律而已，不曾作法義的結集。由此證實大乘經典是在提出異議說要另行結集以後不久，就被結集出來了，可以證明大乘經典眞是佛說，不是部派佛教以後才發展出來的，不是由聲聞部的後人長期體驗創造編集的；聲聞人是永遠不知道大乘法義的，連般若總相智都不懂，怎能結集出一切種智的唯識經典？只有菩薩才可能結集大乘經典。所以，印順主張四阿含諸經不是在第一次結集時就全部結集完成的，他這個說法是公然違背長阿含部經典明文記載事實的妄說。而且解脫道只是聲聞眾的修法，菩薩眾不單以解脫道作爲修行之標的，而是以佛部的行門爲主要標的，由此亦可證明四阿含只是聲聞部、緣覺部所修的解脫道，必然不函蓋佛部的菩薩道，當然在四阿含之後必定會有第二、三轉法輪諸經的結集。

亦有阿含部經文證實聲聞眾只修解脫道而已，不曾實修佛菩提道：【比丘當作是觀：若**聲聞之人**厭患於眼，厭患於色，厭患眼識；若緣眼生苦樂，亦復厭患。亦厭患於耳，厭於聲，厭於耳識；若依耳識生苦樂者，亦復厭患。鼻、舌、身、意、法亦復厭患，若依意生苦樂者亦復厭患；已厭患，便解脫；已解脫，便得解脫之智：生死已盡，梵行已立，所作已辦；更不復受有，如實知之。】（《增壹阿含經》卷十四）這些解脫道法門並不含攝佛部的菩薩道所修法界實相法門，卻是**聲聞之人**唯一必修之法；如是正見，遍在四阿含諸經中處處可尋，而都不細說佛部的菩薩道法界實相般若智慧法門，由此可知解脫道之四大部阿含諸經，即使是聲聞人所曾聽聞的大乘經典，也都被結集成聲聞法解脫道法義，則菩薩另行結集的般若與方廣等大乘經典，當然是 世尊第二、第三轉法輪說法的內涵。若菩薩們所修般若與方廣等經典都不是 世尊在世時親口所說，那麼 世尊說的佛菩提道大乘法義又何在？是否只說於天界而吝說於人間？或是世尊化緣未滿而先取滅度？難道不懂般若與種智的聲聞聖人及後人，單憑對於佛的永恆懷念就能創造出二乘聖人所不懂的般若與種智經典？印順、星雲、證嚴、聖嚴等人頗能爲佛教界及佛學學術界說明其理由否？

九者，台灣與大陸地區之出家法師，每有說是言者：「**四阿含諸經，方是眞實不二之佛法；大乘佛法若離四阿含諸經，則不能成就；是故大乘法中諸經之法義，都必須依止四阿含經典，以之作爲根據，方能成立，所以四阿含諸經勝妙於大乘經典。**」然而如是說法者，乃是違於事實與正理之言也！

此謂四阿含諸經所說者，唯是二乘菩提之解脫道，唯是**出離觀**而已，並未說到大乘法的**安隱觀**，只談到大乘安隱觀的名相而已，並未明說、顯說法界萬法體性之實相，亦未曾述說無餘涅槃本際之內涵，亦未曾述說諸阿羅漢修證解脫果成就後，應如何進修方能成就佛地功德之理；亦未曾述說大阿羅漢應進修何種法門及內涵，方能成佛；而大乘安隱觀之名相， 佛已在長阿含之中提示過而未曾宣講，所以四阿含只是二乘法義而已，不能函蓋大乘法義之**安隱觀**。要待後時大乘四眾菩薩結集所成方廣唯識諸經中，方始說之。如是結集大乘經典而具足宣說成佛之道以後，方得完成四阿含中 佛所曾言之**安隱觀**，方得圓滿佛道之弘化。 世尊出世，必定要圓成佛道之弘化以後，方有可能在人間示現無餘涅槃；如今現見 世尊已經取滅度，必是已經圓成全部佛法之弘化者，當知第二、三轉法輪諸經方是大乘佛法，四阿含中並未細說大乘佛法故。

然而現見四阿含諸經中所說者，唯是**出離觀**等法，尚未說及大乘法之**安隱觀**而只見到**安隱觀**之名相，則已顯示四阿含諸經中所說者，側重於二乘菩提解脫道，唯能出離三界中之分段生死；未曾言及成佛之**安隱**道，未能令人依之修證而成就佛道，故說四阿含諸經中未說大乘妙法**安隱觀**也！既如是，則大乘**安隱觀**妙理，必須別由大乘般若及方廣唯識經典加以廣說，則必定會有第二、三轉法輪之經典宣演；由是正理，故說大乘法中之般若經典眞是佛說，第二轉法輪諸經中已曾說及法界實相般若之總相智與別相智故，第三轉法輪方廣唯識經中亦已宣說成佛所依憑之一切種智故，而大乘法的般若中道與一切種智名相，都已在四阿含中提到過。由是正理，說大乘法方廣唯識系經典眞是佛說，經中已曾說及法界實相般若之**一切種智**故；亦唯有一切種智之進修與證驗具足，方能令人成就究竟佛道故，已顯示成佛後之**安隱**境界故。如是正理，今者四阿含諸經俱在，猶可檢校而證實之，非是平實空口徒言所能片語遮天也！

四阿含諸經所說解脫道**出離觀**正理，若離大乘法義之支持，則將被常見外道所破壞；若離大乘諸經所言之第八識如來藏妙理，若離大乘經所述**如來藏眞**

實存在、**眞實可證**之事實，則二乘四阿含解脫道之無餘涅槃證境，必將墮於斷滅見中，成爲斷見外道法。如是之說乃是事實，平實已舉證於《眞實如來藏》一書中；於《楞伽經詳解》十輯中，亦已多所舉證。是故，初期佛教應包括二轉、三轉法輪之大乘經在內，同是佛說故；而根本經典四阿含諸經，其實是依靠大乘如來藏妙法方得建立、方能成就，絕不能離於大乘經典所說之眞義。

事實上，二乘菩提解脫道，乃是以大乘經典如來藏妙義爲其所依靠，方能免於常見外道之破壞與抵制，方能免於斷見外道之合流。由是緣故，說「四阿含諸經，實以大乘諸經**安隱觀**妙理爲依靠、爲根本，方能存在與弘傳。否則，二乘解脫道妙理將被斷見外道混淆，或被常見外道所破，二乘解脫道**出離觀**所言之出離三界生死之涅槃法義，亦將不得成立。」是故，彼諸崇尚南傳佛法之法師及印順等人所言「大乘法依四阿含諸經方得成立」者，乃是妄說、顚倒之說，非是如理作意之說也！

今者平實將四阿含諸經中隱說之大乘唯識法義，於此書中明顯解釋而披露之，則可證知四阿含諸經所說者，其實有部分經典本是宣說大乘法義之經，唯是上座部等二乘聖人所不能理解，是故無力結集、亦不願結集，是故於結集時，便將其中二乘法義部分結集成經，對於自己所不知、不解、不證故不能憶持之大乘法義，便略而不載；唯將其中不能不舉，以免二乘解脫道墮於斷見之極小部分大乘法義名相，略作舉述，以支持二乘解脫道法義，藉此而令二乘聖人所證無餘涅槃，不墮於斷滅見之窘境中。是故上座部中佔了多數的聲聞種性者，絕對不可能結集所曾親聞之大乘法義成爲大乘經典；對於其後不久由菩薩們結集成的大乘經典，也不可能加以承認，更不會記載其結集人物與時地；如是心行，乃是一切證悟菩薩都能理解者。

由上所述正義，可徵大乘經典確爲 佛說，非是後人之杜撰者；若言是後人杜撰，則有大過：**一者**，現見大乘諸經遠勝於四阿含諸經故，若言大乘諸經爲後人所撰者，則已顯示後人智慧更勝於 佛，則有大過。**二者**，四阿含諸經未曾宣說成佛之道，唯在大乘方廣唯識諸經中方始具足說之；若言大乘經非 佛所說，則 佛應於後三、五百年重新示現於人間，進而宣說大乘經法之後，方可取滅度。**三者**，四阿含諸經中固已隱含大乘法義，然皆未曾解說，唯有名相，非如二乘菩提解脫道必有詳細之解說；四阿含中唯有細說世俗諦之**出離觀**，並未略說或細說勝義諦之**安隱觀**故。然而四阿含中 世尊早已宣說佛法有二觀：

兼有**出離觀**與**安隱觀**。**安隱觀**則唯於大乘經中方說，四阿含經中唯說其名相，未曾說其內涵，唯有宣說**出離觀**之詳細內涵。如是則已顯示一項事實：四阿含諸經中未曾具足宣說佛法，尚有極大部分佛法，要待後時大乘諸經中方始宣說。

是故佛子四眾不應以先出、後出，來判斷諸經之眞僞，當以先出、後出諸經所說法義有無相悖？當以先結集、後結集之三乘諸經何者爲最究竟？何者爲最了義？何者爲具足圓滿？作爲判斷之原則。更何況印順……等國內外的所有佛學、佛教研究者，都無絲毫證據可以證明大乘經典是在佛滅後數百年，才由聲聞法的部派佛教後人創造編集的。而且，部派佛教屬於聲聞法，他們都不曾證得本識如來藏，如何能創造及編集勝妙的大乘經典？若聲聞法的部派佛教後人，不知不證本識而有此能力，印順在今天資訊更多的有利情況下，更應有此能力，卻都讀不懂，遑論創造？故其所說都是癡人說夢。

如今平實所見前後三轉法輪諸經所說者，唯是三乘菩提之差別，唯是淺深廣狹之差別，絕無前後矛盾之處；然而大乘諸經遠遠勝妙於四阿含諸經；亦須具足前後三轉法輪經典，方能具足圓滿成佛之道，方能圓滿具足一切佛法。由是緣故，平實造此《阿含正義》，以四阿含經典佛語，示三乘菩提眞正義理；

並舉《長阿含經》世尊所說應有**三轉法輪**之金言聖教，以示 世尊**三會說法**之正眞，以示三轉法輪諸經同是 佛口親說者；如是證明大乘諸經本是 世尊金口所說，非是後人之長期創造而結集者。但是續藏收錄之經，以及西藏密教中絕大多數經典及所有續典，都非 世尊金口所說，都與 世尊三轉法輪諸經中之聖教多所牴觸故，並且都與解脫道及佛菩提道背道而馳故。

所以者何？顯見大乘般若及唯識種智諸經所說者，非四阿含諸經所可企及故；亦顯見續藏諸經所說遠不及第三轉法輪諸經故，亦多屬於僞訛之經故，亦多墮於事相及意識心中故；至於密續則屬密宗祖師所創造的僞經、僞論，不值一顧。亦見後世眞悟三乘菩提之弟子聖眾，多已親證解脫果之極果，乃至多人已成爲三明六通之大阿羅漢，而皆未曾有人敢自言已成佛道故。復次，後世弘傳大乘經典法義之菩薩，所說諸法勝妙於四阿含所說，彼諸聲聞法中諸大阿羅漢聞之悉皆茫然而不能解義，然而此諸菩薩卻皆謙稱智慧遠不及 佛；若言後出之大乘方廣諸經係後時之菩薩眾所創造者，則應彼諸菩薩智慧皆勝於 佛，然終無一眞悟之菩薩曾自稱成佛，並皆同樣歸命於 佛，並皆謙稱距 佛猶遙。由是緣故，說大乘經典非是後世菩薩所創造者，唯是待彼上座部聲聞僧結集不成，方自行結集而弘傳之故。所以唯識增上慧學的本源，其實是第三轉法輪的方廣唯識經典，四阿含諸經縱曾說過唯識學上之名相，終究只是偶說名相而不加以略說、細說，是故唯識增上慧學之本源不是四阿含及阿含部之雜藏經典。

由是緣故，修證南傳佛法之小乘解脫道行者，不論在家或出家，皆莫與人間之大乘四眾菩薩僧諍論，大乘四眾菩薩僧所說者皆無諍論之意故，所說皆正眞故；是故修證南傳佛法解脫道者，應當如實探求大乘般若法義之眞意，莫再以解脫道而解釋成佛之道，更勿猶如印順一般以錯會之解脫道來解釋及取代成佛之道，解脫道唯是二乘法義故，唯能令人出離三界分段生死苦故，不能成就究竟佛道故，不能成就佛菩提之證量故；依之修證而不修大乘諸經所宣佛菩提道者，必將永與成佛法道絕緣故。

復次，凡我佛門法師與居士，萬勿身任惡知識之職；惡知識者，不斷我見而有憍慢心故，不離見取見而堅執己見，以鬥諍之心，非議及誹謗眞善知識正教妙法，死墮惡道；身爲弘法之師而竟如是身任惡知識之職，何利於己？又何利於人？有阿含部經中 佛語聖教爲證：【世尊告曰：「猶如，婆羅門！月末之月，晝夜周旋但有其損，未有其盈；彼以減損，或復有時而月不現，無有見者。

此亦如是，婆羅門！若惡知識經歷晝夜，漸無有信，無有戒，無有聞，無有施，無有智慧；彼以無有信、戒、聞、施、智慧，是時彼惡知識身壞命終，入地獄中。是故婆羅門！我今說是惡知識者，猶如月末之月。」】（《增一阿含經》卷第八）

云何名爲惡知識？謂自身未斷我見，而又不肯依從已斷我見之善知識正法，仍繼續反對之者，皆名惡知識也！皆因我見及見取見未斷，出生憍慢結使故也！譬如增一阿含所言：【阿那律曰：「**吾**者是神識**也**，**我**者是形體之具**也**；於中起識，**生吾**、**我者**，是名爲憍慢結**也**。」】（《增一阿含經》卷第七）意謂我見未斷之弘法者，難免**吾**、**我之執**而生憍慢結使，故意起心造作謗法、謗人惡業；有智之人弘法時當念此聖僧開示而顧念自慮，庶免未來無量世之後報難以承受而又不得不受。

復次，欲令佛門四眾對於 世尊弘揚佛教之過程，能有較爲全面之概念，故本書於第一章中探討唯識學本源之後，隨即在第二章選輯《長阿含經》全文，舉證世尊自說**阿含是初轉法輪**之聖教，證實大乘般若及方廣唯識經都是第二、第三轉法輪時 佛口親說者；次則舉示識蘊眞實內容之觀行要義，期使讀者眞斷我見與三縛結；三於書中舉示十因緣與十二因緣間之關聯，以助讀者實證因緣觀；四於第十一章選輯《遊行經》所載 佛陀入滅史實於後，然後以第十二章雜說，辨正藏密應成派中觀師印順、星雲、證嚴……等人對四阿含之扭曲，顯示四阿含解脫道之原貌，盼對佛門四眾皆有助益；五於書中特別舉說及詳解三果之取證實質，令讀者詳讀以後可以確實印證自己是否已證三果及四果，可以避免大妄語業，或以之自我印證三果、四果的取證；末則繼之以第十三章，特別略論印順《唯識學探源》書中錯誤之鉅大者，期能消弭印順不實考證之流毒，庶能救護南傳佛法學人迴入正理中，得以一世取證解脫果；亦欲令大乘及二乘法義同皆普爲宣流，欲令廣大學人與諸大法師，悉皆了知如是正理，悉皆回歸眞正成佛之道。以如是多種緣故，利用今日起之片片段段空閑時刻，陸續寫作《阿含正義》，期以前後五年而竟其功，用以廣利今時後世行人。即以如是開筆因緣，造如是序，以明此書緣起。

佛子 **平實** 謹序

公元二〇〇二年霜降日 於喧囂居

第七節　念佛法門不是後來大乘經才發明者（第十二章）

念佛法門，並不是後世新創的法門，而是在四阿含諸經中，就早已存在的法門了：【「復有六法，謂六思念：佛念、法念、僧念、戒念、施念、天念。是為如來所說正法，當共撰集，以防諍訟；使梵行久立，多所饒益，天人獲安。」】（長阿含部卷八《眾集經》）

【「云何六修法？謂六念：念佛、念法、念僧、念戒、念施、念天。」】（長阿含部卷九《十上經》）

【爾時世尊告諸比丘：「云何六修法？謂六念：佛念、法念、僧念、戒念、施念、天念。」】（長阿含部卷九《增一經》）

【佛告摩訶男：「若比丘在於學地，求所未得上昇進道、安隱涅槃，彼於爾時當修六念，乃至進得涅槃。……何等六念？謂聖弟子念如來事，……。復次，聖弟子自念淨戒，不壞戒，不缺戒，不污戒，不雜戒，不他取戒，善護戒，明者稱譽戒，智者不厭戒，……。復次，聖弟子自念施事：我得善利，於慳垢眾生中而得離慳垢處，於非家行解脫施，……。復次，聖弟子念諸天事，……。」（《雜阿含經》卷三十三第 931 經）於第九三二、九三三經中，亦如是說。

念佛一法是四阿含諸經中本有者，復有經證：【如是我聞 一時佛在拘薩羅國人間遊行，住一林中。時有天神依彼林者，見佛行跡，低頭諦觀，修於佛念。時有優樓鳥住於道中行，欲蹈佛足跡；爾時天神即說偈言：「汝今優樓鳥，團目栖樹間；莫亂如來跡，壞我念佛境。」時彼天神說此偈已，默然念佛。】（《雜阿含經》卷五十第 1349 經）

又如：【聞如是 一時婆伽婆在羅閱城、耆闍崛山中，與大比丘眾二百五十人俱。爾時世尊告諸比丘：「當以十一想，思念如來。已思念，當發慈心於如來所。云何爲十一？戒意清淨、威儀具足、諸根不錯、信意不亂、常有勇健意、若更苦樂不以爲憂、意不忘失、止觀現在前、三昧意無休息、智慧意無量、觀佛無厭足。如是，比丘！當以此十一想，思念如來。已思念如來，當發慈心於如來所，是謂比丘於比丘中修行念佛。彼比丘已修行念佛，於二果，當求一果，於現法中得自在，成無餘阿那含。」爾時諸比丘聞佛所說，歡喜奉行。】（增一阿含部《佛說十一想思念如來經》）

關於念佛，印順法師的書中其實也有許多可取之說，其中仍有許多是符合四大部阿含經典意趣之處，吾人在此暫且放下印順否定極樂世界與 阿彌陀佛的事相不說，不妨將他對念佛法門的部分精闢說法舉出來與大眾分享：

【念佛，吃素，誦經，是菩薩行的勝方便，但由於不求智慧，慈悲薄弱，偏於信仰，弄得善巧的方便法門，都不曾能盡到方便的功用。這真是中國佛教的悲哀，衰落的根源！】（《學佛三要》p.80）

【我們不是為念佛而念佛，為喫素而喫素，為誦經而誦經，我們是為了策發信願而念佛，長養慈悲而喫素，為了引生智慧而誦經。這是方法，目的在信願，慈悲，智慧的進修。所以真心學佛，學修菩薩行的，要從念佛中策發上求佛道，下化眾生的大願精進。】（《學佛三要》p.80）

【要往生，就要以念佛為方法，達到**一心不亂**為關鍵。這是佛七的根本意義，大家來參加法會，稱念佛名，這是應該首先了解的。】（《淨土與禪》p.78～p.79）

【信念佛法門的殊勝德用：一般的說：稱名念佛，只要心口相應，稱念六字洪名，念到身心清淨，**一心不亂**，便可往生淨土。如此推重念佛法門，還沒有充分顯出念佛法門的特勝。】（《淨土與禪》p.97～p.98）

【稱名與念佛，中國的淨土學者，是把他合而為一的。但在經中，**念佛是念佛，稱名是稱名，本來是各別的。**】（《淨土與禪》p.57）

【從《般舟三昧經》的定心念佛，到《無量壽經》的定心及散心念佛，再轉到十六《觀經》的定心及散心念佛，甚至**臨命終時的稱名念佛**。所被的根機，逐漸普遍，而**法門也逐漸低淺**，中國人的理解佛法，雖不是安息、康居可比，但受了西域譯經傳法者的影響，稱名念佛的易行道，也就廣大的流行起來。從不得已著想，稱念佛名，到底知有三寶，也是極為難得的。然從完滿的深廣的佛法說，就**應該不斷的向上進步！**】（《淨土與禪》p.63）

【念佛，本來有多種念法，而現在是專指稱名念佛。】（《淨土與禪》p.77）

【佛是平等空性，觀佛即契如性；智如相應，名為念佛。《金剛經》說：「離一切相，即見如來」，平常稱此為實相念佛。念佛而達此階段，實已斷除煩惱，證悟無生法忍了。】（《淨土與禪》p.108）

【念佛求生極樂世界，能不能生的重要關鍵，**在一心不亂**，這在大小《阿彌陀經》中皆說到。蓮池大師有事一心與理一心的分別。】（《淨土與禪》p.112）

【念佛的淨土宗人，都推廬山慧遠大師為初祖，其實**遠公的念佛，並不重**

在口念。由北魏的曇鸞、道綽，到唐朝的善導大師，才發展為**特重稱名**的念佛法門。】(《淨土與禪》p.119)

所以，念佛法門並不是某些印順派法師所說的「大乘法出現以後才有的法門」，而是在四阿含諸經中就已經存在的法門了。這部分，印順法師的見解其實是很好的，但是如今印順學派中的許多法師們，已經都不能理解印順的意思了，不免令人感嘆！

但印順所說的【《金剛經》說：「離一切相，即見如來」，平常稱此為實相念佛。念佛而達此階段，實已斷除煩惱，**證悟無生法忍**了。】卻是錯誤的。因為《金剛經》說的「離一切相，即見如來」，這個見如來是見自心如來，只是證得第八識如來藏，依楞伽中　佛說只是大乘**人無我**的親證，只是大乘**無生智**而非大乘的**無生法忍智**，印順高推了《金剛經》的**見自心如來**，這也可以證明他不但不懂阿含解脫道，不但不懂《金剛經》的眞旨，當然更不懂諸地所證的無生法忍，才會錯把阿含的聲聞解脫道解釋為大乘成佛之道，而大力斥責大乘經典為非佛說。以上舉證念佛法門有多種，也是最早期佛教中本有的法門。

第八節 非以苦行為解脫道之正修

只有愚癡人才會說苦行之人是聖人，也只有愚人才會認定苦行人爲大修行者。不論是在佛門之內、之外，這種愚人，在古時 佛陀座下就已經有了！《長阿含經》卷十一中的《阿耨夷經》第十一，有這樣的記載：

【佛告梵志言：「……又一時，我在冥寧國白土之邑。時有尼乾子名究羅帝，在白土住，人所宗敬，名稱遠聞，多得利養。時我著衣持鉢入城乞食，時善宿比丘隨我後行，見究羅帝尼乾子在糞堆上伏䑛糠糟；梵志當知，時善宿比丘見此尼乾子在糞堆上伏䑛糠糟已，作是念言：『世間諸有阿羅漢、向阿羅漢道者，無有及此：此尼乾子，其道最勝，所以者何？此人苦行乃能如是，除捨憍慢，於糞堆上伏䑛糠糟。』梵志！時我右旋，告善宿曰：『汝意愚人！寧可自稱爲釋子耶？』善宿白我言：『世尊何故稱我爲愚、不應自稱爲釋子耶？』我告善宿言：『汝愚人！觀此究羅帝蹲糞堆上伏食糠糟，汝見已，作是念：〈諸世間阿羅漢及向阿羅漢者，此究羅帝最爲尊上，所以者何？今此究羅帝乃能苦行，除捨憍慢，蹲糞堆上伏䑛糠糟。〉汝有是念不？』答我言：『實爾。』善宿又言：『何故世尊於阿羅漢所、生嫉妒心？』我告愚人：『我不於羅漢所生嫉妒心，何爲於羅漢所生嫉妒心？汝今愚人！謂究羅帝眞阿羅漢；此人卻後七日，當腹脹命終，生起屍餓鬼中，常苦飢餓。其命終後，以葦索繫，拽於塚間。汝若不信者，可先往語之。』時善宿即往詣究羅帝所，說言：『彼沙門瞿曇記汝：卻後七日當腹脹命終，生起屍餓鬼中；死已以葦索繫，拽於塚間。』善宿復白：『汝當省食，勿使彼言當也。』梵志當知：時究羅帝至滿七日，腹脹而死，即生起屍餓鬼中。死屍以葦索繫，拽於塚間。爾時善宿聞佛語已，屈指計日，至七日已，時善宿比丘即往至裸形村中，到已問其村人曰：『諸賢！究羅帝今何所在？』報曰：『已取命終。』問曰：『何患命終耶？』答曰：『腹脹。』問曰：『云何殯送？』答曰：『以葦索繫，拽於塚間。』梵志！時善宿聞此語已，即往塚間，欲至未至，時彼死屍並動膝腳，忽爾而蹲。時彼善宿故前，到死屍所，語言：『究羅帝！汝命終耶？』死屍答言：『我已命終。』問曰：『汝以何患命終？』死屍答言：『瞿曇記我七日後腹脹命終。我如其言，至滿七日，腹脹命終。』善宿復問：『汝生何處？』屍即報言：『彼瞿曇所記，當生起屍餓鬼中，我今日生起屍餓鬼中。』善宿問曰：『汝命終時，云何殯送？』屍答曰：『瞿曇所記，以葦索繫，抴於塚間。實如彼言，以葦索繫，抴於塚間。』時死屍語善宿曰：『**汝雖出家，不得善利**；瞿曇沙門說如是事，汝常不信。』作是語已，死屍還臥。」】

這就是佛陀一再訶責的**愚人**！但是，佛陀雖然不以苦行作爲佛法的正修，然亦要求出家人對於衣食住處醫藥都應知足，不得貪著，而仍然不以苦行作爲佛法的正修行：【「諸比丘！我所制衣，若塚間衣、若長者衣、粗賤衣，此衣足障寒暑蚊虻，足蔽四體。諸比丘！我所制食，若乞食、若居士食；此常自足，若身苦惱眾患切已，恐遂至死，故聽此食，知足而已。諸比丘！我所制住處，若在樹下、若在露地、若在房內、若樓閣上、若在窟內、若在種種住處；此處自足，爲障寒暑風雨蚊虻，下至閑靜懈息之處。諸比丘！我所制藥，若大小便、酥油蜜、黑石蜜，此藥自足；若身生苦惱，眾患切已，恐遂至死，故聽此藥。……猶如有人放蕩自恣，此是如來之所訶責；猶如有人行**外苦行**，**非是如來所說正行**，自以爲樂，此是如來之所**訶責**。……猶如有人犯於梵行，自以爲樂，沙門釋子無如是樂。……猶如有人放蕩自恣，自以爲樂，沙門釋子無如是樂。……猶如有人行**外苦行**，**自以爲樂**，沙門釋子無如是樂。……猶如有人故爲妄語，自以爲樂；有如是樂，應速除滅。猶如有人放蕩自恣，自以爲樂；有如此樂，應速除滅。猶如有人行外苦行，自以爲樂；有如是樂，應速除滅。」】

（阿含部《清淨經》）

眞實苦行的正義，是一般學佛人所誤會的，所以應當爲大眾舉示正義：【佛告迦葉：「若如來、至眞，出現於世，乃至四禪於現法中而得快樂。所以者何？斯由精勤、專念一心，樂於閑靜不放逸故，迦葉！是爲戒具足、見具足，勝諸苦行，微妙第一。」迦葉言：「瞿曇！雖曰戒具足、見具足，過諸苦行，微妙第一；但沙門法難，婆羅門法難。」佛言：「迦葉！此是世間不共法，所謂沙門法、婆羅門法難。迦葉！乃至優婆夷亦能知此法，離服裸形乃至無數方便苦役此身，但不知其心爲有恚心、爲無恚心？有恨心、無恨心？有害心、無害心？若知此心者，不名『沙門、婆羅門爲已不知』，故沙門、婆羅門爲難。」】（《長阿含經》卷十六第 25 經《倮形梵志經》）

身苦行，是佛所訶責的；由於身苦行的緣故而能顯示超勝於他人，以此爲樂，也是佛陀所訶責的。佛開示說，只有知斷、滅盡，才是眞正的苦行：【「師子！云何復有事，因此事故，於如實法不能謗毀：『沙門瞿曇宗本苦行，亦爲人說苦行之法。』師子！或有沙門、梵志裸形無衣，或以手爲衣，或以葉爲衣，或以珠爲衣；或不以瓶取水，或不以魁取水；不食………或有拔髮，或有拔鬚，或拔鬚髮；或住立、斷坐，或修蹲行；或有臥刺，以刺爲床；或有臥果，以果爲床；或有事水，晝夜手抒；或有事火，竟昔然之；或事日、月、尊祐、大德，叉手向彼。如此之比，受無量苦，學煩熱行。師子！有此苦行，我不說無；師子！然此**苦行爲下賤業**，至苦至困，**凡人所行，非是聖道**。師子！若有沙門、梵志，彼苦行法知斷滅盡，拔絕其根、至竟不生者，我說彼苦行。師子！如來、無所著、等正覺，彼苦行法知斷滅盡，拔絕其根、至竟不生，是故我苦行。師子！是謂有事，因此事故，於如實法不能謗毀：『沙門瞿曇宗本苦行，亦爲人說苦行之法。』」】（《中阿含經》卷四第 19 經《師子經》）

種種世間人所修的苦行，都是 佛陀所訶責的，因爲都是愚人的行爲，因爲都與解脫道及佛菩提道的修證無關。每見許多人出家以後專修苦行，然而**我見**都不能斷除，**內我所**（六識見聞知覺性）的執著也不能斷除，貪瞋及愚癡無一能斷，正在苦行時總是心中不斷攀緣於外法、五陰及種種內我所、外我所諸法；這樣的苦行，既不能獲得來世的世間法可愛果報，也不能獲得解脫，更不能生起般若實相智慧，對苦行者自己及追隨他的學法者而言，都無實義，所以佛陀一向訶責這種身苦行，名之爲**外苦行**，都是無意義的勞役色身受苦而已。

世間最困難的外苦行，無過於 世尊六年的苦行，日食一麻一麥而靜坐於禪定中；但是後來發覺這樣苦行的結果，都只能與定境相應，都與解脫的智慧、法界實相的智慧、一切種智的智慧完全不相應，最後還是放棄了世人都無法做到的苦行，入河沐浴後，接受牧羊女的乳糜供養而恢復身力，不苦不樂而參究苦因、參究因緣、參究法界實相以後，終於一夜之間成就佛道，所以苦行與成佛是無關的，與證悟三乘菩提都是無關的。若有人受持事相上的苦行而不肯捨棄，堅持到老、死，終究無法獲得佛法上的實證，只是**迷信**外苦行的**愚人**罷了！

然而佛法中也有眞正的苦行，卻是心中對於外法都無所執著，對於名利財食都無執著，對於眷屬也無執著，而不是專在色身或覺知心的受苦上面來用心的。佛法中的眞實苦行是世人絕對做不到的事，是對於五陰的內我所，特別是對於識陰的內我所——見聞覺知性——都無所執著，斷離內我所的錯誤認知與執著之後，只是一心作意於度化眾生成就解脫果，一心作意於無我、無貪、無瞋、無癡，對世間法的五陰身及外我所、內我所，終究無所貪愛，這是**心苦行**，名之爲**心不放逸**，是一切世人所不能的。由是緣故，聲聞行者就不再貪愛世間的任何一法，所以能成就聲聞道的苦行。

一切在家、出家菩薩則是繼續在這些作意下，不斷的受生於人間而利樂眾生，於轉依本識如來藏而生起的三輪體空智慧心境下，修習種種財物布施的勝行、無畏施的勝行、正法布施的勝行；又一心作意於有慚、有愧，一心作意於般若實相智慧及一切種智的圓滿，但卻無妨擁有廣大財富，日日處在勝妙於世人的人間五塵境界中而無絲毫的執著，心心念念都是在佛法作意下而造作種種勝行，心中終究沒有一絲一毫的放逸，這才是大乘出家、在家菩薩們的苦行。這是**心苦行**而非**身苦行**，是**內苦行**而非**外苦行**，是生生世世都如此而不會改變的**盡未來際的眞實苦行**，這才是 佛陀所認可的菩薩行，也是有智慧的您應該會認同的**終極苦行**。

第九節　四阿含中已曾說摩訶衍與三乘等

摩訶衍者，所謂大乘也。摩訶衍是音譯，意思是能使自己及許多有情都究竟解脫的方法，如同大白牛車可以同乘許多人去到遠方安樂之處，所以名爲大乘，故名摩訶衍。大乘之名，並非大乘經典中才說的，而是在四阿含諸經已經存在的說法，所以在聲聞僧結集的四阿含諸經中就已經有**大乘**及**一乘**之名了！由此可以證實一件事實：第一次五百結集前，大乘法早就已經同時在弘揚了，才會被第一次結集的五百聖、凡聲聞僧，結集在聲聞解脫道四阿含諸經中。以下是二乘聖凡諸人聽聞大乘經典以後結集出來的阿含部經典中的說法：

【譬如貧怯士，遊行曠野中；卒聞猛虎氣，恐怖急馳走；聲聞緣覺人，不知**摩訶衍**；趣聞**菩薩**香，恐怖亦如是。譬如師子王，處在山巖中，遊步縱鳴吼，餘獸悉恐怖；如是人中雄，**菩薩**師子吼；一切聲聞眾，及諸緣覺獸，長夜習無我，迷於隱覆教；設我野干鳴，一切莫能報，況復能聽聞，無等師子吼？】（《央掘魔羅經》卷二）

如是，大乘（摩訶衍）的名稱，在阿含部《央掘魔羅經》中總共提到二十四次：卷二有二次、卷三有十四次、卷四有八次。可見大乘之法，本在阿羅漢們所結集的阿含部經典中都已說過了，由此可以證實：大乘法的弘傳，是在原始佛法弘傳時代就已經存在著的，可見大乘法教不是印順說的聲聞部派佛教以後才開始演變出來的。特別是在阿含部經中很明確的記載著：童女迦葉菩薩以女人身，卻率領著五百位比丘遊行於人間弘化，這是佛陀入滅前就存在著的事實，才會被聲聞人將她所說的正法，記入第一次結集完成的阿含部經典中。這就是第一次五百結集完成的《長阿含經》卷七的《弊宿經》中明載的史實；可以想見的是，一定還有其他菩薩率領大乘比丘們遊行人間的事實，未被聲聞人記入阿含經典中。顯見大乘法於佛世已在弘揚，同屬**原始時期**的佛法。

佛陀一定要弘傳大乘法的成佛之道以後才有可能入滅，決定不是印順所說的**佛不曾以成佛之道教人**。聲聞律所記載的第一次結集與第二次結集的人物，都是聲聞教的聖僧與凡夫僧，他們站在聲聞乘的立場而不是大乘實證者的立場，結集出來的大乘經典當然不可能如實；並且聲聞人不知不解摩訶衍的法義內涵與眞義，不能生起勝解，當然無法對所聞大乘經生起念心所，無法記憶受持大乘妙法，只能憶持大乘經典中與解脫道法義有關的部分，印順怎能要求聲聞阿羅漢及凡夫僧共同結集出正確的大乘經典？他們當然只能將親聞 佛陀演說的大乘法義，結集爲小乘解脫道的阿含部經典，聲稱已經結集大乘經典；由此緣故，在第一次結集後，當然必須另由大乘法的在家、出家菩薩們共同結集大乘般若、大乘方廣唯識經典，所以大乘法眞是佛說。

檢閱四阿含的結集時間，是在佛陀入滅荼毗後不久隨即開始的，在這第一次五百結集中就已完成四阿含全部經典，具足經、律、雜藏了。不但在阿含經典中如是說，聲聞人結集的律典中也如是說：【迦葉即問阿難言：「佛在何處說增一經？在何處說增十經、大因緣經、僧祇陀經、沙門果經、梵動經？何等經，因比丘說？何等經，因比丘尼、優婆塞、優婆夷、諸天子天女說？」阿難皆隨佛說而答。迦葉如是問一切修多羅已，僧中唱言：「此是長經，今集爲一部，名《長阿含》；此是不長不短，今集爲一部，名爲《中阿含》；此是雜說，爲比丘、比丘尼、優婆塞、優婆夷、天子天女說，今集爲一部，名《雜阿含》；此是從一法增至十一法，今集爲一部，名《增一阿含》；自餘雜說，今集爲一部，名爲雜藏。合名爲修多羅藏。我等已集法竟，從今已後，佛所不制，不應妄制；若已制，不得有違；如佛所教，應謹學之。」】（《彌沙塞部和醯五分律》卷三十）是故，不但在阿含部經典中，已說四阿含是在第一次的五百結集時就已全部完成了，於此聲聞律藏中也如是明載著；可見印順漠視事實而純憑臆測，就說四阿含諸經是歷經第二次的七百結集乃至傳說中的第三次結集才完成，確屬違於史實的妄說；他所謂的考證，常常扭曲而作不實的言論，多不足取。

復次，第二次的七百結集，純屬聲聞人結集聲聞律藏，不結集聲聞法藏、菩薩法藏，所以不可能有四阿含中的部分經典是在此次結集而成的，這也有《摩訶僧祇律》卷三十三的明文記載可以證明：【爾時中國（中國是指當時的天竺）都有七百僧集，有持一部比尼、二部比尼者，又從世尊面受者，又從聲聞受者。時有凡夫、學人、無學人、三明六通、得力自在七百僧，集毘舍離沙堆僧伽藍，嚴飾床褥。爾時大迦葉、達頭路、優波達頭路、尊者阿難，皆已般泥洹。……。「……**如是，諸長老應當隨順學**。」是名**七百結集律藏**。】第二次的七百結集，只是**十事非法**的議論，眾僧決議之後結集成律，並未結集法藏，所以印順說四大部阿含中的二大部經典是在第二次結集才完成的，所說全違歷史事實。

亦如前來六輯書中，平實常言：「**聲聞羅漢每每隨從 佛陀聽聞第二、三轉法輪的大乘經典，但因未證本識如來藏的緣故，只能聽懂大乘法中有關解脫道**

的義理；由無勝解故不能對大乘法義生起念心所，所以在第一次五百結集時，必然也會結集他們所聽聞的大乘經典，但是結果必定會成為專講二乘解脫道的小乘經典。」如斯之言，或者有人仍然不信而生懷疑，因此或可導致修學解脫道時的疑心，由是而障其道，於今應當再作舉證宣示，令諸心中或有疑者，能知 世尊確實曾經三轉法輪，不只是宣講阿含解脫道之後就捨壽圓寂了。有聲聞律的記載為憑：【時阿難陀聞說大師名，心生戀慕，遂便迴首，望涅槃處虔誠合掌，以普遍音，作如是語：「如是我聞 一時薄伽梵，在婆羅奈斯仙人墮處施鹿林中。爾時世尊告五苾芻曰：『此苦聖諦，於所聞法如理作意，能生眼智明覺。』」此中廣說如上**三轉法輪經**。時具壽阿若憍陳如，告大迦攝波曰：「此微妙法，親從佛聞；世尊慈悲為我宣說，由是經力，能令我等枯竭無邊血淚大海，超越骨山，關閉惡趣、無間之門。」】（《根本說一切有部毘奈耶雜事》卷三十九）

這已足夠證明 佛陀確實是有前後三次轉不同法輪的，當然是聲聞解脫道、般若中道、唯識種智等三轉法輪諸經；但是，在阿含部的《佛說三轉法輪經》所說的三轉法輪的法義，卻都只是在解脫道四聖諦中宣說，不曾說到般若與唯識種智之法；而所謂的三轉法輪經中，也並無四聖諦自身的三轉宣說；勉強的分段而解說為三轉法輪時，每一轉法輪所證得的卻都同樣是眼智明覺，前後都無智慧的增進，都是同一智慧，卻說三轉法輪確實親證以後可以得到**無上菩提**的成佛，而不是只有成為阿羅漢。但是，能使人成佛的並不是解脫道的實證，而是佛菩提道的實證。然而這一部經中阿若憍陳如阿羅漢，自稱已經全部理解而實證三轉法輪的眞義了，但他卻又沒有成就無上菩提，仍然沒有成佛；而且他們結集這一部三轉法輪的經典，都只是聲聞解脫道的法義，全無大乘佛菩提道的法義。由此可見，他所聽聞的三轉四聖諦法輪，應當是阿含解脫四聖諦、般若中觀四聖諦、唯識種智四聖諦才是，但因他們沒有證悟大乘菩提，所以能宣講出來的三轉法輪的義理，也就只有聲聞四聖諦的內容了。然而，可能有人會質疑：「阿難尊者難道會容許五百阿羅漢們，將大乘經典中的法義作出這種不如實的結集嗎？」這就得要請出 龍樹菩薩，由他來作說明較為適宜：

《大智度論》卷一百云：【佛滅度後，文殊尸利、彌勒、諸大菩薩，亦將阿難集是摩訶衍。又阿難知籌量眾生志業大小，是故不於聲聞人中說摩訶衍。說則錯亂，**無所成辦**。】 龍樹菩薩的意思很清楚： 佛入滅以後， 文殊師利、彌勒菩薩、諸大菩薩，於聲聞人完成五百結集後，**也隨即**邀請多聞第一的阿難尊者，共同結集大乘法藏、律藏（不是結集二乘法義，因爲四阿含已經具足結集二乘法義了）。但是 文殊、彌勒……等大菩薩們會同 阿難尊者共同結集的大乘經典內容，一定會與聲聞人的五百結集四阿含中所謂的大乘法義有很大不同，而且是更正確深妙的大乘法義；因爲聲聞人聽不懂大乘法義，結集出來時一定會成爲專講解脫道的經典，不可能具有般若中觀、唯識種智的義理，最多只能有表相的中觀、極粗淺的唯識種智義理，如同雜阿含與增一阿含中的法義一樣。在聲聞經典的第一次結集過程中， 阿難尊者假使將聲聞人所聽聞的大乘經典，堅持依他自己所聽聞的內容絲毫不變的結集出來，聲聞羅漢們一定都聽不懂，絕不可能會認同的；假使他堅持不變，不與阿羅漢們妥協，那麼四阿含的結集就不可能完成，無可避免的會中止、失敗；他只能顧全大局，先作四阿含的結集，才會有雜阿含與增一阿含中的大乘經典，被結集成聲聞解脫道的法義。所以 龍樹菩薩說：「**又阿難知籌量眾生志業大小，是故不於聲聞人中說摩訶衍。說則錯亂，無所成辦。**」而第一次的五百結集之後隨即展開的大乘經典千人結集，不可能被聲聞人記入聲聞戒的律藏中，也是可想而知的事。所以印順單憑聲聞人的律藏中沒有記載大乘經典的結集事相，就說大乘經典不是在佛初圓寂時就結集的，純屬他個人的錯誤言論；而且他的言論也是全然違背聲聞律藏記載的史實，所說全不可信。他特地將經載及律載一次結集完成的四阿含經典，分割爲第二次結集乃至傳說中的第三次結集才完成，目的只是想要坐實他的妄語：**大乘經典是聲聞部派佛教時期過後，由 佛圓寂後數百年間長期演變才有的大乘法弟子，爲了永恒的懷念 佛陀，所以歷經極長時間漸漸創造出來，然後有人加以編集才成爲大乘經典**。但此言論卻與聲聞經、律所記載的史實，全然不符；所以他所謂的佛教歷史考證，大多只是無根據的扭曲罷了，根本就不符合考證的嚴謹規範，也不符合純依史實文獻的記載來作考證的原則。

此外，印順派的法師們，常常會根據印順的謬說，主張說 彌勒、文殊、央掘魔羅、維摩詰……等人都是大乘法中虛構的人名，佛教歷史中並無這些菩薩們；但在聲聞解脫道四阿含諸經中的 彌勒比丘，不是阿羅漢，而是菩薩；四阿含諸經也常常看到 彌勒菩薩的種種史實，也看到四阿含中的聲聞羅漢們接受 佛陀授記說：當來下生成佛的人是 彌勒菩薩。由四阿含經典明確的證實彌勒菩薩是 佛陀在世時的眞實人物。又如古時的 維摩詰紀念塔，以及今時天竺仍然存有 央掘魔羅、文殊的紀念塔塚，亦可證實 文殊、央掘魔羅等人確是歷史人物而非大乘經中虛構的人名，並且在四阿含中也可以看到他們說法的實錄，確是歷史人物，但同樣被印順推翻，謗非歷史人物而說爲虛構者。

譬如 文殊師利菩薩，其實也是原始佛教時期的歷史人物，但聲聞人特別不想提到他；因爲每次提到他，都會覺得聲聞人眞的很笨，所以盡力避免提到他，因此使得四阿含中的記載不多；但不可因爲四阿含中的記載不多，就指稱是虛構的人名。如今已從阿含所載大乘佛教弘傳史實，以種種證據與必然性，證實大乘佛教是 佛陀親自弘傳的了；而且大乘經典的結集，印順等所有中外研究學者也都沒有絲毫證據，可以證實是部派佛教過後才結集出來的；而在五百結集完成的誦出當時，菩薩們當場表示無法接受聲聞人對大乘經典的結集，提出抗議與溝通，但不被聲聞羅漢及凡夫僧們接受，所以當場表示也要立即結集大乘經典，這已足夠證明大乘經典是五百結集後就隨即開始的；而結集出來的大乘經典，特別是在般若系列諸經中，處處都以 文殊爲主角，怎可說 文殊不是大乘佛教歷史中的眞實人物？印順推翻大乘菩薩爲**非佛教史上確實存在**過的人物，目的只是藉此來否定大乘經的合法性，使人轉而不信大乘經。

又如《舊雜譬喻經》卷二：【昔有一國人民熾盛，男女大小廣爲諸惡，性行剛愍，兇暴難化。佛將弟子到其隣國，五百羅漢心自貢高，摩訶目犍連前白佛言：「我欲詣彼度諸人民。」佛即聽之。往說經道，言：「當爲善，若爲眾諸惡，其罪難測。」覆一國人皆共撾罵，不從其教，於是復還。舍利弗謂目揵連：「欲教諸人，當以智慧，如更見毀。」舍利弗白佛：「我欲詣彼勸度人民。」佛復聽往。爲說教戒，復不從用而被唾辱。摩訶迦葉及尊弟子，合五百人，以次遍往，不能度之，咸見輕毀。阿難白佛：「彼國人惡，不受善教，多所折辱。辱一羅漢，其罪不訾；況乃違戾爾所人教，當獲重罪，虛空不容。」佛言：「此罪雖爲深重，菩薩視之，靜爲無罪。」佛遣文殊師利往度脫之。即到其國，都讚歎言：「賢者所爲，何乃快耶？」詣其王所，皆面稱譽，各令大小人人聞知，言：「某勇健，某復仁孝，某有膽慧。」隨其所在，應意嘆譽，皆歡喜不能自勝言：「此大人所說神妙，知我志操，何一快善。」眾人各持金寶香花，散菩薩上；咸持好疊、錦綵、衣服、甘脆美味飲食餚膳，供奉菩薩，皆發無上平等度意。文殊師利謂人民曰：「汝供養我，不如與我師。我師名佛，可往共供之，福倍無量。」一切甚悅，隨文殊師利往詣佛所；佛爲說經，應時即得阿惟越致，三千國土爲大震動，山林樹木皆讚言善：「文殊師利善度如是。」佛告阿難：「深大之罪，今爲所在？」五百羅漢躄地淚出：「菩薩威神所化如是，何況如來可復稱說耶？我爲敗種，無益一切也。」〕這是本緣部的經典，專門記敘 佛世的種種弘法等事相，正是**最原始**而且**最具體可信**的史實記錄，也是阿含部經中承認爲第一次結集成的經典，確實可信；如今天竺的文殊紀念塔也仍在，可以爲證，但是印順等人私心中是絕對不信受的。

平實對歷史考證並無興趣，只對深妙法義的弘傳與利樂人天有興趣；所以其他的事實，仍然等待有心人將來一一加以發掘。由此可見，印順的說法是錯誤百出的；不論是法義的研究、考證，或是佛教弘傳史實及文本的考證，他都是以臆想爲多而考證爲少，而且考證資料的取材也是不客觀而故意偏作取捨的，所以是錯誤連篇的，多數是不可被信賴的。都是緣於藏密外道的應成派中觀邪見作爲中心思想，專以意識作爲一切法的根源，宣演出藏密外道得自古天竺佛護、月稱……等人自創的**六識論**中觀，故意扭曲經典而得的結論。但因全違菩薩們所結集的大乘諸經，就刻意否定 彌勒、文殊、維摩詰……等歷史人物，推說是後人創造的；如同一分信仰一神教的外國人，對於 佛陀是否爲歷史人物，也是抱持懷疑態度而否定之，他們宣稱：「佛教經典都是後人編集出來的，並不是歷史正史所記載的，所以歷史上並沒有釋迦牟尼這個人存在過。」

印順的作法可以說是異曲同工的，當人們不再相信 彌勒、文殊、維摩詰……是歷史人物，而大乘經中處處記載這些人聽聞及演說大乘法義時，他們的**大乘經典非佛說、大乘經典由後人共同創造編集說**，就會被信受了。然而他們如此說法，是與一神教的基本教義派信徒互相呼應的，也是違背佛教史實的謬說。

聲聞人常常參與第二、三轉法輪大乘法會的事實，也可以在四阿含諸經中記載**大乘道**、三**乘道**、一**佛乘**的史實來加以證實，顯示大乘佛教是 佛世就已開始弘法而存在的，這也是四阿含中可以明確找到的證據：【世尊觀此義已，即說頌曰：佛爲海船師，法橋渡河津；**大乘道**之輿，一切渡天人。亦爲自解結，渡岸得昇仙，都使諸弟子，縛解得涅槃。】（《長阿含經》卷二）亦如阿含中本已曾說三乘部眾，非唯聲聞僧眾也：【「吾僧法亦復如是：四雙八輩之士、十二賢者、**菩薩大士**。教化之功彌茂彌美，此第六之德。」】（中阿含部《法海經》）又如：【「吾法如是：禪定之味志求寂定，致神通故；四諦之味志求四道，解結縛故；**大乘之味**志求大願，度人民故。此第三之德（大乘之德），大海既深而廣，無能限者。」】（中阿含部《法海經》）又如：

【此乘是**大乘**，說名無礙智；一乘一歸依，佛第一義依。

佛法是一義，如來妙法身；僧者說如來，如來即是僧。
法及比丘僧，二是方便依；**如來非方便，是第一義依**。
是故我今日，歸依於如來；於諸歸依中，如來眞實依。……
我常習舞樂，歌乾闥婆偈，宣示如來藏，嗟歎稱善哉。
於彼諸佛所，聞如來常住；恒以妙音誦，大乘修多羅。
猶如緊那羅，乾闥婆伎樂，無量眾妙音，供養諸經卷；
若彼諸眾生，常興是供養，諸佛悉受記：未來同一號。】（阿含部《央掘魔羅經》卷二）

於《增壹阿含經》卷一，亦如是說：

【彌勒稱善快哉說，諸法義合宜配之；更有諸法宜分部，世尊所說各各異。**菩薩**發意趣**大乘**，如來說此種種別；人尊說**六度**無極，布施持戒忍精進，禪智慧力如月初，逮度無極睹諸法。】亦如《增壹阿含經》卷一明文記載：

【契經一藏律二藏，阿毘曇經爲三藏；方等大乘義玄邃，及諸契經爲雜藏；安處佛語終不異，因緣本末皆隨順；**彌勒諸天**皆稱善，釋迦文經得久存。彌勒尋起手執華，歡喜持用散阿難：此經眞實如來說，使阿難尋道果成。是時尊者阿難及梵天，將諸梵迦夷天皆來會集，化自在天將諸營從，皆來會聚；他化自在天將諸營從，皆悉來會；兜術天王將諸天之眾皆來會聚，豔天將諸營從悉來會聚，釋提桓因將諸三十三天眾悉來集會，提頭賴吒天王將乾沓和等悉來會聚，毘留勒叉天王將諸厭鬼悉來會聚，毘留跛叉天王將諸龍眾悉來會聚，毘沙門天王將閱叉、羅刹眾悉來會聚。是時彌勒大士告賢劫中諸菩薩等：「卿等勸勵諸族姓子、族姓女，諷誦受持增一尊法，廣演流布，使天、人奉行。」說是語時，諸天、世人、乾沓和、阿須倫、伽留羅、摩睺勒、甄陀羅等各各白言：「我等盡共擁護是善男子、善女人諷誦受持增一尊法，廣演流布、終不中絕。」時尊者阿難告優多羅曰：「我今以此增一阿含，囑累於汝；善諷誦讀，莫令漏減。所以者何？其有輕慢此尊經者，便爲墮落，爲凡夫行。」」

不但是阿含部的《央掘魔羅經》中有 文殊的事跡，在阿含部的《須摩提女經》中，一樣有 文殊的事跡。由此可以證明：有許多阿含部的經典，本來就屬於大乘法，但被迦葉等二乘聖、凡諸僧結集後，卻成爲專講解脫道的小乘法了！（第一次結集的五百人，都是聲聞人，不讓菩薩們參與）當大乘經典被如此結集成爲小乘的解脫道法義以後，一切出家與在家菩薩們，怎能認同而不另行結集大乘經典呢？當然要在第一次結集後隨即另行結集大乘經典，不重複結集阿含。這是因為解脫道法義，已經有聲聞人結集在四阿含中了，而菩薩們結集的是佛菩提道法義，必須親證佛菩提道才有能力結集；但未迴心的聲聞羅漢們未證本識如來藏，不懂大乘法的般若實相智，當然更不懂一切種智，邀請他們來參加大乘經典的結集，是絕無意義的，也是只有敗事而不能成事的。

而且大乘經典中的法義，已被聲聞羅漢們根據他們所略懂的部分，結集在阿含部中，已經成為二乘法中的解脫道而非佛菩提道，這時再要求他們重新結集正確的大乘經典，豈非證明他們結集所成的大乘經典確實結集錯了？當然更不能得到他們的認同與支持。以此緣故，在菩薩們結集大乘經典完成後，聲聞羅漢們當然不會將七葉窟外菩薩們的千人結集事實記入聲聞律典中；而聲聞律典只有聲聞人才能結集，菩薩們無權置喙，當然不能要求聲聞羅漢們把大乘經典的結集事實記入聲聞律典中；後代的佛教學術研究者盲於此一事實，僅憑聲聞律典中沒有記載大乘經典的結集，就判定大乘經典是部派佛教以後數百年間的大乘菩薩們長期創造才編集成功的，未免太無**法智**、**世間智**了！

而且，菩薩們在第一次五百結集完成時，就已當場表示對於聖、凡聲聞僧所結集的阿含部經典中的大乘法義不能認同的意見，但是並未獲得聲聞羅漢們的聽取及修正，所以菩薩們當場抗議說：「吾等亦欲結集。」既然當場抗議、表示了，而菩薩的心性是絕對言出必行的，是比聲聞羅漢們更具有護法之心的，當然不會拖到一百一十年後的第二次七百結集的聲聞律典結集之後，必然是在第一次的五百結集後隨即結集完成了。印順及他所崇信的一分外國研究者，卻因爲聲聞律典文獻中找不到大乘經典被菩薩們結集的記錄，所以就單以這一項事實爲憑，輕率的判定大乘經典是在第二次的律典結集以後，以數百年時間長期創造編集成的，完全不能瞭解當時的時空背景，作了錯誤判定，也成就了謗法的大過失。但是，在四阿含經典中，卻已經處處顯現大乘法教是佛陀在世的第二、三轉法輪時期就已經弘揚及推展開來了，從第一輯到此輯中所舉示的最原始的阿含部聲聞經中的種種經文，就是具體的事實與證據。

或許有人疑心認爲：「阿難尊者爲何會與阿羅漢們結集出阿含中只說解脫道的大乘經典？爲何不加以指正，一次就結集出正確的大乘法義而容納於阿含部中？」但是阿難尊者在五百結集時，若堅持要依大乘法義的精神來結集阿含，一定會導致諍論不斷，最後連四阿含都將不能結集成功；故必須衡量情勢，先針對聲聞人所懂得、也能接受的解脫道法義，將他們所聽聞的大乘經典同時結集，然後再與菩薩們共同結集正確的大乘經典；否則，將會連專講解脫道的四阿含也結集不成，所以 龍樹菩薩說：「**又阿難知籌量眾生志業大小，是故不於聲聞人中說摩訶衍。說則錯亂，無所成辦。**」

如前所舉大乘地前菩薩所修六度**波羅蜜**名相，已在四阿含中出現過了；而地上菩薩所修十度**波羅蜜**名相，也已在四阿含中說過了，可見聲聞人曾參與大乘法會，大乘經典眞是佛說。有經文爲證：【佛告央掘魔羅：「**我於無量百千億劫，具足修行十波羅蜜攝取眾生；無量眾生未發菩提心者，開化令發。我於無量阿僧祇劫，具足修行無量波羅蜜諸善根故，生『不生身』。**」……文殊師利、央掘魔羅復白佛言：「世尊！唯願爲說：云何如來住於實際？」佛告文殊師利等言：「**我於無量百千億劫，具足修行十波羅蜜攝取眾生，建立令住未曾有樂；我從彼無量百千億劫阿僧祇波羅蜜，生實際身。**」】（阿含部《央掘魔羅經》卷三）但是在四阿含中，絕對找不到六度波羅蜜的內容、理論與修習方法；十度波羅蜜的內容、理論、修習方法更是如此，全都付之闕如。既然如此，已經表示 佛陀除了四阿含所說的解脫道以外，一定另有菩薩道中所修的佛菩提道法義，尚未被聲聞阿羅漢們結集出來；然而聲聞羅漢們卻自認爲他們已經將 佛陀所說的三轉法輪法義全都結集完成了；您若是菩薩，我想，您一定不會同意聖、凡聲聞僧們這種作法吧？您當時若在，也已經親證了佛菩提道，您應該也會如同彌勒、文殊、央掘魔羅、維摩詰……等人一樣另行結集大乘經典的。

唯一佛乘義理的表相，早已在四阿含中略說了：【爾時世尊告文殊等言：「彼諸如來世界云何？」文殊等言：「彼諸世界無諸沙礫、平如澄水，柔軟樂觸猶如綿纊，如安樂國無諸五濁，**亦無女人、聲聞、緣覺。唯有一乘，無有餘乘**。」佛告文殊等言：「……央掘魔羅！如來復有奇特大威德力方廣總持大修多羅說：『八十億佛皆是一佛，即是我身。』如是廣說如是無量佛剎，如是無量如來，如是如來色身無量無邊；如來成就如是無量功德，云何當有若無常、若疾病？如來常住無邊之身，我今當復廣說，有根本、有因有緣：一切佛、一切因，悉皆不樂生此世界，以此眾生不可治故。以是義故，我於此世界治不可治眾生，數數捨身故生不生身。」】（阿含部《央掘魔羅經》卷三）由這部聲聞人結集的阿含部經典，已足夠證明大乘經真是佛說了。聲聞人在 佛陀轉入第三法輪時期演說大乘法時，一定常常聽聞大乘法義，除非當時遠行而不在 佛陀身邊；但是聲聞人聽聞而結集出來時，一定會成為聲聞法的解脫道義理。若單由聲聞聖凡結集全部法藏，佛法就不可能完整具足，一定會缺少大乘法中特有的佛菩提道正義，由此緣故，在四阿含諸經結集完成以後，當然應該由菩薩們隨即另外結集大乘法義，成爲般若系及唯識系的大乘經典。而增一阿含與雜阿含等諸經中的法義，其實有許多都是唯一佛乘的大乘法，卻因爲由聲聞人結集之，以致**疏漏極多**而殘缺；但是所有疏漏的大乘法義，都已經在大乘經典的般若系及唯識系諸經中圓滿的結集完成了，已經在方等唯識系諸經結集之後完整了。

由此緣故，印順的說法是錯誤的。但是他有一段話卻是說得很正確的：【釋尊出現在娑婆世界，所以說有**三乘**。特別是，當時的印度，充滿了自利的、獨善的、苦行的學風。為適應這類眾生的根性，所以說聲聞、緣覺法。如根性利，富有利他的意向，當然就**專以大乘法教化**了。】（《勝鬘經講記》p.48～p.49）他這一段話是說得很正確的，但是卻又與他在別處的說法自相衝突了，因爲他又在別處說**世尊沒有以成佛之道教人**。成佛之道並不是只有解脫道，而是佛菩提道；佛菩提道的修證自始至終都是依第八識爲中心而修證的，方法則是六度與十度波羅蜜多；但他否定了第八識，又只看見第一轉法輪時期的局部情形，完全昧略了佛陀親轉第二、三法輪時期的情形，也昧略了大、小乘法義修證上的重大差異，所以就對四阿含中的記載，都全然忽略而只一心一意依藏密外道的應成派中觀邪見來作判教，因此就有了大錯誤與大過失。

在歷史記載中，特別是最原始的四阿含諸經中的記載（比大乘經的結集早了一年），已經就有在家菩薩出世弘法而被比丘們追隨的事例，所以會有本書第五章第七節中，舉述《長阿含經》所載**童女 迦葉菩薩**座下有五百位比丘追隨、奉侍、學法，遊行弘化於人間的歷史眞事；這位終生不婚嫁的**童女 迦葉**，她既不是比丘尼而名爲童女，當然是大菩薩，所以不受比丘尼八敬法的約束，率領五百位大比丘，遊行人間四處度眾，也有能力收服當時極爲名聞的弊宿婆羅門外道成爲佛弟子。所以現在家相的菩薩弘法而被出家菩薩追隨奉侍的事情，並非在大乘經典結集出來以後才有的記載，早在第一次結集的《長阿含經》中就已經有記載了！她是絕對不受聲聞比丘尼八敬法約束的，因爲大乘法中只以五十二位階的修證高下差別來作依止，不論身相的出家與否、出家的年數，也不計量其是位尊的比丘或位卑的比丘尼；即使是位尊的長老比丘菩薩，在證量上不如時，還是只能依止身現在家相的童女 迦葉菩薩隨學，以童女 迦葉菩薩爲師而依止之。由此看來，若有人想要廢除比丘尼的八敬法，都是不必要、也是無意義的作爲，因爲八敬法只能拘束聲聞教的比丘尼，不能拘束大乘教中的比丘尼，若是在廢除八敬法上努力，便是在教相上用心，無關佛法修證，不但耽誤了自己的道業，也導致與比丘們對抗，徒增紛擾而耽誤座下學人的道業。

又，大乘菩薩也是最原始的阿含部經文中就已有記載的，譬如 文殊師利菩薩即是一例，也具載於阿含部的《央掘魔羅經》中。又如《須摩提女經》所載的給孤獨長者的女兒**須摩提**，在過往無量世中也是世世修學菩薩道，而在 佛陀住世時也受生於此地，終於在 佛世時證得法眼，成爲入地菩薩，證明她並不是修學聲聞解脫道的法義。這也是四阿含中明文記載的史實。

又如《長阿含經》中說： 毗婆尸佛無量劫來常行**菩薩道**，世世都是**菩薩身**。不曾說過：毗婆尸如來成佛以前世世修學**解脫道**，都作**聲聞身**阿羅漢。而且四大部阿含諸經都是由 **釋迦佛**的因緣而宣講出來或引生出來，終究不是由**釋迦阿羅漢**或其他阿羅漢們宣講或引生出來的。而諸大阿羅漢們縱使迴心大乘而實證者，亦無一人被授記爲當來下生成佛，可見阿羅漢絕對不是佛，不與諸佛證境相等。既然如是， 世尊下生人間示現成佛，怎有可能只說聲聞解脫道而不演說大乘成佛之道的法義呢？所以印順說佛不曾以成佛之道教人的說法，眞是自欺欺人之談。既然 釋迦世尊已經入滅了，就表示化緣已經圓滿了，就一定是已經宣講過大乘法義了；然而現見四阿含諸經中，都只是說到大乘法義的名相而沒有詳細的解說，只看見雜阿含部的《央掘魔羅經》中說得稍多一些，但也沒有講到證得如來藏以後要以什麼內容及次第來進修而成佛，只說到六度與十度的名相，都未解說內容與次第，可見聲聞人是無力結集出正確大乘經典的，當然得要另外由菩薩們邀請 阿難尊者，另行結集大乘經典，將親從佛聞的大乘經典結集出來，否則將使 釋迦世尊遺法弟子的法緣不能滿足。

大乘菩薩道的法義名相，阿含之中本曾說之；只是未曾宣說菩薩之道所行內容，這是由於聲聞聖人不曾通達般若中道的緣故。說一句老實話，聲聞聖人其實根本就不懂中道般若的眞實義，所以親聞 佛陀宣講大乘經典以後，依其所能理解而記憶下來的大乘法，五百凡、聖共同思憶及結集成就的四阿含諸經中，也就只能說到一些名相與皮毛而已；因此，後代眞悟的諸地菩薩們讀了四阿含以後，總是不免會對聲聞聖人產生一絲悲戚的心緒。聲聞聖人對中道的理解，都只是意識層面的理解，而中道的眞義其實是依本識第八識如來藏而說的，可是聲聞聖人只能從蘊處界的緣起性空等事相來理解中道；這也是有經文作根據的，但在這裡不想再浪費篇幅，因為增訂為六輯的《阿含正義》，寫到此處，已經不得不又擴大到第七輯了。

菩薩道，在四阿含諸經中早就講過了，並不是印順所認為的後來大乘佛法發揚起來以後才有的；這也就是說，唯一大乘的眞理，其實是 佛陀在世時就已經在第三轉法輪的方等唯識諸經宣講時開示過了！只是不迴心的聲聞聖人不能契入，仍然以聲聞心態、聲聞法道來理解大乘法義，自以為懂了，於是就不邀請出家與在家的菩薩們共同結集經典，才會有第一次五百結集純由聲聞人自行結集，參加的人是聲聞聖人與凡夫（據阿含部經典的記載，五百結集時是有許多聲聞凡夫共同結集的），也是由聲聞苦行第一的大迦葉來主持，並未邀請菩薩們參與，這就是第一次五百結集的事實眞相。若是他邀請了當時已經證悟的菩薩四眾來共同結集，那麼將不會有聲聞法的四阿含獨立於大乘法藏之外，就不會有般若中觀及唯識種智的大乘經典另外結集而外於四阿含了！但是，大乘法義由 佛陀宣演出來時，聲聞人是一定會參加法會而與菩薩們共同聽聞的；所以他們一定會將所聽聞的大乘法義，在錯誤理解的前提下，一起結集在四阿含中。假使大迦葉等人當時能取得諸聲聞人同意，邀請菩薩們共同參與結集，那些原屬大乘法義的經典，就不會被結集成今天所看到四阿含中的這種模樣。

但是，佛陀在即將開始弘法時，早已事先料到會有這種情形，所以還是分為三轉法輪的次第來演述佛法；若不是此界的眾生根性確實如此，佛陀當年就不必分為三轉法輪來演述了！既然大乘法義已被聲聞人結集成這種模樣，所有出家、在家菩薩們一定會在其後不久就另行結集般若中觀及唯識種智的經典，使得佛陀所說的大乘妙法眞義不被曲解；但是，這樣一來，結集後互相比較之下，一定會顯示四阿含中部分屬於大乘法教的經典結集成果，令菩薩們覺得很原始、只具雛形而極粗略與殘缺。在文殊、彌勒、央掘魔羅等菩薩結集完成所有大乘經典後，必然會顯示出這樣的結果，諸大阿羅漢們當然不可能樂意面對大乘經；在這種情況下，想要諸大阿羅漢們樂意把菩薩們的結集記入聲聞律典中，當然是絕無可能的；而且菩薩們結集大乘經典的事，是在聲聞人第一次五百結集之後，當然不會被記入第一次結集的律藏中。至於第二次七百結集，只是聲聞人結集十事非法的律典，與法藏無關，又是時過百年後的事了，當然也不會記載百年前的菩薩們所作的大乘法藏結集的事相。

而且菩薩們只看重法義，不看重事相，這是證入般若中道的菩薩們特有的心態；自古以來中國禪宗眞悟祖師們的表現，也一向都是如此，正好也可以作爲佐證；所以菩薩們也不會在大乘經典結集時，刻意在結集的繁瑣事相上面加以記錄；又因菩薩們對聲聞律典的結集也沒有表示意見的權利，而大乘經典的結集也在聲聞五百結集的律藏之後，當然沒有參與聲聞律藏的結集，所以不論是第一次的五百結集或是第二次的七百結集所記錄的聲聞律典中，當然都不可能記載菩薩們結集大乘經典的史實。又因爲所結集的大乘經典，比起二乘解脫道的粗淺法義，要花費更多精神、更久時間、更多物資，根本不可能有心思注意事相枝末之事，所以記錄大乘經典結集的時間、地點、人員、內容、過程等事完全不重要，當然沒有菩薩們會刻意留下結集事相等記錄。

所以**菩薩道**並不是印順所說的聲聞部派佛教時期以後才演變發展出來的，而是在 佛世就已經演說及弘揚出來了，只是 佛陀演說菩薩道的大乘法義時，是在第二轉法輪的般若期才開始的，已經晚於聲聞法的弘傳十幾年了！再加上般若中觀的證悟是極爲困難的，若不能實證第八識本識，永遠也無法進入大乘法中，何況能通達？這正是三明六通的不迴心大阿羅漢們都無法實證的，只有少數利根菩薩們方能親證，當然不容易迅速發揚起來，怎能期望 佛陀一開始宣揚時就廣大的弘揚開來？特別是悟後進修的唯識種智正理，是要歷經極長時間的悟後進修般若中道智慧以後，才能進入初地的入地心中，正式獲得修習唯識種智而能親證的能力，這當然是無法在一開始弘揚時就廣大的達到普遍及廣被信受的程度，所以大乘法的宣揚，佛世時代可以說是初始期，當然不能獲得廣大普遍的成績；但不能因爲這個緣故，就說大乘法義是在部派佛教以後才由佛弟子們發揚出來的。假使再依他們這種錯誤的認知而進一步引作根據，而說「**大乘佛教的經典都是由 佛陀入滅後數百年的佛弟子們，再歷經長期創造編輯而結集出來的**」，那可就眞是不明事理的愚人了！

大乘菩薩之道，確實是 佛陀金口所說的正法，在最原始的四阿含中也有經文可以引作根據的：【佛言：「吾求道已來，**歷世久遠，不可稱紀**；常奉諸佛，行**菩薩道**，所事師友無復央數。除鬚髮者，爲終身戒；捐棄貪愛，無復飾好；**使人不欲己，己亦不欲人**；袈裟法服，古聖旌表；解釋垢結，無復世念。缽爲應器，宜道人用；節身約省，非義不受也，斯皆無爲清淨之像。今我作佛，爲天下師；自恣汝意，欲問勿難。」】（長阿含部《佛開解梵志阿拔經》）

語譯如下：【佛說：「**我求證佛道以來，經歷的世代已經很久遠了**，不能用世紀（一世紀爲一百年）來記錄或說明的；我久遠世以來常奉侍諸佛，**勤行菩薩所行之道**，所奉事的師長與善友，無法僅以不可說的數量就能計算的。出家菩薩剃除鬍鬚頭髮之事，就是要以這個事相作爲整整一世中永遠的警戒；已經捐棄了世間法錢財、名聲、眷屬的貪愛，不再喜樂於色身莊嚴等飾品的愛好；目的是想要使別人不會由於喜歡而貪愛自己，自己也不會去貪愛別人；所穿的袈裟法服，是遠古以來一切賢聖示現時的表徵；以身無長物、裝飾來表示心中已經解開、釋除垢結的繫縛，不再有對世間法的憶念貪愛了。鉢是出家菩薩應對世人供養的器物，只宜於出家修道的人來使用；節制色身的所須，也要對在家人的供養儉約省用，如果不是合於義理的供養就不可以接受，這些都是無爲清淨的形像。如今我已經作佛了，成爲天下一切有情的老師；自然是可以隨意允諾你想請問的疑難，你想要請問的話，我都是不會有困難、不會加以限制的。」

是故，諸佛都是長劫以來一直勤行**菩薩道**的，從來不是印順所暗示的久劫以來勤行**羅漢道**。聲聞人不可能久劫勤行菩薩道，也不可能久劫勤行聲聞道；因爲一旦斷除五上分結，他們就一定會取證無餘涅槃而入滅的，怎能久劫勤行聲聞道？在這種情況下，想要聲聞人具備大乘根性與大乘智慧，久劫勤修大乘法義，是絕無可能的；所以他們聽聞大乘經義以後，縱使心中對大乘菩薩們的證境有所欣羨，捨壽時還是會捨棄眾生而進入無餘涅槃的。這可以從許多聲聞俱解脫的大阿羅漢們，聽聞 佛陀已入涅槃時，就立刻進入無餘涅槃，連共同參與阿含經典解脫道法義結集都不願意；晚幾個月入涅槃都使他們無法接受，何況能修習大乘法義而眞實理解，並且發願久劫勤行菩薩道呢？所以，聲聞人聽聞大乘法以後結集所成的經典，一定會成爲聲聞法解脫道，這就是四阿含中大乘經典只說聲聞解脫道的原由。

若是由大乘菩薩聽聞大乘經典後共同結集所成，就一定不會單只在解脫道上著眼，一定會雙顧解脫道與般若、種智等成佛之道的。由此緣故，第一次結集的聲聞法解脫道四阿含諸經結集完成時，一切出家、在家菩薩們聽聞之後，當然不會同意，所以當場就表示：「吾等亦欲結集。」才會有稍後由 文殊、彌勒……等菩薩邀集 阿難尊者，共同結集大乘經典的事情出現，這當然就是般若系與方等系的般若諸經、唯識諸經了！這並不是平實個人獨創的見解，而是佛陀晚年入滅之前所講的經典中已有如是說法了：

【爾時大莊嚴菩薩復白佛言：「世尊！世尊說法不可思議，眾生根性亦不可思議，法門解脫亦不可思議。我等於佛所說諸法無復疑惑，而諸衆生生迷惑心，故重諮問。世尊！自從如來得道已來四十餘年，常爲衆生演說諸法四相之義：苦義、空義，無常無我無大無小無生無滅，一切無相；法性法相本來空寂，不來不去、不出不沒。若有聞者，或得煖法、頂法、世第一法、須陀洹果、斯陀含果、阿那含果、阿羅漢果、辟支佛道，**發菩提心登第一地，第二、第三至第十地**。往日所說諸法之義與今所說有何等異？而言『甚深無上**大乘無量義經**，菩薩修行必得疾成無上菩提』，是事云何？唯願世尊慈愍一切，廣爲衆生而分別之，普令現在及未來世有聞法者無餘疑網。」於是佛告大莊嚴菩薩：「善哉！善哉！大善男子！能問如來如是甚深無上大乘微妙之義；當知汝能多所利益，安樂人天、拔苦衆生，眞大慈悲、信實不虛，以是因緣必得疾成無上菩提，亦令一切今世來世諸有衆生得成無上菩提。善男子！自我道場菩提樹下端坐六年，得成阿耨多羅三藐三菩提，以佛眼觀，一切諸法不可宣說，所以者何？以諸衆生，性、欲不同。性、欲不同，種種說法；種種說法，以方便力，**四十餘年未曾顯實**（註），是故衆生得道差別，不得疾成無上菩提。」】（《無量義經》卷一）

這固然是大乘經典所說，但既已證明四阿含諸經中本有許多大乘經典，被二乘聖凡諸人結集成小乘解脫道經典，再由這一段大乘經文，間接的顯示四阿含中的隱說大乘道，確屬事實；所以大乘經典眞是佛說，又何妨於此時對大乘經典起信而深信之、而修學之？復次，若如印順所說「解脫道即是成佛之道」，那麼四阿含諸經中提到諸佛的往世所行時，應該改口說爲「某某佛過往無量劫中行**聲聞行**時」，或說爲「某某阿羅漢往昔無量劫中行**阿羅漢道**時」，而不該說「毗婆尸佛往昔無量劫中爲**菩薩**時」；而諸佛往昔無量劫中行菩薩道的開示，在四阿含諸經中是常常可以見到的開示；由此可知，**聲聞道不等於成佛之道，聲聞的解脫道不等於菩薩佛菩提道的成佛之道**，所以菩薩、菩薩道、摩訶衍大乘，都是最原始的四阿含中本就說過的事實，不是「後來」大乘經典結集出來以後才有的。由此也可以證明大乘法本是 釋迦世尊所說。但四阿含既然沒有宣講菩薩道大乘法的行門，只有大乘法的各種名相，當然大乘般若系及唯識系一切種智的法義，一定是 釋迦世尊親口所說的；否則，就是 世尊尚未圓滿化緣，只曾廣度聲聞人而未曾廣度菩薩行者，那就不該取滅度，應該活到百餘歲，以便繼續宣說菩薩們所修的佛菩提道。（**註：**因此必須有拈花微笑、教外別傳的顯實之舉。）

第十節　施論與戒論

修學佛法的入門，以布施及持戒為首要，不但是大乘法中如此說，在最原始的解脫道四阿含諸經中，就已是常常可以看見　世尊這樣的開示了！當　世尊於度化眾生入佛法中時，不論是為說二乘解脫道或是大乘佛菩提道，都是先為來者宣講『**施論、戒論、生天之論**』；若是聞法者當時能信受時，才進一步為了滅除眾生的貪欲，而為他們說：『**欲為不淨，上漏為患。**』假使聞法者也能信入而接受了，然後才為他們解說『**出要為上**』，然後『**敷演開示清淨梵行**』。這是　世尊度人進入解脫道時的說法次第。如是次第，散見於四阿含諸經中，處處可見，幾乎是度化眾生時的每一部經典中都是如此說的。不但　釋迦世尊如此，過去諸佛也是如此，僅舉最原始的阿含部諸經中的一部為證：

【二人聞已，即至佛所；頭面禮足，卻坐一面。佛**漸**為說法，示教利喜：**施論**、**戒論**、生天之論，**欲惡不淨**、**上漏為患**，**讚歎出離**為最微妙、清淨第一。爾時世尊見此二人心意柔軟、歡喜信樂，堪受正法，**於是**即為說**苦聖諦**，敷演開解分布宣釋**苦集聖諦**、**苦滅聖諦**、**苦出要諦**。爾時王子提舍、大臣子騫茶，即於座上遠離塵垢、得法眼淨，猶若素質易爲受染。是時地神即唱斯言：「毗婆尸如來於槃頭城鹿野苑中轉無上法輪，沙門、婆羅門、諸天、魔、梵及餘世人所不能轉。」如是展轉，聲徹四天王、乃至他化自在天；須臾之頃，聲至梵天。】（《長阿含經》卷一）這就是二乘法中的**法與次法**：先說**次法**，然後說**法**。

然而大乘妙義，以及三賢位般若道，乃至純屬悟後進修的大乘菩薩十地之道，這些法義的內容都未曾在四阿含中解說過，都只是提到名相而已；顯然必須由四眾菩薩們另行結集，才能圓滿三乘妙義。若說 釋迦世尊未曾說過成佛之道，那麼 世尊應當至今還住在人間尚未入滅，應繼續在人間宣說大乘佛菩提道，教人以成佛之道；然而現見 世尊已經入滅，顯然是化緣圓滿了，那就一定是已經講解成佛之道的般若及唯識種智妙法了。而這些妙法都不曾在四阿含中細說或略說，都是只有名相而已，顯然要有第二、第三轉法輪，宣講般若及唯識種智妙法，成佛之道才算講授圓滿，才能捨壽，不可能一生說法四十九年都在說四阿含，卻不演說成佛之道的般若與種智，所以大乘經典眞的是 佛陀親說的勝法。大乘成佛之道，在三賢位中總分爲六度波羅蜜多；進入初地心開始，則分爲十度波羅蜜多。十度之義理，也不曾在四阿含諸經廣說，乃至略說亦無，唯有「十度」之名相舉述而已。所以，大乘經典是否眞是佛說，一定有其公論，並非印順及外國一分別有用心的學者所能加以否定的。

說法應當如實，不該無理而強行與人相諍，特別是不該無理而與實證的菩薩相諍。十餘年來，往往有聲聞法中的凡夫，不服菩薩所說三乘優劣的如實理，特地與古、今菩薩相諍；然而菩薩終究不與聲聞法中的凡夫相諍，此因所說如實即非諍論故！唯有所說不如理時，才可說是與人相諍；若所說都是如實理者，當知只是敘述事實與眞相罷了，絕非相諍。相諍者即是犯戒，也不免謗法、謗賢聖的過失，也會使三乘菩提橫遭貶抑及混亂不堪，由此惡業的造作，必定會導致遮障自己未來無量世的佛菩提道與聲聞解脫道的實證。以此緣故，三乘行者都應該如實說；勝者爲勝、劣者爲劣，不應該原是下劣的法理，反而更說爲最勝者；乃至未悟的凡夫卻與親證大乘法的古、今菩薩橫生諍競，將會使正法加速斷絕，這過失是成就大罪，將來也只有自作自受了！有經爲證：

【復問佛言：「將來之世，皆承此教乎？」佛言：「有從、不從。所以者何？將來之世，人民悖亂，貴惡賤善，放逸情意；臣欲害君，子殺二親，弟子危師；不念弘德、乳養之恩，欲令其沒。獨見奉事，嫉妒其師猶如怨家，罪莫大焉。

所以者何？弟子後世，在前陽供，在後欲攻，心不與同。師出天下，宣傳道化；度脫一切，反憎惡之；罪中之罪，不可為喻。後世德人，時時有耳；天下樹多，香樹希有，香草少生；少少山地，出金寶耳。好人行德，亦復如是；惡人行時，伴黨相隨，**識真者少**。彌勒佛時，德人乃多；貴善賤惡，無有偏黨；道德盈盈，不可稱量。修德無上，不為罪殃；孝親敬君，奉承師長；歸命三寶，**三乘興隆**；三毒消索，所度無量皆使得道。」阿難聞之，悲喜交集：「**將來末世，乃有此患，不如山野愚民癡人。勝此輩者，能知去就進退之宜。**」」（本緣部《生經》卷四）

本緣部是四阿含中承認為佛所說的正法，而本緣部的《生經》中已如此開示，由此可知**行施**與**持戒**的重要性了！假使能眞實修集捨心，布施眾生而不斷絕，貪心自然漸漸除滅；如是之人，方能侍師而不懷惡心、而不欲其師亡。若能捨離名聞、利養、眷屬、權利之貪，心地自然清淨；若雖有貪而能持戒不犯，久之自然心地漸漸清淨；心地清淨之後，自然調柔而不剛強，不樂與人諍勝，自然願意客觀的聽聞或閱讀眞善知識的說法或著述，不再盲目的迷信大名聲的未悟名師，從此就能漸漸進入多聞熏習的階段。由於多聞熏習的緣故，就能漸漸發起擇法覺分，知見一定可以次第提升，於是就能斷我見、三縛結，進證三果解脫功德，乃至迴心大乘而證悟大乘般若禪，如實進入菩薩數中，成爲世尊的眞子。

所以，行施與持戒是進入佛法中的基本行誼，是修行的基礎；您對行施與持戒，一定要好好的作。但是行施時有一個前提，是您必須注意的：假使是藏密外道在弘法，那正是破壞正法的場所，不是佛門道場，其實無道可言，不是眞實道場，不該護持之。假使是佛門中專門誹謗本識如來藏正法的道場，或狡言詭辯說他們也是以如來藏正法爲修證標的，吸引您前去修學；但他們所證的如來藏就是緣起性空，認爲如來藏只是方便說，並無如來藏第八識心可以實證；這一類場所，不論是法師、居士住持的場所，乃至是名聞四海的大法師所建佛寺，一樣都是破壞佛教正法的場所，一樣是無道可言，同樣是破法者，而且是謗菩薩藏的一闡提人；您若加以護持，非但沒有行施的功德，反而是幫助他們共同破壞最勝妙的佛法，您將成爲與佛門中的外道共同成就破法的共業，非但沒有布施的功德，反而是以善心而共同成就破法的大惡業。這是您必須注意到的大前提。

第十一節 中道及一乘

小乘法所修證的解脫道，其實也是不墮於一邊的，也可以名爲中道，因爲二乘聖者所入的涅槃並不是斷滅的一邊，但這都是從菩薩親證本識而發起中道現觀的立場來看待的，其實都是由於有如來藏本際、實際、眞如心常住的緣故，才能說二乘小法所證的有餘依、無餘依涅槃，都是中道境界，都不墜入外道的斷、常二見中。然而若是講到眞正的中道，其實二乘聖人所證仍然不是眞實的中道智慧，這是由於他們仍然沒有觸及實相的體證所致；這個眞正的中道現觀的實證，都是由於親證如來藏本識，而能現前觀察本識從來就是中道境界的緣故。至於阿含的聲聞道所證的解脫果，不是斷滅空、也不墜入外道常見中，這也是有阿含部經文爲證的：

【尊者舍梨子復告諸比丘：「諸賢！有**中道**能得心住，得定、得樂，順『法、次法』，得通得覺，亦得涅槃。諸賢！云何有**中道**能得心住，得定得樂，順『法、次法』，得通得覺，亦得涅槃？諸賢！念欲惡，惡念欲亦惡；彼斷念欲，亦斷惡念欲。如是，恚、怨結、慳嫉、欺誑、諛諂、無慚、無愧、慢、最上慢、貢高、放逸、豪貴、憎諍，諸賢！貪亦惡，著亦惡；彼斷貪，亦斷著。諸賢！是謂**中道**能得心住，得定得樂，順『法、次法』，得通得覺，亦得涅槃。」

「諸賢！復有**中道**能得心住，得定得樂，順『法、次法』，得通得覺，亦得涅槃。諸賢！云何復有**中道**能得心住，得定得樂，順『法、次法』，得通得覺，亦得涅槃？謂八支聖道：正見乃至正定，是爲八。諸賢！是謂復有**中道**能得心住，得定得樂，順『法、次法』，得通得覺，亦得涅槃。」

於是，世尊所患即除，而得安隱，從臥寤起，結跏趺坐，嘆尊者舍梨子：「善哉！善哉！舍梨子爲諸比丘說法如法。舍梨子！汝當復爲諸比丘說法如法。舍梨子！汝當數數爲諸比丘說法如法。」爾時世尊告諸比丘：「汝等當共受法如法，誦習執持，所以者何？此法如法，有法有義，爲梵行本；得通得覺，亦得涅槃。諸族姓子剃除鬚髮，著袈裟衣，至信捨家，無家學道者，此法如法，當善受持。」佛說如是，尊者舍梨子及諸比丘聞佛所說，歡喜奉行。】（《中阿含經》卷二十二〔穢品〕《求法經》）雖然在這一段阿含的經文中，由於是聲聞人結集大乘經的緣故，所以無法說出眞正中道的義理，但亦已經顯示一件事實：聲聞羅漢已經知道他們入了無餘涅槃以後，並不是斷滅空，所以說解脫、滅盡、無我、涅槃都是中道境界。但他們都無法說明中道的眞義究竟是什麼？不能如菩薩一般，將中道義詳細的、廣泛的、深入的解說，可見他們都是不證本識如來藏的聖人，所以不能現觀，因此就講不出來，更別說是深入發揮了，因此大乘法中說爲愚人。

《雜阿含經》卷十二第 300 經，也說二乘涅槃不墮於外道斷滅見之中，亦不墜入外道常見之中，因爲涅槃的修習與實證，不是自作自覺，也不是他作他覺；不是自作他覺，也不是他作自覺。只是蘊處界自作之後，由自己的本識自住涅槃，所以不是自作而他覺；由自己的本識獨住於無餘涅槃，而不是由蘊處界的自己入住涅槃，所以非自作自覺。實證涅槃，是要由蘊處界自己來作，所以不是他作；但是入涅槃中安住的卻不是蘊處界自己，所以非他覺亦非自覺。外道說的自作自覺，正是今天佛門大師們的主張，都是想要以蘊處界的自己修行以後，再由蘊處界中的某一法認作眞實不壞的自己，想要由**自己**入住無餘涅槃而解脫生死，都屬於常見外道見，其實都不符合 世尊的旨意。有經文爲證：【如是我聞　一時佛住拘留搜、調牛聚落。時有異婆羅門來詣佛所，與世尊面相慶慰，慶慰已，退坐一面，白佛言：「**云何瞿曇！爲自作自覺耶？**」佛告婆羅門：

「我說此是無記。自作自覺，此是無記。」「云何瞿曇！他作他覺耶？」佛告婆羅門：「他作他覺，此是無記。」婆羅門白佛：「云何我問自作自覺，說言無記？他作他覺，說言無記？此義云何？」佛告婆羅門：「**自作自覺，則墮常見；他作他覺，則墮斷見**。義說、法說，離此二邊，處於中道而說法。所謂此有故彼有，此起故彼起：緣無明、行，乃至純大苦聚集。無明滅則行滅，乃至純大苦聚滅。」佛說此經已，彼婆羅門歡喜隨喜，從座起去。」（《雜阿含經》卷十二）

凡是自作自覺的人，都是常見外道見，他作他覺則是斷見外道見，不承認有前世、後世。由自作自覺被斥爲常見外道，可見 佛陀在解說二乘菩提的解脫道時，是依本識而說法的：若是由涅槃心來自覺自悟，就是自作自覺；這個人一定會墜入意識心中，誤將意識的某一情況誤認爲涅槃心，然後想要以誤會爲涅槃心的意識心自己入住無餘涅槃，墜落於常見之中，成爲常見外道，不能斷我見。若是他作他覺，則是由不相干的別人來覺悟菩提、住入涅槃，與自我無關，一定會墜入斷見中；這是把自我全部否定之後卻無法找到常住不壞的自我，或是成爲一神教的信徒，由上帝來使他常住——永生天堂而不斷滅，其實仍是斷滅見。假使有人讀平實寫的種種宣說大乘法的書籍以後，相信意識心是虛妄的，就誤以爲是由涅槃心如來藏來修行，然後由如來藏來入住涅槃，則成爲另一種自作自覺，也是誤會正法的人；因爲，入住無餘涅槃的心固然是如來藏識，但是如來藏卻是本性清淨而含藏意根、六識心的染污種子，祂自性清淨所以從來都不必修行，祂也絕對不會懂得修行；而是祂本來清淨，但卻含藏著意根與識陰六識的染污種子，所以要由識陰六識來修行，將祂所含藏的識陰的我見與我執種子滅除掉，識陰願意自我滅失而不再出生了，意根接受了，於是捨壽時滅除自己，意根與識陰六識全都滅盡了，再也不會有來世的蘊處界出生了，只剩下本識如來藏離見聞覺知而獨存，就成爲無餘涅槃，所以既非自作自覺，也非他作他覺，不墜入常、斷二見中，不同於外道的斷滅見或常見見。

但是推究眾生會有世世不斷的生死痛苦，其原由，都是由於自己的無明所致，有了無明就會使本識出生了自己；滅了無明，祂就不再出生五陰自己，就永離生死苦。所以十因緣法說**此有故彼有**：本識有故名色有，名色有故六入有，乃至生有故老死有。所以十二因緣法說**此起故彼起**：無明起故行起、行起故識陰六識起、六識起故後世名色起，乃至生起故老死起，純大苦聚集。所以十二因緣法說**此滅故彼滅**：無明滅故行滅、行滅故識陰滅，識陰滅故後世名色滅，乃至生滅故老死滅，純大苦聚滅。若離本識的入胎，則無蘊處界存在，更何處可以找得到、證得到蘊處界的緣起性空？正由於無明而不知十因緣法所說的**名色由識生**，不知**名色是因緣所生法**，所以顧念執著名中的識陰覺知心；被這個**誤認識陰覺知心常住**的無明所遮蓋，所以智慧光明不生，所以就成爲此有故彼有，於是此起故彼起，純大苦聚的五陰就世世不斷的出生了！但是在無明滅除以後，進入無餘涅槃時，並非斷滅境界，而是中道境界：既無五陰自我，所以不再有三界有；但仍有本識存在不滅，所以也不是斷滅空，成就中道義。

唯有本識的實有而常住，才可能使二乘涅槃成就中道義，遠離斷常及自作自覺、他作他覺二邊。若是印順所說的蘊處界滅盡後的滅相，那是斷滅空，不是中道，也是自作自覺的常見見。宗喀巴爲了避免斷滅空的譏評，就主張樂空雙運中的意識心與樂觸是常、是不斷滅；印順不敢明目張膽的主張意識常住，以免公然違背四阿含聖教，於是新創**滅相不滅**說，藉以避免墜入斷滅見中，卻又成爲**演變**出來的**虛妄想**新創「佛法」。若是承認有本識如來藏（不必像菩薩們必須實證），就可以免除他所犯的一切邪見，能遠離斷常二邊而使二乘涅槃處於中道；這就是大乘如來藏妙法護持二乘涅槃、護持聲聞解脫道，使二乘法永遠不會被常見及斷見外道所攀附或破壞。但是大乘法中的見道，是必須親證本識如來藏的，由能實證這個入胎識，所以使得常見或斷見外道不能質疑：「本識如來藏只是你們自己創造發明而不可實證的，藉本識如來藏來護持二乘涅槃不墜入斷滅空中，是沒有意義的。」外道既不能如是質疑，於是便成就二乘涅槃的中道義及不可質疑性。而大乘的眞見道菩薩們都是實證本識而能現觀無餘涅槃中的實際，非諸二乘聖人所知，更非諸外道所能評論，於是不被破壞。

同經同卷第 301 經中也如是說：【如是我聞：一時佛住那梨聚落深林中待賓舍。爾時尊者散陀迦旃延詣佛所，稽首佛足，退住一面，白佛言：「世尊！如世尊說正見，云何正見？云何世尊施設正見？」佛告散陀迦旃延：「世間有二種依，若有、若無，爲取所觸。取所觸故，或依有，或依無。若無此取者，心境繫著，使不取、不住，不計我苦生而生、苦滅而滅；於彼不疑、不惑，不由於他而自知，是名正見，是名如來所施設正見。所以者何？**世間集，如實正知見，若世間無者不有。世間滅，如實正知見，若世間有者無有，是名離於二邊、說於中道**。所謂此有故彼有，此起故彼起；謂緣無明、行，乃至純大苦聚集；無明滅故行滅，乃至純大苦聚滅。」佛說此經已，尊者散陀迦旃延聞佛所說，不起諸漏，心得解脫、成阿羅漢。】這意思與上一段經文相同，故不另外解釋。

涅槃是中道，不論是四種涅槃中的哪一種，都一樣是中道；實證涅槃及中道者，於破斥一切外道時只是在說明事實，絕非是與人諍論也；只有未曾實證涅槃的人，與人作法義的諍辯，才屬於諍論，有經文爲證：【我聞如是　一時佛遊婆奇瘦劍磨瑟曇拘樓都邑。爾時世尊告諸比丘：「我當爲汝說法，初妙、中妙、竟亦妙，有義有文，具足清淨，顯現梵行，名《分別無諍經》，諦聽！諦聽！善思念之。」時諸比丘受教而聽。佛言：「莫求欲樂極下賤業、爲凡夫行，亦莫求自身苦行，至苦，非聖行，無義相應；離此二邊，則有**中道**；成眼成智，自在成定，趣智、趣覺、趣於涅槃。有，稱有、譏有；無稱無譏而爲說法，決定於齊。決定知已，所有內樂常求彼也！莫相導說，亦莫面前稱譽。齊限說，莫求齊限。隨國俗法，莫是莫非。此《分別無諍經》事，莫求欲樂極下賤業、爲凡夫行，亦莫求自身苦行；**至苦**，**非聖行**，**無義相應**者，此何因說？莫求欲樂極下賤業、爲凡夫行，是說一邊；亦莫求自身苦行，至苦，非聖行，無義相應者，是說二邊。莫求欲樂極下賤業、爲凡夫行，亦莫求自身苦行，至苦，非聖行，無義相應者，因此故說。離此二邊，則有中道，成眼成智，自在成定，趣智趣

覺趣涅槃者，此何因說？有聖道八支：正見乃至正定，是謂爲八。離此二邊，則有中道，成眼成智，自在成定，趣智、趣覺、趣涅槃者。】（《中阿含經》卷四十三）

這就是二乘聖凡眾人聽聞大乘中道般若經典結集出來的小乘中道經典，比起大乘的般若中道經典來，義理眞是粗淺狹窄。與人無諍者，意謂說正法、弘正法者，凡有所作破邪顯正之事，皆非諍論，以其法義正眞，故是護法、說法而不屬於諍論；以其眞見道而斷我見、乃至我所執故，不求名聞與利養，只是爲大眾分別涅槃中道正義，只是爲救護眾生同歸正道故，不名諍論。由此緣故，只有法義邪謬而不肯細心探討，一心顧念名聞、利養與眷屬，因此而與善知識諍辯者，方是眞正諍論者。菩薩所說法義既然正確無訛，當知所說皆是爲救度世人返歸正道，爲護二乘涅槃正法令不被壞，目的絕非與人諍論；有時說明大乘之殊勝於二乘法，亦只是說明事實而非扭曲、爭勝，更非諍論也。三有之結若是還沒有斷除的人，他所說的法既然被已經斷結的賢聖指正了，但是心中卻仍然不服而作種種辯解，才是屬於有諍的人；這都是由於我見未斷，三結、我所貪愛未斷（以及迷理無明所障）的緣故。有經文爲證：

【「云何有諍法？云何無諍法？若欲相應，與喜樂俱；極下賤業，爲凡夫

行，此法有諍；以何等故此法有諍？此法有苦、有煩、有熱、有憂慼，邪行，是故此法則有諍也。若**自身苦行，至苦，非聖行，無義相應，此法有諍**；以何等故此法有諍？此法有苦、有煩、有熱、有憂慼邪行，是故此法則有諍也。離此二邊，則有中道，成眼成智，自在成定，趣智、趣覺、趣於涅槃，此法無諍；以何等故此法無諍？此法無苦、無煩、無熱、無憂慼，正行，是故此法則無諍也。**有結**（三有之結）**不盡，此法有諍**，以何等故此法有諍？此法有苦、有煩、有熱、有憂慼，邪行，是故此法則有諍也。**有結滅盡，此法無諍**；以何等故此法無諍？此法無苦、無煩、無熱、無憂慼，正行，是故此法則無諍也。不求內樂，此法有諍，以何等故此法有諍？此法有苦、有煩、有熱、有憂慼，邪行，是故此法則有諍也。求於內樂，此法無諍，以何等故此法無諍？此法無苦、無煩、無熱、無憂慼，正行，是故此法則無諍也。於中若有樂，非聖樂，是凡夫樂：病本、癰本、箭刺之本，有食有生死，不可修、不可習、不可廣布。我說於彼則不可修，此法有諍，以何等故此法有諍？此法有苦、有煩、有熱、有憂慼，邪行，是故此法則有諍也。」（《中阿含經》卷四十三）

這也是聲聞人聽聞大乘中道義理之後結集成的中道經典，收集在中阿含之內；證悟菩薩們讀了以後會覺得可笑，因為聲聞聖人所知道的中道觀，竟然是如此。菩薩也由此而必然深信：當時 佛陀所說的中道觀，絕對不是如此說的。但是，般若中道觀的表相、名相，終究也是出現在中阿含部經文中了！所以印順才會在應成派中觀六識論的前提下，大膽的推論說：**佛陀不曾以成佛之道教人**。因為他看見大乘法的名相出現在四阿含諸經中，而四阿含中都只說解脫道，沒有宣講如何成佛的法道；並且大乘經典又都是八識論的主張，而他茫然於四阿含中處處隱說八識論的正理，所以他就誤認為：**大乘經非佛說，小乘經也沒有教導成佛之道**。他在這樣認知的情況下，認為聲聞解脫道即是大乘成佛之道，就以一生時間寫成了《妙雲集、華雨集》……等四十一冊「佛法」書籍，誤導了當代極多的大法師與佛門四眾。假使他已經證得第八識本識心，這些問題都將一掃而空，絕無可能犯下這麼多嚴重的過失，一定不會造下一生謗法、破法的無間大惡業。

中道之法，甚深難解故，聲聞聖人聞之不解，若結集之，即成小乘經中所說極為膚淺的中道；若是菩薩聞後結集成經，則為大乘中道般若實智，由此緣故已可證明聲聞人並非未曾聽聞 佛陀宣說般若中道，然而聽聞之後不能解義，才會有這一類極粗淺的阿含中道義。今由阿含部之《央掘魔羅經》以及前面所舉述的阿含部經典所說，證實大乘之法以及中道、菩薩道、如來藏……等法，並非印順所說 佛滅後數百年的聲聞部派佛教以後才漸漸興起的新興法教與宗派，而是 佛陀在世之時已經宣說及建立的究竟法教。假使 佛陀沒有將成佛之道教導完畢，是一定不會將應身示現入涅槃的，因這表示 佛陀的化緣尚未圓滿；而菩薩們初聞聲聞人誦出所結集四阿含中的大乘經典時，就已當場提出抗議了；在抗議要求修正而無效以後，當然會當場宣稱：**吾等亦欲結集**。所以隨後不久就有大乘經典被結集出來了。若是部派佛教數百年發展以後才漸漸結集出來的，當時豈能不被佛門眾人斥責為新創之說？當時已普遍使用文字記錄了，又豈會沒有反對者以文字記載某經是何時被創造出來的？要待二千五百年後的今天才由印順及外國一分學者，依據臆測而無任何證據就直接加以指斥？若是 佛陀入滅後五、六百年才開始漸漸創造結集的，一定無法避免的會如同天竺密經一般託詞為入龍宮取經，或者如同藏密由創造者預先埋藏於山地岩洞或岩堆中，再託詞為某佛、某大菩薩指示而取出，用以矇騙世人。然而大乘經典都不如是，已有菩薩眾在四阿含結集完成並且複誦結束時就當場抗議；

又在 佛陀尚未入滅時就有童女 迦葉菩薩率領五百比丘遊行人間，被聲聞人結集而記入阿含經中；又因大乘經典是隨後不久即結集完成，故無數百年後被反對者或聲聞人記錄創造結集的時間，或開始流通的時間；由以上種種跡象，都已顯示大乘經典並非聲聞部派佛教以後數百年間才創造或結集的。

若說大乘經義是由部派佛教的聲聞人來發展出來的，是絕對說不通的；假使部派佛教的聲聞人可以漸漸發展出大乘佛教的經典來，那麼時經二千五百多年，南傳佛法中的許多聲聞人也應該可以發展出大乘佛教來，但是終究不曾有如是事出現，這是由於聲聞人的法義不必親證本識的緣故。在未親證本識的情況下，是絕對不可能發展出大乘佛法的；而且， 世尊是因爲親證大乘般若及一切種智圓滿具足才成佛的，不是由二乘法四諦八正、因緣觀解脫道而成佛的，當然 佛陀在世時必須圓滿具足解脫、般若及種智，才有可能成佛，亦須宣畢成佛之道才是圓滿化緣，方可取滅。若說 世尊在世時不曾宣講般若及種智，那麼印順言外之意顯然是指責 佛陀尚未成佛。所以 佛陀在世晚年時是三乘法教並行的，才會有童女 迦葉菩薩率領大乘法中的五百比丘們遊行人間，而不被 佛陀及諸聲聞羅漢所斥責，才會被聲聞聖人記入阿含部經中來護持二乘涅槃。由此可見，部派佛教的聲聞法廣行時，大乘佛教也是一直並行在弘揚著，並不是那些研究學者及印順所說的部派佛教時期沒有大乘法正在弘揚著。

部派佛教當時仍有許多阿羅漢，他們絕對不敢否定一切弘揚大乘法的菩薩們，因為他們深心中已確定菩薩們的智慧絕非他們所能衡量，當菩薩們說明大乘與二乘法間的勝劣差別時，二乘羅漢們鑑於菩薩所說都是如實語，而他們已經斷了我執與我所執，當然不會有激烈的反應，因此就不敢對菩薩所說有所反駁；而大乘菩薩所弘揚的大乘妙義也能護持二乘法，使外道絕對無法攻訐二乘法；童女 迦葉菩薩的**本識實存說**，被聲聞羅漢們結集入阿含中，即是現成例子。由此緣故，當時大、小乘的弘法者間因此而相安無事，當然就不會有大乘法教弘揚者被聲聞人攻訐的事相出現與記錄了。反觀現在反對大乘法教者，都是未斷我見者，更不可能已斷我執與我所執，他們會起而反對自己所不能證的本識與大乘法的勝妙性，出而否定菩薩的弘法事相及佛菩提道的法義，也就成為不可避免的必然之事了。凡是已證初果乃至四果的聲聞聖人，絕對不敢一語私評大乘法教的，只有解脫道中的凡夫或外道才敢如此作；都是緣於誤會二乘法教的涅槃正理，也因未斷我見而使涅槃智慧不生的緣故，有以致之。

當一分外國的佛教研究者及印順派學人，指稱：世尊不曾以成佛之道教人，所以阿含解脫道就是成佛之道；這就表示他們心中都是抱持一個看法而不懷疑的：釋迦世尊其實尚未成佛，所以第二、三轉法輪的般若及種智等更勝妙經典，才會由後人創造出來，講出比佛陀四阿含中的解脫道更勝妙的佛菩提道法義。這其實正是印順心中的想法，也是他以種種暗示手法想要讓大家信受的說法。但是，您能接受嗎？而且，不但是大乘經中，連最原始的二乘法四阿含諸經中，世尊處處都已明說是成佛了，而且說是久遠劫以來就廣行**菩薩道**，歷經極多尊佛，都是勤修供養與修學佛菩提，都不是說往昔無數劫以來修學羅漢道。並且也說久遠劫以來曾經奉侍過無量數的善知識，都是行菩薩道，不是行羅漢道；像這樣精進學羅漢解脫法的人，若是利根人，一定會在一世之中就證得第四果，遲鈍的精進修學者也可以歷經四世而證得阿羅漢果，不必歷經久遠劫的修行，又何必無數劫修解脫道？這已經表示世尊久遠劫以來修學的都是菩薩道，不是聲聞道。既然所修都是菩薩道而不是聲聞道，當然在歷經久遠劫的修行以後，一定是成佛而不是成爲阿羅漢。

因爲是成佛的緣故，所以佛陀即使是在弘演聲聞道的阿含期，在專門演說蘊處界無我、諸法無我時，也常常隱說有眞我第八識，以這個眞我本識而建立二乘涅槃不墮於斷滅境界中，已經由平實十年來的許多書籍中舉證，證明爲眞了。依本識爲中心而解說的解脫道，大異於斷見外道的邪法，而且使得斷見、常見外道都不能夤緣攀附於聲聞佛法，不能對二乘佛法加以誹謗。佛世時如此，今時的正覺同修會弘法時亦是如此；將來千年中的正覺同修會繼續弘法時亦將如此，假使將來千年時同修會仍然繼續存在的話。然而眞我之說，二乘聖人聞之尚且不能解義，末法時世的印順、星雲、證嚴、聖嚴……等未斷我見、未證初果的凡夫們，當然更不能知，就會說「眞我思想是後期大乘佛教所創造者」，便隨同印順邪見而倡言：眞我如來藏同於外道神我、梵我。眞可謂籠統顢頇至極也！但眞我的實證，其實是 佛世時就已經有許多菩薩們實證了，在阿含經中就已被聲聞羅漢們結集記錄下來了，只是聲聞人都無力實證罷了！但因爲他們也都聽過 世尊宣講大乘經典，所以他們結集自己所聽聞的大乘法時，也會有所記錄的。今有阿含部《央掘魔羅經》卷四 佛語爲證：

【「如是！文殊師利！於『眞實我』，世間如是、如是邪見，諸異妄想，謂解脫如是，謂『我』如，是出世間者。亦不知如來隱覆之教，謂言『無我是佛所說』，彼隨說思量，如外道因，起彼諸世間，隨順愚癡。**出世間者，亦復迷失隱覆說智**。是故如來說『一乘、中道』離於二邊：『我』眞實、『佛』眞實、『法』眞實、『僧』眞實，是故說**中道名摩訶行**。」爾時央掘魔羅白佛言：「世尊！眾生不知中道，妄想說餘中道。」」（阿含部《央掘魔羅經》卷四）

爲令學人知 佛眞意，**語譯**及略解如下：【「就像是這樣子！文殊師利！對於本識這個『眞實我』，世間人總是有如是、如是等種種邪見，種種不同的妄想，說解脫就是這樣子，說蘊處界中的覺知心『我』就是如，說這個覺知心我如如不動時就是出世間的心（說能入無餘涅槃中）。**也不知道如來隱覆密意而演說的法教**，總是說『一切法無常故無我，這就是佛陀所說的教導』，他們隨著自己所說的法義而加以思量，如同外道所說的萬法根本因一樣，說這個『如如的覺知心我』是生起種種不同類有情五陰世間的眞心，隨順於外道的種種愚癡妄想。**在解脫道中修學出世間法的聲聞人，卻又迷失於我釋迦牟尼隱覆密意而說的解脫智**。由於這個緣故，我釋迦如來特地宣說『唯一佛乘以及中道』都是離於二邊的：『我』是眞實的、『諸佛』是眞實的、『佛法』是眞實的、『僧寶』是眞實的，以此緣故而說**中道名爲摩訶行**（大乘）。」這時央掘魔羅稟白佛陀說：

「世尊！眾生不能了知中道的義理，以種種妄想而演說種種不同的中道。」

在這段經文中，佛陀明白的說：中道名爲大乘。可見中道本來就是大乘法專有的，二乘法中說的中道都只是從意識境界來說的，並非眞實的中道。

如上阿含部經文，佛說：「於『眞實我』，世間如是、如是邪見，諸異妄想，謂解脫如是，謂『我』如，是出世間者。」今天大乘佛教與南傳南洋佛教界中，不都正是如此嗎？總是對眞實我產生了虛妄想，誤以爲覺知心一念不生、如如不動時，或誤以爲覺知心修行清淨以後就是出世間心，以爲可以用這個離念靈知或清淨後的覺知心，在捨壽時進入無餘涅槃中常住；但是，這個離念靈知心以及清淨無染以後的覺知心，我們都可以用心所法來檢視祂，以離念靈知心、淨化後的覺知心所擁有的功能，來實地加以檢視：祂具有五遍行心所法，也具有五別境心所法，這很顯然是完全符合意識自性的，正是聲聞羅漢們在論中所說的意識心，所以當然是生滅性的虛妄法，無法常住於涅槃中。意識心既是緣生法，必然要面對即將到來的緣滅時節，所以夜夜眠熟時就暫時斷滅了，所以捨報後入胎時就永遠斷滅了，連來世都去不了，還能進入無餘涅槃嗎？

而且，佛在四阿含中早就開示過了：入無餘涅槃時，必須滅盡五陰、十八界法的全部。不幸的是，意識正是十八界法中的意識界，正是五陰中的識陰六識所含攝的意識，都是在進入無餘涅槃時必須滅除掉的妄心。然而今時北傳、南傳的大師們卻都想要以這個意識離念靈知來入住無餘涅槃，南洋很有名的帕奧禪師不正是如此嗎？錯認意識是常住法，都是未斷我見的人。北傳大乘佛法中如是，想不到南傳的小乘佛法專修解脫道的大師也如是，眞是天可憐見！佛可憐見！菩薩可憐見！阿羅漢可憐見！距離末法滅盡時間還有將近一萬年，但是佛法竟然已被這些南、北傳的大師們弄到這個地步了！您還能坐視不理嗎？請您發發慈悲心，一同來救護佛教學人回歸正道吧！

佛說：「亦不知如來隱覆之教，謂言『無我是佛所說』；彼隨說思量，如外道因，起彼諸世間，隨順愚癡。」這也正是今時的南傳佛法解脫道的修證者們所墜落的無明深坑。那些印順派或南傳佛法的南洋及台灣的大法師們，不都是一向主張無我而不許有眞我本識存在的嗎？只要有人出世弘揚本識眞我如來藏，他們就極力詆譭，說是外道神我、梵我，謗爲自性見。但他們都不知道：佛所說的無我法，只是從現象界、世俗法的蘊處界來說的，這些法（包括他們認定爲常住不壞的離念靈知意識心、意識細心、意識極細心）都是五蘊、十八界所含攝的法，這些生滅法的自我當然是無常故無我的，這正是 佛所說的無我法。

但無常故無我的解脫法，只是在講世俗法、現象界中的蘊處界無我，不是在講本識無常故無我，印順等人不該把世俗法蘊處界的無常故無我，硬套在勝義諦的第八識如來藏上面。而且蘊處界無常故無我的解脫道，還得要靠阿含所說常住的本識來護持，才不會墜入斷滅空而被斷見外道貪緣，才不會墜入常見外道所墮的意識境界而被常見外道貪緣。意識心是第六識，是識陰六識所含攝的生滅法；眞我本識則是第八識，不是識陰所攝的生滅法，而且還是出生識陰、意識的常住法，怎會同於常見外道所說的神我、梵我意識心呢？事實是：南、北傳佛法的所有大師們所說的意識「細心、極細心」，正是外道的神我、梵我，但他們卻如同**賊人大喊屋主是賊**一般的大聲指責別人，豈不可笑！

佛陀早已在四阿含中說過：本識就是入胎識，是名色之根本因，是能出生名色的眞實心，所以 佛在四阿含中名之爲我，不是無我。只是說得太隱密、太簡略了，所以那些南傳佛法的法師們、北傳大乘法中的印順，崇尚聲聞法而閱讀四阿含時，都無法理解四阿含諸經中 佛陀**隱覆密意**而說的**本識法**，就把出生蘊處界的本識，反過來歸類在蘊處界中，就主張本識入胎識也是無常故無我，或者直接否定入胎識的存在。若有人出世弘揚本識法時，他們就斥責為自性見外道，或誣謗為外道的神我、梵我，這是平實親遇的事實狀況。

然而他們都嚴重的誤會　佛陀所說本識與意識的義涵了，本識是出生意識的第八識，意識是本識所出生的第六識，**能生識**與**所生識**是二個識，怎會是同一個識呢？難道印順他們那些人都不是由媽媽所生，都是由自己出生自己的嗎？竟然可以說**出生自己的媽媽與被生的自己是同一個人**！他們總是極力主張「無我是佛說」而排斥第八識法，其實正是心行顛倒的凡夫。蘊處界無我，當然是佛說；而他們將無常故無我的意識心，與出生意識的常住心本識混同在一起，將出生意識的常住本識也說為無常故無我，可就鬧出大笑話了！以此緣故，在被平實提出來辨正時，就都無所能為了！不論他們平時對待別人（譬如對待李元松老師、如石法師……乃至籍籍無名的鍾慶吉先生）是如何的強勢與兇悍。

他們對無我法都是如　佛所評的「隨說思量」著，因此就無法通達二乘解脫道眞義了；為了預防別人定位他們是斷見外道，不得不新創**意識細心常住不滅說**，又新創**滅相不滅的眞如說**，來預防賢聖們斥責他們是斷見外道；但是卻仍然逃不過　佛陀預先破斥的建立：「**諸所有意識，一切皆意、法為緣生。**」一切意識都是有生也有滅之虛妄法，不論粗或細。至於大乘末法時的禪門之中，也總是不免 佛陀這樣的預記：「如外道因，起彼諸世間，隨順愚癡。」他們常常悟錯了，「悟」到的是離念靈知意識心，就妄認離念靈知是萬法的根源，認爲離念靈知是能出生名色的眞心；或如聖嚴法師所說的**淨化後的意識心**就是**涅槃心**，妄想要以淨化後的意識入住無餘涅槃中。但是他們都未發覺到自己與常見外道所說的萬法根本因完全相同，所以同樣是「如外道因」，與常見外道同樣墜入常見中，永遠不離意識境界，斷不了我見。這些不同說法的意識心，根本不是能出生**名**與**色**的正因，與常見外道所說萬法之因無異。

當他們死後再入母胎而住胎時，這個離念靈知或淨化後的意識心，是絕對不會繼續存在的，因爲這一世的離念靈知意識心，要依此世的五色根爲緣，才能在人間生起及存在，若無五色根爲緣，本識中的意識種子就無法流注出來，不能使意識心現前；但是此世的五色根不能帶進下一世的母胎中，又如何能使此世的離念靈知繼續安住於來世的母胎中？入胎以後連意識自己都不存在了，還能創造來世的名色五陰世間嗎？這種過失， 佛陀早就在四阿含中斥責過了！也等於是預記末法時的禪宗大法師們會這樣子犯過；證之於當代佛教，佛確實是極睿智的聖者，如今的大法師們，不論是禪宗的大師與或不信禪宗法門的印順法師，不是都把離念靈知意識心或意識細心認定爲常住不滅的心嗎？意思是說意識心是入胎識、是出生名色的眞心；其實都是墜落於 佛陀預記的「**如外道因，起彼諸世間**」的邪見中了，當然正是「**隨順愚癡**」外道法的末法眾生。

佛又說：「**出世間者，亦復迷失隱覆說智。**」這不但是講二乘聖人，也預記今時南傳佛法及印順法的一切修學者，對於 佛陀隱覆入胎識的密意而說的解脫道，難免嚴重的誤會。印順更因此而明著否定四阿含中所說的本識法、否定入住母胎中藉緣而出生名色的入胎識，說是等同自性見外道、等同外道的神我與梵我。這正是想要修學出世間法，卻迷失於**隱覆密意**而說的**解脫智**。

央掘魔羅大士說：「**眾生不知中道，妄想說餘中道。**」這不正是今天的印順，古時的宗喀巴、阿底峽、寂天、月稱、清辨、安惠、佛護……等人的實際狀況嗎？不單如此，也正是古時第一次五百結集的諸大阿羅漢們的狀況，所以他們才會把大乘般若經典中的眞正中道妙義，結集成四阿含中所說的表相上的中道；導致今天的星雲、聖嚴、證嚴……等人，以種種妄想而說世俗法的中道，或如印順法師以想像而構思出來的斷見本質的中道：**蘊處界已滅故非常見有，蘊處界滅盡後的滅相不滅故非斷滅，故是眞如、中道**。正是央掘魔羅大士破斥的「不知中道」者，都是「妄想說餘中道」的凡夫。如上藉當代大師弘法實例來說明，您閱讀以後應該對中道有了更進一步的認知了！

本識如來藏法甚深難證，是故二乘法中的凡夫，往往因爲求證不得而信受邪言妄語，隨著別人誹謗正法的言語而人云亦云，共同造作謗法的共業；是故本識如來藏妙法，極易遭謗，世尊早已預記：【佛告央掘魔羅：「少有眾生聞此經信，未來眾生多謗此經。」央掘魔羅白佛言：「世尊！唯願爲說何方幾所眾生誹謗此經？幾一闡提？何方有能廣爲眾生安慰說者？唯願如來哀愍爲說。」佛告央掘魔羅：「未來世中，中國（非指政治上的中國）當有九十八百千億眾生謗毀此經，七十億眾生作一闡提；東方九十八千億眾生謗毀此經，六十億眾生作一闡提；西方九十八百億眾生謗毀此經，五十億眾生作一闡提；南方九十八億眾生謗毀此經，四十億眾生作一闡提。」】（《央掘魔羅經》卷四）

意思是說，毀謗本識如來藏經典的眾生很多，包括外道在內，因爲他們受不了菩薩宣揚如來藏法義，這會顯示他們所證的意識心是虛妄而且不究竟，他們將會成爲斷善根人——一闡提人；佛門中的法師與居士們，在毀謗以後，經過多年的思惟而發覺自己以前的毀謗是錯誤，或十年、或二十、三十、四十年後，知道自己已經犯了毀謗最勝妙法的大罪了，自然會在捨壽前懂得懺悔，終於不會成爲一闡提人，得免墜落無間地獄中；雖仍難免地獄罪，但已非無間地獄業，可以藉著畢生努力護持如來藏妙法的行動來消除；乃至投入正法中，久後終能實證如來藏本識，發起般若實相智慧，永離地獄報。但是毀謗如來藏妙義的事相將會永遠繼續存在，除非大乘如來藏（聲聞法中隱覆而說的本識妙義）已經被廣弘開來而被佛教界全體認同了！因此，此時平實遭致錯悟者、未悟者乃至附佛法外道故意謗爲邪魔、謗爲外道，正是平常事，不足爲怪。

但我們也可以由此事實中，證明如來藏妙法是極難弘揚的；這在佛世時已是如此，所以證悟的出家與在家菩薩們，終究是少於出家聲聞人的；而且大乘法不是初轉法輪時期就開始宣說的，是聲聞解脫道廣弘以後才開始宣講的，聲勢當然是比容易修證而且較早弘揚的聲聞法小多了，所以若想要在佛世就廣弘開來而使聲勢超過聲聞教，當然不可能，所以 佛陀在世時的大乘法教聲勢當然是不能與聲聞法教相提並論的。但是由於大乘如來藏（聲聞法中的本識妙法）

遠遠勝妙於聲聞法，在一切阿羅漢們都不能與眞悟菩薩對話的情況下，大乘法在弘揚過一段時期以後，終究還是會被大乘根性的學法者所信受，因此在長期與部派佛教的聲聞法並行弘揚數百年以後，大乘法教終於還是凌駕於聲聞法教之上了。印順正因爲只看到大乘法教興盛較遲的表相，不知道大乘菩薩們始從佛世，乃至 佛陀入滅以後仍與部派佛教的聲聞法在同時弘揚著，所以他是只知其然而不知其所以然，就妄說：**大乘佛教是聲聞部派佛教時期以後才發展出來的**。若是眞的如他所說的一般， 佛陀仍然在世時，爲何就已經有童女 迦葉菩薩率領著五百比丘遊化人間？而在 佛身荼毗後隨即結集的第一次結集中，就被聲聞人記入阿含部經中？證實 佛陀在世時尚且是大乘與小乘並弘的，是已經有菩薩在弘揚本識法的，更何況菩薩是生生世世常住人間弘法利生的，是永遠不取無餘涅槃的，怎會在部派佛教的聲聞人弘法時，都不出來弘揚大乘本識如來藏妙法？印順對佛世大小乘教並弘無礙的歷史事實卻全然不知。

然而大乘佛教是函蓋小乘聲聞法及中乘緣覺法的，說明白一些：二乘法其實都是從大乘佛教中分解出來，用以先度信心不足、心性不夠廣大的聲聞性眾生的，所以二乘聲聞的解脫道法義，本來就屬於大乘佛法中的局部。若不將大乘法中的部分解脫道解析出來而說二乘法，當然就只有唯一佛乘的佛教了，又有什麼大乘、中乘、小乘可說呢？這就是唯一佛乘的眞義！所以印順所說的唯一佛乘其實只是解脫乘，就是成就阿羅漢果的法道；眞是不懂事實眞相，也是不懂三乘法義的虛妄說。關於聲聞乘及一佛乘的說法，在最原始的四阿含中本就說過了，只是印順讀過而故意忽視罷了！（詳印順《以佛法研究佛法》等著作）但是，已經說出**一佛乘**名相的四阿含所集經典的內容，仍是以解脫道的聲聞法為主，未能述及**一佛乘**的內涵，都是只說到名相而未細說內容的；所以唯一佛乘的說法，並非只有《央掘魔羅經》中才說的。還有別的四阿含部經典為證：

【爾時尊者阿難獨止一處，起如是念：「我佛世尊先說所有諸方諸國及諸城隍，所謂盎誐國、摩迦陀國、迦尸國、憍薩羅國、蜜乃沙國、大力士國、奔拏國、蘇摩國、阿說迦國、伐帝國、俱嚕國、半左國、伐蹉國、戍囉西那國、夜伐那國、甘謨惹國等，而彼諸國所有**聲聞**已入滅者，佛皆說彼生於某果報；唯彼摩迦陀國所有上首諸優婆塞皆已命終，彼摩迦陀國空廓無人，我佛世尊未為宣說生於何處。」……大梵天王當以如是神足之力，種種變現作化事已，又復告彼諸天及護世等：「我佛世尊以此四神足力及**聲聞法**，先所化度者即摩伽陀國八萬優婆塞，善斷三障，盡苦邊際，證須陀洹果；於天上、人間，七返往來，有生他化自在天者，有生化樂天者，有生三十三天者，有生四王天者，有生人間大刹帝利王宮者，有生上首大婆羅門家，有生上首大長者家。又復諸天眾等，有思念者：『嗚呼！云何能得四佛出現於世？』復有思念：『嗚呼！云何能得八佛出現於世？』大梵天王知彼天眾心之所念，而復告言：『汝等天眾莫作是念：思欲四佛出現於世乃至八佛出現於世。是義不然！汝等當知：我從佛聞，無有二佛同出於世，何有四佛、八佛同出世耶？汝等但願：我佛世尊無漏之體壽命增長，久住世間。』時彼諸天又復作念：『大梵天王云何一一實知我心？』彼諸天等即生驚怖，心懷愁惱。時大梵王告彼眾言：『汝諸天眾及護世等，一心諦聽！如來應供正等正覺，宣說**一乘正法**，令諸眾生遠離憂悲苦惱，皆得清淨，證眞實理。……』……。】（阿含部《人仙經》卷一）

【復次，大梵天王又告諸天及護世等言：「諸聖者！當一心聽，有八正道法，彼佛如來應供正等正覺悉知悉見。何等爲八？謂正見、正思惟、正語、正業、正命、正精進、正念、正定。如是八正道，即是三摩地受用法；若有如是得正思惟，行於梵行，修習圓滿，獲梵天樂。又復正語，正一切言，滿一切相，正說梵行，分別顯教（為人分別法義而顯示教理），得如實旨；宣說正語，開甘露門，**示一乘法**；令諸眾生咸得清淨，離憂悲苦，證妙法理。」】（阿含部《人仙經》卷一）

這部經典其實正是聲聞人聽聞大乘經典而結集下來的經典，可以證明：聲聞乘與一佛乘的法義確實不同，而且是佛世就已經同時並行在弘揚著的，這也是四阿含中早已存在及記載下來的史實；證明印順所說**大乘佛教是聲聞部派佛教以後漸漸演變出來**的說法，全是不實之說。唯一佛乘之法，二乘聖人聞之不解，結集之後則成為二乘法，唯餘**一乘**之名，這是最原始的四阿含諸經中常常可以看見的史實，另有經文為證：

【時尊者阿那律獨一靜處、禪思思惟，作是念：「**有一乘道**，淨眾生，離憂悲惱苦，得**真如**法，所謂四念處。」】（《雜阿含經》卷十九）

【爾時尊者大目揵連知尊者阿那律心之所念，如力士屈伸臂頃，以神通力於跋祇聚落失收摩羅山恐怖稠林禽獸之處沒，至舍衛城松林精舍尊者阿那律前現，語阿那律言：「汝獨一靜處、禪思思惟，作是念：『**有一乘道**，令眾生清淨，離生老病死憂悲惱苦，得**真如**法，所謂四念處。』……」】（《雜阿含經》卷十九）

【尊者摩訶迦旃延語諸比丘：「佛、世尊、如來、應、等正覺所知所見，説於法，出苦處，昇於勝處，説**一乘道**淨諸眾生，離諸惱苦，憂悲悉滅，得**真如**法。何等爲六？謂聖弟子念如來、應、等正覺所行法淨，如來、應、等正覺、明行足、善逝、世間解、無上士、調御丈夫、天人師、佛、世尊；聖弟子念如來應所行法故，離貪欲覺，離瞋恚覺，離害覺。如是，聖弟子出染著心。何等爲染著心？謂五欲功德。於此五欲功德，離貪、恚、癡，安住正念正智，乘於直道，修習念佛，正向涅槃，是名如來、應、等正覺所知所見，説第一出苦處，昇於勝處，**一乘道**淨於眾生，離苦惱，滅憂悲，得如實法。」】（《雜阿含經》卷二十）

【如是我聞　一時佛住鬱毘羅聚落尼連禪河側菩提樹下，成佛未久。爾時世尊獨靜思惟，作是念：「有**一乘道**能淨眾生，度諸憂悲，滅除苦惱，得**真如**法，謂四念處。何等爲四？身身觀念處……得解脱生老病死憂悲惱苦。」爾時娑婆世界主梵天王知佛心念已，譬如力士屈伸臂頃，於梵天沒，住於佛前，作是歎言：「如是，世尊！如是，善逝！有**一乘道**能淨眾生，謂四念處，乃至解脱生老病死憂悲惱苦。」時梵天王復説偈言：「謂有**一乘道**，見生諸有邊，演説於正法，安慰苦眾生。過去諸世尊，以乘斯道度；當來諸世尊，亦度乘斯道。現在尊正覺，乘此度海流；究竟生死際，調伏心清淨；於生死輪轉，悉已永消盡；知種種諸界，慧眼顯正道。譬若恒水流，悉歸趣大海，激流浚漂遠；正道亦如是，廣智善顯示，逮得甘露法。殊勝正法輪，本所未曾聞，哀愍眾生故，而爲眾生轉。覆護天人眾，令度有彼岸；是故諸眾生，咸皆稽首禮。」爾時梵天王聞佛所說，歡喜隨喜，稽首佛足，即沒不現。】（《雜阿含經》卷四十四）

這一類誤會解脫道即是大乘道、即是唯一佛乘的記載，以及誤會眞如法的事實，在雜阿含部經典中，是常常可以看得到的現象，這裡只略舉數則經文記載，不作全部的舉示。但已足夠顯示出來，聲聞羅漢們聽聞 世尊宣講大乘經典時，總是誤會而認爲成佛之道就是解脫道，所以他們結集出來的**眞如**法，就是二乘涅槃的**無常故無我**的滅盡蘊處界之法，而不能實證本識入胎識的存在，所以一直都不能實證眞如，不能進入菩薩數中。他們雖然如此認定一**佛乘**的法義，可是卻有大問題伴隨他們這種想法而存在著：爲何自己的智慧始終不如 菩薩？事實上也一直存在這個問題：爲何 佛陀入滅以後，他們一樣修成四念處觀、八正道……等法，卻又都沒有一人敢紹繼佛位而自稱成佛？一定要等待數億年後 彌勒菩薩下生人間時才會有人成佛？爲何 佛陀要預記當來下生 彌勒菩薩成佛，而不預記當時的大迦葉……等三明六通的大阿羅漢們可以隨即紹繼成佛？這些問題都是歷史記載所顯示的事實。由此可見，大迦葉等聲聞聖者們對於一乘道是不曾理解的，更是不曾實證的；只有大乘法中的 迦葉菩薩們才是眞正紹繼一**乘道**、**眞如**法義的聖者，但是也都自知距離佛地仍遙，仍未成佛。由此史實記錄及事實現象，可見一乘道的眞如法，不論是想要理解或是修證，都是極困難的，絕非一般大法師（特別是聲聞種性的大法師）所能理解的，更非一般初學之人所能臆測的，當然不可能一開始弘揚就有許多人能親證。

佛在世時已曾說過大乘之菩薩法道，並非未曾說，但因有記錄的第一及第二結集，都是由聲聞人所結集，所以阿含部經典都未曾說及十地行門的內容，只有十度波羅蜜及諸地菩薩名相，當然得要再由菩薩們另行結集大乘經典，終於才有了第二轉法輪的般若諸經、第三轉法輪的方廣唯識諸經被結集，才能具足成佛之道的法義，使 佛陀宣講的成佛之道妙義不會消失於人間；這當然是第一次的聲聞人五百結集後，當場抗議的菩薩們隨即展開的大乘經典結集：不被二乘聖凡諸人記入聲聞律典中的七葉窟外千人結集。而菩薩們依般若智慧卻都對事相上的記載不曾加以重視，故都未記錄下來，才會導致現代一分外國學者及印順等人，可以編造**大乘經典非佛說**的怪誕說法，而被無智之人所信受。

云何說阿含部經典中已有菩薩十地行門的名相？有阿含部經文爲證：

【爾時央掘魔羅以偈答言：

是義則不然，不應說三種；可治不可治，唯二無有三。
若作三分別，亦是**聲聞乘**；若諸聲聞乘，佛說蚊蚋乘。
以彼無知故，分別有三種。
所言邪定者，謂彼一闡提；正定謂如來，**菩薩**及**二乘**。
目連應當知，二種甚希有：所謂佛世尊，及與一闡提。
如來最上處，於上更無餘；第一極卑鄙，所謂一闡提。
譬如**大菩薩**，滿**十波羅蜜**；闡提亦如是，具足十惡行。
菩薩捨身施，頭目血髓腦；積骨踰須彌，過是不可數。
闡提亦如是，具足惡行施；生於餓鬼趣，貪欲極熾然；
念念貪欲心，眾多女人應；亦生眾多子，長夜不得樂；
飢渴苦所逼，還自食其子。
復有餘餓鬼，變作婆羅門；宿世惡業緣，來從索子食；
即施恣所欲，或復自食身；如是一闡提，惡行得滿足。

是故佛世尊，無上處希有；極下處希有，所謂一闡提。邪定是闡提，正定是**如來、住地諸菩薩**，及**聲聞緣覺**。】（《央掘魔羅經》卷二）

由此可以證實 佛曾宣說大乘法門及一佛乘之眞義，也曾宣說成佛之道的法義，所以佛世時本來就有如來、諸地菩薩、聲聞等三種聖人的存在。但因前二次結集的經典、律典，都由聲聞阿羅漢與凡夫結集之，所以本應屬於大乘法的四阿含中的許多經典，在第一次結集出來以後，卻都像上面所舉示的一般，成爲二乘法的經典了。其中原由，本來不難理解：聲聞阿羅漢們，既然未證大乘如來藏法，不知本識、入胎識的義理，所以聽聞 佛陀宣說如來藏妙義時，又何能生起勝解？既無勝解，又如何能憶持之？故二乘聖、凡諸人聽聞 佛陀在第二、三轉法輪時期所宣講的大乘經典，於 佛滅度後的第一次五百結集時，只能依其所聽懂的解脫道部分結集之，當然就會成爲二乘法解脫道的經典了！那就是現在的增一與雜阿含等經了！但是，雖由二乘聖凡諸人結集而成，卻是本屬大乘法的經典，當然會有許多大乘法的名相存在其中，這在雜阿含部與增一阿含部的經典中最爲明顯，而且是處處可見的事實。

世尊下生人間而建立了人間的佛教，但是人間佛教的表相，既以出家僧人爲表相上的代表者；然而出家僧人之中，本是聲聞僧之人數最多，菩薩僧之人數最少。在家菩薩僧則更不便主導經典的結集，所以第一次結集當然得由聲聞僧主動來結集了，結果當然是由大迦葉率領聲聞人，把大乘經典結集成二乘解脫道的經典了。後來眼見大乘經典被結集爲二乘法義而全面失眞了，出家與在家菩薩僧就只能被迫而自行結集原屬大乘法義的經典了。但是，可以想見的是：聲聞部的出家僧人對此一定不會公開認同，特別是聲聞部的凡夫僧眾；由此緣故，當然不可能被他們記入只集聲聞戒律的第二結集的律典中了；可是印順卻專由聲聞戒的律典中，想要求證大乘法教的結集時間與情況，豈不是緣木求魚的愚癡人？今由雜阿含與增一阿含諸經中的處處顯現如來、聲聞、緣覺、菩薩、住地菩薩、六波羅蜜、十波羅蜜等大乘行門名相，已經證實平實這一判斷的準確性，已證明平實的判斷是無可懷疑的研判。

若要如同印順一般，強行判定大乘經典所說如來藏法是**外道神我思想**，妄判大乘方廣諸經所說的如來藏妙義，是後來外道法滲透入佛教以後所演變的外道法，便有大過失產生了：**爲何能破斥外道法的大阿羅漢們，都聽不懂「菩薩外道」的如來藏眞如與解脱的妙義？爲何親證無生智慧了，卻不能對「菩薩外**

道」進行破邪顯正的功業？爲何卻任由梵化、外道化的菩薩們繼續貶抑二乘阿羅漢爲不懂般若實相的愚人？爲何任由外道化的菩薩們以如來藏妙義來弘傳而不能破之？爲何在外道破壞佛教正法時，只能由這些外道化、梵化的菩薩們來破邪顯正？爲何只能由這些外道化、梵化的菩薩們來支持二乘菩提，令二乘菩提不會墮入外道斷見與常見之中？

看來，依照印順的判教結果，這些落入「外道法」的菩薩們智慧是遠勝**內道阿羅漢**的，看來「外道法」的大乘如來藏經典是遠勝過**內道阿含經典**中的佛說，**似乎**是後來的「外道」菩薩們智慧遠勝過 佛世尊的，因爲印順認定大乘經典都是從外道的如來藏邪說中發展而創造出來的。但是印順對平實提出來的事實、現象與質疑，要如何解釋而能自圓其說呢？即使他再努力進修三大阿僧祇劫，他的知見假使不改變的話，屆時仍將是無法解釋的。所以，他判定大乘經典非佛說，判定如來藏妙義是外道法，是有種種大過失的，都是不能自圓其說的謗法言論。豈有任何人智慧能勝過 佛陀？豈有「外道法」的菩薩們能創造大乘經典而勝過 佛陀宣揚的四阿含法義？而這些顯然勝過 佛陀智慧的大乘經典「創造者」的菩薩們，卻又個個都歸命於 佛，恭敬無比。可是這些菩薩外道「創造」的大乘經典法義，又遠遠超勝於 佛所講的四大部阿含二乘經典；這個事實，那些判定大乘經典是由弘揚如來藏「外道法」的後來菩薩們創造的印順及其門徒，要如何自圓其說？當然只能默然而不辨正法義，一向推說平實程度太差而不屑與語。有智佛子見此事實、聞此提點，就該知道眞相了！

如來常住的勝義，是在 佛世時的第二、三轉法輪時期就講過的，所以聲聞聖人們也都可以聽聞得到，因此才會有《央掘魔羅經》被記錄在四阿含諸經中。有四阿含的經文爲證：【佛到林中，央掘魔羅遙見佛來，左手持鞘、右手拔刀騰躍而來；彼雖奔走，如來徐步，不能得及；央掘魔羅極走（古時的走字，意爲奔跑）力盡而語佛言：「住！住！沙門！」佛語之言：「我今**常住**，汝自不住。」】（《別譯雜阿含經》卷一）【「住！住！大沙門！白淨王太子！我是央掘魔，今當稅**一指**（如今應當徵用你的一個指頭）。住！住！大沙門！無貪染衣士，我是央掘魔，今當稅一指。」……爾時世尊猶如鵝王，庠行七步、師子顧視，爲央掘魔羅而說偈言：「住！住！央掘魔！汝當住淨戒；我是等正覺，輸汝慧劍稅；我**住無生際**，而汝不覺知。」】（《央掘魔羅經》卷一）這是最原始的**如來常住**的經文記錄，是第一次五百結集的聲聞人結集在最原始的阿含部經典中的經文，並不是在聲聞部派佛教時期以後才發展出來的，所以印順的說法完全不符合事實；所以他把**如來常住**判爲與外道神我、梵我合流，說是部派佛教時期過後的聲聞佛教，與外道梵我、神我思想合流以後才發展出來的，眞是胡人所說的話。

弘揚及護持如來藏最勝法的事，是末法時期最爲困難的事，所以每每會被無智淺學的凡夫所誣謗，這也是有四阿含的經文爲根據的：【佛告央掘魔羅：「非是如來爲第一難事，更有第一難事，謂於未來正法住世餘八十年，安慰說此摩訶衍經、常恒不變如來之藏，是爲甚難，若有眾生持諸同類是亦甚難。若有眾生聞說如來常恒不變如來之藏，隨順如實，是亦甚難。」央掘魔羅白佛言：「世尊！何如爲難？」佛告央掘魔羅：「譬如大地荷四重擔，何等爲四？一者大水，二者大山，三者草木，四者眾生，如是大地荷此四擔。」央掘魔羅白佛言：「如是，世尊！」佛告央掘魔羅：「非是大地荷四重擔，所以者何？餘復更有荷重擔者。」央掘魔羅白佛言：「誰耶？世尊！」佛告央掘魔羅：「正法住世餘八十年，菩薩摩訶薩爲一切眾生演說如來常恒不變如來之藏，當荷四擔。何等爲四？謂兇惡像類常欲加害，而不顧存亡，棄捨身命要說如來常恒不變如來之藏，是名初擔，重於一切眾山積聚。兇惡像類、非優婆塞，**以一闡提而毀罵之**，聞悉能忍，是第二擔，重於一切大水積聚。無緣得為國王、大臣、大力勇將及其眷屬說如來藏，唯為下劣形殘貧乞堪忍演說，是第三擔重於一切眾生大聚。窮守邊地多惱之處，衣食湯藥眾具粗弊；一切苦觸，無一可樂，男悉邪謗、女人少信，域郭丘聚豐樂之處不得止住，是第四擔重於一切草木積聚。若能荷此四重擔者，是名**能荷大擔菩薩摩訶薩**。若菩薩摩訶薩於正法欲滅餘八十年，棄捨身命演說如來常恒不變如來之藏，是為甚難；若能維持彼諸眾生，是亦甚難；彼諸眾生聞說如來常恒不變如來之藏，能起信樂，是亦甚難。」】（《央掘魔羅經》卷 4）

往年平實常常被悟錯的大師私下辱罵為外道、邪魔、破法者，也有悟錯的人及藏密的迷信者及弘法者，在網站上辱罵平實為邪魔、外道，好在還沒有被罵成一闡提者，但是在末法只剩下八十年時，平實若仍出來弘揚如來藏妙法，一定會如同此經中所說，被人「**以一闡提而毀罵之**」。如今平實還沒有被罵成一闡提的斷善根人，看來現在還不是末法只剩下八十年的時候，這是可以斷定的。所以，弘揚如來藏妙義，本來就是吃力不討好的事，更何況是在從來都不受人供養、不貪名聞，而且是在不披僧衣的狀況下，當然是更為困難的；但平實仍然如此一往直前的在繼續做，等待您實地觀行而且自己確認已斷我見、三縛結，自知已證初果時來加以支持了！當您能確實支持平實時，您一定會投入正法行列中來，那時的您，距離實證如來藏的時節也就不遠了！

如來藏眞實有，所以有智慧的您，千萬別被印順靠推論所得的邪說給矇騙了，所以本識如來藏是眞實有的，絕非方便施設的**性空唯名**法。這是有最原始的阿含部經文爲依據的：【佛告文殊師利：「一切眾生有如來藏，爲無量煩惱覆，如瓶中燈。」】（《央掘魔羅經》卷四）所以千萬別跟著人云亦云的毀謗最勝妙法的如來藏本識。亂說佛法的人，果報都是不怎麼好的，更何況是毀謗最妙法的人？所以千萬別把非法的謗法言語，當作是在護持正法：【「汝亦如是，隨惡師教，而生迷惑。若諸眾生**非法謂法**，命終當墮無擇地獄。」】（《央掘魔羅經》卷二）所以，爲了您自己的解脫道實證，也爲了佛門廣大眾生的佛法慧命，誠懇的呼籲佛門四眾：千萬謹言慎行，一定要實地閱讀、思惟，先弄清楚法義的正訛以後，再作評論，可別迷迷糊糊的尚未親自弄清楚以前，就跟著別有用心的人盲目毀謗，以免大善心想要護持正法，跟著印順、宗喀巴等人誤以爲破斥如來藏就是護持正法，卻成爲「聚九洲之鐵、鑄天下大錯」，成爲非常難以彌補的天下最大遺憾事。

第十二節　外道及在家人依佛語證得阿羅漢果

十餘年來常有弘揚南傳佛法的法師倡言：「居士修證佛法，最多只能證得三果，不可能證得第四果。」這是現代禪剛才掘起時出現的某些法師們的說法，其目的當然是在抵制李元松老師的宣稱證得阿羅漢果，與藏密許多法王、喇嘛們所說確實異曲同工：「在家人是一壺永遠煮不開的水。」特別是在台灣的藏密外道黃教弘法者，常常如此說，藉此滅除在家弟子們實證佛法的善法欲；他們要求隨學者只需供養他們，只需閱讀宗喀巴的《菩提道次第廣論》就好，別的都不可以學，特別是三乘法中的見道妙法。且不說藏密外道所有的法義都與佛教正法無關，且不說宗喀巴所說的顯教法義全都是常見外道法，且不說宗喀巴的密宗道諸法都只是淫人妻女的外道淫樂技術而已；暫說台灣某些南傳佛法出家人如此的說法，在大乘佛法中是有極多過失的；但是此處也暫且不談，單就最原始的四阿含二乘解脫道經典依據，來證明那些南傳佛法中的淺學出家人如此說法，是否符合他們所崇信的「原始佛法」中的解脫道聖教。於最原始的四阿含諸經中記載，在家人證得阿羅漢果者，譬如阿支羅迦葉，有經文為證：

【如是我聞　一時佛住王舍城耆闍崛山。爾時世尊晨朝著衣持鉢，出耆闍崛山，入王舍城乞食。時有阿支羅迦葉，爲營小事出王舍城，向耆闍崛山；遙見世尊，見已，詣佛所，白佛言：「瞿曇！欲有所問，寧有閑暇見答與不？」佛告迦葉：「今非論時，我今入城乞食。來還，則是其時，當爲汝說。」第二亦如是說，第三復問：「瞿曇！何爲我作留難？瞿曇！云何有異？我今欲有所問，爲我解說。」佛告阿支羅迦葉：「隨汝所問。」阿支羅迦葉白佛言：「云何瞿曇！苦自作耶？」佛告迦葉：「苦自作者，此是無記。」迦葉復問：「云何瞿曇！苦他作耶？」佛告迦葉：「苦他作者，此亦無記。」迦葉復問：「苦自他作耶？」佛告迦葉：「苦自他作，此亦無記。」迦葉復問：「云何瞿曇！苦非自、非他、無因作耶？」佛告迦葉：「苦非自、非他。此亦無記。」迦葉復問：「云何無因作者？瞿曇！所問苦自作耶？答言無記。他作耶？自他作耶？非自、非他、無因作耶？答言無記。今無此苦耶？」佛告迦葉：「非無此苦。然有此苦。」迦葉白佛言：「善哉！瞿曇！說有此苦。爲我說法，令我知苦、見苦。」佛告迦葉：「若受、即自受者，我應說苦自作。若他受，他即受者，是則他作。若受，自受、他受，復與苦者，如是者自他作，我亦不說。若不因自他，無因而生苦者，我亦不說。離此諸邊，說其中道，如來說法：此有故彼有，此起故彼起。謂緣無明行，乃至純大苦聚集。無明滅則行滅，乃至純大苦聚滅。」佛說此經已，阿支羅迦葉遠塵離垢，得法眼淨。時阿支羅迦葉見法、得法、知法、入法，度諸狐疑，不由他知、不因他度，於正法、律，心得無畏。合掌白佛言：「世尊！**我今已度**。我從今日歸依佛、歸依法、歸依僧，盡壽作優婆塞。證知我。」阿支羅迦葉聞佛所說，歡喜隨喜，作禮而去。

時阿支羅迦葉辭世尊去不久，爲護犢牸，牛所觸殺；於命終時，諸根清淨，顏色鮮白。爾時世尊入城乞食，時有眾多比丘亦入王舍城乞食，聞有傳說：「阿支羅迦葉從世尊聞法，辭去不久，爲牛所觸殺。於命終時，諸根清淨，顏色鮮白。」諸比丘乞食已，還出，舉衣鉢，洗足，詣世尊所，稽首禮足，退坐一面，白佛言：「世尊！我今晨朝，眾多比丘入城乞食，聞阿支羅迦葉從世尊聞法、律。辭去不久，爲護犢，牛所觸殺，於命終時諸根清淨，顏色鮮白。世尊！彼生何趣？何處受生？彼何所得？」佛告諸比丘：「彼已見法、知法、次法、不受於法，**已般涅槃**，汝等當往供養其身。」爾時世尊爲阿支羅迦葉授第一記。】（《雜阿含經》卷12第302經）這是牧牛人阿支羅迦葉，從佛陀口中聞法之時就已證得阿羅漢果了，所以當天未過正午被公牛以角觸殺時，就直接入無餘涅槃了。這是原始佛法中的第一件證據：在家人也能在聲聞法中證得阿羅漢果。

亦如年老的在家人摩羅迦舅，親得聞 佛說法，專精思惟之後，得證阿羅漢果，有經文爲證：【如是我聞 一時佛住舍衛國祇樹給孤獨園。爾時摩羅迦舅來詣佛所，稽首禮足，退坐一面，白佛言：「善哉！世尊！爲我說法。我聞法已，獨一靜處專精思惟，不放逸住，乃至不受後有。」爾時世尊告摩羅迦舅言：「諸年少，聰明利根，於我法、律出家未久，於我法、律尚無懈怠，而況汝今日，年耆根熟（又未出家）而欲聞我略說教誡。」摩羅迦舅白佛言：「世尊！我雖年耆根熟，而尚欲得聞世尊略說教誡。唯願世尊爲我略說教誡，我聞法已，當獨一靜處專精思惟，乃至自知不受後有。」第二、第三亦如是請。佛告摩羅迦舅：「汝今且止。」如是再三，亦不爲說。爾時世尊告摩羅迦舅：「我今問汝，隨意答我。」佛告摩羅迦舅：「若眼未曾見色，汝當欲見；於彼色，起欲、起愛、起念、起染著不？」答言：「不也！世尊！」耳聲、鼻香、舌味、身觸、意法亦如是說。佛告摩羅迦舅：「善哉！善哉！摩羅迦舅！見，以見爲量；聞，以聞爲量；覺，以覺爲量；識，以識爲量。」而說偈言：「若汝非於彼，彼亦復非此；亦非兩中間，是則為苦邊。」摩羅迦舅白佛言：「已知，世尊！已知，善逝。」佛告摩羅迦舅：「汝云何於我略說法中廣解其義？」爾時摩羅迦舅說偈白佛言：「若眼已見色，……（文長省略）世尊之所說。是名世尊略說法中廣解其義。」佛告摩羅迦舅：「汝眞於我略說法中廣解其義。所以者何？如汝所說偈：若眼見眾色，忘失於正念；則於所見色，而取愛念相。」如前廣說。爾時尊者摩羅迦舅聞佛所說，歡喜隨喜，作禮而去。爾時尊者摩羅迦舅於世尊略說法中廣解其義已，於獨一靜處專精思惟，不放逸住，乃至**成阿羅漢**，心得解脫。】（《雜阿含經》卷 13 第 312 經）是故一切在二乘法中修學解脫道而不學佛菩提道者，不應妄自菲薄。

亦有外道出家人見佛聞法而證得阿羅漢果者，譬如出家外道玷牟留受**第一記**：【如是我聞　一時佛住王舍城耆闍崛山中。爾時世尊晨朝著衣持鉢，入王舍城乞食，於路，見**玷牟留外道出家**，小有所營，至耆闍崛山遊行，遙見世尊，往詣其所共相慶慰；共相慶慰已，於一面住，白佛言：「瞿曇！欲有所問，寧有閑暇為解說不？」佛告玷牟留外道出家：「今非論時，須入城乞食，來還，當為汝說。」第二說亦如是，第三復請：「沙門瞿曇！將於我所，作留難不？

欲有所問，爲我解說。」佛告玷牟留外道出家：「隨汝意問，當爲汝說。」玷牟留外道出家即問：「沙門瞿曇！苦、樂自作耶？」佛告玷牟留外道出家：「說苦樂自作者，此是無記。」復問：「沙門瞿曇！苦樂他作耶？」佛告玷牟留外道出家：「說苦樂他作者，此是無記。」復問：「瞿曇！苦樂爲自、他作耶？」佛告玷牟留外道出家：「說苦樂自、他作者，此是無記。」復問：「瞿曇！苦樂非自、非他、無因作耶？」佛告玷牟留外道出家：「說苦樂非自、非他、無因作者，此是無記。」廣說如上阿支羅迦葉經，乃至世尊爲玷牟留外道出家**受第一記**。】（《雜阿含經》卷 12 第 303 經）

亦如《增壹阿含經》卷二十四如是記載：【「……。復次，師子！檀越施主命終之後，當生二處：或生天上、或生人中。在天，爲天所敬；在人，爲人尊貴；是謂師子！檀越施主獲此第四之德。復次，師子！**檀越施主**智慧，遠出眾人上，**現身盡漏**，**不經後世**；是謂師子！檀越施主獲此第五之德。夫人惠施，有五德恒隨己身。」爾時世尊便說斯偈：

心常喜惠施，功德具足成；在眾無疑難，亦復無所畏。

智者當惠施，初無變悔心；在三十三天，玉女而圍遶。

「所以爾者，師子當知：**檀越施主**生二善處、**現身盡漏至無爲處**。」】語譯如下：【「……。復次，師子！在家人常作施主者，壽命終了以後，應當出生在兩個處所：或者出生在天上、或者出生在人類之中。若是生在天上時，是被天人、天女們所尊敬的；若是生在人間時，是被眾人尊爲貴人的；這是說，師子啊！在家人常作施主時，可以獲這第四種的功德。復次，師子！**在家人常作施主**時，他的智慧，是遠遠超出於眾人以上的，可以**在一世中現身斷盡諸漏，不再經由後世才斷盡諸漏的**；這就是說，師子啊！在家人常作施主的話，可以獲得這第五種的功德。所謂人間常常惠施的人，有這五種功德永遠追隨著自己五陰身的。」當時世尊就說出這首偈：

心常喜惠施，功德具足成；在眾無疑難，亦復無所畏。

智者當惠施，初無變悔心；在三十三天，玉女而圍遶。

「之所以會這樣子的原因，師子！你應當知道：**檀越施主**都會出生於兩種好處所中、或者**現前這一世身就可以斷盡諸漏而到達無爲的處所**。」】這段經文中更明白的說：在家的檀越施主也可以在一世中取證阿羅漢果。

又如《長阿含經》的記載：【**爾時童女迦葉**與五百比丘遊行拘薩羅國，漸詣斯波醯婆羅門村，時童女迦葉在斯波醯村北尸舍婆林止。……侍者答曰：「我聞童女迦葉，將五百比丘遊拘薩羅國，至尸舍婆林。又聞其人有大名稱，**已得羅漢**，耆舊長宿；多聞廣博，聰明叡智；辯才應機，善於談論。彼諸人等，群隊相隨，欲詣迦葉共相見耳。」】（《長阿含經》卷七）在此段經文中，這位童女 迦葉，既不是比丘尼、也不是比丘，卻以童女之身率領五百比丘遊行人間，已經證得阿羅漢果，這不也是在家證得阿羅漢果嗎？豈但是證得阿羅漢果而已，她其實正是菩薩，所以能以**在家身相**的**女人身**率領五百比丘遊行人間弘法、利樂眾生，不受八敬法的約束（八敬法只約束依止聲聞戒的出家女性比丘尼，並不約束依止菩薩戒的女性在家、出家菩薩。菩薩所證不是五陰中法，而是本識法，故不以男女身而作分別故；聲聞聖人乃依五陰而修，定有男女身相之差別故）。而且「她」在這一部經中是爲弊宿婆羅門，由**三世去來**而演說**本識**正法的，正是弘傳如來藏法義的大菩薩；所以在經過一番說法以後，斷見外道弊宿婆羅門在童女 迦葉菩薩的反覆開示下，也就信受而歸依三寶了！

這部經典，本屬大乘菩薩所演說的法，但因爲有五百比丘追隨，也因爲童女 迦葉菩薩對於三世實有的道理講得很深入，能護持二乘涅槃，使二乘涅槃不會墜入斷滅見中；由這二個原因，使得二乘聖凡諸人不得不重視這一部經典，才會被結集在四阿含中；而迦葉菩薩卻是一位終生不婚嫁的童女，是不受聲聞戒、不示現聲聞僧相的在家相女人。由此緣故，說佛語眞實，從無誑人者：在家人若願意實修，能放下家業的執著，也可以實證阿羅漢果；因爲是否能實證聲聞菩提果或大乘佛菩提果，都是由心取證，不是由色身取證的；故說色身是在家相或出家相，無關於佛法的修證，不應以身相來取捨。

在上一段經文中，佛更明白的說，在家修行的**檀越施主**，也可以獲得第四果：「**現身盡漏，不經後世**。」捨壽之時即能取證無餘涅槃，這不是更直接的開示了嗎？所以說：具善根者，但得值佛，莫不蒙恩。這不只是二乘小法中才如此的，在大乘法中更是如此的；所以在大乘法中，有更多菩薩都是同時親證阿羅漢果者，這與出家身或在家身並無關聯，因爲證法在心而不在身。故說在家人若有大福德，能同時保有在家人的富貴及出家人的閑暇與離欲，自然就能如同出家人一般的證阿羅漢果。

在二乘法中如此，在大乘法中的證悟者更是如此；譬如中國佛教禪宗的六祖慧能大師，也是白衣身分時得法；您假使仍是在家人，尙未出家，不論您是修學二乘解脫道，或是大乘佛菩提道，當然應該效法，不應只因尚是在家身相，就妄自菲薄；因爲法的實證在於心，不在於身，故與在家身或出家身無關。

印順法師有一些觀念其實是很正確的，雖然他的說法有其背後的私心存在，平實未能取得他在這個私心上的文字證據，當然就不便說出來；但他依於私心而說出來的見解，卻無損於他的一部分正見。既然他有一部分所說是正確的，當然不可一概推翻，我們就在此列舉出來與佛門四眾分享，但是其中錯誤之處，或是應該稍加說明之處，也該同時舉出來說明，導正大眾被他誤導或是不明白事實眞相的部分。印順如是說：

印順說：【從信行來說，佛法是一切人的佛法。從弘揚來說，佛法也不是專屬於出家的。在這娑婆世界，釋尊適應時地的機宜，而有出家制。清淨修行，專心宗教，成為佛教的中心力量，當然是應該尊敬的。但後來偏頗的發展，引起很多的誤會：或以為弘法是出家人的事；或以為護法是護出家人的法。偏以出家身分為典型，……】（《華雨香雲》p.235）

他這個說法是正確的，但是說得不夠清楚。這裡有一個分際，是古今許多出家人所沒有注意到的，所以就成爲印順所說的「後來偏頗的發展」而「引起很多的誤會」。這個分際就是：南傳佛法的出家修行人，或是北傳佛法中專修解脫道的出家修行人，都是依阿含道的解脫道作爲修行的內容，都不是修學佛菩提道的，這些人都不是菩薩，也都不是在修學成佛之道，包括印順自己在內，所以其實都只是在**學阿羅漢**，不是眞的在**學佛**。

但您出家以後若是兼受菩薩戒，想求成佛之道的法義，想要成爲菩薩而不是想要成爲阿羅漢，那麼您在戒律及法義上都必須特別注意下列兩件事：在大乘法中出家，不該依解脫道的法義作爲主要內容而修，應該以佛菩提道的法義作爲主要內容而修，所以您在解脫道方面，只要能斷除我見、薄貪瞋癡，也就夠了！然後就繼續依止佛菩提道的法義內容而修──求證本識而發起般若實相智慧，隨著佛菩提道的進修，到了該成爲解脫道中的二果人時，您自然會成爲二果人，不必刻意去修學二果的證境；繼續進修佛菩提時，到了該成爲解脫道中的三果、四果人時，就會隨勢而自然成爲三、四果人，不必刻意去修解脫道，以免浪費時間。

但是應該同時依止所受的戒法，那就是以菩薩戒作爲正解脫戒，作主要的依止；應該以聲聞比丘戒作爲別解脫戒，作爲次要的依止；出家戒只是爲了出家後能與一切出家菩薩和合而住的需要而增受的，只是從屬於菩薩戒的隨從地位；在菩薩而言，聲聞出家戒反而是別解脫戒，不是正戒；所以應該是仍以菩薩戒爲主戒，以聲聞比丘、比丘尼戒爲次要依止，否則是不可能與佛菩提道相應的。這個認知的正確與否，會影響到出家菩薩們的心態；心態的正訛，會影響到身行以及對法義的認知與實行，所以這個認知必須加以深入思惟與了知，才不會遮障了出家修學佛菩提道的原意，才不會違背了當時三歸及眞誠而發四宏誓願的本意；否則，想求成佛廣度眾生而出家的結果，卻成爲專修聲聞道，成爲**學阿羅漢**而不是**學佛**，永遠不能成佛，豈非枉曲？

但是，由於有人希望專修解脫道而成爲阿羅漢，快速解脫生死痛苦，所以不想在家修行，不願被世間法拖累，當然應該施設出家法，於是就有了出家的聲聞人，當然就應該施設聲聞人所應受持的戒律，幫助他們迅速淨心、迅速遠離惡緣，因此而施設了出家戒，所以出家戒主要是依聲聞解脫道的精神而設立的。但是也有菩薩希望擺脫世間法的拖累，專心修學佛菩提勝法及利益眾生，所以希望以出家身來住持大乘佛法，由於這種需求，就接受出家菩薩兼受聲聞戒律，作爲出家後應遵守的規矩；這時的出家菩薩，必須注意到一個事實：您是以成佛之道的法義—佛菩提道—作爲究竟依止的，所以能使人成就解脫果阿羅漢境界的聲聞出家戒，只是作爲這一世修行、弘法時所應遵循的生活規矩而已，但是在法義的修證及菩薩所應遵守的戒律上，仍然應以佛菩提道及菩薩戒作爲主要依止，不可本末倒置，反而以聲聞出家戒及解脫道法義作爲主要依止。

但是現代北傳大乘佛法中的出家菩薩們，卻有許多人生起了顚倒想：以解脫道作爲主要行門，以聲聞戒爲正解脫戒而非別解脫戒，不以菩薩戒的精神來遵守，也不以佛菩提道的法義作行門。由於這種心態及錯誤的認知，所以對維摩詰、文殊、普賢、觀音、勢至等在家相的菩薩就不太有恭敬心了！反而是恭敬於聲聞阿羅漢的大迦葉尊者，而對諸地菩薩難起恭敬心。但在大乘法中，從來都不以解脫道及聲聞戒爲主要依止，也不以阿羅漢爲依止，雖然遇見阿羅漢時一定會供養他們。在大乘法中，縱使比丘出家很久了，見到任何比丘尼時也都不許要求比丘尼禮拜的；假使您的修證是阿羅漢果，但是若尚未明心，您最多只是佛菩提道中的第六住位的賢人；若已經迴小向大而轉入大乘法中，您這位阿羅漢比丘仍然要反過來禮拜已明心的第七住位的比丘尼，因爲您只是第六住位的菩薩而已，而她已經是第七住位的不退佛菩提的賢位菩薩了。

假使您這位阿羅漢比丘，對於初住位的布施波羅蜜還沒有滿足，那就更應該禮拜已明心的第七住位比丘尼，因爲您這時仍只是初住位的始學菩薩；而且阿羅漢的聲聞果位，不是佛菩提道的修證位階所重視、所規範的。既然投入大乘佛菩提道中修學，就該依止佛菩提道的五十二位階來區別尊卑。所以，菩薩們在誦戒時，除了因爲大乘佛道五十二位階的修證緣故而成爲入地菩薩或是教授師以外，都是要遵循正受菩薩戒的先後來就座的，出家菩薩一樣要遵守這個精神，坐於先受戒的在家菩薩後面。假使您已經兼受聲聞戒及菩薩戒了，恰好又是比丘尼菩薩，您當然可以不受聲聞戒中八敬法的約束，因爲您是菩薩而不是聲聞人，是出家菩薩而非出家聲聞人。

所以，大乘法中的比丘尼極力要求廢除八敬法，乃是多此一舉。八敬法是對聲聞法中的比丘尼而作要求，不可以對大乘法中出家的菩薩比丘尼有所約束，因爲她們不是聲聞，而是菩薩。所以您若是大乘法中的女性出家菩薩，八敬法就與您無關，您又何必附和別人的無知而極力要求大乘佛教界廢除八敬法呢？假使廢除了，那麼聲聞法中的比丘尼就跟著不受約束了，將來造成違背 佛陀本意的事件時，您可就必須負起那些因果責任了！而這個責任一定是非常重的重罪，您千萬別違逆 佛陀的意思而堅持廢除。您必須顧慮到聲聞法中的比丘尼仍然存在的事實，應該維持 佛陀施設八敬法的精神。若您是大乘佛菩提法中的菩薩比丘尼，又何必去淌這個聲聞法中的渾水呢？假使您想要證得聲聞法中的阿羅漢果，身爲比丘尼，千萬別作這種傻事！還是好好的遵守聲聞律中的八敬法，對自己比較有利益。假使您是大乘法中的菩薩比丘尼，就更沒有必要去做廢除八敬法的傻事。

所以印順接下來的說法確實是很有見地的，是值得提出來供養今時佛門四眾的，以此來成就他的說法功德：【但後來偏頗的發展，引起很多的誤會：或以為弘法是出家人的事；或以為護法是**護出家人的法**。偏以出家身分為典型，所以學佛的，不是志願出家，就是在家修行，不再從事在家的事業，每每引起社會的譏嫌。不知道佛法的利益眾生，是要普遍到每一階層，每一角落。學佛者要站在自己的崗位，而發揚佛法的精神，去利益大眾，攝化大眾來歸信三寶的。現出家相，只是學佛者的一類。如局限於出家，那弘揚佛法只能限於口頭的宣揚，或領導修持而已；不能即人間正行（人間正當的事業），而引導人來歸向於佛法。從大乘經典所見的大乘行者（菩薩），決不如此。如觀音菩薩的普門示現一切身分(「應以何身得度者，即現何身而為說法」)。如維摩詰長者，參加一切眾會，從事一切事業，甚至到淫妨酒肆去教化。如善財童子參訪的善知識，有國王、法官、醫師、建築師、航海家等，還有交際女郎。**大乘行者是以在家為主的**；弘揚佛法，要這樣的將宣傳與事業融合展開，佛法才能達到普利眾生的目的。說到女性，佛法是一向重視男女平等的。但自如來涅槃，厭惡女性的苦行僧——**摩訶迦葉集團**，適應時代與地域(當時的摩竭陀與鴦伽人民，特別尊重苦行，所以苦行的耆那教，及五法為道的提婆達多，都風行一時)，成為佛教的領導中心以來，**演化為小乘佛教**。小乘的出家僧團，女性一向被貶抑。在小乘發達的地區，如緬甸、泰國女眾連出家的都沒有了。但在大乘佛教中，現在家女子身的菩薩，實在不少！如妙慧童女、月上女、勝鬘夫人等，都成為一部大乘經典的中心人物。而《法華經》的龍女，《維摩詰經》的天女等，更顯出勝過耄年上座(小乘)的勝德。】(《華雨香雲》p.235～p.237)

讀過印順這一段文字，真的須要認同他在這些事相上的正確見解。再回到本題來說：大乘法中，能證得阿羅漢果的人是極多的，但是大多故意不取證，以大悲願力而刻意留惑潤生，保留著能使後世再受生的種子，藉以取得後世的五陰身，用來繼續修學佛菩提道，以免一時貪愛無餘涅槃而滅盡五陰，不再受生於人間。這種留惑潤生的行為，直到成為八地菩薩時才停止，此後純依大悲願力及引發如來無量妙智三昧的功德力，繼續受生於人間或天界中。但是，初地的入地心菩薩，已經斷盡五下分結了，他憑著無生法忍的智慧，是可以在當生就斷盡五上分結的，至少是有能力取證中般涅槃的，但是卻仍然不去觀行五上分結而不加以修斷。在初地滿心位時，五上分結其實是不必再觀行就可以滅盡的，他卻繼續保留著一分思惑而繼續受生人間，邁向二、三地；三地滿心菩薩也是可以親證滅盡定而成為俱解脫的，但也刻意不證滅盡定，仍然留惑潤生而繼續受生於人間；六地滿心時不得不證滅盡定，終於依照無生法忍的修學次第而取證了，可是卻仍然刻意再生起一分思惑，轉入七地心；七地滿心證得念念入滅盡定了，寂靜極寂靜的緣故，出生了涅槃貪，思惑無法再依大悲願而留住，必取無餘涅槃，於是 佛陀前來授與引發如來無量妙智三昧，才使得七地滿心菩薩在滅盡思惑時，能由這個勝妙的三昧力而使他不入無餘涅槃，轉入八地心。但是這些菩薩們，都是以在家身為多，出家者是極少的；這不是因為他們喜歡或不喜歡的問題，而是因為他們已經知道一個事實：在家身弘法時可以獲得比較多的逆增上緣，較容易修除煩惱習氣種子，也比較容易因爲種種事緣而引生諸地無生法忍現觀的因緣，所以較常示現爲在家身。這並不是由於喜歡或不喜歡出家身所致。

由以上阿含部經典中的明確事例，證實聲聞法中的在家人一樣可以實證阿羅漢果；由經典中的歷史記載以及　佛陀開示在家人一樣能證阿羅漢果的聖教，再從大乘法的實質與修證的現量來看，都不該如同藏密外道的黃教喇嘛，以及依止於藏密外道黃教的法師們那樣說：「在家人是一壺永遠燒不開的水。」也不可以像現在台灣某些南傳佛法的法師那樣講：「在家人是永遠無法證得阿羅漢果的。」除非他想要指責　佛陀所說在家人實證阿羅漢果的說法是誑語。但是，反過來，平實也要提醒許多在家人：您是否眞的證得阿羅漢果了？千萬要很小心的求證，千萬別因爲平實確認在家人也可以證得阿羅漢果，您就隨便開口說自己已經證得阿羅漢果了！這是必須依據實證而經得起四阿含及大乘經典中的聖教檢驗以後，才可以這樣子認定的。若是不曾詳加檢驗，就自己認定已經是阿羅漢了，這就會成爲求昇反墮的愚癡行爲了！這是平實特別爲佛門中專修阿含解脫道的在家行者們特別咐囑的。

第十三節　二乘無學的五分法身不名五分法身

二乘無學亦有五法，雖然亦同名爲法身，但與大乘諸地菩薩的五分法身有異有同，不可不知。經云：【佛言：「大王！如是，沙門、婆羅門遠離五支，成就五支，建立福田。施此田者得大福利、得大果報。何等爲捨離五支？所謂貪欲蓋，瞋恚、睡眠、掉悔、疑蓋，已斷已知，是名捨離五支。何等爲成就五支？謂無學戒身成就，無學定身、慧身、解脫身、解脫知見身，是名成就五支。大王！如是捨離五支、成就五支，建立福田；施此田者，得大果報。」】（《雜阿含經》卷四十二第 1145 經）以上經文中說的聲聞五法，是指無學位的阿羅漢五法，是指阿羅漢位的道共戒的功德、決定心的功德、解脫智慧的功德、解脫受用的功德、解脫知見的功德。由於二乘聖者有這五法而無**眞實身**的緣故，所以他們的五法，從大乘菩薩來看，不可名爲五分法身。當知四阿含諸經，是由二乘聖凡眾人在第一次的五百結集時所結集的；他們雖然與菩薩同時聽聞了大乘經典，卻無法結集大乘法義，而以二乘法義的解脫道內容結集起來，然而仍保留著大乘經中的五分法身名相。譬如經云：

【是時，彼佛、聲聞，到時著衣持鉢，入村乞食。是時，婆羅門村人民供給比丘衣被、飯食、床臥，具病瘦醫藥，不令有乏；皆前捉僧伽梨，以物強施。是時，彼佛與（爲）眾聲聞說如此之法：『夫利養者，墮人惡趣，不令至無爲之處。』汝等比丘莫趣想著之心、向於利養，當念捨離；其有比丘著利養者，不成五分法身，不具戒德。是故比丘！未生利養之心，當使不生；已生利養之心，時速滅之。如是，比丘！當作是學。】（《增一阿含經》卷四十一）

這是阿含所載的聲聞解脫道中五分法身之說。何故而言聲聞法中五分法身唯有五法而無其身？這是說，聲聞聖人只能斷除我見與我執的緣故，都未能實證五法所依之根本識，所以說他們有五法而無身，不能稱之爲五分法身，徒然保留著大乘經中菩薩所證的五分法身名相。當知聲聞聖人所證的戒身、慧身、定身、解脫身、解脫知見身等五法，其實都是依蘊處界而施設的；然而蘊處界都是生滅無常、虛妄無我之法，怎能說是常住法呢？既非常住法就不能稱爲法身。這要由大乘法中的五分法身來先說明，您才容易眞的理解其中的差別。

大乘法中的五分法身，同樣是戒、定、慧、解脫、解脫知見等五法；但由於大乘諸地菩薩所證的這五法，都是以無生法忍爲基礎而說的，無生法忍則是以這五法的根源——根本識如來藏——的常住性而說的，由於常住不壞的緣故，所以這五法才眞實有身；因爲本識的常住不滅，所以這五法就永遠不滅而有其功德永遠在運行不斷，而說這五法是身，名爲五分法身。在大乘法中，五分法身說的其實是本識如來藏的常住功德，是由如來藏本識藉這五法爲身，才能使諸佛、諸地菩薩現行於人間或天上利樂有情，這才被稱爲五分法身。所以五分法身的修證是否圓滿，正是能否成佛的關鍵；當五分法身修證圓滿了，一切種智就具足了，就進入四智圓明的境界了，就是究竟佛地。

二乘人聽聞 佛陀對大乘比丘開示的如上經文而結集下來，但他們所修證的法都是斷滅性的蘊處界無常空；而他們的五分法身都是依無常的蘊處界而存在，都不涉及這五法的所依身——本識如來藏，所以當他們捨壽而入涅槃時，這五法就跟著滅失了！所有的功德都不再現前了！也就是說，他們生前有解脫道中的五法，但這五法都無所依身——沒有親證常住的本識作爲所依，因此而說聲聞人這五法都是有法無身，當然不可名爲法身。因爲二乘聖人所證的這五法，都是依生滅法的**蘊處界無常故無我**、**無常故空**的滅盡法來依止的，他們的五分法身**戒**、**定**、**慧**、**解脫**、**解脫知見**的證境與智慧，都與這五法實際上所依的本識不相應，只能存在一世而非常住法，所以說有五法而無常住身，當然不能稱之爲五分法身，因爲都不是由常住不滅的本識來以**五法爲身**的緣故。

但由於二乘聖凡諸人也與菩薩同時聽聞 佛說的大乘經典，曾聽到 佛說五分法身的修證，而且 佛陀是對出家與在家的菩薩們一起宣講的，但因聲聞人也參與聞法，所以他們也將自己所聞的大乘經典結集出來；但他們所知的五分法身義理，卻是與 佛陀所說菩薩分證五分法身的義理有所不同的。這是您修學佛菩提道或解脫道時應該瞭解的，以免修成解脫道的五法時，就說是與大乘諸地菩薩所證的五分法身相同，不免成爲妄說大乘法的謗佛行爲。正因爲五分法身之法，不是聲聞道中的主要法義，所以不列入阿含的主要部分，而是在結集即將完成時一再由聲聞人提出來，一一增說而至滿十，滿十之後又一再的增一，所以名爲增一阿含，都屬於聲聞人所曾聽聞的大乘法典；由於不忍捨棄，也由於增一部大多是說本識法常住，能藉此而鞏固聲聞法，使聲聞法不會被斷見外道所攀緣，也不會被常見外道攻擊爲斷見者，所以聲聞眾接受這些大乘經的法義，結集成立增一阿含。這是修學四阿含解脫道的人們必須認知的，否則將會在學法上面產生障礙。

第十四節 能破邪顯正者方是梵行支具足

身任佛法導師之職的人，若是想要具足清淨行，一定要將外道謗法的異論、佛弟子謗法的異論，全部給予廣破，使得正法流行於世間，不被邪法混淆乃至取代。不但如此，更應該增益弟子們的智慧，使他們具有差別智，能發起破邪顯正的智慧，才能使他們不會再退失於正法，也使他們具有差別智的種子，能在未來的每一世中都具有護持正法的能力；能如此做，才能說是眞實的導師，否則就不是梵行支具足，就不能稱爲導師了。有經文爲證：

【世尊告周那沙彌曰：「如是，周那！彼非法中不足聽聞，此非三耶三佛所說，猶如朽塔難可汙色；彼雖有師，盡懷邪見；雖復有法，盡不眞正；不足聽採，不能出要，非是三耶三佛所說，猶如故塔不可汙也！彼諸弟子有不順其法，捨彼異見，行於正見，周那！若有人來語彼弟子：『諸賢！汝師法正，當於中行。何以捨離？』其彼弟子信其言者，則**二俱失道，獲無量罪**，所以者何？彼雖有法，然不眞正故。周那！若師不邪見，其法眞正，善可聽採，能得出要，三耶三佛所說，譬如新塔易可汙色；然諸弟子於此法中不能勤修，不能成就，捨平等道，入於邪見；若有人來語彼弟子：『諸賢！汝師法正，當於中行。何以捨離，入於邪見？』其彼弟子信其言者，則二俱見眞正，獲無量福，所以者何？其法眞正。」

佛告周那：「彼雖有師，然懷邪見；雖復有法，盡不眞正；不足聽採，不能出要，非三耶三佛所說，猶如朽塔不可汙色。彼諸弟子法法成就，隨順其行，起諸邪見，周那！若有人來語其弟子言：『汝師法正，汝所行是；今所修行勤苦如是，應於現法成就道果。』彼諸弟子信受其言者，則**二俱失道，獲無量罪**，所以者何？**以法不真正故**。周那！若師不邪見，其法眞正；善可聽採，能得出要，三耶三佛所說，譬如新塔易爲汙色。又其弟子法法成就，隨順修行而生正見，若有人來語其弟子言：『汝師法正，汝所行是，今所修行勤苦如是，應於現法成就道果。』彼諸弟子信受其言，二俱正見，獲無量福。所以者何？法眞正故。……周那！導師出世，出家亦久，名聞亦廣；諸比丘尼未受訓誨，未至安處，未獲己利，未能受法、分布演說；有異論起，不能以法如實除滅，未能變化成神通證，是爲梵行支未具足。周那！導師出世，出家亦久，名聞亦廣，諸比丘尼盡受教訓，梵行具足，至安隱處，已獲己利；復能受法、分別演

說，有異論起，能如法滅；變化具足，成神通證，是爲梵行支具足滿。周那！諸優婆塞、優婆夷廣修梵行，乃至變化具足，成神通證，亦復如是。」】（長阿含卷十二《清淨經》）

所以若是嚴格的說，梵行支具足的人，只有佛陀一人；所說法義完全眞正的人，也只有 佛陀一人，所以凡所說法，都不可違背 佛陀的原意。若勸請別人繼續在錯誤的法義中修學而不敦促他們捨離，依照這一段經文中 佛陀的開示，都是屬於有罪的事；而教導別人修學錯誤法義的人，也不能稱爲導師。此時的佛弟子最須注意的是：不可勸請別人在錯誤的法義中繼續修學，昧著良心說是正確的法，妄說是可以實證解脫果、菩薩果，否則就會獲得大罪，這是佛門四眾都應該特別注意的地方。但是在勸請別人時，千萬要記得：自己可得要深入對於所勸請修學的法義，深入加以證實其正確或錯誤，然後再做勸請他人修學或遠離的事，以免行善之後反得壞法之罪。

若有比丘、比丘尼疑經，將正經說爲非佛說、謗爲僞經，諸比丘們都應當共同驅逐那些不信正經的比丘、比丘尼：**【「諸比丘當處經戒，諸比丘處經戒之後當共持。其有比丘疑言『是（此）非眞佛經』，不樂經者，諸比丘當逐出之。**

天下禾中生草，草敗禾實，人當誅拔草，去之，禾乃成好實。比丘惡者，**不樂經、不持戒，壞敗善比丘，諸比丘當共逐出。」】**（《佛般泥洹經》卷上）佛對不樂經、不持戒之比丘，特別訓示大眾要加以驅逐，何況以外道法取代正法的比丘眾？何況修習藏密雙身法而嚴重毀破最重戒的比丘們，爲何不應共同逐出佛門之外？反而讓那些不樂眞正經法而且常常暗中修習雙身法的大法師們來抵制正法！所以今時佛教界所有法師與居士們應知：凡是不信受顯教諸經而崇信藏**密外道經，專信藏密六識論而否定七、八識的出家人，故意公然的違背 佛陀聖教，堅持說意識是不生滅法的大法師們，都是破法者，都是不樂經法者；應該逐出佛門，以免佛法被他們外道化、常見化。**那些愛樂修學藏密外道雙身法的出家人，常常暗中修習藏密外道的雙身法，正是**以出家身而貪愛在家法**，都是故意毀破出家戒的不持戒者，大家更應該把他們逐出佛門，以免佛門繼續藏污納垢，以免清淨的比丘、比丘尼們一起蒙羞：共同承受世俗人懷疑佛門所有**出家人是否曾經與人合修過雙身法，一直被世俗人投以怪異的、懷疑的眼光。**

若有比丘、比丘尼說法違經、違佛語者，應當諫令修正：**【「又復阿難！若有言：『我得從佛受是法語。』而其言謬，不合經法；若有言：『我從依聖眾奉**

法者受。』而其言謬，不合經法；若復言：『我口從耆舊長老受是。』其言錯謬，不合經法；若言：『我從賢才高明、智大福慧，面受是語。』而其言非，不合經法，當舉佛語以解曉之，趣使其人入經、承律，以爲詳說佛經法教。」】（《般泥洹經》卷上）

這一段佛語中，舉示四種情況，都說是正法，然而所說其實與聖教相違背，都應該明辨，而且以 佛陀所說聖教舉證出來，爲他們解說，使他們能獲得聖教、秉承戒律，如實修行；能這樣做的人，才能說是眞實的佛弟子，所以千萬別心存鄉愿，一直想要作濫好人。千萬不可和稀泥，否則一定會使佛教正法被移花接木、轉易爲外道法，如同古天竺的密教轉變佛教法義成爲外道法一樣的歷史重演。臆測佛法的事情，正是部派佛教時期的那些不懂阿含隱說本識的聲聞大法師們所作的事，也正是後來的安惠、清辨、月稱、寂天、阿底峽、宗喀巴、歷代達賴、現代的印順、星雲、證嚴……等人所做的事情。以上二段經文，是 佛陀臨將入滅時所作的最後開示，諄諄教誨我們，要我們把錯悟的法義逐出佛門之外。而現在我們依照佛語確實在做時，那些錯說法義的大法師，卻與藏密外道同流合污，合力一氣的抵制到底；也有一些小法師不明內情，只是看著平實外在的在家身分表相而一味抵制到底，一味支持錯說佛法、否定正法的大法師。但是他們都沒有想到自己的所作所爲，都是全然違背 佛陀最後教誡的，也都是在破壞自己世世法身慧命的愚癡行爲。所以，應當依照佛語：不論是誰說的，只要是說錯了的，都不應該支持，最後都要回歸於聖教爲準。

以上經文都是從弘法者的立場而說，但若從學佛者的立場來說，應當如何看待眞善知識之破邪顯正作爲？此事關乎一切學佛人的正見、正思惟、正精進與實證，所以不可不知也！否則，誠恐學佛一世非唯無功，反而極有可能自造破法、謗法大惡業而不自知，誠可哀憫！當來下生 彌勒尊佛如是開示：【「於所對治邪見等五，猶未能斷，還即依止此五善法（正見、正思惟、正語、正業、正命），從他聞音，展轉發生聞慧正見；爲欲斷除所治法故，又爲修習道資糧故，方便觀察。次依聞慧，發生思慧；復依思慧，發生修慧；由此正見，於諸邪見如實了知『此是邪見』，於諸正見如實了知『此是正見』，乃至正命。如實知已，爲欲斷除邪見等故，及爲圓滿正見等故，發勤精進。」（《瑜伽師地論》卷十二）】

是故，只有在具備正見的情況下，才能有正思惟、正語、正業、正命；在具足正見的大前提下，具足的正思惟、正語、正業、正命，才是正法；若是在不正確的見解下所成就的思惟、言語、業行、命住，都屬於邪思惟、邪言語、邪業行、邪命住；依於邪思惟、邪言語、邪業行、邪命住而作的精進，就成爲邪精進了！必須是在正見之下所作的思惟、言語、業行、命住，才是正思惟、正語、正業、正命；依此正確的五法而作的精進修行，才有可能是正精進。但是眾生無始以來一向處於生死無明漫漫長夜，於法無知，所以不能斷除我見、常見、惡見，不能取證初果；追隨錯解佛法的大師修學，當然也只有追隨他們繼續誤解佛法了。只有初破一念無明三縛結的人，才是初離生死無明的人，所以一切尚未證果的人都是尚未具足正見的人。既未具足正見，又怎有資格妄評於已證初果的人呢？於大乘法中也是一樣，既未親證如來藏，就是未發起根本無分別智的凡夫，又怎有資格妄評已經親證本識而且具有後得無分別智、道種智的賢聖呢？可是那些凡夫們，卻又都自以爲悟，不斷的在妄評。最冤枉的事情，莫過於迷信表相大師的人了！那些人總是聽信表相大師的言語，當表相大師說「**某某人是邪魔外道、所說都不如法**」時，迷信的學人總是不願意嘗試閱讀一下，實地瞭解是否眞的如此？乃至連嘗試去看一眼都不願意，拒絕於三千里外，他們就只能永遠沈淪在大師所誤導的邪見之中，永劫都與正法無緣了。

由此緣故聖 彌勒菩薩說：【「若由此故，能斷所治，集能治法，令其圓滿，是名正念；此念即是三摩地分故，亦兼說正三摩地。若是時中，捨邪見等，令不復生；修正見等，令得圓滿；即於如是方便道中，亦能棄捨邪精進念，兼能修滿正精進念。若於是時，於彼諸法能斷能滿，即於此時，聖正三摩地亦得圓滿。此中由慧為導首，於增上戒，先自安處；次聞他音，如理作意及增上戒學，二為依止；於方便道中，發生增上心學及增上慧學。」】（《瑜伽師地論》卷十二）

這就是說，正見是一切修行的根本；若是知見不正確，想要斷除我見、常見、惡見，是絕無可能的，一定會墮入外道見中，永遠與證果絕緣，捨壽後大多淪墜三惡道。在大乘法中也如是，假使知見不正確，求證眞如心時就一定會產生偏差，難免墮入識陰的意識中，誤將意識心的變相境界錯認為常住不壞的眞心，於是就會對眞正的善知識及眞實的正法加以毀謗，成就毀謗賢聖及正法的地獄業。所以正見的建立極為重要，而攝取正見的最好方法，就是依止能夠破邪顯正的善知識；但是千萬要提防假借破邪顯正的表相來獲取大家認同的藏密外道與印順派的應成派中觀六識論邪見。

第十五節 佛涅槃後當以法為依、以戒為歸

末法時期之釋迦佛正法，時時都有大憂患存在，這是 迦葉佛早已預記的事情，絲毫都不足為奇：【（迦葉）佛言：「大王！勿怖！勿怖！如所得夢，皆非汝事，亦非今時善惡之相，於汝壽命亦無損失。大王當知，是未來世中，人壽百歲時有佛出世，名釋迦牟尼，十號具足。彼佛住世演說諸法、教化眾生，如其所應作佛事已，而入涅槃；入涅槃後，於遺法中苾芻（比丘）弟子諸所作事，王今此夢，是彼前相。我今為王次第而說：如王所夢，有一大象從窗牖出，身雖得出，尾為窗礙者，是彼佛（釋迦牟尼佛）入涅槃後，於遺法中，有婆羅門、長者、居士、若男若女，棄捨眷屬出家學道；**雖出家已，心猶貪著名利俗事，不能解脫**。如王所夢，有一渴人，井隨其後，是人寧忍於渴，終不取飲者，是彼遺法中有諸苾芻，為婆羅門、長者、居士說佛經典，彼婆羅門等心生厭捨，不樂聽受。如王所夢，有人以其眞珠貿易於麨者，是彼遺法中有諸苾芻弟子，不能依佛正典修習根、力、覺、道、禪定出世間法，而復愛樂修習世間經書、咒術、歌詠、言頌。如王所夢，有人以其栴檀香木貿易常木者，是彼遺法中，有

諸苾芻以佛經典，貿易世間經書外道典籍。如王所夢，有諸小象驅大香象奔走而出者，是彼遺法中，有諸破戒、無德苾芻，見彼持戒有德苾芻，衆共嫌惡，巧設方便擯令遠去。如王所夢，有一大園，華果茂盛，忽爲猛風吹落散壞者，是彼遺法中，有諸清淨持戒、具德多聞苾芻，安止僧伽藍摩，爲彼所有不修身、不修心、不修慧粗惡苾芻衆，共毀壞彼僧伽藍摩；如是壞已，復令清淨苾芻最勝事業亦悉破壞。如王所夢，有一獼猴身有糞穢，四向馳走污諸獼猴，衆皆迴避者，是彼遺法中，有諸破戒苾芻，自破淨戒不具慚愧，而復返於清淨信心王臣之前，毀謗持戒有德苾芻。如王所夢，有一獼猴於一處坐，有衆獼猴爲作灌頂者，是彼遺法中不修勝行無德苾芻，衆共成立爲僧中上首，統攝有德修勝行者。如王所夢，一張白[疊十毛]有十八人，各各執奪少分而[疊十毛]不破者，是彼遺法中有諸弟子異見興執，以佛教法分十八部；雖復如是，而佛教法亦不破壞。如王所夢，有多人衆聚集一處，互相鬥諍、論競是非者，是彼遺法中，有諸苾芻聚集議論世間名聞利養等事，由此因緣相互鬥諍、不能寂靜，漸使世尊清淨法滅。大王！如是十夢，皆非汝事；是彼（釋迦牟尼佛時佛教）之相，汝不應怖。壽命無失，宜自安意。」爾時哀愍王聞佛爲說所夢事已，心大歡喜，禮

彼佛足，還復王宮。】（《佛說給孤長者女得度因緣經》卷三）

誠如前佛 迦葉世尊所說：【「如王所夢，一張白[疊十毛]有十八人，各各執奪少分而[疊十毛]不破者，是彼遺法中有諸弟子異見興執，以佛教法分十八部（成爲聲聞部派佛教各派都擁有殘缺的法義）；雖復如是，而佛教法亦不破壞。」】佛教雖然歷經聲聞眾部派佛教的分裂，然大乘正法仍有人繼續紹繼而具足弘揚著，絲縷相續而延續至今天的正覺同修會，仍有許多菩薩親證本識入菩薩數，並繼續外於誤會正法的各大門派而破邪顯正、完整具足的弘揚著。佛陀尚未入滅前，已經將前佛 迦葉世尊的預記，爲吾人宣示過了，所以現在的正法弘傳者廣被錯悟者集體抵制與毀謗，也是正常事。有智慧、有因緣、有善根、有福德而直心的人，自然能在因緣成熟時轉入正法中；但是正法的弘傳者也應該廣設因緣，讓有緣人可以接觸而得以轉入正法中，終於也能實證，不致於空來人間一世。佛入滅之後，並無一人可以繼之爲佛；於阿含經中，世尊也授記次後成佛者爲 彌勒尊佛，時在人壽增至八萬歲時。是故吾人處於末法之季，不但應**以佛所遺法爲依**，亦當**以佛戒爲歸**，全力摒棄常見法、雙身法於佛門外：

【爾時，摩竭陀大臣雨勢，慰勞田作人，往詣梵志瞿默目揵連田作人所；

摩竭陀大臣雨勢，遙見尊者阿難坐在梵志瞿默目揵連田作人中，往詣尊者阿難所，共相問訊，却坐一面。問曰：「阿難！與梵志瞿默目揵連共論何事？以何事故共會此耶？」尊者阿難答曰：「雨勢！梵志瞿默目揵連問我：『阿難！頗有一比丘與沙門瞿曇等等耶？』」摩竭陀大臣雨勢復問曰：「阿難！云何答彼？」尊者阿難答曰：「雨勢！都無一比丘與世尊等等。」摩竭陀大臣雨勢復問曰：「唯然！阿難！無一比丘與世尊等等。頗有一比丘爲沙門瞿曇在時所立：『此比丘，我般涅槃後，爲諸比丘所依。』謂令汝等今所依耶？」尊者阿難答曰：「雨勢！都無一比丘爲世尊所知、見，如來、無所著、等正覺在時所立：『此比丘，我般涅槃後，爲諸比丘所依。』謂令我等今所依者。」摩竭陀大臣雨勢復問曰：「阿難！唯然！無一比丘與沙門瞿曇等等，亦無一比丘爲沙門瞿曇在時所立：『此比丘，我般涅槃後，爲諸比丘所依。』謂令汝等今所依者。頗有一比丘，與眾共和集，拜此比丘『世尊般涅槃後爲諸比丘所依』，謂令汝等今所依耶？」尊者阿難答曰：「雨勢！亦無一比丘，與眾共和集，拜此比丘『世尊般涅槃後爲諸比丘所依』，謂令我等今所依者。」摩竭陀大臣雨勢復問曰：「阿難！唯然！無一比丘與沙門瞿曇等等，亦無一比丘爲沙門瞿曇在時所立：『此比丘，我般涅槃後爲諸比丘所依。』謂令汝等今所依者。亦無一比丘，與眾共和集，拜此比丘『世尊般涅槃後爲諸比丘所依』，謂令汝等今所依者。阿難！若爾者，汝等無所依，共和合、不諍、安隱，同一一教、合一水乳，快樂遊行如沙門瞿曇在時耶？」尊者阿難告曰：「雨勢！汝莫作是說，言我等無所依。所以者何？我等有所依耳。」摩竭陀大臣雨勢白曰：「阿難！前後所說，何不相應？阿難！向如是說：『無一比丘與世尊等等，亦無一比丘爲世尊所知、見，如來、無所著、等正覺在時所立：〈此比丘，我般涅槃後爲諸比丘所依。〉謂令我等今所依者；亦無一比丘，與眾共和集，拜此比丘：世尊般涅槃後爲諸比丘所依。謂令我等今所依者。』阿難！何因何緣，今說『我有所依』耶？」尊者阿難答曰：「雨勢！我等**不依於人**、**而依於法**。雨勢！我等若依村邑遊行，十五日說從解脫時，集坐一處；若有比丘知法者，我等請彼比丘爲我等說法；若彼眾清淨者，我等一切歡喜奉行彼比丘所說。若彼眾不清淨者，隨法所說，我等教作是。」】（《中阿含經》卷三十六）這是 佛陀以法爲依而不依人的教誡，可惜時人已經忘了。

又如世尊的開示：【聞如是　一時佛在舍衛國祇樹給孤獨園，爾時世尊告諸比丘：「有十事功德，如來與諸比丘說禁戒。云何爲十？所謂**承事聖眾**，和合將順、安隱聖眾，降伏惡人，使諸慚愧比丘不令有惱，不信之人使立信根，已有信者倍令增益，於現法中得盡有漏，亦令後世諸漏之病皆悉除盡，復令正法得久住世，常念思惟當何方便正法久存。是謂比丘：十法功德，如來與諸比丘而說禁戒。是故比丘！當求方便成就禁戒，勿令有失。如是，比丘！當作是學。」爾時諸比丘聞佛所說，歡喜奉行。】（《增一阿含經》卷四十二）

持戒者當令正法久住、聖眾得安，以此緣故，應當摧破邪說、降伏惡人，令正法教團中唯有正法而無邪法。破斥邪說而令正法久住，方是眞實持戒者，一切比丘當作是學。由是緣故，對於藏密外道，其人其法之所以爲外道與外道法之原由，都應該使佛門一切學人普能知之，方能眞實依於正法而不依外道法，方能眞實依佛門賢聖而不依外道諸師，方能眞實依於佛戒而不依藏密的外道戒。眞實持戒者既欲使令正法久住、聖眾得安，則當挺身而出，勇於破斥邪說而顯正法眞義，以此大行方能護持正法、令得久住。若正法不得久住，皆肇因於佛法中同時夾雜種種外道邪法，亦同時有種種似是而非之假法存在，必定常有法義爭辯之擾攘不安局勢，聖眾終不得安，則正法終將難以久住。

由此緣故，現代佛教界及此後萬年中之佛教界，若想要使正法久住乃至能推延到一萬五千年、二萬年，就應完全依法而不依人，而且出家人也應該少受供養。不論是哪一位大名聲的法師、居士所說法，若是錯誤，就應該有人出面指正，提出事證、教證、理證，加以辨正清楚，使佛教界都能了知其眞僞。學人也都應當實事求是，客觀的依據事實以及法義來依止。特別是藏密外道法的修學者更應注意：**依法而不依人，依經而不依密續，依佛所說言教而不依藏密上師**。因爲密續是後代密教喇嘛們假冒佛菩薩名義而創造的，並不是佛說、菩薩說；而且密續中的「經」論，都是似是而非的外道見、常見見；並且是始終圍繞著雙身法的樂空雙運、樂空合一的貪淫外道境界在修的，絕對不是正法。

所以，依法不依人，依佛聖教而不依喇嘛，依經論而不依密續，是一切藏密修行者必須特別注意的事。特別是千萬不可遵循藏密所謂的金剛戒(三昧耶戒)而勤修雙身法，千萬記得以正戒爲歸。藏密的金剛戒只是他們假藉 佛陀的名義擅自施設的**非戒取戒**，純屬**外道戒**，卻冠上佛教戒律的名稱，用來欺矇佛門四眾。假使您對這些說法有所懷疑，請您詳讀《狂密與眞密》四輯五十六萬字的詳細舉證、說明與辨正，自然就能具足了知藏密外道不可告人的眞相了！最後，還是要請您：以法爲歸、以戒爲歸。不可單信一面之詞而失去證法的因緣。

第十六節　莫親近惡知識

喜歡親近惡知識的人，遲早會被惡知識轉易而退回外道見中。惡知識，並非只有在外道法中才有，今時末法佛門之中，早已被外道知見嚴重的滲透進來了，所以惡知識是極普遍存在著的，特別是存在於**名師**之中。外道所說、所修的法，全都是外於眞實心而求的，所以被我們名爲**心外求法**的人；而且他們都屬於外教，很容易理解他們的法都不是佛法，對眞想學佛的人大多無礙，平實不需特別去辨正他們的法義。然而今時佛門中人，正因爲大法師、大居士多數已墮入外道見中，影響到廣大學人難以遠離外道見的影響，難以除卻外道法的常見與斷見。此類隱身於佛門中的附佛法外道，其知見廣有多種，所說往往類似佛法；學人稍有不察，便被常見邪見的大法師、大居士所轉，反被附佛法外道邪見所誤。如是現象，在正法時期就已經有了，並非末法今時才有的現象，所以當時也有許多沙門陷於外道見中，如佛所說：

【「諸有沙門、婆羅門，於本劫本見、末劫末見無數種種，隨意所說，盡入此六十二見中；於本劫本見、末劫末見無數種種，隨意所說，於六十二見中，齊此不過；唯如來知此見處，亦復如是。諸有沙門、婆羅門於本劫本見，生常論，説『我、世間是常』，彼沙門、婆羅門於此生智；謂異信、異欲、異聞、異緣、異覺、異見、異定、異忍，因此生智；彼以希現，則名爲受，乃至**現在泥洹**亦復如是。諸有沙門、婆羅門生常論，言『世間是常』，彼因受緣，起愛、生愛而不自覺知；染著於愛，爲愛所伏，乃至**現在泥洹**亦復如是。諸有沙門、婆羅門於本劫本見，生常論，言『世間是常』，彼因觸緣故，若離觸緣而立論者，無有是處，乃至現在泥洹亦復如是。諸有沙門、婆羅門於本劫本見、末劫末見，各隨所見説，彼盡入六十二見中。各隨所見説，盡依中、在中，齊是不過。猶如巧捕魚師，以細目網覆小池上，當知池中水性之類皆入網內，無逃避處，齊是不過。諸沙門、婆羅門亦復如是，於本劫本見，末劫末見種種所説，盡入六十二見中，齊是不過。」】（長阿含卷十四《梵動經》）

由此緣故，外道見是早就存在的，不但是 佛陀在世時一直有外道見滲入佛門中，其實是 佛陀尚未出現於世之前，外道見本就一直普遍存在著。佛陀在世時如此，末法之時更是如此，所以外道一定會常常滲透入佛門中的，所以今時佛門中廣有外道見存在是正常之事；但是有智之人卻應加以了知，然後儘速遠離外道見，免爲所害。若是教人以外道常見、斷見的人，自身即是惡知識。

若所說法，墮於五蘊的任何一蘊中，對於五蘊之一、之多、之全部，不能遠離、厭捨，並教導徒眾們認妄爲眞的人，都不應該稱呼他是「**法師**」，只有說法正眞者才能稱呼爲「**法師**」。有經文爲證：【如是我聞　一時佛住舍衛國祇樹給孤獨園。爾時有異比丘來詣佛所，頭面禮足，却住一面，白佛言：「如世尊所說**法師**，云何名爲**法師**？」佛告比丘：「善哉！善哉！汝今欲知如來所說**法師**義耶？」比丘白佛：「唯然，世尊。」佛告比丘：「諦聽！善思！當爲汝說。」佛告比丘：「若於色，說是生厭、離欲、滅盡、寂靜法者，是名**法師**。若於受、想、行、識，說是生厭、離欲、滅盡、寂靜法者，是名**法師**。是名如來所說**法師**。」時彼比丘聞佛所說，踊躍歡喜，作禮而去。】（《雜阿含經》卷一）

換句話說，自己能斷我見、也能教人斷我見的人才是法師，不管他是出家或在家的身分。若是教人以識蘊之法，令人認取識蘊全部或獨取意識爲常住法者，墮在我見之中，未斷識蘊我見，即是誤導眾生堅固我見之人，乃是殘害眾生慧命之人，豈僅不可稱之爲法師，直是害人成就大妄語業者。這種殘害學佛人法身慧命的大師，在在處處都可看見，今時廣在海峽兩岸普遍存在著，他們的心態都是大有問題的。未斷我見、常見的大師與居士，都應該隨即轉依 佛陀聖教，爲人說清楚：**現前能聞、能覺、能知的覺知心是意識心，是緣生法，不應該錯認爲眞心**。應這樣教導徒眾們斷除我見。若是未悟如來藏本識的大師，應該爲人解說：**離念靈知心及意識覺知心的種種變相都是意識心，都是虛妄心**。要懂得謙稱自己尚未證悟，不該繼續籠罩徒眾，示現證悟者的身分。

若是已被人拈提而知道自己悟錯的大師、居士，應該當眾宣佈以前悟錯了，對大眾懺悔，誓不再犯；並且坦然告訴大眾：**以前所「悟」的離念靈知心，其實只是錯悟**。必須籲請門徒四眾都不要重犯同樣的過失。若不能如是，繼續殘害座下四眾弟子共犯大妄語業，同樣墜入離念靈知意識心中，依照上開 佛陀的開示，這個人縱使身披大紅祖衣、高踞法座，其實仍然不是法師，只是一個殘害徒眾法身慧命的惡人，只是身披僧衣的世俗人罷了！所以座下的所有學人與弟子，也都不應該再稱呼他爲法師，因爲依照 佛陀的釋義，他已不是法師。換句話說，只有能助人斷除我見、常見而不會墜入斷見中的人，才能稱爲解脫道中的法師；或者說，只有能幫助徒眾們悟入本識而進入大乘菩提門中，能因此而使弟子出生般若實相智慧的人，才是大乘法師。也就是說，能演說眞正佛法的人，才能被稱為法師；若是只能演說錯誤佛法的人，或是引導徒眾悟錯的人，都沒有資格被稱為法師。所以，法師這個名詞，不是出家人專有的，而是遍說一切能助人**斷結**、**證真**的人，這是《雜阿含經》中的佛陀聖教。

修學佛法的人，有四種入流分：【如是我聞　一時佛住舍衛國祇樹給孤獨園。爾時世尊告尊者舍利弗：「所謂流者，何等為流？」舍利弗白佛言：「世尊！所說流者，謂八聖道。」復問舍利弗：「謂入流分，何等為入流分？」舍利弗白佛言：「世尊！有四種入流分。何等為四？謂親近善男子、聽正法、內正思惟、法次法向。」復問舍利弗：「入流者，成就幾法？」舍利弗白佛言：「有四分成就入流者，何等為四？謂於佛不壞淨、於法不壞淨、於僧不壞淨、聖戒成就。」佛告舍利弗：「如汝所說，流者謂八聖道。入流分者有四種，謂親近善男子、聽正法、內正思惟、法次法向。入流者成就四法，謂於佛不壞淨、於法不壞淨、於僧不壞淨、聖戒成就。」佛說此經已，尊者舍利弗聞佛所說，歡喜奉行。】（《雜阿含經》卷三十）親近善士、聽聞正法、如理作意、法隨法行，是進入聖流的四種方法；以這四種方法入流的人，一定會被真善知識教導小乘的八正道，或是大乘的八正道。以此緣故，方能成就四不壞信；成就四不壞信的人，都能在聲聞法解脫道中斷除我見、三縛結，乃至在大乘法中親證本識如來藏，成爲開悟的菩薩。若是親近惡知識者，則信邪見；信邪見故，難免因爲信受惡知識邪見的緣故而隨同惡知識毀謗正法，成就重罪，則墮地獄受苦無量。如佛所說：【「或有眾生成就身惡行、口惡行、意惡行：誹謗賢聖，信邪倒見。身壞命終，墮三惡道。或有眾生身行善、口言善、意念善：不謗賢聖，見正信行。身壞命終，生天、人中。」】（《長阿含經》卷十二《自歡喜經》）由於生於天中、生於人中或生於三惡道中，接著就使未來無量世的佛道修學，產生無比重大而且長遠的改變，佛門四眾都應該爲自己未來無量世的慧命而詳審思惟、細加籌謀，千萬別迷信他人所穿的僧衣；因爲證法者在人之心，而不在僧衣，僧衣不是能證法者，亦非能使人證法者，所以 文殊、普賢、維摩詰、觀音都不穿僧衣。未證法者脫下僧衣或穿著僧衣，都不能改變其有無證法的事實。

學佛人最大的問題是錯將惡知識當作善知識，因爲學佛人往往沒有深入建立正知見，往往只能從世間法的表相上來認知善知識，所以大部分人都是誤將惡知識錯認爲善知識的；這都只能依照各人的因緣來隨順，假使沒有善法因緣而不能得遇正法的好緣，就只能如同初機學人一般隨順於惡知識了！一旦隨順惡知識來修學時，就無法避免的常常熏習邪見而仍自以爲是在熏習正見；常習邪見者必定會被邪見影響，常常誤將破法錯認爲是護持正法，未來捨壽時當墮地獄。這是四阿含中 佛陀親說的，不只是在大乘經中才有這種說法：【「**常習眾邪見，爲愛網所覆；造此卑陋行，墮大叫喚獄。……爲極重罪行，必生惡趣業；墮無間地獄，受罪不可稱。**」】（《長阿含經》卷十九《世記經》〈地獄品〉）

特別是藏密外道中的所有法王、喇嘛與修學者，都應特別注意這一點；因爲一旦信受藏密的法義時，就會開始了邪見的熏習，不能避免的會進入雙身法中，就會漸漸在不自覺中說出破壞正法的話來，但他們自己是不會感覺到、檢查到的。這都是因爲藏密的理論與行門，自始至終都是爲雙身法而作準備的，一開始就沒有離開過雙身法的精神，這是所有藏密喇嘛與上師們心中都知道的祕密。而師徒之間合修雙身法，一旦兩根相入時，就已完成**師徒亂倫**及**大邪淫**的無間地獄罪了！若因爲愛網所覆而相信密宗上師的話，心中籌劃破斥本識，即已成就破法的根本罪；若再想方設法計劃破壞本識法，便成就方便罪；若是後來眞的依照策劃而付諸實行，即是具足成已之罪；三罪具足而說出毀謗如來藏本識的話，已是造就毀謗最勝妙法的無間地獄罪了！這是一切藏密上師與學人都應該特別注意到的地方！爲了自身未來無量世的道業，千萬不可輕忽。若是想要確定自己能免除地獄苦，應當遠離惡知識；也一定要遠離種種邪見，應當遠離破法的種種惡業，因爲三惡道中的種種苦痛都是很難親受的緣故。

各人造業，各人自擔當，乃至多世互爲師徒，縱有多世師徒之親，都是沒有辦法相代，也無能力相代的。如經所說：【「汝自放逸，不能修身口意、改惡從善。今當令汝知放逸苦。」（閻羅）王又告言：「今汝受罪，非父母過，非兄弟過，亦非天帝，亦非先祖，亦非知識、僮僕、使人，亦非沙門、婆羅門過。汝自有惡，汝今自受。」】（《長阿含經》卷十九）所以，跟隨上師造作了謗法的大罪業，是不可能由上師來代受的；藏密上師所說代受罪業的話，都是如同兒童無知妄說而籠罩世人，都無實義可言，千萬不可妄加信受；否則時到，自作自承受，無人可以替代，都是不能推給藏密喇嘛、上師的。所以千萬記得要遠離惡知識！惡知識往往是每天口中常常說著慈悲、平等、實相等言語，表現出很慈悲的樣子，示現出來的表相都是善知識的模樣；但是您在法義上若稍微失去警覺心，您就可能跟隨他們造作謗法、謗賢聖的大惡業，所以千萬要小心。

修學佛法時，應當於眞善知識生敬信心、學法心，千萬不可產生過失心，未經求證就妄加毀謗；對眞善知識產生了不同的善惡心以後，所招來的果報勝劣苦樂的差異是極大的，如佛所說：【「爾時輔相婆羅門，所應告語、遍告語已，於七日中，正信堅固歸佛出家，鬚髮自落、袈裟著身，成苾芻相、威儀具足。輔相婆羅門既出家已，時彼七王悉捨國境，亦隨出家；所有七千教誦婆羅門亦隨出家，彼四十妻亦隨出家。是時復有無數百千諸人民眾，各各隨喜、悉樂出家。五髻！時輔相大堅固婆羅門遠離諸欲，證阿羅漢果。證聖果已，復爲同梵行者說諸聲聞種類法門。彼聞法已，解了其義，當生梵界。是時大堅固聲聞，復爲諸同修梵行者說諸聲聞種類法門，彼聞法已，解了其義，得生欲界四大王天；又有一類同梵行者，聞法悟解，生三十三天；或有一類同梵行者，生夜摩天；或有一類生兜率天，或有一類生化樂天，或有一類生他化自在天。五髻！彼時會中若男若女及同梵行者，或於大堅固聲聞起過失心者，身壞命終、墮地獄中；彼時會中若男若女及同梵行者，於大堅固聲聞起淨信心者，身壞命終、得生天界。」】（《大堅固婆羅門緣起經》卷下）對已證聲聞小法的聲聞人生起過失心，即墜地獄，何況對已證大乘法的出家、在家菩薩？

學法之人，當生正見，世世廣受福報；千萬莫生邪見，自招苦報。如佛所說：【「復次，白衣！彼刹帝利族中，有造身不善業及彼語、意不善業已，**起邪見者**，身壞命終墮於惡趣，地獄中生。而婆羅門毗舍首陀諸族亦然，有造身不善業及彼語、意不善業已，**起邪見者**，身壞命終墮於惡趣，地獄中生。沙門亦然，有造身不善業及彼語、意不善業已，**起邪見者**，身壞命終墮於惡趣，地獄中生。」】（《白衣金幢二婆羅門緣起經》卷下）

故說一切學佛人都不可輕易在心中生起邪見；生起邪見者一定會不經意的造作身口意惡業，不知不覺間成就了謗法、謗賢聖的大惡業！捨壽後難免會墜入地獄中，未來世不但受苦無量，也會使見道的實證延遲百餘大劫，千萬要小心。若是以藏密外道的常見、斷見法取代能使人斷除我見的阿含法，取代能使人親證實相的如來藏法，其罪最大，名爲世間最大的身語惡業，是破法兼破菩薩藏，也是出佛身血，成爲一闡提人，死後墜落無間地獄中；未來出離地獄的時劫是很長遠的，道業也將耽誤更久：必須次第歷經餓鬼道、畜生道，終於出生到人間從頭開始修集大福德及熏習正知正見，直到久遠劫後才有因緣眞斷我見或眞悟般若。這些墮落惡道之因，大多是從此世信受應成派、自續派中觀的意識常住邪見開始。佛在阿含聖典中所說的聖教，佛門四眾都應該留心。

每一位學佛人，都應當善於察知自己所親近的人是善知識、或惡知識；若不能善於了知及分辨，後果是很難思量的：【佛言：「**惡知識**有四輩，一者內有怨心，外強為知識。二者於人前好言語，背後說言惡。三者有急時，於人前愁苦，背後歡喜。四者外如親厚，內興怨謀。**善知識**亦有四輩，一者外如怨家，內有厚意。二者於人前直諫，於外說人善。三者病瘦、縣官，為其征誦憂解之。四者見人貧賤，不棄捐，當念求方便欲富之。**惡知識**復有四輩，一者難諫曉，教之作善，故與惡者相隨。二者教之：莫與喜酒人為伴，故與嗜酒人相隨。三者教之自守，益更多事。四者教之與賢者為友，故與博掩子為厚。**善知識**亦有四輩，一者見人貧窮卒乏，令治生。二者不與人諍計挍。三者日往消息之。四者坐起當相念。**善知識**復有四輩，一者為吏所捕，將歸藏匿之，於後解決之。二者有病瘦，將歸養視之。三者知識死亡，棺斂視之。四者知識已死，復念其家。**善知識**復有四輩，一者欲鬥，止之。二者欲隨惡知識，諫止之。三者不欲治生，勸令治生。四者不喜經道，教令信喜之。**惡知識**復有四輩，一者小侵之，便大怒。二者有急，倩使之，不肯行。三者見人有急時，避人走。四者見人死亡，棄不視。」佛言：「擇其善者從之，惡者遠離之。我與善知識相隨，自致

成佛。」】（長阿含部《佛說尸迦羅越六方禮經》）

假名善知識常作如是言：「我有沒有證得阿羅漢果，並不重要；我能幫助你證得阿羅漢果，才是重要的事。最重要的是你能否相信我而跟隨我修學。」往年在大乘法中也有這樣的假名善知識說：「我有沒有證悟並不重要，但我能幫助你證得禪宗開悟的境界，這個才重要。所以關於我有沒有開悟這件事情並不重要，重要的是你能否相信我而跟隨我修學。」然而佛的開示卻與他們的說法完全相反：【「不備威儀，欲令學法滿者，無有是處。學法不滿，欲令戒身、定身、慧身、解脫身、解脫知見身具足者，無有是處。解脫知見不滿足，欲令得無餘涅槃者，無有是處。」】（《雜阿含經》卷四十七）

語譯如下：【「自己都不能具備佛果的威儀，而想要使別人修學佛法滿足，他的說法絲毫都無有可取之處。自己修學的諸法不能滿足，而說他能使學法者的戒身、定身、慧身、解脫身、解脫知見身都能圓滿具足的人，他的說法絲毫都無有可取之處。自己的解脫知見都不滿足，就想要使學法者能獲得無餘涅槃修證，他的說法絲毫都無有可取之處。」】

這不是佛陀只曾說過一遍的話，佛曾一再的如是開示：【「周那！若有不自調御、他不調御，欲調御者終無是處；自沒溺、他沒溺，欲拔出者終無是處；自不般涅槃、他不般涅槃，令般涅槃者，終無是處。周那！若有自調御、他不調御，欲調御者必有是處；自不沒溺、他沒溺，欲拔出者必有是處；自般涅槃、他不般涅槃，令般涅槃者必有是處。」】（《中阿含經》卷二十三）

語譯如下：【「周那！如果有人不能自己調御下來、而別人也一樣不能自己調御下來，但是他卻想要調御別人的話，終究沒有這個道理；自己正在水中沒溺、別人也正在水中沒溺，他自己卻想要救拔別人出離水中的話，終究沒有這個道理；自己不能證得涅槃、別人也一樣不能證得涅槃，他卻想要度別人證得涅槃的話，終究沒有這個道理。周那！如果有人自己已經能調御下來了、而別人仍然不能調御下來，他說想要把別人調御下來，這個人說的話一定有他的道理；如果他自己能夠在水中自在游泳而不會沒溺於水中、當別人不會游泳而沒溺於水中，他想要救拔別人出離水中的話，此人說出的話一定有他的道理；當他自己能證得涅槃、而別人無法證得涅槃時，他說想要救度別人也證得般涅槃的話，他這樣子說，一定有他的道理。」】

至於大乘經中有說：【「自未得度，先度人者，菩薩發心。」】（《大佛頂如來密因修證了義諸菩薩萬行首楞嚴經》卷六）這是依大乘法講的，所說的菩薩尚未得度，指的是尚未成佛，不是「尚未開悟就說能度別人開悟」的意思；因為楞嚴中所說的得度，是指已經成佛了，所以這一句開示的後面，緊接著就說：【「自覺已圓，能覺他者，如來應世。」】因此，在自己尚未眞悟以前，而說能幫助別人開悟的人，都是在籠罩座下四眾的妄語者、不誠實者。但是這種人，在如今的海峽兩岸中，卻是處處可見的。因此，一切有智慧的學人，都應該先建立正知正見，才有能力自己分辨眞假善知識。能否分辨眞假善知識，是修學佛道的首要，不論是修學阿含解脫道，或是修學大乘佛菩提道，從來都是如此的；若無力分辨眞假善知識，就只能隨順假名善知識修學，不自覺的跟著假名善知識一起誹謗眞善知識，然後誤以為自己是在修學眞實法、是在破邪顯正。這是在表相上獲得護法之名，而實際上成就惡業之實，密宗的喇嘛與學人們總是如此。

惡知識者，常與增上慢相應；惡知識若只是與慢、過慢相應的人，乃至雖與慢過慢相應，固然已是大惡；但是若比起增上慢來，都還不算是大惡；這是因為增上慢的惡知識都會大妄語，並且會引導隨學者跟著他大妄語，往往會令人隨著他下墮地獄。修證上的增上慢，都不免如此，不能自外於地獄業；若因未證謂證的增上慢，進而誹謗眞善知識及其正法，則是增其惡業而成無間地獄罪，已不只是一般地獄罪了。僅只是在世間法中生起增上慢，就已經是地獄業了；若是在正法的修證上面，未證言證，更將如此。有經典聖教爲證：

【世尊答曰：「我今平旦著衣持缽入舍衛乞食，展轉往詣汝家乞食。於是白狗遙見我來，見已而吠，我語白狗：『汝不應爾。謂汝從呧至吠。』是故白狗極大瞋恚，從床來下，至木聚邊憂慼愁臥。」鸚鵡摩納問世尊曰：「白狗前世是我何等？」世尊告曰：「止止！摩納！愼莫問我。汝聞此已必不可意。」鸚鵡摩納復更再三問世尊曰：「白狗前世是我何等？」世尊亦至再三告曰：「止止！摩納！愼莫問我。汝聞此已必不可意。」（摩納堅持請問）世尊復告於摩納曰：「汝至再三、問我不止。摩納！當知彼白狗者，於前世時即是汝父，名都提也。」鸚鵡摩納聞是語已，倍極大恚，欲誣世尊、欲謗世尊、欲墮世尊，如是誣、謗、墮沙門瞿曇，語世尊曰：「我父都提大行布施，作大齋祠；身壞命終，正生梵天。何因何緣？乃生於此下賤狗中？」世尊告曰：「汝父都提，以此增上慢，是故生於下賤狗中。梵志增上慢，此終六處生：雞狗豬及豺，驢五地獄六。鸚鵡摩納！若汝不信我所說者，汝可還歸，語白狗曰：『若前世時是我父者，白狗當還在大床上。』摩納！白狗必還上床也！『若前世時是我父者，白狗還於金盤中食。』摩納！白狗必當還於金盤中食也！『若前世時是我父者，示我所舉金、銀、水精、珍寶藏處，謂我所不知。』摩納！白狗必當示汝已前所舉金、銀、水精、珍寶藏處，謂汝所不知。」於是鸚鵡摩納聞佛所說，善受持誦；繞世尊已，而還其家，語白狗曰：「若前世時是我父者，白狗當還在大床上。」白狗即還在大床上。「若前世時是我父者，白狗還於金盤中食。」白狗即還金盤中食。「若前世時是我父者，當示於我父本所舉金、銀、水精、珍寶藏處，謂我所不知。」白狗即從床上來下，往至前世所止宿處，以口及足掊床四腳下，鸚鵡摩納便從彼處大得寶物。於是鸚鵡摩納都提子，得寶物已，極大歡喜，以右膝著地，叉手向勝林給孤獨園，再三舉聲、稱譽世尊：「沙門瞿曇所說不虛，沙門瞿曇所說眞諦，沙門瞿曇所說如實。」再三稱譽已，從舍衛出，往詣勝林給孤獨園。爾時世尊無量大眾前後圍繞而爲說法，世尊遙見鸚鵡摩納來，告諸比丘：「汝等見鸚鵡摩納來耶？」答曰：「見也！」世尊告曰：「鸚鵡摩納，今命終者，如屈伸臂頃，必至善處。所以者何？彼於我極有**善心**。若有眾生因**善心**故，身壞命終，必至善處、生於天中。」】（《中阿含經》卷四十四）

鴦掘摩納之父都提，僅因布施所得的大福德，而在心中生起世俗法中的增上慢，以慢待人，尚且在死後下墮畜生道中；若是因爲見取見而生起卑慢、見慢、慢、過慢乃至增上慢，以致誹謗正法、賢聖者，其果報當知遠重於此。反過來說，若是心中總是對諸佛、對正法存有善心，於眾人、於賢聖總是存著善心，就已足夠他往生欲界天上或是人間善處了！由於往生之處不同故，必將導致後世學法及道業增上或遮障的遲速不同，產生極大的差別；有智慧者思之即知，就不需平實再多所言語了！所以千萬要遠離惡知識，以免引生增上慢。

若是教人貪著世法的人，都是 佛所說的惡知識，必將因此導致墮落，絕非善事：【世尊告曰：「善哉！善哉！迦葉！多所饒益，爲世人民作良友福田。迦葉當知：吾般涅槃後**千歲餘**，當有比丘於禪退轉，不復行頭陀之法，亦無乞食、著補衲衣，貪受長者請其衣食，亦復不在樹下閑居之處，**好喜莊飾房舍**；亦不用大小便爲藥，但著餘藥草極甘美者；或於其中**貪著財貨**、**吝惜房舍**，**恒共鬥諍**。爾時檀越施主篤信佛法，好喜惠施、不惜財物；是時檀越施主命終之後盡生天上，**比丘懈怠者**，**死入地獄中**。如是，迦葉！一切諸行皆悉無常，不得久保。又迦葉當知：將來之世，**當有比丘剃鬚髮而習家業**，**左抱男**、**右抱女**。

又執箏簫，在街巷乞食。爾時檀越施主受福無窮，況復今日至誠乞食者？如是，迦葉！一切行無常，不可久停。迦葉當知：將來之世，若有沙門比丘，當捨八種道及七種之法。如我今日於三阿僧祇劫所集法寶，將來諸比丘以為歌曲、在眾人中乞食，以自濟命；然後檀越施主飯彼比丘眾，猶獲其福，況復今日而不得其福乎！」】（《增一阿含經》卷三十五第五經）

這段經文中說的**將來比丘**，其實都已是現在常常可以看得到的事了！但是也仍有清淨自持的比丘眾，這些比丘眾都應該出來改變佛教界諸大道場目前奢侈、浮華的風氣，專在世間法上用心的不良風氣；應該將目前的學佛風氣轉入正法的修學上面，少在世間法用心，才能使正法久住，學人得度，眾生得利，人天獲安。否則的話，長此以往，久後的佛教界究竟將伊於胡底？這也是大家對佛教的未來、學人的未來、人天的未來，都應該思考的重大事情。所以，制止惡知識的胡作非為，制止大法師暗中修習、弘傳雙身法，制止大法師們的奢侈浮華行為，要求大法師們都回歸正法修證的路線，少參與政治及社會事務，專心在弘法及維護正法的事項上，才是能令佛教正法久住、人天獲安的正事。

但是這個呼籲，對於當今的佛教界來說，可能仍是**陳義太高**的事情；當他們身爲惡知識而擁有廣大利益久了以後，期望他們改正以往錯誤的心態與行爲，都是極爲困難的事，因爲他們已經都認爲目前的所作所爲全屬善事而非惡事了。所謂近朱者赤、近墨者黑，熏習浮華及世間法久了以後，要求他們一年之間改正過來，當然是不可能的事；就只能期待於未來的二十年或三十年、五十年後，當這些崇尚浮華及世間法的大法師們都往生了，這種不好的現象也許能漸漸的改善吧！平實只能這樣子期待了！但是想完成這樣卑微的期待，都還是要靠漸漸轉變佛門四眾的知見以後，才有可能在未來三、五十年後達成目標。所以，善知識的重要，在這裡就可以了知了。因此還是要在這裡，勸請您千萬要親近善知識，莫親近那些**表相很崇高而背地裡暗修雙身法**的惡知識；乃至有些很有名的**假善知識已經**如同**藏密喇嘛一樣私底下生養兒女了**，這都是與表相完全不符的惡知識。有哪些人表面極爲崇高而背地裡是如此不堪的？當然都是暗中修習藏密外道法的人！至於是哪些人，就由您自己去思惟與觀察吧！但若是已經捨棄藏密而公開懺悔了，並已回歸如來藏正道的大乘行者，不論是法師或居士，都請您讚歎他、支持他；因爲能公開發露懺悔而且永不復作的人，是非常了不起的人，將來應該會有機會見道而眞入大乘法中成爲賢聖的。

第十七節　當設方便而令正法久住

想要修集福德，想要種福田的人，應當在能使正法久住的事項上來做，也就是護持正法，因爲這是世間的第一廣大福德。假使有人想要追求人天善法的功德，也應該在正法中行於布施；若能在最究竟、最了義的正法中行施，其福德更加廣大極勝，有經文爲證：【聞如是　一時佛在舍衛國祇樹給孤獨園。爾時波斯匿王往至世尊所，頭面禮足，在一面坐。爾時波斯匿王往白世尊言：「如來審有是語『施我獲福多，餘者獲福少；施我弟子，勿施餘人』？設有人作是語者，豈非毀如來法乎？」佛告王曰：「我無此語：『獨應施我，勿施餘人。』大王當知，我恒有此語：『若比丘鉢中遺餘，擲著水中，軟蟲食之猶得其福，何況施人而不獲福乎？』但，大王！我有是語：『**施持戒人，其福益多，勝於犯戒之人**。』」爾時波斯匿王前白佛言：「唯然！世尊！施持戒人，其福倍多於犯戒之人者上。」王復白佛言：「尼揵子來語我言：『沙門瞿曇知於幻術，能迴轉世人。』世尊！此語爲審乎？爲非耶？」佛告王曰：「如是！大王！如向來言：『我有幻法，能迴轉世人。』」王白佛言：「何者名爲迴轉幻法？」佛告王曰：「其殺生者，其罪難量；其不殺者，受福無量。其不與取者，獲罪無量；其不盜者，獲福無量。夫淫泆者，受罪無量；其不淫者，受福無量。其邪見者，受罪無量；其正見者，獲福無量。我所解幻法者，正謂此耳。」是時波斯匿王白世尊言：「若當世間人民、魔，若魔、天有形之類，深解此幻術者，則獲大幸。自今已後，不復聽外道異學入我國界，聽四部之眾恒在我宮，常當供養，隨其所須。」佛告大王：「勿作是語。所以然者，施畜生之類猶獲其福，及施犯戒之人亦獲其福，施持戒之人，福亦難量；**施外仙道之人，獲一億之福；施須陀洹、斯陀含、阿那含、阿羅漢、辟支佛及佛，其福不可量**。是故，大王！當興發意，供給當來過去諸佛聲聞弟子。如是，大王！當作是學。」爾時波斯匿王聞佛所說，歡喜奉行。】（《增一阿含經》卷四十三第三經）

若是想要布施植福的人，千萬要記得 佛陀這一段開示的聖教，能使您獲福無量。但是千萬要先認清楚：布施的對象是不是破壞佛教正法的人？若是破壞佛教正法的人，譬如藏密外道的黃教，都是**否定如來藏本識而主張意識常住**的破法者；又譬如藏密外道的黃教及其餘三大派別，在他們尚未全面脫離外道雙身法以前，都是附佛法的外道；又如藏密四大派尚未全面唾棄**以外道法、世**

間法來取代佛教所有正法修證內容以前，都不應加以支持，以免他們的破法行爲獲得財力支持，更有能力繼續或擴大抵制如來藏正法的惡行。那麼，您加以支持的結果，不但不能植福，反而將會產生破法的共業，求福反而得到破壞正法的惡果，後果是完全相反的；您對這一點，務必要細加思量才好。除此（藏密外道及暗中修習雙身法的某些大道場）以外，所有佛教道場都是可以布施植福的。

佛陀曾咐囑大迦葉菩薩、阿難菩薩及諸菩薩護持大乘正法（結集四阿含的大迦葉是另一位阿羅漢。佛世有多位大迦葉），吾人也應當遵奉佛語而住持三乘佛法，令不斷絕；所以應當努力破斥藏密應成派中觀的斷見法，也應當洞悉自續派目前正以如來藏名義而弘揚意識常見法的傾向。但因這一部書中講的是解脫道的聲聞法，所以只舉聲聞法四阿含中的經典爲證，請求佛門四眾都來護持正法：

【聞如是　一時佛在舍衛國祇樹給孤獨園，爾時世尊語迦葉曰：「汝今年已朽邁，無少壯之意，宜可受諸長者衣裳及其飲食。」大迦葉白佛言：「我不堪任受彼衣食。今此衲衣、隨時乞食，快樂無比。所以然者：將來當有比丘形體柔軟，心貪好衣食，便於禪退轉，不復能行苦業。又當作是語：『過去佛時，諸比丘等亦受人請、受人衣食，我等何爲不法古時聖人乎？』坐貪著衣食故，便當捨服爲白衣，使諸聖賢無復威神，四部之眾漸漸減少；聖眾已減少，如來神寺復當毀壞；如來神寺已毀壞故，經法復當凋落。是時眾生無復精光，以無精光、壽命遂短。是時，彼眾生命終已，皆墮三惡趣。猶如今日眾生之類，爲福多者皆生天上；當來之世爲罪多者，盡入地獄。」

世尊告曰：「善哉！善哉！迦葉！多所饒益，爲世人民作良友福田。迦葉當知：吾般涅槃後千歲餘，當有比丘於禪退轉，不復行頭陀之法，亦無乞食、著補衲衣，貪受長者請其衣食；亦復不在樹下閑居之處，好喜莊飾房舍；亦不用大小便爲藥，但著餘藥草極甘美者。或於其中貪著財貨，吝惜房舍，恒共鬥諍。爾時檀越施主篤信佛法，好喜惠施、不惜財物；是時檀越施主命終之後盡生天上，比丘懈怠者死入地獄中。如是，迦葉！一切諸行皆悉無常，不得久保。」

「又迦葉當知：將來之世，當有比丘剃鬚髮而習家業，左抱男、右抱女，又執箏簫在街巷乞食。爾時檀越施主受福無窮，況復今日至誠乞食者？如是，迦葉！一切行無常，不可久停。迦葉當知：將來之世若有沙門比丘，當捨八種道及七種之法；如我今日於三阿僧祇劫所集法寶，將來諸比丘以爲歌曲在眾人中乞食以自濟命，然後檀越施主飯彼比丘眾猶獲其福，況復今日而不得其福乎！我今持此法付授迦葉及阿難比丘，所以然者：吾今年老以向八十，然如來不久當取滅度；今持法寶付囑二人，善念誦持，使不斷絕，流布世間。其有過絕聖人言教者，便爲墮邊際。是故今日囑累汝經法，無令脫失。」

是時大迦葉及阿難即從座起，長跪叉手、白世尊言：「以何等故以此經法付授二人，不囑累餘人乎？又復如來眾中，神通第一不可稱計，然不囑累？」世尊告迦葉曰：「我於天上、人中，終不見此人能受持此法寶如迦葉、阿難之比。然**聲聞中**亦復不出二人上者，過去諸佛，亦復有此二人受持經法如今迦葉、阿難比丘之比，極爲殊妙。所以然者：過去諸佛，頭陀行比丘法存則存、法沒則沒；然我今日迦葉比丘留住在世，彌勒佛出世然後取滅度；由此因緣，今迦葉比丘勝過去時比丘之眾。又阿難比丘云何得勝過去侍者？過去時諸佛侍者聞他所說，然後乃解；然今日阿難比丘，如來未發語便解，如來不復語，是皆悉知之；由此因緣，阿難比丘勝過去時諸佛侍者。是故迦葉！阿難！吾今付授汝，囑累汝此法寶，無令缺減。」爾時世尊便說偈言：

一切行無常，起者必有滅；無生則無死，此滅最爲樂。

是時，大迦葉及阿難聞佛所說，歡喜奉行。】（《增一阿含經》卷三十五第5經）

如佛預言：「**將來之世，當有比丘剃鬚髮而習家業，左抱男、右抱女。**」今時西藏密宗等喇嘛們，以及顯教中暗中實修藏密雙身法的某些大法師，正是佛所預記如是之人，絲毫不爽，因爲他們是只要能獲得淫樂中的第四喜境界，不論是動物或是母舅、諸姨母、姪女、女徒弟，都是可以淫合的；所以，對他們而言，剃髮出家以後，夜夜手抱男、女，以雙身法公然行淫而自稱不犯戒律、自稱心地清淨，自認爲是完全符合藏密法義與戒律的，而藏密外道自行施設的三昧耶戒正是如此規定的。如是藏密喇嘛們之邪見與邪淫行爲，正與 佛在最原始的四阿含中所預記末法時世全無差異。又如今時佛光山、中台山等寺院，務求金碧輝煌、富麗堂皇，其中擺設亦復極盡奢華之能事，住居遠勝於供養他們的在家居士，眾人都難與比擬，豈非如 佛先所預記無別：「**亦復不在樹下閑居之處，好喜莊飾房舍；……或於其中貪著財貨……。**」

印順一類人，往往因爲經中**預記千年之後有 龍樹菩薩出世，弘揚楞伽所說如來藏妙法**，便說《楞伽經》是 龍樹出現人間之時才創造出來的經典。以印順的這種邏輯，他們就應該同樣主張說：「《**增一阿含經**》既然預記後世西藏密宗的荒誕行爲，當然增一阿含也是在西藏密宗出現以後才創造結集出來的，所以《增一阿含經》應該是佛陀入滅後千年才由佛弟子們創造結集出來的。」但是增一阿含諸經顯然不是印順這種思惟方法所能定讞的，由此緣故，如今不但是印順其人，乃至其眾多門徒等人都不能說增一阿含部的經典是 佛滅千年後之弟子們創造的。而且，最原始的四阿含經典中，明明已經由二乘人說出 佛陀的授記了：確實有 彌勒比丘同時存在於佛世之時，所以 佛陀作了這樣的授記，可是 彌勒比丘在佛世時的所說、所作，都沒有被記入二乘解脫道的四阿含及聲聞律中，是否也可以說是二乘聖人創造了 彌勒菩薩這個人？而說 彌勒菩薩不是歷史人物？由此可見印順對於考證，大多是推論而不是眞的考證。

一切佛弟子所說法，都必須同於 佛陀所說，才可以說是眞正的佛法；所說若是違背 佛陀的聖教，就不是正法；應當是眾人都同一說法、同一法味，才是眞正的佛法，有經文爲證：【如是我聞 一時佛住拘睒彌國瞿師羅園。爾時尊者阿難往詣上座上座名者所，詣已，恭敬問訊。問訊已，退坐一面，問上座上座名者言：「若比丘於空處、樹下、閑房思惟，當以何法專精思惟？」上座答言：「尊者阿難！於空處、樹下、閑房思惟者，當以二法專精思惟，所謂止、觀。」尊者阿難復問上座：「修習於止，多修習已，當何所成？修習於觀，多修習已，當何所成？」上座答言：「尊者阿難！修習於止，終成於觀；修習觀已，亦成於止。謂聖弟子止、觀俱修，得諸解脫界。」阿難復問上座：「云何諸解脫界？」上座答言：「尊者阿難！若斷界、無欲界、滅界，是名諸解脫界。」尊者阿難復問上座：「云何斷界？乃至滅界？」上座答言：「尊者阿難！斷一切行，是名斷界。斷除愛欲，是無欲界。一切行滅，是名滅界。」

時尊者阿難聞上座所說，歡喜隨喜，往詣五百比丘所，恭敬問訊，退坐一面，白五百比丘言：「若比丘於空處、樹下、閑房思惟時，當以何法專精思惟？」時五百比丘答尊者阿難：「當以二法專精思惟，乃至滅界。」如上座所說。時尊者阿難聞五百比丘所說，歡喜隨喜，往詣佛所，稽首佛足，退坐一面，白佛言：「世尊！若比丘，空處、樹下、閑房思惟，當以何法專精思惟？」佛告阿難：「若比丘，空處、樹下、閑房思惟，當以二法專精思惟，乃至滅界。」如五百比丘所說。時尊者阿難白佛言：「奇哉！世尊！大師及諸弟子皆悉同法、同句、同義、同味。我今詣上座名上座者，問如此義；亦以此義、此句、此味答我，如今世尊所說。我復詣五百比丘所，亦以此義、此句、此味而問，彼五百比丘亦以此義、此句、此味答，如今世尊所說。是故當知，**師及弟子，一切**

同法、同義、同句、同味。」佛告阿難：「汝知彼上座爲何如比丘？」阿難白佛：「不知，世尊！」佛告阿難：「上座者是阿羅漢，諸漏已盡，已捨重擔，正智心，善解脫。彼五百比丘亦皆如是。」佛說此經已，尊者阿難聞佛所說，歡喜奉行。】（《雜阿含經》卷十七第 464 經）

這意思是說，於解脫道正法中，若是眞實有所證的話，所說出來的法義，都將同法、同義、同句、同味的；如果有人所說與 佛不同、與師不同，那個人的修證一定是有大問題的，或是不能究竟其師所說的修證境界，或是與其師所說修證方向及境界有所偏差的。對於這種人，您當然應該針對他個人及其師所說、所修、所證的內容，加以深入比對以後，求證出其中的差異所在，然後加以正確的判斷；否則將會如同佛世的提婆達多，如同以前正覺同修會中的前後三批退轉者自稱已證得更勝妙的法義或證境，其實卻只是退返於常見外道境界中，誤將下墜認作是增勝，都是可憐憫者。所以，在正法中，一定是**師、弟所說，法同一味**；若有所不同，就一定是退轉於正法了！因此說，所有人所說的佛法，都不許異於 佛陀所說，也不許異於其師所說，除非其師說法錯謬。若於正法不肯印可者，雖修苦行，仍是垢穢者，都不値得恭敬、供養、禮拜；

若於正法能印可者，方是離垢者，是值得恭敬、供養、禮拜者：

【「彼苦行者聞他正義，不肯印可，是爲垢穢。彼苦行者，他有正問，吝而不答，是爲垢穢。……彼苦行者多懷瞋恨，好爲巧僞；自怙己見，求人長短；恒懷邪見，與邊見俱，是爲垢穢。……彼苦行者，聞他正義，歡喜印可，是爲苦行無垢法也。彼苦行者，他有正問，歡喜解說，是爲苦行離垢法也。」……梵志白佛言：「齊有此苦行，名爲第一堅固行耶？」佛言：「未也！始是皮耳。」】（《長阿含經》卷八《散陀那經》）所以說，是否眞實證得正法，並不是以身苦行作爲評斷的標準，而是以見地及實際證量作爲標準的；能修身苦行而且不謗正法者，也只是皮毛表相而已，要依實際上心境所住爲準。若是能夠時時心不放逸，住於心苦行中，長時都能心不放逸，才是眞修實證的心地清淨、見地清淨、修證清淨的實證者，千萬別被身苦行的表相所迷惑。

修學佛法者，都應秉持「依法而不依人」的原則，不但在大乘法中應當如此，在二乘解脫道法中也應該如此：【爾時世尊告諸比丘：「有四決定說，一者若有比丘樂欲說法，作如是言：『我親從佛聞如是法，善解其義，受持讀誦，極自通利。』汝等寧應請之令說，應隨所聞，善自思惟：爲修多羅？爲是毘尼？

法相之中有此法耶？若修多羅及以毘尼法相之中有此法者，宜應受持，稱讚『善哉！』若修多羅及以毘尼法相之中無此法者，不應受持，亦勿稱讚；當知此法非我所說。二者若有比丘樂欲說法，作如是言：『我於某處比丘僧眾聞如是法，善解其義，受持讀誦、極自通利。』汝等宜應請之令說。隨所聞法善自思惟：為修多羅？為是毘尼？為是法相有此法耶？若修多羅及以毘尼法相之中有此法者，宜應受持，稱讚『善哉！』若修多羅及以毘尼法相之中無此法者，不應受持，亦勿稱讚；當知此法非我所說，亦復非彼比丘眾說。三者若有比丘樂欲說法，作如是言：『我親從彼某僧伽藍、某阿練若住處，眾多上座比丘悉皆多聞，聰明智慧；聞如是法，善解其義，受持讀誦極自通利。』汝等宜應請之令說。應隨所聞，善思惟之：為修多羅？為是毘尼？為是法相中有此法耶？若修多羅及以毘尼法相之中有此法者，宜應受持，稱讚『善哉！』若修多羅及以毘尼法相之中無此法者，不應受持，亦勿稱讚；當知此法，非我所說。四者若有比丘樂欲說法，作如是言：『我親從某僧伽藍、某阿練若住處，有一上座比丘智慧多聞，聞如是法，善解其義，受持讀誦、極自通利。』汝等宜應請之令說。應隨所聞，善思惟之：為修多羅？為是毘尼？為法相中有此法耶？若修多羅及以毘尼法相之中有此法者，宜應受持，稱讚『善哉！』若修多羅及以毘尼法相之中無此法者，不應受持，亦勿稱讚；當知此法，非我所說。汝等宜應善分別此四決定說，又亦以此分別說法傳授餘人。設我在世及般涅槃，虛僞眞實，以此知之。」時諸比丘而白佛言：「善哉！世尊！我等從今當能分別佛說、魔說。」】

（阿含部《大般涅槃經》卷上）

依此段經文中 佛陀的開示，一切人都應善加檢視：藏密所有的「經」與密續中所說的法，是否在大乘經及四阿含諸經中曾有宣說？是否與四阿含及諸經所說相違背？若是與四阿含中斷除我見的解脫道正理相違背，若是與大乘經中佛菩提道的正理相違背，就絕對不可依止，一定是魔說，故意以經典的格式與文句來迷惑尚無解脫智、般若智、種智的學人。

這個事實，在天竺密宗上師所創造的《大日經》……等密經中，處處都可看見；而這一類的事相，都早已被 佛陀在四阿含中預記了！藏密外道所謂的金剛戒——三昧耶戒，正是如此，全然違背 佛陀所制定的戒律及解脫道，也全然違背 佛陀講示的大乘般若與種智增上慧學。有智慧而不迷信的學人，若願意實際上加以比對研究的話，自然就能夠知道藏密所承襲的印度密教法義，其實都只是從印度教的性力派中移植過來的男女合修雙身法而已，本來就是與解脫道及佛菩提道完全相違的外道法。假使有人學密後被喇嘛、上師強淫了，她們是不應該怪罪於藏密喇嘛的；因爲那是自己由於無知而上當了，因爲藏密外道的所有法義是自始至終就本來如此的，既然信受藏密外道的淫合法義，卻要求喇嘛們不對女信徒合修雙身法，那才是違背藏密根本思想的怪人呢！

所以，佛陀這一段經文中的開示，所有佛弟子都應當遵守，除非是以外道自居的人。那些推崇藏密外道法的大法師們，也一樣應該遵守，不該因爲以往曾經毀破邪淫戒的緣故，就爲自己找合理的藉口，推說那是在精進的修學藏密的即身成佛法。縱使修得洩精後能回收的功夫，而與異性修成雙身法的第四喜全身淫樂大受時，其實也只是世間法的淫欲境界，都與佛法無關：都與解脫、般若、一切種智的修證無關。說穿了，都只是爲了遮掩曾經毀破邪淫重戒的事實罷了！所以，今後若再有大法師不斷與藏密保持密切關係，口中及文宣都仍繼續爲藏密外道辯護，主張藏密也是佛教中的一個支派，那就不免要使人作出**合理的懷疑**：他應該是曾經毀破重戒而與異性徒弟或異性信徒有了性關係，故意以藏密外道的即身成佛雙身法，作爲逃避被人質疑破戒的藉口。

不但應該如此，而且佛教中一切出家之人，都應當遠離相似佛法，極力弘揚 佛之正法；如此正行，不但可以免除以前破法的重罪，並且能成就對 佛的最上供養：【爾時阿難而白佛言：「世尊入於般涅槃後，供養之法，當云何耶？」佛言：「汝今不應逆憂此事，但自思惟於我滅後護持正法，以昔所聞樂爲人說。所以者何？諸天自當供養我身。又婆羅門及以諸王、長者、居士，此等自當供養我身。」】（阿含部《大般涅槃經》卷中）

佛陀既已取滅度，人間不復能見佛身，吾人皆當憶持 佛所說法，誦念勿忘，並且加以正確的弘傳，勿使 佛之正法失傳於人間，這才是眞正眞實的**請佛住世**，並不是單指 佛在世時請 佛住世也：【爾時如來告力士言：「汝今不應作此請我，所以者何？一切諸行皆悉無常，恩愛合會，必歸別離。設我住世若滿一劫，會亦當滅。我所說法，但當憶持、誦念勿忘，此則不異我在世也。」】（阿含部《大般涅槃經》卷下）

譬如《中阿含經》卷十二所載【我聞如是 一時佛遊舍衛國，在勝林給孤獨園。爾時世尊告諸比丘：「我以淨天眼出過於人，見此眾生死時生時、好色惡色、或妙不妙，往來善處及不善處；隨此眾生之所作業，見其如眞。若此眾生成就身惡行，口、意惡行：誹謗聖人，邪見成就邪見業。彼因緣此，身壞命終必至惡處，生地獄中。若此眾生成就身妙行，口、意妙行：不誹謗聖人，正見成就正見業。彼因緣此，身壞命終必昇善處，乃生天上。猶大雨時，水上之泡或生或滅，若有目人，住一處觀生時滅時；我亦如是，以淨天眼出過於人，見此眾生死時生時、好色惡色、或妙不妙，往來善處及不善處；隨此眾生之所作業，見其如眞：若此眾生成就身惡行，口、意惡行：誹謗聖人，邪見成就邪見業。彼因緣此，身壞命終必至惡處，生地獄中。若此眾生成就身妙行，口、意妙行：不誹謗聖人，正見成就正見業。彼因緣此，身壞命終必昇善處，乃生天上。」】（《中阿含經》〈王相應品〉）

邪見及造邪見業，以及誹謗賢聖的因果都很重，凡我佛門四眾，對此都應當善加留意，千萬不可因爲熏習藏密外道黃教的應成派中觀六識論邪見的緣故，在無心之中輕易毀謗了正法及諸賢聖。果報極可畏故，應當預見果報之因，千萬別在果報現前時再來畏懼，那時已經太晚了！一切有智之人，都應當使佛教正法久住人間；爲了達成這個目標，已經眞實在弘法的所有菩薩們，都應該巧設種種方便，幫助有緣的佛弟子實證解脫道或佛菩提道，進入正法中實際修行，轉令實證者繼續弘傳下去，不可使佛法二種菩提道消失於人間，這才是眞正的**人間佛教**眞義。

若是未能幫助眾生悟入三乘菩提，至少也應該教導有緣的眾生儘速遠離惡見、邪見，不要使他們繼續留在錯誤的邪見中，這才能說是眞正的**人間佛教**。若是以藏密外道應成派中觀見的六識論，來否定阿含佛法中的意根第七識，否定本識——涅槃的實際，那就成爲破法而不是護法，成爲殘害眾生法身慧命的造惡業者，這絕對不是眞正的**人間佛教**，只是人間**印順教**、**喇嘛教**的推廣，本質是破壞佛教正法的。您是有智慧的人，應當對這個大問題，有所知、有所見。佛教的未來，當然是與您有關的，您所投入的護法功德，絕對不會唐捐其功的；那些支持印順教、喇嘛教的人，其破法行爲遺留的種子，也是會在他們捨報後開始現行的。您的護法正行，將在未來無量世中，世世使您都有正法資糧而迅速成就道業；支持印順教、喇嘛教邪見的推廣者，未來無量世回到人中修學佛法時，卻只能一再的怨嘆學法時的種種遮障而不明遮障的原由，只能隨波逐流而一再的信受邪見，繼續誤認破法爲護法。

第十八節　三縛結不能斷除之原因

爲令正法久住故，您應當使自己發起見地而證初果，才有能力面對一切違背解脫道的假名善知識，正確的理解他們的解脫道法義錯在何處，才有能力實際接引有緣人進入正確的解脫道中；所以，本節要特地探討現代學佛人爲何普遍不能斷除我見與三縛結的原因，也在這裡勸請您早日求斷我見與三縛結而證初果，發起解脫道的見地。您既然一輯又一輯讀到這裡，也遵循平實在書中所說而觀行到這個地步了，就應該要依阿含　佛語，盡力尋求斷除三縛結了。

推究當代大師與學人不能斷除三縛結的原因，咎在不正思惟……等。若是單單推究學人不能斷結的原因，則大多是由於迷信假名大師而被誤導所致。是故經云：【「以三法不斷故，不堪能離老、病、死；何等爲三？謂貪、恚、癡。復有三法不斷故，不堪能離貪、恚、**癡**；何等爲三？謂**身見**、**戒取**、**疑**。復有三法不斷故，不堪能離身見、戒取、疑；何等爲三？謂**不正思惟**、**習近邪道**及懈怠心。復有三法不斷故，不堪能離不正思惟、習近邪道及懈怠心，何等爲三？謂失念、**不正知**、亂心。復有三法不斷故，不堪能離失念、不正知、亂心，何等爲三？謂掉、不律儀、不學戒。復有三法不斷故，不堪能離掉、不律儀、不學戒，何等爲三？謂**不信**、**難教**、懈怠。復有三法不斷故，不堪能離不信、難教、嬾墮，何等爲三？謂**不欲見聖**、**不欲聞法**、**常求人短**。復有三法不斷故，不堪能離不欲見聖、不欲聞法、常求人短，何等爲三？謂不恭敬、戾語、**習惡知識**。復有三法不斷故，不堪能離不恭敬、戾語、習惡知識，何等爲三？謂無慚、無愧、放逸。」】（《雜阿含經》卷十四第 346 經）

不正思惟、**習近邪道**、**習惡知識**，正是當代人不能斷除三結的最主要原因，由此永被三結所縛，輪轉生死永無盡期。**不正思惟**是指不能斷三結的假名大師與學人，包括印順在內；**習近邪道**，依當代而言，是指信受藏密及印順法的大法師與學人；**習惡知識**，是指當代親近印順、藏密喇嘛的學人。

云何**不正思惟**？是說對於受、想、行、識四陰不如實知，特別是對識陰中的意識覺知心不如實知，由此緣故而對意識心產生了妄想，誤以爲意識心是常住不壞心，便成爲外道法中的第一種現見涅槃。當代最具代表性的外道現見涅槃都是佛破斥過的外道五現見涅槃中的第一種，還沒有出現第二乃至第五種人。但這第一種外道的現見涅槃，在當代又分爲二種：第一種是中台山的惟覺法師，以現前能聽、能見、能知、能覺的一念心，作爲常住不壞的眞實心，將來死後想要以這個見聞覺知心（意識）入住無餘涅槃中，說爲解脫生死的眞心；他認爲：清清楚楚、明明白白的心可以**常住**不壞、來往三世，是常、不可滅、不中斷、無間等。所知同於常見外道無二，正是外道五現見涅槃的第一種。第二種是法鼓山、佛光山、慈濟、大陸河北的淨慧法師、元音上師、徐恆志等人，都同樣以有念或離念靈知意識心，作爲常住不壞心，認爲死後可將覺知心的自己進入無餘涅槃境界中安住。藏密則是具足這二種邪見，同樣是不脫五現見涅槃中的第一種，都沒有脫離第一種而進入第二種五現見涅槃中，因爲都是以欲界境界中的覺知心意識作爲現前可證的涅槃心，尚未證得初禪。以上所說的這些人，有時又將識陰六識的心所法當作佛性，成爲執著六識自性的人，正是自性見外道；台灣也有這種人，自認爲已經眼見佛性，都是**以六識自性的知覺性**而爲座下弟子印證爲眼見佛性，落在識陰自性中，師徒共造大妄語業。

佛曾說過外道有五種現見涅槃：欲界五塵中的覺知心現在不滅，初禪中的覺知心現在不滅，二禪中的覺知心現在不滅，三禪中的覺知心現在不滅，四禪中的覺知心現在不滅。現代大乘佛法弘傳地區，尚不曾看見有人到達第二或第三種外道現見涅槃中。以前台灣曾經有人宣稱已證得第二禪，然而現在從他的著作與錄音帶開示中，都已證明他的初禪與二禪也是誤會之說，實際仍然未曾證得。近年台灣南部有一位法師宣稱已證得初禪，但是卻沒有五支功德，初禪的證境體驗與發起過程也全然不知，當然也是未證言證之人；所以當代的大、小師們，其實都未曾遠離第一種外道的現見涅槃：現前欲界五塵中的覺知心。他們互相之間有所差別的地方，只是有念或無念而已，譬如聖嚴法師說覺知心淨化以後就算是開悟了。但是，平實依據悟後進修禪定所得二禪證境觀之，那仍然是欲界覺知心意識的境界相，仍然不離欲界五塵，仍然不是涅槃，不能脫離外道五種現見涅槃的最低層次，與眞正的涅槃實證無關。只有如來藏獨住的境界，才是眞正的無餘涅槃；所以當代的大師與學人們不能斷除我見、常見，不能斷除三縛結的原因，都應該歸咎於他們自己的不正思惟：**對識陰沒有正確的認知，也就是不正知識陰的內容、識陰的味與苦、識陰的集、識陰的滅、識陰滅除之道**。對這五法不正知的緣故，所以不離識陰境界；不能眞實了知識陰，特別是對意識內容不能了知，所以不能斷除「意識**常**住不壞」的惡見、**常見**。

云何習近邪道？謂親近惡知識而熏習邪見、修習邪道。親近惡知識的緣故，一定**不欲聞正法**；不欲聞正法的原因，則是惡知識交代：不可閱讀或親近善知識。當然，惡知識不會將善知識說爲善知識，當然是將善知識說爲惡知識，將自己說成善知識。還有一種人也是習近邪道，譬如好樂男女兩性交接之法，喜愛親近邪淫之道的藏密雙身法，愛樂於雙身法的藏密外道淫合境界，都屬於習近邪道；譬如今時的達賴喇嘛……等藏密「法王」，古時的宗喀巴、阿底峽、蓮花生、寂天、月稱……等人，都是私下很努力修證雙身法樂空雙運第四喜境界的人；特別是宗喀巴、密勒日巴，他們都是每日修習單身樂空雙運（藉手淫達到第四喜境界）的人。這些人都屬於習近邪道。爲何習近邪道就無法斷除三縛結呢？因爲這些都是意識心相應的境界，正是意識覺知心的我所；若不能遠離這些境界，誤認爲雙身法的初喜乃至第四喜淫樂境界就是報身佛的常樂境界，就一定無法脫離意識的範圍，一定無法斷除常見外道所墮的「覺知心常住不壞」的五種現見涅槃中的第一種境界。所以不可習近邪見外道法。

云何**習惡知識**？由於習近惡知識的緣故，一定會被惡知識作了錯誤的教導，堅固的執著識陰是常住不壞法；這就是由於自己尚無正思惟，或是自己先已有了邪思惟，就很容易接受惡知識教導的邪見；接著由於先入爲主的緣故，堅執離念靈知心爲常住心。再由惡知識的大名聲而崇信不疑，即使被檢點或聽聞正理了，仍然不願改變原有的邪見。這些人假使能親近善知識：譬如閱讀善知識的著作、聽聞善知識說法而產生了正思惟，就能改變原有的邪見。但是惡知識外現大善知識之表相，也一定會爲了名聞、利養與眷屬的考慮，而向學人毀謗、誣指眞正的善知識是惡知識，以此理由而禁止學人閱讀善知識的書籍，或聽聞善知識說法。學人由於**名師崇拜**的緣故，於是老實的拒讀眞正善知識的正法書籍，反而心悅誠服的繼續信受假名善知識的錯誤知見，永無脫離惡見之時，正是習近惡知識，無智自覺惡知識的用心所在。

以上 佛陀所說的三類人：不正思惟、習近邪道、習惡知識，往往因此、緣此而不能捨離，或者由自、或者由他，或者由自亦由他，不能斷除三縛結而證初果。這些人都是對於識身、識味、識苦、識集、識滅、識滅道（識出要）不如實知，也都是對於受身、受味、受苦、受集、受滅、受滅道不如實知，乃至對於想身、行身的意涵以及想行的味、苦、集、滅都不如實知的人，所以才會成爲凡夫。若能對識陰六識的內含與識陰的苦、集、滅、道的意涵，有了如實的理解，對於受、想、行三陰的內容與四諦，就能自行了知了，我見、常見也就跟著斷除了！我見與常見斷除了，三縛結就跟著自然斷除了。所以這裡必須特重識陰的部分來爲您講解，當您對識陰有了如實的瞭解而且確實作了正確的觀行，自然就能同樣對其餘四陰如理作意觀行而斷除我見、常見，三縛結自然會斷除，初果的見地就在您心中了，從此以後絕對不會再認定有念靈知心或離念靈知心爲常住不壞的眞心、涅槃心了！

從此以後，薩迦耶（我見）斷了，惡見所攝的五利使就不可能再存在了！自然就能了知諸方大師的我見、常見是否已斷，對於諸方大師是否有證初果、阿羅漢一事，都能了然於心，再無猶疑了！這就是疑見斷的內容之一，以後能於諸方大師不疑。對於是否能證初果、能出三界生死一事，已有證信，也是疑見斷；從此對三寶生起絕對的大信，當然再無猶疑了，這也是疑見斷除了！從此以後，對諸方大師施設於所有徒眾們的禁戒，是否能與解脫生死的修證相應，您也能看得一清二楚，不再被假名大師們所瞞，能確定他們的戒禁取見是否已經斷除了！這樣，返觀自己的三縛結已經確實斷除了，就能自己確定成爲初果人了！自證自知、不由他信、不需他人爲自己證明，這就是解脫道中的法眼淨，已證初果（但仍然不是大乘法中的法眼淨）。所以，對識陰的正確了知，才是解脫道中最重要的部分。對色陰與受想行等四陰，是較爲粗糙或比較間接的；若能對識陰——特別是對意識——的無常性、緣生性有了現觀，就一定會斷除我見了！但是對於六塵無常性的現觀，可就要有善知識的指導了，否則是無法遠離六塵執著的。好在這個部分，在這一套書中，也已經爲您詳細的解說過了，從前面諸輯的開示中，您只要能夠好好的細讀，一定可以正確的理解；然後加以實際的觀行，一定也能斷除對六塵的貪愛，也能了知自己從來沒有接觸過外六塵，就可以因爲這個現觀而進入二果，乃至因爲現觀六塵的虛妄性而遠離欲界愛、發起初禪，確實進入三果解脫中。這就要靠您自己更深入的觀行，以及更深入的細讀、思惟及現觀了！

識陰，特別是意識覺知心，這六識爲何會在最原始的四阿含諸經中被 佛陀說爲識？而意根卻很少被說爲識？在四阿含諸經中，意根一直都是被 佛陀說爲根而不說爲識的；只有本識——第八識入胎識——才會被 佛陀在四阿含中同樣說爲識。在四阿含諸經中 佛陀對識陰等六識的定義是：根、塵二法相觸爲緣而生的心。換句話說，六根觸六塵而生的心就是識陰六識所攝的識。知道了這一點，那麼您就可以對於識陰的實質，實際上加以現觀：在您有所了知時，您所知道的心，是否都是識陰所攝的六識心？您可以現前觀察：當眼根的扶塵根或勝義根壞了、或被遮障時，能觸外色塵嗎？能生起內色塵嗎？當耳根乃至身根壞了或被遮障時，能聽的耳識乃至身識能生起嗎？還能聞、嗅、嚐、觸嗎？當意根不想接觸六塵而眠熟了，意識覺知心還能現起嗎？當您被人在後腦勺猛敲了一下，五根的勝義根不能正常運作時，眼識乃至意識等六識心，還能生起嗎？對這些現前可以觀察及驗證的事情，廣泛而且深入的一一加以現前觀察及思惟，就能了知識陰六識的內容及其生滅性了！這就是確實的瞭解識陰六識，特別是對意識覺知心的現前觀察，最爲重要；因爲識陰等六識是以意識爲主的。對識陰六識有了深入而正確的理解了，就能現前自我證明 佛陀所言不虛：眼、色相觸爲緣生眼識，乃至意、法相觸爲緣生意識，這就是如實知識。接著就要開始現前觀察識陰六識存在之時，會有什麼苦了！

云何名爲識苦？識陰等六識心是緣生法，所以無常；無常就是苦、就是空、就是無我，無常、苦、空、無我，就不可以執著；而且識陰等六識都無法去到下一世，只有這六識的種子會被帶到下一世去，另外再依下一世的五色根爲緣而生起另一個全新的意識等識陰六識，所以覺知心只是暫時而有的、一世而有的意識心，是無常、無我；無常無我所以是苦、是空，就不應該執著；現觀了這種眞實理，就是親證識陰之苦的人。也正因爲有識陰等六識，所以會有苦；若六識斷滅了，就沒有種種苦受了！識有什麼苦？識陰等六識——特別是意識——出現時，就一定會與六塵相觸及了別；不需要有語言文字的思惟，就能了知六塵中的種種境界。有了境界受，還未到語言文字生起之時，就已經領受到苦受或樂受了。樂受是會失去的，失去了就是無常，無常就是苦、空、無我；苦受即是三苦中的苦苦，苦的領受，也是由於識陰等六識而來的，所以識陰六識存在的當下，就是苦。不苦不樂受的領受雖然無苦亦無樂，但是仍然屬於無常法，無常也是苦、也是無我；若是沒有意識存在了，這些苦就都不會再存在了，也就離苦了，這樣子瞭解說明以後，您自己還要更深入的加以思惟及現觀，您就可以實證識陰的苦相了！

云何名爲識集？這就得要深入了知識陰六識世世不斷生起的緣由了！這就是流轉門的十二因緣中所說的識緣名色、名色緣識了。由於累劫以來不斷的誤認爲識陰六識是常住法，也被人教導說：「識陰等六識心是可以來往三世的，只因爲喝了孟婆湯，所以忘了前世事，入胎時就全部都忘光了，其實還是同一個意識、同一個覺知心，所以是常住不滅的。」自己也很相信，而不知道：其實是由於換了所依止的五色根、換了全新的勝義根頭腦，所以意識換新了，不是上一世的同一個意識。由於意識要以頭腦五勝義根爲依止，但是世世都有不同的頭腦，當然世世都會有不同的全新意識。若不知這個道理，就誤信意識是從前世來的，就認爲意識心是常住法，是可以進入無餘涅槃的眞心，這樣就成爲常見外道了！識集的道理，在這裡沒有大篇幅可以爲您詳細的解說，但您在讀了這一套書以後，已經有了足供觀行識陰苦集的正知見了，您可以自己在閑靜而無人打擾處，深入而廣泛的依照這套書中所說的種種知見，長時詳細的思惟：意識是怎麼熏習錯誤知見，是怎麼熏習種種世間法而產生了對識陰的錯誤認知及執著？詳細瞭解及觀行以後，對識的集，就有了深入而正確的現觀了！

云何名爲識味？識的味，主要是說識陰六識心，能對三界中的種種六塵境界，產生了識知、了別的功能，所以對六識心的功能性就產生了自我執著；也就是對眼識能見的功能（眼識身、眼識自性）產生了自我貪愛、自我執著，這就是眼識的味著。耳識、鼻識、舌識、身識乃至意識亦復如是，對意識心的功能性（意識身、意識自性）產生了自我貪愛與執著，不願意讓意識覺知心永遠斷滅，只願意在身體疲勞時，讓意識心暫時中斷，而在色身正常時隨即又出生而繼續運作，使意識心的功能繼續現前，以便攀緣六塵。這樣獨自細加現觀以後，就知道識陰六識的味貪了。

云何名為識滅？這是要你探討意識滅除的境界。能接受意識的自我永遠滅除，才能親證解脫果，否則就將永遠是外道，永遠與常見外道同流，永無取證初果解脫的可能；因為意識正是常見外道所說的常住不滅心，不論是印順所主張的意識細心，或是達賴喇嘛進一步新創的意識極細心，都是意識心，都是應該滅除的。意識的暫時斷滅，有五種：眠熟時、悶絕時、正死位、滅盡定中、無想定中（含無想天中）。這五位中意識固然滅了，但都只是暫時斷滅，並非永遠斷滅而不再現起了，所以不是無餘涅槃境界。必須永滅而不會再生起了，這時意根也斷滅而不再現起運作了，意識才有可能永遠的斷滅，才能進入無餘涅槃位中。這就是要您觀察及思惟意識永滅的境界。

云何名為識患？當意識與前五識共同現起時，六識具足了就是識陰具足了。識陰具足時就必然會與三界中的六塵、四塵、一塵相應，或者有苦受與樂受、不苦不樂受，因此就有愛戀憂悲苦惱了！這就是識患。即使是出生在無色界中，純是捨受，也仍然會有行苦存在，這也是識患。這部分較容易思惟及理解，就不多作說明，留給您自己實地去作觀行。了知識患了，就得探討識陰的出要了。若不能了知識陰六識對解脫生死的遮障，就無法出離識陰自我的拘繫。

云何名為識陰出要？想要出離識陰的自我繫縛，只有一個辦法：現前觀察識陰等六識的虛妄不實。能現觀識陰六識的虛妄，就能擺脫識陰的自我拘繫，我見即可斷除，乃至我執也可斷除。這就要從識陰是如何生起的？要有多少的助緣才能從入胎識如來藏中生起？也要了知：識陰會世世不斷生起的原因，都是由於識陰等六識覺知心，不斷的熏習錯誤的知見，自認為是常住不壞的心，所以就會導致在中陰階段中不肯滅除自己，一定會去受生，於是來世的識陰就又繼續不斷的生起。這個錯誤的熏習與認知，就是解脫道中首先要破壞的無明。

破壞這個無明的辦法，就是現前觀察識陰等六識是如何生起的，是否不需意根與六塵、五色根，就能生起？是否不需阿含中說的入胎識就能出生、存在？是否不需以六根、六塵為緣就能在生起後自己存在？……等等，都需要自己深入現前觀察以後，確定了識陰的虛妄性，了知自己是虛假的，只是藉著入胎識為因，藉著六根與六塵為緣，才能生起及存在的。如此現前觀察證實以後，識陰部分的我見就斷除了！若能將色陰與受、想、行陰都同樣的思惟與觀行，都已如理作意的觀行完畢了，證實五陰的自我全都是緣生法而無常住性，從此以後再也不會錯認覺知心或五陰中的某一部分自己是眞實常住不壞，五利使就自然斷除了！這時可以用五利使（惡見）來自我檢查，您將會發覺自己確實已證聲聞初果了！三縛結都不在了！但是您一定要確實深入思惟及觀察，否則千萬別自作聰明認爲自己已經證果了！因爲了知與現觀之間，仍有一大段距離。

接著依照同樣的道理與觀行方法及內容，對於受陰也一一加以詳細現觀：云何名爲受？云何名爲受集？云何名爲受滅？云何名爲受味？云何名爲受患？云何名爲受出要？對於想陰也一樣：云何名爲想集？云何名爲想滅？云何名爲想味？云何名爲想患？云何名爲想出要？以及行陰之集、滅、味、患、出要（請詳第四章第一節中所說，此勿重贅）也一樣的現前觀察與思惟，都了知其虛妄了，我見就一定會斷除；我見一旦斷除了，疑見與戒禁取見也就跟著斷除了！這就是已斷三縛結的初果人了！但是，這個實證，不是口頭說說就算數的，一定要親自一一深入思惟及現前觀察而證實了，才有可能是眞正的親證初果者，否則，口中說意識覺知心虛妄，說自己已證初果了，心中卻仍然認定意識的某一部分是眞實不壞心，那就會成爲大妄語人！這一點，佛門四眾都得要正視。

想要實證初果的解脫——解脫於我見、疑見、戒禁取見，一定要精進的觀行，並且必須在眞善知識的教導下如理作意的觀行；若是智慧勝妙的利根人，可以自己觀行來完成；但是若不如理作意或是懈怠的隨便觀行一下，就認爲眞的已斷三縛結了，將會成爲大妄語者，所以不該有懈怠。云何懈怠心？是說不樂於多聞熏習正法；或者聽聞熏習正法以後，不樂於深入思惟與現觀，所以對識陰的種種變相都不能如實了知，表面上看來似乎已經斷了我見，其實內心中卻仍然是不離我見的，只是我見比一般人輕微一些罷了！所以必須確實的、深入的、如理作意的，對五陰的一一法都深入觀行。

三縛結應當如何斷？再舉示經中的開示供養您：【時，質多羅長者詣諸上座所，稽首禮足、退坐一面，白諸上座言：「諸世間所見，或說有我，或說眾生，或說壽命，或說世間吉凶。云何尊者，此諸異見，何本？何集？何生？何轉？」時諸上座默然不答。如是三問，亦三默然。時有一下座比丘名梨犀達多，白諸上座言：「我欲答彼長者所問。」諸上座言：「善能答者、答。」時長者即問梨犀達多：「尊者！凡世間所見，何本？何集？何生？何轉？」尊者梨犀達多答言：「長者！凡世間所見，或言有我，或說眾生，或說壽命，或說世間吉凶。斯等諸見，一切皆以**身見**為本，身見集、身見生、身見轉。」復問：「尊者！云何為身見？」答言：「長者！愚癡無聞凡夫，見『色是我、色異我、色中我、我中色』；受、想、行、**識**，**見**『（受想行乃至識）**是我**、**識異我**、**我中識**、**識中我**』，長者！是名身見。」復問：「尊者！云何得無此身見？」答言：「長者！謂多聞聖弟子不見色是我，不見色異我，不見我中色、色中我；**不見受**、**想**、**行**、**識是我**，**不見識異我**，**不見我中識**、**識中我**，**是名得無身見**。」】《雜阿含經》卷二十一第 570 經）

也就是說，凡是對五陰中的任何一法，確認為實有、常住，是眞實我；認為我與五陰和合為一——我就是五陰；錯認五陰的全部為眞實法、常住不壞，或是錯認五陰中的某一部分為眞實我、常住法，這就是身見，亦名我見、薩迦耶見，正是一切凡夫補特伽羅所有的我見。這個我見若是眞的斷滅了，解脫道的見地就生起來了，就獲得初果見地上的解脫功德。這就是略說斷除我見、斷除三縛結的方法。當今諸方大師，都是因為不肯棄捨身見，繼續主張離念靈知心即是常住不壞的眞實我，繼續錯認識陰六識的自性為眞實常住法，堅持眼識能見之性乃至意識能覺能知之性爲常住佛性，或者單只堅持說意識心及其自性爲常住法而執著之，堅稱是禪宗祖師開悟所證的眞心，這些人都是在造作身見的集；他們不斷的爲人解說，都是由於身見繼續不斷運轉的緣故，使得身見日日出生、增長、廣大，繼續成就身見的集，再修學一大阿僧祇劫以後終究是無法取證初果解脫正受的。這些大師們都落在識陰中，執取識陰中的某一法爲常住法，都是緣於不如實知識陰的內容所致，當然更不可能如實知識陰的集、滅、滅道。這是南、北傳佛教現前四處可見的平常事，因爲身見正是眾生法；期望您不會像諸方大師一樣落入這個狀況中，那您這一世就沒有白來一趟了！

復次，斷三縛結而名爲初果聖者，必須具足四法，才能說是眞實取證初果的聖人。四法是說：**於佛不壞淨，於法、僧不壞淨，聖戒成就**。假使有人雖已斷除三縛結，卻一直都輕忽於聖戒，這個人其實不是眞正的聲聞初果，也不可能是大乘通教中的菩薩初果，至多只是**初果向**而已；所以初果人所說的斷三縛結，對他而言其實只是有所知、有所見而已，並沒有絲毫的解脫功德正受；必須具足此四法，才能說是初果人，才會有見地上面的解脫正受。有經爲證：

【如是我聞 一時佛住迦毘羅衛國尼拘律園中。爾時釋氏名曰沙陀，語釋氏摩訶男：「世尊說須陀洹成就幾種法？」摩訶男答言：「世尊說須陀洹成就四法。何等爲四？謂於佛不壞淨，法、僧不壞淨，聖戒成就。是名四法成就須陀洹。」釋氏沙陀語釋氏摩訶男：「莫作是說，莫作是言：『世尊說四法成就須陀洹。』然彼三法成就須陀洹，何等爲三？謂於佛不壞淨，於法不壞淨，於僧不壞淨。如是三法，成就須陀洹。」如是第三說，釋氏摩訶男不能令沙陀受四法，釋氏沙陀不能令摩訶男受三法，共詣佛所，稽首佛足，退坐一面。釋氏摩訶男白佛言：「世尊！釋氏沙陀來詣我所，問我言：『世尊說幾法成就須陀洹？』我即答言：『世尊說四法成就須陀洹，何等爲四？謂於佛不壞淨，於法、僧不壞淨，聖戒成就。如是四法成就須陀洹。』釋氏沙陀作是言：『釋氏摩訶男！莫作是語：〈世尊說四法成就須陀洹。〉但三法成就須陀洹，何等爲三？謂於佛不壞淨，於法不壞淨，於僧不壞淨。世尊說如是三法成就須陀洹。』如是再三說，我亦不能令彼釋氏沙陀受四法，釋氏沙陀亦不能令我受三法，是故俱來詣世尊所。今問世尊：須陀洹成就幾法？」時沙陀釋氏從坐起，爲佛作禮，合掌白佛：「世尊！若有如是像類法起：一者世尊，一者比丘僧；我寧隨世尊，不隨比丘僧。或有如是像類法起：一者世尊，一者比丘尼僧、優婆塞、優婆夷、若天、若魔、若梵、若沙門、婆羅門、諸天、世人；我寧隨世尊，不隨餘眾。」爾時世尊告釋氏摩訶男：「如摩訶男、釋氏沙陀作如是論，汝當云何？」摩訶男白佛：「世尊！彼沙陀釋氏作如是論，我知復可說，我唯言善，唯言眞實。」佛告摩訶男：「是故當知四法成就須陀洹：於佛不壞淨，於法、僧不壞淨，聖戒成就。如是受持。」時釋氏摩訶男聞佛所說，歡喜隨喜，從坐起，作禮而去。】（《雜阿含經》卷三十三第 935 經）

若有人因善知識教導而斷三縛結以後，心中卻不生信、不肯受持，仍然在暗中否定善知識，他當然不可能是眞斷三縛結的初果聖者。或如因爲貪著我所，又因爲私心不能得遂，對善知識生起瞋恨心，故意毀謗善知識，即是聖戒尚不成就的凡夫；雖然心中已經了知斷除三結的內容及知識，然而因爲聖戒仍然未能成就，不可能出生見地，其實仍然不是初果聖者。這就是說，他在解脫道中應斷的異生性尚未斷除，將來捨壽時必定還會下墮三塗，一切果證盡皆失去，當然不是初果聖者。由此緣故，一切佛弟子，因平實的書籍或說法而斷除三結以後，都必須特別注重聖戒的守持，萬勿毀犯；否則只能成就斷三結的知識而不能實證初果人的解脫功德，解脫道中的異生性仍在，就不免墮落三塗。

第十九節　天上天下無如佛

慧廣法師如是云：「再來，更重要的一點是：如果認爲佛陀所說的原始佛教才是佛法，後代佛弟子所說的，如大乘佛教裡面的，都不是佛法；或者，認爲佛法**只能保持原貌，不可以增減變化，那等於否定了人類文化向上進化的可能性。**」（慧廣著《南傳佛法與大乘佛法》）慧廣這個說法，似乎是在指控 佛陀的智慧並不是至高無上的，所以他認爲 佛所說的法義仍然可以再由後代的佛弟子加以演變、進化而提升。他在這一段話中，已表示出他的看法：**大乘經典是後代的佛弟子創造出來的，而後代的佛弟子確實已經把 佛陀的法義再作提升了，所以大乘經典的法義確實是勝妙於最原始的四阿含諸經的。**大乘經典勝妙於四阿含諸經，這是事實；但是後代的佛弟子可以創造出更勝於 佛陀所說的法義，看來 佛陀是尚未成佛的，仍然不是無上正覺。這應該就是慧廣的看法了。

慧廣又云：「佛教流傳至今已經二千五百多年，怎能沒有演變，還保留在原始佛教中呢？**演變是必然的，演變也是好的——後代會比前代好。**」所以慧廣之意爲：後代的菩薩們證量確實是比前代的 佛陀更高的。因爲他跟隨印順的腳步，認爲：大乘經典是後來的佛弟子共同創造出來的，而後代佛弟子創造的大乘經典確實是比原始佛法的四阿含更好。

平實今日不斷的寫出當代佛教界所未曾知、所未曾聞之無上法，然而深心中卻很清楚的知道：自己的智慧不但未曾超出佛陀的智慧、解脫、圓滿境界，而且不能與佛齊等；其實心中更知距離佛地智慧……等境界猶遙，是故於此效法梵天王而高聲唱言：「世間所有我盡見，天上天下無如佛。」何況慧廣法師一介凡夫僧人，連我見都斷不了，三縛結現前分明存在，仍然認取離念靈知意識心爲常住不壞的佛心，同於常見外道無二，尚且不入聲聞初果中，依大乘法來判，尚且住不了初住位，怎能這樣大膽的評論 佛陀與諸菩薩的智慧及其他證境？慧廣至今連如來藏都不能證得，連佛性都不能眼見，還一味的寫文章在否定 佛陀所說的眼見佛性；這樣子，既未能明心又不能眼見佛性的人，在大乘法中，尚且入不了七住、十住菩薩的賢人果位中，連三賢位中的六住、七住菩薩智慧都不能臆測，又如何能唱言 佛的後代弟子會比 佛陀智慧更好？而主張大乘經典是後代佛弟子所創造，更勝於 佛所說的原始佛法四阿含，而說佛法可以演變？慧廣怎能妄自唱言「佛法可以增減變化而如人類文化的向上進化」？慧廣法師何不把您所知道的佛法再給予進化，寫書出來證明給大家看看？看能否像「可以演變進化」的四阿含一般，讓菩薩們也無法否定？就先不談創造大乘經典的事，因爲那實在太難了，因爲這是連平實都做不到的事。

假使如慧廣所言：**後代一定會比前代好**。這就隱藏著一個結論：**慧廣的意思是說「後代的菩薩們智慧一定會比佛陀更好。」**依照慧廣的邏輯，必然是如此的；不論從語意學或文字表相上看來，一定都是這個意思，不可能會有別的解釋。但是，慧廣恐怕永遠都沒有膽子敢公然的說出他私心中的眞正想法吧？所以他只能以暗示性的說法來誘導信徒們：**遠比原始佛法更爲勝妙的大乘經典，都是後代的佛弟子創造出來的**！假使眞的如慧廣所說後代的佛弟子智慧遠比當年出世弘法的　釋迦世尊更好，但是遵循　佛陀教導而眞正親證佛法的四眾弟子們都不是自己悟入的，都是因爲往世、此世經由　佛陀的教導才能實證佛法，被　佛幫助而悟的弟子有可能比幫他悟入的　佛陀智慧更好嗎？　釋迦已經成佛了，而後代尚不能成佛的弟子，智慧眞的會比已成佛的　釋迦世尊更好？慧廣的智慧廣大到底哪裡去了？竟然會說出**後代佛弟子演變出來的佛法會比釋迦世尊演說出來的更好**的邪說，平實只能說他是吃了印順的邪見涎唾了！

印順法師在深心中存在著牢不可破的看法是：「**世尊未以佛道教弟子。**」（《印度之佛教》180 頁）這是在他的書中明白寫著的，所以他認為四阿含諸經中的聲聞解脫道法義就是成佛之道，因此他就否定大乘經中的佛菩提道，對大乘經典中所說的成佛之道全都不肯信受，主張大乘經典都不是 釋迦佛親口所說，認為都是由後代的佛弟子創造出來的。以此緣故，他公然否定大乘經典成佛之道，公然以聲聞解脫道取代佛菩提道（而他所說聲聞解脫道卻又嚴重的曲解四阿含眞義了）。但是四阿含中的經典，既然有許多部本來就是大乘經典，只是被不懂大乘般若、不懂唯識種智的二乘聖凡諸人結集出來的緣故，就成爲二乘解脫道的經典了！當然菩薩們不會滿意聲聞人這樣的結集成果，所以在第一次結集完成四阿含諸經時就當場表示說：「**我等亦欲結集。**」才會有代代傳說的七葉窟外大乘諸經的千人大結集，在第一次結集後隨即展開，這即是大乘菩薩們邀集阿難尊者完成的般若與唯識諸經的結集。這些大乘經典都是在第一次的聲聞五百結集後不久，就已完成的；不是聲聞人第二、第三或更後結集的事了。

爲何平實說四阿含中的某些經典其實本是大乘經典？今由阿含經中多處說到**菩薩**及**一切種智**之名，即可證實此一論點了：【「**四者菩薩初生，從右脅出，**

故大地動。五者菩薩捨於王宮，出家學道，成**一切種智**，故大地動。六者如來成道，始爲人天轉妙法輪，故大地動。」】（長阿含部《大般涅槃經》卷一）在這裡已經說到成佛所依憑的**一切種智**，以及菩薩世世行大乘道的事了！可見這本來是大乘經典，而被二乘人聽聞以後結集成小乘經典了！

又譬如同一部經卷三中，一再的提到**一切種智**：【爾時鳩尸那城，有一外道年百二十，名須跋陀羅；聰明多智，誦四毘陀經；一切書論無不通達，爲一切人之所宗敬。其聞如來在娑羅林雙樹之間將般涅槃，心自思惟：「我諸書論，說佛出世極爲難遇，如優曇缽花，時一現耳。其今在於娑羅林中，我有所疑，試往請問；瞿曇若能決我疑者，便是實得**一切種智**。」】（長阿含部《大般涅槃經》卷三）於卷三的經文中，像這樣一再提及**一切種智**之處，共有九次之多。由此可以證明 佛陀確實曾經以成佛之道來教導弟子的，那就是第二、第三轉法輪的般若及唯識系經典。但是印順因爲信受藏密黃教應成派中觀的邪見，只信有六識，否定七、八識；而大乘經典中所講的成佛之道，都說有八識心王，並且明白的開示：只有親證第八識本識的人，才能證入般若乃至未來能通達般若；只有親證本識入胎識的人，才能現觀本識含藏的一切種子，漸次發起唯識一切種智的深妙智慧，成就道種智而成為諸地菩薩；只有一切種智的修證圓滿了，才能成佛。這是印順絕對無法接受的，所以要反對到底，所以終生反對大乘經典，說都不是 佛親口所說。

一切種智是大乘經中常常宣說的勝義，但是印順因為不能實證第八識，當然無法進入般若禪的見道位中，更無法深觀本識阿賴耶心體中所含藏的一切種子，不能發起絲毫的一切種智，當然讀不懂大乘經典，所以就乾脆否定大乘法，並且無視於四阿含中曾經講過大乘法的名相，而以私心妄想來否定大乘成佛之道，便大膽的說：「世尊未以佛道教弟子。」這都是因為他想要否定大乘經典的緣故，才會這樣大膽的破法、謗法。然而，從四阿含聲聞法中多處說到成佛之道的種種大乘名相，而又不曾在四阿含諸經中講解大乘法義的內涵；但是卻在大乘經典中詳細的開示成佛之道的法義與內涵，始從三賢位中應修證的般若中道觀，繼之以唯識增上慧學的一切種智修證，一再的細說，顯然這才是眞正的成佛之道。

單憑四阿含中所說的解脫道法義，是無法使人成就佛道的，若未宣講大乘諸經的成佛之道法義就取滅度，則是化緣未滿就先滅度，絕對不可能會是 佛陀的本懷，所以大乘經典當然是 佛陀所說，不是後代佛弟子創造出來的。再從四大部的阿含諸經是在第一次結集就全部完成，而菩薩們在結集誦出時已當場提出異議，要求補充大乘法義內容到四阿含諸經中，卻得不到聲聞人同意，只好當場抗議說：「吾等亦欲結集。」從這些歷史事實來看，當然是第一次的五百聲聞人結集四阿含以後，不久就開始結集大乘經典的。而且， 佛陀住世時就已經有菩薩率領大乘比丘修習大乘及遊行弘化的事實，由此等諸事以觀，大乘諸經顯然正是 佛所說的眞實經典；否則大乘經典的七葉窟外千人結集傳說，又從何來？難道是空穴來風嗎？所以印順應該改口說：「佛陀確實已經傳授過成佛之道了！」否則的話， 佛陀的化緣應該是還沒有圓滿完成的，那就不該捨壽，應該仍住在人間完成尚未傳授的大乘成佛之道，當然應該至今還在人間繼續弘法中，把成佛之道繼續宣講出來。

所以，印順爲了曲應藏密外道的應成派中觀六識論邪見，特地否定大乘經典，誣謗不是佛所說的經典，謗爲後代的佛弟子新創的經典，暗指爲第二、三次結集以後才由佛弟子們長期創造編集出來的，慧廣「法師」則是食其邪見涎唾。但是，假使 釋迦世尊在世時不能傳授成佛之道，講不出遠比四阿含更勝妙的大乘經典，後代離佛智慧猶遙的佛弟子們，卻能講出或寫出更勝妙於世尊所說法義的大乘經典，這個道理究竟能不能講得通呢？有智慧的您，不必用大腦來思惟，只要用膝蓋來想一下就能判定是非了！然而，印順那麼聰明的人，能成爲慈濟、佛光山與法鼓山三大山頭「導師」的人，竟然能愚癡到這個地步嗎？這是絕無可能的！那麼，他否定大乘經典及法義的目的，當然只是想要建立藏密外道的應成派中觀邪見，使人絕對信受六識論而不再相信大乘經典中的成佛之道罷了！不幸的是，證嚴、星雲、聖嚴、慧廣……等人，卻一味的信受而不加以思惟及求證，跟著印順的邪見而亂寫文章、亂印書來誤導佛門四眾；而這些人中，有一些是台灣佛教界中響叮噹的大師級人物，誤導眾生的廣泛與嚴重性，也就可想而知了！當您知道這個事實眞相時，心中應該不免感嘆：**難道眾生眞的是福德淺劣至極，才會被這些毀法、破法者所誤導嗎？**

慧解脫果，精進而鈍根的修行者，在正確的指導下，至遲四生就能取辦，然而成佛則須三大阿僧祇劫方能成辦；大乘法的親證見道，縱使有大善知識正確的指導，也都須要無量劫中歷經無數世的轉生再進修，才有可能辦到；不像二乘菩提的極果阿羅漢果德，利根人只要有眞正善知識的指導，盡一生努力修學，就能做到，二者差異極大。由此證明 佛陀的智慧絕非解脫慧所能成就者，當知必無任何一位三明六通的大阿羅漢所能比擬，故說三明六通大阿羅漢仍不得稱爲佛，何況是印順、星雲、證嚴、聖嚴等未斷我見的凡夫焉能了知？有阿含部經文爲證：

【「如是，迦葉！一切行無常，不可久停。迦葉當知：將來之世，若有沙門比丘當捨八種道及七種之法；如我今日於**三阿僧祇劫所集法寶**，將來諸比丘以爲歌曲，在衆人中乞食以自濟命；然後檀越施主飯彼比丘衆，猶獲其福，況復今日而不得其福乎？」】（《增一阿含經》卷三十五第5經）在阿含部經文中，佛陀親口表示說：祂所演說的法寶是以三阿僧祇劫修集才具足獲得的，不是如同解脫道修證者的阿羅漢們可以在一生中修得的。根據四阿含諸經中所載，一千二百五十位大阿羅漢，都屬於當生取證或聞法當時立即取證阿羅漢果者，然而佛果卻須三大無量數劫方能取證；由此亦能證知：解脫道唯能成就阿羅漢果，而不能成就佛果。是故佛果絕對異於解脫果，二種果在智慧與涅槃上的證境都大不相同，印順怎能說解脫道的修證等於成佛的法道？又怎能說：諸阿羅漢所得證境即是佛地的證境？

又，大乘佛法成佛內涵必須已經具足親證了，才能成佛，豈有成佛之後尚有更高於佛地的智慧境界可以讓後代弟子們創造、演變出來的？若眞的是這樣，就應當改稱諸佛爲有上士，應當改稱後代「創造」大乘經典的菩薩們爲無上士。由此緣故，慧廣說：「更重要的一點是：如果認爲佛陀所說的原始佛教才是佛法，後代佛弟子所說的，如大乘佛教裡面的，都不是佛法；或者，認爲佛法只能保持原貌，不可以增減變化，那等於**否定了人類文化向上進化的可能性**。」這意思是說：後人的智慧確實是可以更高於 佛陀的，所以後來的菩薩們「創造、演變」的大乘經典可以比原始佛教 佛陀隱覆密意所說的正法更妙，而 釋迦佛一生終究無法講出大乘經典來，只能等待後代的佛弟子來演變及創造了！這也就意味著後人的智慧比當年的佛陀更高了。

從慧廣後半段話中：「或者，認爲佛法只能保持原貌，不可以增減變化，那等於**否定了人類文化向上進化的可能性**。」就成爲原始佛教的四阿含才是眞正的佛說，但是後人可以自己加以增減變化，也可以將 佛所說的**人類宗教文化**加以提升，成爲更高層次的**人類文化**。所以慧廣的意思其實是：大乘經典非佛說，原始佛教的四阿含才是眞的佛說，但是後人可以加上演變及提升，這樣才使得大乘佛法更勝妙於原始佛教四阿含諸經。這樣一來，從現前可以確定的大乘經典法義遠非原始佛教四阿含諸經可以比擬的事實來看，慧廣的意思其實是：佛陀的智慧遠不及後代佛弟子的智慧。果眞如是，則釋迦牟尼佛應該改稱爲有上正等正覺了，已經不可稱爲無上正等正覺了！這不正是慧廣的說法背後想要表達的意思嗎？或者應該維持 佛陀的佛名，而將後代創造更勝妙大乘經典的弟子們都冠上「佛上佛、佛中之佛」的稱號才對。但是慧廣可能不敢對此事實表示意見吧！除非他承認自己是受了印順邪見的誤導而公開懺悔！

然而，他們所謂的「後人演變、創造」的大乘經典妙義，都非四阿含諸經所能比擬的；假使慧廣及印順……等人放棄上來所說的錯誤說法，而重新回歸到「釋迦佛是無上正等正覺」的正見來，那麼大乘經典假使不是菩薩們向五百結集的阿羅漢們，提出修正四阿含中對大乘經典的修正而不可得之後，方才開始結集大乘經典的話，又要如何解釋大乘經典法義的深廣及勝妙於二乘四阿含法義的事實呢？假使大乘經典眞如他們所說「非佛說」的話，那就應該是單憑四阿含諸經所說的解脫道修證就可以成佛了！假使單憑修證四阿含所說的解脫道就可以使人成佛的話，佛教史上那麼多三明六通的大阿羅們應該都已經成佛了！然而徵之於 佛陀入滅之後沒有一位大阿羅漢敢繼承佛位的事實，就可了知實情了！而且現見一切阿羅漢面對菩薩時，都不敢開口談論佛菩提道的內涵，就可以了知慧廣及印順那些說法的目的所在了。

所以，四阿含諸經固然也是佛說，也有是弟子所說而被 佛所認可的；但是更勝妙的成佛之道法義大乘經典，更應該是佛說，因爲，集合六十億親證大乘法義的佛弟子們的智慧，縱使這六十億佛弟子都是等覺菩薩，也仍然比不上佛陀一人的智慧啊！所以不可因爲二乘聖凡等人沒有參與結集大乘經典，就說大乘經典不是佛說。二乘羅漢們沒有參與五百結集後隨即展開的菩薩們的大乘經典結集，其實只是因爲他們不懂大乘佛法，也不曾親證本識心，尚未發起般若實相智慧，沒有根本無分別智、沒有後得無分別智，更沒有種智，當他們親聞世尊宣說大乘經典時，又如何能聽懂呢？在這種情況下，期望他們參與結集般若及方等種智經典，他們一定沒有能力；縱使參與了，最多也只能是陪坐聽聞而已。所以菩薩們隨後在七葉窟外開始結集大乘經典時，他們又何嘗敢來參與呢？那麼他們又怎有可能主動的記載大乘經典結集的事相於聲聞戒的律典中呢？這不是緣木求魚的愚癡期待嗎？

譬如菩薩們結集的《法華經》中，記錄了五千聲聞公然退席，當場向 佛作無言的抗議，可見聲聞人一定不肯認同而記錄大乘經典的結集，所以一切人都不該對聲聞法中的羅漢及凡夫們有此期望。在聲聞人一定不能、不肯的狀況下，怎有可能由他們來結集 佛陀所說的第二轉法輪般若系列及第三轉法輪的唯識系列方等諸經？又怎有可能主動的記錄大乘經典結集的種種事相？這豈不是緣木而求魚？當然得要經由菩薩們向聲聞人商議修正四阿含中的大乘經典眞義而不可得之後，才有可能由菩薩們在隨後繼續結集大乘經典，而聲聞人絕對不會在聲聞戒的律典中記錄菩薩們的結集法事，以免顯示他們智慧遠不如菩薩。在此情況下，大乘經典怎有可能會比二乘法四阿含諸經提早一年出現於人間？而且阿含部的經中已經明說一項事實：四大部阿含諸經已在第一次結集時就已完成了。當然一定會有隨後不被聲聞人記錄下來的大乘經典結集，成爲傳說中的七葉窟外千人結集了！所以印順等人假藉不實的考證與一己之私，又未深入思惟與理解法義，不能從法義實質及種種事相上的必然性加以觀察，就直接誹謗大乘經典，謗爲不是佛口親說，這是存有惡意而且是造惡業的愚癡人。

大乘佛法甚深、極甚深，難解、極難解，難證、極難證，所以二乘聲聞聖僧望之生畏，尚不敢修學，何況能證？二乘法中的凡夫們更無論矣！既不能證，尚不能憶持，又焉能結集之？古時有一些二乘小法的弘傳者，心中尚且不欲信受當來下生 彌勒尊佛之所說，尚且將 彌勒菩薩所說的如來藏勝法視爲外道法，將當來下生 彌勒尊佛傳下來的《瑜伽師地論》謗爲外道論，何況肯信受而修習之？ 佛在阿含中授記的等覺菩薩所說勝法，他們眾人竟然都不肯信受，又怎有進入大乘法中見道的可能？乃至古天竺身披大乘法衣而造《大乘廣五蘊論》的小乘論師安慧法師，亦不承認 彌勒菩薩的大論，謗爲外道論；其徒弟般若趜多法師，承受安慧的教導，竟然也向聖 玄奘菩薩當面謗言 彌勒菩薩所傳的**《瑜伽師地論》是外道論**。無怪乎印順、性廣、慧廣等人，繼承了安慧的六識論邪說以後，敢大膽毀謗如來藏勝法是外道法。然而睽於安慧及彼等諸人所說、所寫者，皆是墮於斷見外道所言「無因而生的一切法都是緣起性空」的境界中，假使不是有 佛在阿含期所言如來藏本識心體的聖教，若不是有 彌勒菩薩所開示如來藏心體的聖教，並且直到今天都仍確實可以親證，那些二乘聖人的緣起性空法，都將不可避免的墮入斷滅見境界中，不免要與斷見外道同流合污、所言無異。所以說，單憑眾緣是無法出生蘊處界的，也不可能會有蘊處界的緣起性空法義，必須有另一個萬法的根本因，才能成就萬法的緣起性空，才能建立二乘菩提於不敗之地，不會被外道所附麗或否定。

是故，四阿含諸經中所說之二乘菩提聲聞解脫道，唯能令人成就解脫果，唯能使人取證阿羅漢果，絕無成就佛道之絲毫可能；四阿含聲聞解脫道只須斷除我見與我執即可成就解脫果故，不需親證本識如來藏故，不需通達般若故，不需求證一切種智故；佛菩提道，則必須親證如來藏，悟後更須進修般若別相智；發起般若別相智而且通達以後，復須進修如來藏所含藏之一切種子，藉此而發起一切種智無量無邊智慧。現見一切阿羅漢、菩薩無能如是，唯 佛一人能之；現見唯有 彌勒菩薩因爲一切種智即將具足，是故次補佛位即將成就佛果；現見 佛後一切菩薩智慧高超而顯然都不及 佛陀，現見等覺菩薩 彌勒比丘智慧勝妙，而仍然是 佛所言三大無量數劫修集所成者，非如諸阿羅漢一生即可成辦之解脫果淺智也！由是故說：天上天下無如佛。

由此正理，佛教研究者的印順及其繼承人星雲、證嚴、聖嚴等人，倡言「大乘的**起源**與**開展**」等說法，不論是在起源或在開展上面，所說都不是正理。大乘法是在原始佛教時期就已經存在著的，具載於四阿含中，童女 迦葉菩薩率領五百比丘遊化人間，即是現成證據，所以大乘法是與二乘法同時宣揚的更勝妙正法；只是 佛陀把它放在第一轉法輪以後才開始宣講，當然是比聲聞法要晚二十年以上才會開始有人承命弘揚出來的；但絕對不是印順所說的聲聞部派佛教以後才發展出來作爲起源的，也不是以後才演變而發揚光大的；這可以從聲聞聖人聽聞了大乘法而結集成小乘法的四阿含諸經中，處處找到證據；所以印順所說的「大乘起源與開展」，都是不符歷史事實的妄說。

不但如此，佛教界不論古今，都是由出家的聲聞人作爲主要的住持者，在阿含的弘揚期如是，在 佛陀入滅後的早期如是，到了現在末法時代也仍然如是。而佛教正法的住持表相，也多數由聲聞法中的出家人作爲代表的，出家而示現聲聞相的菩薩畢竟是少數，也不會與聲聞修證者相諍。不但如此，人數眾多的在家菩薩們也一直都無所爭，除非大乘法義被聲聞法中的出家人弄壞了，如同現在的藏密外道與印順、星雲、證嚴、聖嚴等人一般，刻意否定本識如來藏。在此種環境及前提下，想要期待聲聞人先行結集他們聽不懂的大乘經典，然後才結集他們所親證而能理解的二乘四阿含諸經，決定是不可能的；一定是先結集他們所知道的二乘解脫道經典，當然也一定不會同意共同結集他們所不知不證的大乘法義諸經，因爲結集時他們都將沒有智慧及能力來表示任何意見。在此情況下，菩薩們如何能邀徠他們共同結集不懂、不知、不證的大乘法義諸經？只有已經迴心大乘而現聲聞相的菩薩們，才有可能會認同。不迴心的二乘出家聖人，對大乘諸經中所說的法義尚且不能理會，又如何有膽子敢爲菩薩們證明大乘法義確實是 佛陀親口所說？又哪能有膽子表示結集的內容正確或淆訛？所以，大乘經典的結集，絕無可能會在聲聞人的第一次五百結集之前先完成；所以大乘教與大乘法義是本然就存在著的，因爲聲聞聖人也曾在座同時聽聞，但是一定聽不懂，所以結集以後就成爲二乘解脫道的經典了！

所以大乘經典的結集一定會在第一次五百結集以後，但卻絕對不會延遲到第二次七百結集以後；因爲第二次結集全屬十事非法的聲聞戒律，與法藏的結集無關，而且距離第一次結集時間已是一百一十年後的事了。可以確定的是：大乘經典結集一定是在第一次結集以後不久的事，因爲在聲聞人誦出四阿含，宣稱已經具足 佛陀所有教授時，菩薩們就已當場抗議，並在溝通修正大乘法義而不成功時，就當場表示要隨即另外結集大乘經典了！絕無可能當場異議之後卻無下文、都無結集的動作；由此看來，大乘經典一定是在第一次五百結集的小乘經典完成以後不久就隨即展開了，所以不該認爲大乘經典不是 佛陀親說。否則將會成爲主張「後人的智慧比佛陀的智慧更高」的謗佛之言，也會如同慧廣法師一樣以言外之意來毀謗 佛陀是有上正等正覺而有大過失了。

復次，三界之中，凡有證得如來藏本識而能爲人宣說者，只有三種人：如來、菩薩、菩薩聲聞。如來者，謂出於無佛法之時，自參自悟已，發起一切種智而成就佛道。菩薩者，出生於尚有佛法之世，雖然如來藏妙法已經失傳，但仍然能在乘願再來時自參自悟，是名菩薩。菩薩聲聞者，出於有佛法之世，如來藏正法仍在代代弘傳中，經由其餘菩薩之開示或引導、明說，從聲而聞，依聞而修，方能證得如來藏，是名菩薩聲聞（因聲而聞，是名聲聞。詳《不退轉法輪經》）。除此以外，別無二乘解脫道的聲聞人能證如來藏而爲人宣說的；如是三輩人，阿含部經典中已曾具說，有文爲證：

【一切諸佛極方便求如來之藏垢不可得，無垢性是佛性（如來藏的無垢性即是成佛之性）；於一切眾生所，無量相好、清淨莊嚴，如油雜水不可得。如是，無量煩惱覆如來性；佛性雜煩惱者無有是處，而是佛性煩惱中住，如瓶中燈，瓶破則現；瓶者謂煩惱，燈者謂如來藏。**說如來藏者**，或是**如來**，或是**菩薩**，或是**聲聞**；能演說者，隨其所堪，或有煩惱、或無煩惱。滿願當知：我說是人即是正覺。】（《央掘魔羅經》卷二）唯有此三輩人能為人宣說如來藏妙義，然而菩薩聲聞要從自參自悟的菩薩聞熏而後能悟，自參自悟的菩薩於往世亦是由佛所聞熏而證，方始乘願再來，不離胎昧而自參自悟，同樣都是直接或間接從佛而聞者，是故菩薩出於人間，仍須歸命於一切佛尊；由是緣故，菩薩們高聲唱言：

「世間所有我盡見，一切無有如佛者。」

復次，佛之智慧境界、解脫境界、無漏有為法境界，有極多是菩薩們久修無量數劫之後仍不能知者，何況是聲聞人一世修證而能臆測？不但大乘經及菩薩論中都如此說，阿含部經典中亦已曾如此說也：【世尊告曰：「如舍利弗言：『以眾生命短，故如來壽亦短。』然復此事亦不可論，所以然者，過去久遠阿僧祇劫有佛，名善念誓願如來、至眞、等正覺，出現於世。當於爾時，人壽八萬歲，無有中夭者；彼善念誓願如來當成佛時，即其日，便化作無量佛，立無量眾生在**三乘行**，有在不退轉地住者；復立無量眾生在四姓家，復立無量眾生在四天王宮、艷天、兜術天、化自在天、他化自在天、梵迦夷天、欲天、色天、無色天；亦於其日，於無餘涅槃界而般涅槃。而今舍利弗言：『以眾生壽短，故如來壽命亦短。』云何舍利弗而作是說：『如來當住一劫、至一劫，我亦當住一劫、至一劫，然復眾生不能知如來壽命長短』？舍利弗當知，如來有**四不可思議事**，**非小乘所能知**，云何爲四？世不可思議，眾生不可思議，龍不可思議，佛土境界不可思議，是謂舍利弗：有四不可思議。」】（《增壹阿含經》卷十八）

諸佛都有四種不可思議事，諸地菩薩都自知無法猜測，乃至等覺菩薩亦不能猜測，何況是不知初悟菩薩根本智的阿羅漢們？所以一切地上菩薩都會高唱：「世間所有我盡見，**天上天下無如佛**。」這些道理，今時印順等人，明朝時的宗喀巴，向上推溯阿底峽、蓮花生、寂天、月稱、清辨、佛護、安慧等左道、右道密宗古今一切「法王」，連第六住位的斷我見、第七住位的親證本識如來藏都無法做到，又如何能知諸佛的究竟覺境界呢？竟敢大膽貶抑諸佛境界等同於阿羅漢，豈非如同鄉村無知貧人大膽僭越而否定王城中的大王，卻敢自稱大王？如是愚行而不招來謗法、謗聖大惡業的果報，又豈有天理、世間理、因果理、戒理可言？然而平實仍然要在此處重新大聲唱言：「世間所有我盡見，**天上天下無如佛**。」當您在不久的將來，終於親證道種智時，您一定也會如同平實一樣大聲向天下佛弟子高聲唱言：「世間所有我盡見，**天上天下無如佛**。」

第二十節　授記彌勒菩薩成佛

釋迦世尊於《增一阿含經》卷四十四的第三經中，已經授記　彌勒菩薩為將來娑婆世界中，繼於　釋迦佛以後成佛的第一人，所以常被稱為「當來下生彌勒尊佛」。以此緣故，對於歸依一事，學佛人在此娑婆世界的這一世中，應該有如此的心態：未能證得阿羅漢、阿那含果的聲聞法中一切大師與學人，都應該同時歸命於　彌勒菩薩，能使您在未來　彌勒佛初轉法輪時的聲聞三會龍華樹下三次說法中，得以證得阿羅漢果故。大乘法中的所有菩薩們，不論是出家抑或在家菩薩們，也都應同時歸命當來下生　彌勒尊佛，因為　彌勒菩薩是未來長遠的佛菩提道中即將被我們依止、奉侍、學法的當來第一佛，未來親值時，將會使我們的大乘道業迅速增長。

在您尚未能親遇　彌勒尊佛以前，不論您是在家身或出家身，您都一定要在歸命三寶的同時，也歸命尚在人間的諸地菩薩，乃至應該同時歸命大乘三賢位中已經證悟般若的三賢位菩薩們，不只是歸命於地上菩薩或其中一人而已，而是全體等視的一同歸依。這是因為，大乘三賢位的證悟菩薩們，其中也有極多人是十行位、十迴向位的菩薩，智慧超勝，不但能教導您斷我見、取證三果，也能教導您實證無餘涅槃的實際，非阿羅漢們所能教導；以此緣故，您應該同時歸命於他們，不只是歸命於現今的大乘三寶及地上菩薩。這樣一體歸命，就能使您的慢與過慢消除，由此而在解脫道或佛菩提道中，都能獲得實證，一世頓超十、百、千劫，早成佛道。

關於 彌勒菩薩被授記成佛，並非只有大乘經中才記載的，即使是二乘阿含道的解脫法義經典，也是如此記載的。由 彌勒菩薩被授記爲當來成佛的第一人，而且是在 佛陀住世時就授記了；這個授記的事實，已經顯示大乘佛教是在 佛陀住世時就存在的了！若如印順所說「大乘佛教」的**起源**是在聲聞佛教分裂的部派佛教時期以後，那已是 佛陀入滅數百年後的事情了，那麼這個授記的記別，就不該被結集在第一次結集的四阿含中，特別是被結集在最早的長阿含中；而且四阿含是在 佛陀入滅後不到一年就已結集完成的，這個事實記載於四阿含經典及聲聞律典中。這是很容易理解的事，但是印順及一分反對大乘法的日本研究者，卻是思不及此，眞是令人覺得奇怪，也不免使人聯想到他們是別有用心的。 彌勒菩薩被授記成佛的事，在四阿含中的記載是如此的：

【「……爾時彌勒菩薩於兜率天，觀察父母不老、不少，便降神下應，從右脅生；如我今日右脅生無異，彌勒菩薩亦復如是。兜率諸天各各唱令：『彌勒菩薩已降神下。』是時，修梵摩即與子立字，名曰彌勒；有三十二相、八十種好莊嚴其身，身黃金色。爾時人壽極長，無有諸患；皆壽八萬四千歲，女人年五百歲然後出適。爾時彌勒在家未經幾時，便當出家學道。爾時，去雞頭城不遠，有道樹名曰**龍華**，高一由旬，廣五百步；時彌勒菩薩坐彼樹下，成無上道果。**當其夜半，彌勒出家；即其夜，成無上道**。時三千大千刹土，六變震動，地神各各相告曰：『今彌勒已成佛。』轉至聞四天王宮：『彌勒已成佛道。』轉轉聞徹三十三天、焰天、兜率天、化自在天、他化自在天，聲展轉乃至梵天：『彌勒已成佛道。』爾時，魔名大將，以法治化；聞如來名教音響之聲，歡喜踊躍不能自勝，七日七夜不眠不寐。是時魔王將欲界無數天人，至彌勒佛所，恭敬禮拜。」……爾時世尊告迦葉曰：「吾今年已衰耗，年向八十餘，然今如來有四大聲聞堪任遊化，智慧無盡、眾德具足。云何爲四？所謂大迦葉比丘、君屠鉢漢比丘、賓頭盧比丘、羅云比丘。汝等四大聲聞要不般涅槃，須吾法沒盡，然後乃當般涅槃。大迦葉亦不應般涅槃，要須彌勒出現世間。所以然者：

彌勒所化弟子盡是釋迦文佛弟子，由我遺化，得盡有漏。摩竭國界毘提村中，大迦葉於彼山中住。又彌勒如來將無數千人眾，前後圍遶往至此山中，遂蒙佛恩，諸鬼神當與開門，使得見迦葉禪窟。是時彌勒伸右手，指示迦葉，告諸人民：『過去久遠釋迦文佛弟子，名曰迦葉，今日現在。頭陀苦行最爲第一。』是時，諸人民見已，歎未曾有；無數百千眾生，諸塵垢盡，得法眼淨。或復有眾生見迦葉身已，此名爲最初之會九十六億人，皆得阿羅漢。斯等之人皆是我弟子，所以然者：悉由受我教訓之所致也！亦由四事因緣：惠施、仁愛、利人、等利。爾時，阿難！彌勒如來當取迦葉僧伽梨著之。是時，迦葉身體奄然星散；是時，彌勒復取種種香華供養迦葉。所以然者：**諸佛世尊有恭敬心於正法故**；彌勒亦由我所，受正法化，得成無上正真之道。阿難當知：彌勒佛第二會時，有九十四億人，皆是阿羅漢，亦復是我遺教弟子行四事供養之所致也。又彌勒第三之會九十二億人，皆是阿羅漢，亦復是我遺教弟子。爾時比丘姓號皆名慈氏弟子，如我今日諸聲聞皆稱釋迦弟子。】（《增壹阿含經》卷四十四）

這就是未來 彌勒菩薩成佛時初轉聲聞法輪時的**龍華三會**，這個聲聞道的**龍華三會**，已經普遍名聞於 釋迦世尊的弟子中；凡是往世乃至今日曾受學解脫道，但是不曾謗法、毀佛，且能四事供養者，將來都能在 彌勒尊佛初轉法輪的聲聞法龍華三會時，同證阿羅漢果。在龍華三會以後，才會開始第二轉法輪而宣講般若中觀，幫助那時的菩薩們親證如來藏而現觀這個本識的中道性；再後而說者才是方等唯識種智妙法，解說成佛之道，幫助已證悟本識而通達見地的菩薩們，進入諸地中修證成佛之道。

又如阿含部的《佛般泥洹經》卷二所說：【「……因相約束，受比丘僧二百五十清淨明戒、比丘尼戒五百事、優婆塞戒有五、優婆夷戒有十。寫經竟，諸比丘僧各行經戒，轉相教化千歲。千歲之中有持戒者，應在第四彌勒佛所，彌勒世尊當爲天說經法，言：『今之會眾皆是釋迦文佛時持戒者，來會斯上。』彌勒佛言：『爾曹勤心加於精進，行難備悉，多少持之。』」】

釋迦世尊既已授記 彌勒菩薩次補佛位，將在數億年後（應爲五千六百萬年後。古天竺以一千千爲億故）在此娑婆世界成佛，成爲 釋迦之後第一位成佛的人；但是聖 彌勒菩薩在 佛入滅後的人間示現時，卻只傳授二種法：

第一：宣講方等唯識種智妙義，所以有《瑜伽師地論》傳授與 無著菩薩，再由 世親菩薩等人賡續流傳下來，也才有後來中土 玄奘菩薩大爲廣弘，其徒窺基大師踵繼弘宣，今日平實猶自受益良多，並且轉而以之廣利今時眾多菩薩與聲聞解脫道中學人，也以如是智慧寫書兼利今時及後世學人。既然次補佛位的 彌勒菩薩專弘方等唯識勝法，由此即可了知，悟後不肯進修方廣唯識正理的大乘學人，只有二種人：第一類人是悟錯了（尚未證悟本識），所以不能漸次通達唯識行，不入唯識正修位中，以是緣故，不能與方等唯識種智妙義相應，故不願進修方等唯識種智。不學唯識增上慧學的第二類大乘學人，則是墜入**無因論**邪見中，被藏密外道應成派中觀的六識論邪見所祟，以是緣故，極力反對方等諸經所述唯識種智妙義。然而次補佛位、即將成佛的 彌勒菩薩，卻是專弘方等唯識增上慧學的，期望因此可以增益隨學者迅速圓成一切種智之修證，便可迅速成佛，由此可見一**切種智才是成佛之道的最重要依憑**；當一切種智圓滿時，四智也就具足了；所以，菩薩們能否成爲究竟佛的唯一判斷標準，就是一切種智是否已經具足而圓滿了。

第二：聖 彌勒菩薩在人間所傳授的第二種法，則是弘揚禪宗向上一路而從來都不明說的密意，這就是中國佛教史上 布袋和尚的行止！當知進修一切種智之前，必須具足相見道位的後得無分別智；後得無分別智具足圓滿了，才能圓成三賢位的修證，轉入初地的入地心中，此後即是進修一切種智的十地無生法忍過程。然而第七住位的親證本識如來藏，卻是自古以來就很少的，在中國佛教弘傳的每一世代中，證悟如來藏的人一向都是極少數人，所以 彌勒菩薩有必要特地示現在人間，來幫助有緣人親證如來藏而進入第七住不退，然後才能進修一切種智，次第邁向初地，未來成爲 彌勒尊佛座下襄助大乘弘法事業的重要弟子。但一切種智的進修，全部是依本識入胎識所蘊含一切種子的親證，作爲進修的內涵。所以，欲成佛者，必須具足圓滿一切種智；欲具足圓滿一切種智的人，必須先具足相見道位所擁有的後得無分別智；欲進修相見道位的後得無分別智，必須先具備眞見道位的根本無分別智；欲進入眞見道位而生起根本無分別智，則必須親證第八識本識如來藏心體，除此以外，別無他法可證大乘正法。若是外於本識如來藏的親證，而說他已證悟中國禪宗的禪了，那都是自欺欺人之談，絕無實義，本質正是大妄語人！以此緣故，當來下生 彌勒尊佛特地在中國示現爲布袋和尚，幫助有緣人親證如來藏，示現出中國禪宗種種助人證悟的機鋒。

想要證得如來藏心體的所在，實以禪宗參禪法門最爲容易與迅速；除非是與**明師**無緣，反而跟隨**名師**學到錯誤的知見與參禪法門。參禪即是親證如來藏密意的最迅速法門，也是證得般若根本無分別智而正式進入佛法內門的初步，但是親證如來藏者只有頓悟法，絕無漸悟法，所以難入。唯有頓悟本識法而證得般若根本無分別智以後，才有能力進入相見道位中開始修學後得無分別智；但是根本智的發起，卻必須經由親證本識如來藏而現觀如來藏的本來自性清淨涅槃，眞實進入見道位中，除此以外，別無他法。由此可見中國禪宗正確參禪法門與正確知見的重要性了。

本識如來藏的親證，既是大乘一切妙義入門進修的唯一法門；二乘涅槃也是依如來藏的**本來自性清淨涅槃**而作方便建立，所知障中的塵沙惑也是依學人對如來藏一切種子的完全不知、多分不知、少分不知而建立，煩惱障中的習氣種子也是儲存在如來藏心體中而成爲無數種子的一部分，世間萬法也是依如來藏的一切種子而生、住、異、滅，出世間法及出世間上上法也是依如來藏心體及所含藏一切種子而有，以此緣故，當知世間、出世間萬法皆以本識如來藏爲體；由是緣故，成佛當然也是**以如來藏爲體**才有可能成就的。然而方等諸經中的唯識學，卻是一切種智增上慧學，是純以如來藏心體所含藏一切種子爲證悟標的。若離如來藏心體，就沒有般若的根本無分別智與後得無分別智可證，也沒有成佛所依憑的一切種智可以親證，則所修一切佛菩提道，都將全部唐捐其功。由是緣故，若有人否定了本識如來藏，而說有二乘涅槃可證，而說有大乘般若可證，而說有無生法忍之道種智、一切種智可證，當然都是戲論之譚，都是無意義的綺語。如是正理，一切大乘四眾行人都應知之。

既然雜阿含與增一阿含諸經，本來就是大乘經典，那麼佛世的大乘佛教諸比丘們，本來就應實證五陰之所從來，並非如同解脫道之不必親證五蘊身心之本源，這也有阿含部經典爲證的，《增一阿含經》卷二有載：

【世尊告曰：「若有比丘正身正意、結跏趺坐，繫念在前，無有他想，專精念身。所謂**念身**者：髮、毛、爪、齒、皮、肉、筋、骨、膽、肝、肺、心、脾、腎、大腸、小腸、白膱、膀胱、屎、尿、百葉、滄、蕩、脾、泡、溺、淚、唾、涕、膿、血、肪脂、涎、髑髏、腦，何者是身？爲地種是也？水種是也？火種是耶？風種是也？爲父種、母種所造耶？**從何處來？爲誰所造？**眼、耳、鼻、口、身、心，此終當生何處？如是諸比丘名曰念身，便得具足，成大果報；諸善普至，得甘露味，至無爲處；便成神通，除諸亂想，獲沙門果，自致涅槃。

是故，諸比丘！常當思惟，不離身念，便當獲此諸善功德。如是，諸比丘！當作是學。」〕這已說明大乘比丘所悟的法，必須能證明是名色出生的根源。

除非您是專門修學解脫道者，否則一切修學大乘佛菩提道的佛弟子們，都必須遵照 佛陀以上的教示，探討五陰是從何處來的？是由誰所造出來的？必須現觀五陰身心之所從來，在這個大前提下實證而修學佛菩提道，來做佛菩提道的種種觀行，才不會落入斷滅見中。修學解脫道的佛弟子們，雖然不必親證本識入胎識的所在，不必現觀祂的清淨性、涅槃性及自性性，卻必須信受諸佛與菩薩們在這上面的實證與現觀，相信確有本識存在而永遠不滅，才不會恐懼落入斷滅境界中，不敢確實斷除我見與我執。若是不能推斷出名與色是怎麼來的、是誰所造的？或不能信受 佛與諸菩薩所說的現觀本識永在不滅，就一定會顧慮到滅盡十八界以後是否會落入斷滅空中，因此而不敢斷除我見與我執，就會如同前面章節所舉證的阿含經文佛語開示一般，如 佛所說「比丘於內有恐怖、於外有恐怖」，不免會像印順一般另外新創**意識細心常住說**，就會像宗喀巴、證嚴法師一樣極力主張**意識心是常住不壞滅的**，如同宗喀巴大力主張說應成派中觀一宗，不許在六識心體以外別有阿賴耶本識——如來藏，於是就墮入外道常見意識境界中了。這就是印順另外新創意識細心常住不壞說的原因，都是如 佛在阿含中所說的「於外、於內有恐怖」的愚比丘。

由此可以證實：佛說不能推斷名色是從入胎識來的二乘人，不能推斷出名色由入胎識所生的道理者，就無法眞的滅除我見、常見了！就會與印順、證嚴、星雲、聖嚴、宗喀巴、阿底峽、寂天、月稱、安慧……等人一樣的墮入常見中。菩薩卻不像聲聞聖人只是由推論而知必有入胎識的存在，而是親證入胎識，能現觀名與色都由入胎識所造、所生的眞相，所以了知這個本識就是萬法的本源。聲聞人雖然不必親證，但是必須要有能藉十因緣法來如實推斷本識一定存在的能力，才能眞的斷除我見；等而下之，就只能依靠善知識的教授而確實信受了。這也是 彌勒菩薩特地傳授《瑜伽師地論》給古天竺的 無著菩薩，以及後來故意示現在中國成爲 布袋和尚而賜給許多人禪門機鋒的原因。

雜阿含部經典也常常如是說，但是斷除我見與我執，都是不必親證五蘊身心根源之本識；而雜阿含與增一阿含卻常常提到「名色由識生、識入胎而生名色、名色從何處來、名色由誰所造」等事，要求比丘們證知此事；由此就證明雜阿含、增一阿含的多數經，本來就是二乘聖凡也曾與聞的大乘經典，但是被他們結集成二乘解脫道的經典了；由此也可以證明四阿含中有許多經典本來就是大乘經，所以二乘聖凡不願意接受菩薩們修正阿含部大乘經典的建議，因爲那會顯示二乘人的智慧遠不如菩薩們，所以大乘菩薩們只得隨後另行結集大乘經典了！由此證明大乘佛教當然是在 佛世第三轉法輪時期就已經起步弘揚了。平實這個說法，也是有四阿含諸經可以證明的：**四阿含其實有許多是大乘經典，被二乘人聞法後結集成二乘相應的解脫道經典。**今再略舉證據如下：

由聲聞解脫道經典的四阿含部諸經所載，證明聲聞人確實曾參與大乘法會，故有多處宣說三**乘之道**，亦有多處如此說：「**佛法中有三部之眾：聲聞、緣覺、佛乘。**」（但阿含道中終究未曾解說成佛之道，只有大乘經中才有說到）：

1.《增壹阿含經》卷一：【「**如是阿含增一法，三乘教化**無差別；**佛經微妙極甚深，能除結使如流河。**」】可見增一阿含諸經本是大乘法的經典，但是聲聞聖人結集以後卻只剩下大乘法義的名相，沒有修證方法與內容了。

2.《增壹阿含經》卷二：【「**如來聖眾，戒成就、三昧成就、智慧成就、解脫成就、度知見成就。聖眾者，所謂四雙八輩，是謂如來聖眾；應當恭敬、承事禮順，所以然者，是世福田故；於此眾中皆同一器，亦以自度，復度他人至**

三乘道，如此之業名曰聖眾。」】二乘聖人說解脫道的初果向到四果人，可以為人解說**三乘道**，但是為何阿羅漢們都不能將大乘道以論寫出來呢？為何一定要等到菩薩們來講、來教、來寫呢？但是**三乘道**的名相卻存在增一阿含中。

3.《增壹阿含經》卷五：【「若迦葉！此頭陀行在世者，我法亦當久在於世。設法在世，益增天道，三惡道便滅；亦成須陀洹、斯陀含、阿那含，**三乘之道**皆存於世。諸比丘所學，皆當如迦葉所習。」】

4.《增壹阿含經》卷二十四：【「言善聚者，即五根是也！所以然者，此最大聚，眾聚中妙；若不行此法者，則不成須陀洹、斯陀含、阿那含、阿羅漢、辟支佛及如來至眞等正覺也。若得此五根者，便有四果、**三乘**之道。言善聚者，此五根為上。是故，諸比丘！當求方便，行此五根。如是，諸比丘！當作是學。」】

5.《增壹阿含經》卷四十一：【是時阿難復白佛言：「彼人為在何部？**聲聞部**？**辟支部**？為**佛部**耶？」佛告阿難：「彼人當名正在**辟支部**，所以然者，此人皆由造諸功德、行眾善本，修清淨四諦，分別諸法。」】

6.《增壹阿含經》卷十六：【「所以然者，以其持戒之人所願者得：若善男子、善女人，欲求作**聲聞**、**緣覺**、**佛乘**者，悉成其願。吾今成佛，由其持戒：

五戒、十善，無願不獲。諸比丘！若欲成其道者，當作是學。」】

7.《增壹阿含經》卷二十：【「若法在世者，便有欲界天、色界天、無色界天在於世間。若法在世者，便有須陀洹果、斯陀含果、阿那含果、**阿羅漢果**、**辟支佛果**、**佛乘**，便現於世。是故，比丘！當善恭敬於法。」】

8.《增壹阿含經》卷四十五：【「今此眾中有四向、四得，及**聲聞乘**、**辟支佛乘**、**佛乘**。其有善男子、善女人，欲得三乘之道者，當從眾中求之。所以然者，**三乘之道**皆出乎眾。」】

9.《增壹阿含經》卷四十五：【「爾時師子長者默然不對，爾時天人復語長者：『此是持戒人、此是犯戒人，此向須陀洹人、此是得須陀洹人，此向斯陀含人、此是得斯陀含人，此向阿那含、此得阿那含，此向阿羅漢、此得阿羅漢；此是**聲聞乘**，此是**辟支佛乘**，此是**佛乘**。施此得福少，施此得福多。』爾時師子長者默然不對，何以故爾？但憶如來教誡，不選擇而施。」】

10.《起世經》卷四：【「若於父母起惡心，或**佛**、**菩薩**、**聲聞眾**；此等皆墮黑繩獄，其處受苦極嚴熾。」】

11.《恒水經》：【佛言：「道寶是也：一者須陀洹，二者斯陀含，三者阿

那含，四者**阿羅漢**，五者**辟支佛**，六者發意念度一切**菩薩**，七者**佛**泥洹大道，是爲七寶。」】

12．《法海經》：【「大海之中，神龍所居：沙竭龍王、阿耨達難頭和羅摩那私伊羅末，如此諸龍妙德難量，能造天宮；品物之類，無不仰之。吾僧法亦復如是，四雙八輩之士、**十二賢者菩薩大士**，教化之功，彌茂彌美，此第六之德。」】這一段經文中更說到初地到等覺、妙覺位的十二階位諸地大菩薩，怎能說聲聞聖人沒有參與佛陀的大乘法義講經法會？但是卻很明顯的被聲聞人結集成爲二乘解脫道法義，而沒有大乘法義存在其中。

13．《別譯雜阿含經》卷三：【「諸**佛與緣覺**，**菩薩及聲聞**，猶捨無常身，何況諸凡夫？」】

14．《央掘魔羅經》卷二：【「譬如貧怯士，遊行曠野中；卒聞猛虎氣，恐怖急馳走。**聲聞緣覺人**，不知**摩訶衍**；趣聞**菩薩**香，恐怖亦如是。」】

15．《央掘魔羅經》卷二：【「所言邪定者，謂彼一闡提；正定謂**如來**、**菩薩及二乘**。」】

16．《增壹阿含經》卷三十二：【「此山過去久遠，亦同此名，更無異名。

所以然者，此仙人山，恒有神通菩薩、得道羅漢、諸仙人所居之處；又辟支佛亦在中遊戲，我今當說辟支佛名號。」】

17．《佛說三摩竭經》：【聞如是　一時佛在舍衛國祇樹給孤獨園，與千二百五十比丘、五百菩薩俱。】聲聞比丘有一千二百五十位，而菩薩卻只有五百位，聲勢顯然是比聲聞人差很多的；而且聲聞教是最先弘揚的，法義最容易修學，信徒也最多，基礎當然更堅固，又是由聲聞聖人來代表佛法的住世，菩薩們的聲勢顯然無可避免的小了很多。而且大乘法是排在第二、第三轉法輪時期開始弘揚的，是才剛起步弘揚的，聲勢仍小，其法又難實證，怎能與聲聞乘的氣勢相拮抗？而且菩薩們是絕對不會與聲聞聖人相爭的，所以第一次的結集當然一定是由大迦葉等聲聞聖僧來結集的。以上所舉的證據都可以證明這一點的正確性。而這一段經文所屬的阿含部《佛說三摩竭經》中，也已證明平實的說法是正確的：聲聞人也一定會與菩薩們一樣同時參與大乘經典的宣演法會，一定會與菩薩們同時聽講大乘經法的，絕對不會故意對 佛宣講大乘法義的大乘法會加以漠視而故意缺席的，除非是凡夫種性的聲聞人。

18．《佛說三摩竭經》：【佛告賓頭盧：「我教天下人欲令悉度世，今汝既失期，復殺一人；人命至重，是我道所不喜。汝從今已後，不得復隨我食，及與眾會。若（你）當留住，後須彌勒佛出，迺般泥洹去耳。」賓頭盧聞佛說如是，即默然憂愁，復自悔責。食訖，便起，前爲作禮，及諸『**菩薩**、**阿羅漢**』共辭，便入山中（獨住）。」】

19.《佛說玉耶女經》：【「自觀身形不得久住，危命如電速，如風過庭；少壯必衰，莫恃姿容；當勤精進，棄捨世榮，如菩薩法。汝今修行，可得至佛；佛道不可不學，經不可不聽。吾今得**佛**稱善，所致**大乘教**，無男無女，樂聞法者隨願所得。」】可說是處處宣說有三**乘法道**、三**乘部眾**也！

所以，佛陀在世時就已經有菩薩眾與大乘法教在教授與弘傳了，並非印順所說的不曾弘傳與演示。這些都是四阿含中的說法，都不是從大乘經典中錄取出來的。由此證明印順所謂的考證與文獻等，都是錯誤的考證，都是故意取材於最不原始的錯誤資料。今再舉四阿含中唯一曾說明大乘法義的《央掘魔羅經》來證明，這一部經典是四阿含中唯一將大乘法說得比較具體的一部，但也是說到本識如來藏的總相而已，也說得很簡略：

【如是我聞　一時佛住舍衛國祇樹給孤獨園。爾時世尊與無量**菩薩摩訶薩**

俱，及**四部**眾、無量諸天、龍神、夜叉、乾闥婆、迦樓羅、緊那羅、摩睺羅伽、毘舍遮、負多伽那、阿磋羅檀那婆王、日月天子、阿修羅及諸羅剎、護世主四天王、魔天等俱。】（阿含部《央掘魔羅經》卷一）這是說**大菩薩們**與在家、出家的男女共有四眾，同時與聞大乘經法。

【**害與不害各有二種，有聲聞不害、有菩薩不害。汝小蚊蚋，云何能知二種不害？**】（《央掘魔羅經》卷二）

又譬如大乘之道，亦已在此經中**略說**了，於《央掘魔羅經》中有**大乘**與**十地菩薩**……等大乘名相之言，再列舉如下：【譬如貧怯士，遊行曠野中；卒聞猛虎氣，恐怖急馳走。聲聞緣覺人，不知**摩訶行**；趣聞**菩薩香**，恐怖亦如是。……「如羅睺羅敬重戒故，極視淨水，見蟲不了為是蟲？為非蟲？為是微塵耶？久久諦觀，漸見細蟲。**十地菩薩**亦復如是，於自身中觀察自性，起如是、如是無量諸性。種種異見如來之藏，如是難入；安慰說者，亦復甚難；謂於惡世極熾然時，**不惜身命而為眾生說如來藏；是故我說諸菩薩摩訶薩，人中之雄，即是如來。**」】（《央掘魔羅經》卷二）

【**譬如大菩薩，滿十波羅蜜；闡提亦如是，具足十惡行。**】（《央掘魔羅經》卷二）

【邪定是闡提，正定是如來、住地諸菩薩、及聲聞緣覺。】（《央掘魔羅經》卷二）

【復有虛妄法，聲聞及緣覺；菩薩之所行，隨順世間事。】（《央掘魔羅經》卷二）

【「我說道者，說何等道？道有二種：謂聲聞道及菩薩道。彼聲聞道者，謂八聖道；菩薩道者，謂一切眾生皆有如來藏。」】（《央掘魔羅經》卷四）

【「菩薩摩訶薩、比丘、比丘尼、優婆塞、優婆夷，行堅固道，任荷我法。」】（《央掘魔羅經》卷四）

【爾時波斯匿王語諸占師：「汝等一切悉皆妄語，汝速遠去，勿復妄說。」爾時諸天、世人及諸龍神、聲聞、菩薩、波斯匿王，一切城邑聚落人民，承佛威神悉皆來集。】（《央掘魔羅經》卷四）

【爾時世尊說是經已，諸天、龍神、聲聞、菩薩及波斯匿王一切眾會，皆慕央掘魔羅行及文殊師利菩薩行，願生彼國；皆發阿耨多羅三藐三菩提心，踊躍歡喜。】（《央掘魔羅經》卷四）

又如《增壹阿含經》中也有大乘法的名相存在，可見大乘法是在 佛陀住世時就已在弘揚及存在的。有經文為證：【時，超術梵志白定光佛言：「願見採受說。世尊今不授決者，便當於此處斷其命根，不願此生。」爾時世尊告曰：

「梵志！不可以此五莖華，授無上等正覺。」梵志白言：「願世尊與我說**菩薩所行法**。」定光佛告曰：「**菩薩所行，無所愛惜**。」】（《增一阿含經》卷十一）以上列舉的，都是阿含部的經文，是 佛陀親口所說的，並非大乘經典中的說法，都是佛陀入滅後由聲聞聖凡五百眾，隨即結集的四阿含經典中的記載，但已在處處顯現出大乘法的影子了，由此可見第一次結集的聲聞乘聖凡五百人，是必定同時參與佛陀第二轉、第三轉法輪時宣演大乘法的聚會，才有可能結集出與解脫道無關的大乘法名相出來。但是他們終究不能聽懂大乘法義，還是把大乘經典結集成爲二乘法義的解脫道經典了！

又如阿含部的《新歲經》也如是記載：【爾時世尊見歲時到，愍念諸會，在比丘前三自令竟；所立畢訖，五比丘從座起，建立新歲。適立新歲，一萬比丘得成道跡，八千比丘得阿羅漢，虛空諸天八萬四千，咸見開化，皆發無上正眞道意。講說經法不可計數，眾生之類，**建立三乘**。】由以上所舉示的阿含部經文，可見大乘法是在 佛陀弘法的第三期就已經開始有菩薩們在弘揚了，因爲四阿含是 佛入滅荼毗完成後就立即展開結集的；由這些阿含部的經文中，已經證明諸阿羅漢是常常參與大乘法會、聽聞大乘經典的。這些經文中既已顯示這個事實，而四阿含諸經中卻只有大乘法的名相而無法義實質，當然就應該另由親證大乘法的菩薩們再正確的結集大乘經典，以免大乘經義失傳於人間；所以大乘經典不應該被質疑而妄謗爲「不是 佛陀在世時就存在的」，否則這些阿含部的經文就不該有這樣多的大乘修證的名相出現。

不但增一阿含、雜阿含部的經典如此，早在最先宣講的長阿含中就已曾說過有三乘法了！譬如《長阿含經》卷三有如是記載：【佛告阿難：「天下有四種人，應得起塔：香花、繒蓋、伎樂供養。何等爲四？一者**如來**應得起塔，二者**辟支佛**，三者**聲聞人**，四者轉輪王。阿難！此四種人應得起塔，香華、繒蓋、伎樂供養。」】

亦如《長阿含經》卷三的記載：【「咄此有爲法，流遷不常住，今於雙樹間，滅我無漏身。**佛**、**辟支**、**聲聞**，一切皆歸滅；無常無撰（選）擇，如火焚山林。」】這最早結集出來的初轉法輪經典中，也都是說有三乘聖人的，是佛世就有佛部行人的菩薩眾存在，並非是只有解脫道的二乘人。

又如過往諸佛及我們此一時代的釋迦佛，從來都是由菩薩來降神成佛，不曾是由聲聞、緣覺來降神成佛的，這也是有阿含部經文爲證的，《長阿含經》

卷一：【毗婆尸菩薩從兜率天降神母胎，從右脅入，正念不亂。當於爾時地為震動，放大光明普照世界，日月所不及處皆蒙大明，幽冥眾生各相睹見，知其所趣。時此光明復照魔宮、諸天，釋、梵、沙門、婆羅門及餘眾生普蒙大明，諸天光明自然不現。】過去無量諸佛都是由最後身菩薩來人間成佛，現在是由最後身菩薩的 釋迦菩薩來人間成佛，當來下生成佛者亦是 彌勒菩薩，都不是聲聞羅漢。從來未聞佛陀說過有聲聞人可以成佛者，由此可見 佛陀確曾宣演大乘法，不是由後來的聲聞弟子自行發展、演變出大乘法的。

又如《長阿含經》卷二所載：【「復次，阿難！有時得道比丘、比丘尼及大神尊天，觀水性多、觀地性少，欲知試力，則普地動，是為二也。復次，阿難！若菩薩始從兜率天降神母胎，專念不亂，地為大動，是為三也。復次，阿難！菩薩始出母胎，從右脅生，專念不亂，則普地動，是為四也。復次，阿難！菩薩初成無上正覺，當於此時地大震動，是為五也。」

所以一切佛都是由菩薩修成的，不是由阿羅漢來修成的，當然是要依佛菩提道來修行而成就，從來不是依聲聞菩提、緣覺菩提來修行成佛的；而且，聲聞菩提與緣覺菩提修證成功時，都是只能證得涅槃而不能發起般若智慧及一切種智的，並且是捨壽後都會入無餘涅槃的，都是不可能住世長遠而成佛的；除非迴小向大而成爲菩薩了，轉修佛菩提時才不會入無餘涅槃，所以迴小向大以後仍然是菩薩，仍然是要依佛菩提道的修證才有可能成佛的；所以從來都是由菩薩來人間成佛的，二乘聖人修到無學位時都是一定會入無餘涅槃的，都是不可能歷經三大阿僧祇劫的修行而成佛的。既然是由菩薩來成佛，不是由聲聞緣覺來成佛，當然會有菩薩追隨諸佛來護持及弘揚佛菩提的成佛之道，怎能說諸佛住世時會沒有菩薩在弘揚佛菩提，而只有聲聞人在弘揚解脫道？

假使不修佛菩提道的法義，縱使二乘無學聖人能夠發起大悲心，歷經三大阿僧祇劫斷除煩惱習氣種子以後，仍然只是二乘聖人，仍然不是佛陀，因爲他們沒有佛菩提智：沒有般若實相智慧，也沒有一切種智的證量，佛地四智之中連一智都沒有發起，絕無可能成佛。所以，一切如來在往昔無量世中都是當菩薩，都是修佛菩提道；從來不是當聲聞羅漢，從來不是以二乘解脫道爲唯一的修證。這當然也是有阿含部經文爲證的，譬如《長阿含經》卷五的記載：【童子告曰：「汝樂聞者，諦聽！諦受！當爲汝說。」告諸天曰：「**如來往昔爲菩薩時，在所生處，聰明多智。諸賢當知……。」**】世尊終究不曾說過「如來往昔爲羅

漢時」，或說「如來往昔爲**辟支佛時**」，都是說「如來往昔爲**菩薩時**」，當然大乘的**佛菩提道**一定是在佛世就會宣講，也會由菩薩們來弘揚的，不可能等到數百年後再由聲聞部派的僧人們**發展**、**演變**、弘揚出來。這是很容易理解的事實眞相，但是印順卻承襲藏密外道的邪見，一概否定而不信受，心態確實奇怪。

又如阿含部的《佛開解梵志阿拔經》如是記載：【佛言：「吾求道已來，歷世久遠，不可稱紀；常奉諸佛，行菩薩道；所事師友，無復央數。」】所以釋迦世尊久遠世以來都是修**菩薩道**的，從來不是修聲聞法的**解脫道**，也不是修緣覺法的**解脫道**。

又如《增壹阿含經》卷十四記載：【是時彼鬼白世尊曰：「我今極飢，何故奪我食？此小兒是我所食，沙門！可歸我此小兒。」世尊告曰：「昔我未成道時曾爲菩薩，有鴿投我，我尚不惜身命，救彼鴿厄。況我今日已成如來，能捨此小兒令汝食噉？汝今惡鬼盡其神力，吾終不與汝此小兒。云何惡鬼，汝曾迦葉佛時，曾作沙門、修持梵行；後復犯戒，生此惡鬼。」爾時惡鬼承佛威神，便憶曩昔所造諸行。】是故諸佛都是以三大阿僧祇劫修行的**菩薩身分**來成佛的，從來不是以聲聞身分來成佛的。既然是修菩薩行、證菩薩法，當然不可能成佛時反而不宣講菩薩法道，單只宣講聲聞緣覺之道，印順等人怎能說大乘經典不是佛說呢？既然宣講菩薩法道，宣揚成佛之道的內容，怎會沒有親從 佛陀證悟的菩薩們來延續大乘法義的弘法事相？而必須在 佛陀入滅數百年後，才有聲聞法的部派佛教僧人**演變**、**發展**出大乘法來？印順等人的妄想，眞的令人想不通，難道他們眞的能夠笨到這個地步嗎？我想他心中應該是另有盤算的，只是繼承他邪見的門徒們，都不能洞悉他的盤算罷了。大乘法的弘揚即是第二、三轉法輪，是在 佛世就已經開始的，平實所說的道理與這些阿含部的經文證據都已經證明：大乘法菩薩道是 佛陀在世的二、三轉法輪時就已經講過了！但二乘聖凡聽聞以後自以爲知，便結集成爲只有解脫道的二乘經典了！

大乘法確實是在佛世時就已有的，所以最原始的四阿含中也記載佛世的菩薩弟子追隨 佛陀修學佛法的。有阿含部的經文爲證，譬如《恒水經》卷一所載：【聞如是 一時佛與大比丘僧諸弟子、**菩薩**俱，行到恒水。諸天、人民、鬼神、龍、人、非人，及初發道意者無央數，各持華、香、伎樂，皆追從佛。】《恒水經》又有記載 世尊的開示：【「持五戒者，還生世間作人；持十善者得生天，持二百五十戒者，現世可得阿羅漢、辟支佛、**菩薩**、**佛**泥洹大道。

以道、以受人身，當奉持經戒死，不當缺犯大如毛髮。」】這當然本來就是大乘經典，但是被二乘聖凡結集成二乘經典了！因爲這段經文中明明說持戒者可以成爲菩薩或成佛，但是，講出來的戒法卻與菩薩所受持的戒法不同，仍然是聲聞戒。假使眞的如此，那麼那些持受聲聞戒而修聲聞道的阿羅漢們，應該都可以成佛了，爲何卻在獲得聲聞道修行的極果以後仍然沒有成佛？而他們也應該都已懂得般若、發起一切種智了，爲何卻仍然沒有般若智及道種智？他們寫出那麼多聲聞法的論著，爲何卻都寫不出與般若及種智有關的法義來？但是由這一段經文中，可以很明確的看出來：他們確實常常參與 世尊宣說大乘法義的聚會，只是聽不懂罷了！所以結集出來以後不免會與佛菩提的實質有差異。由此可見大乘法的弘傳是在 佛世就已存在的事實，因爲聲聞聖人也是常常與聞大乘法的，不是印順根據後來的文獻、後人新創的說法所作的「佛世時沒有大乘法存在或弘揚」的不實說法所能推翻的。

又如阿含部的《緣起經》，也證明了這種說法：【如是我聞　一時薄伽梵在室羅筏，住誓多林給孤獨園，與無量無數聲聞、**菩薩**、天、人等俱。】這也證明菩薩是在 佛世時就有了的，當然也是有大乘法的弘揚，所以大乘經典一

定是 佛世就常常宣講的，印順怎能妄說 佛世時沒有大乘教？

亦如《增壹阿含經》卷十五記載：【世尊告曰：「如來在世間，應行五事。云何爲五？一者當轉法輪，二者當與父說法，三者當與母說法，四者當導凡夫人立**菩薩行**，五者當**授菩薩別**。是謂迦葉！如來出世當行此五法。」】這是說，一切佛在人間示現時，都應該要做這五件事情。既然如來在世時一定要建立菩薩行，讓佛弟子們遵循而修，也一定要爲諸菩薩們記別：諸菩薩各將在何時成佛，不是記別他們何時成阿羅漢。既是如此，當然要宣演大乘法及成佛之道，然後才可以取滅度的。這已經很清楚證明佛世確實必須、而且是已經有宣演大乘法的了！可見大乘佛教是佛世就已存在的，而且是 佛陀最重視的教法，印順當然不可以說大乘佛教是起源於聲聞部派佛教時期數百年以後。

又如《增壹阿含經》卷十九記載：【一時佛在舍衛國祇樹給孤獨園。爾時**彌勒菩薩**至如來所，頭面禮足，在一面坐。爾時**彌勒菩薩**白世尊言：「**菩薩摩訶薩**成就幾法而行檀波羅蜜，具足**六波羅蜜**，疾成無上正眞之道？」佛告**彌勒**：「若**菩薩摩訶薩**行四法本，具足**六波羅蜜**，疾成無上正眞等正覺。」】既然最原始的阿含部經文中也記載著： 彌勒菩薩是確實存在的菩薩，是在佛世曾經爲大眾請法的人，而他被二乘聖凡在結集經典時稱爲菩薩，問的又是菩薩的成佛之道，怎能說佛世時沒有大乘佛教的弘傳呢？印順怎能昧著良心而誹謗說大乘是起源於數百年後的聲聞部派佛教？既然四阿含中就曾有記載 彌勒菩薩的事相，確認是眞實的記載，在同樣的阿含經典中所記載的 文殊師利菩薩，印順爲何卻又加以否定？說不是佛教歷史中的實有人物？而只承認 彌勒菩薩是佛教歷史中確實存在的人物？他的觀念與主張，處處錯謬而不自覺，不能自我檢點，反而以錯謬的、違背**佛教歷史事實及必然性**的邪見，處處否定大乘法；近年來被舉證出來，當然只能默然不應了。

而且，世尊凡是專爲聲聞人所說的法，都是四諦八正之道、十因緣與十二因緣的辟支佛道，不爲他們解說成佛之道，除非是爲菩薩們說的法。這也是有阿含部的經文爲根據的，佛說：**【「以四眞諦，爲聲聞說：苦與苦因，滅苦之諦；賢聖八道，到安隱處。」】**（《長阿含經》卷一）不是爲他們說六波羅蜜、十波羅蜜、十地修證、般若、種智等法。而佛世時卻已經有 彌勒、文殊師利、央掘魔羅等菩薩在佛前議論大乘法義，而且被聲聞聖凡結集在四阿含諸經中，這已經很清楚的顯示：佛世已有大乘佛教在弘演大乘法，但大乘法是到最後的第三轉法輪時期，才能有人數較少的證悟大菩薩們出現，才能開始努力弘傳，弘法的起步必然比聲聞法晚了不止二十年；又是極難修證的深妙法，當然 佛陀在世及入滅不久的時期中，大乘教一定不可能如同聲聞教的廣大興盛，一定要在歷經了數百年的弘傳以後，才能藉著勝妙的法義與證量，漸漸超越二乘教。

這就如同平實弘演大乘教以來，以超勝的佛菩提法義與證量，弘演十餘年之後，聲勢仍然遠遠不如誤會解脫道的各大山頭；但是假以百年時間，絕對不是印順學派等各大山頭所能比擬的。這已經很清楚的顯示出一件事實：菩薩們在佛世晚期才開始弘揚大乘法義，大乘佛教才正式建立，這時要面對二乘教易修易證而徒眾極多的廣大聲勢，當然不可能立即超過二乘教。印順對此事實失察，或是基於否定大乘教的一貫心態，故意對此事實視而不見，妄說大乘佛教是起源於聲聞部派佛教分裂後的數百年時，這眞是妄說。

最原始的四阿含諸經中，既已證明大乘佛教是在 佛陀住世的較晚期——第二、三轉法輪時期——才有菩薩們證悟而開始弘傳的，當然那時的聲勢必然遠遠的小於二乘教；但是不可因此就無視於二乘經典的四阿含諸經所載「大乘佛教在佛世已經開始弘傳」的事實，就公然的否定大乘教、大乘經典，說是 佛陀入滅數百年後的聲聞弟子們長期演變創造結集的。若印順這個說法是眞實的話，那麼四阿含諸經中所記載的內容，卻又爲何處處記載大乘般若、種智及菩薩等名相？這怎能說得通？既然當時 佛陀就有大乘法教的宣講，當然 佛陀當時一定是常常宣說大乘法義的；但是那些大乘法義爲何卻沒有被結集在四阿含諸經中，而只剩下一些修證的名相存在？所以當然要另外由菩薩們隨後再來結集，但卻一定不會被聲聞人記錄起來。又如四阿含記載菩薩們追隨 佛陀，也記載菩薩率領比丘遊化於人間的事實，證明了大乘佛教是在佛世就有菩薩證悟以後開始弘揚了，所以印順假借「考證」名義，妄說大乘佛教是起源於數百年後的部派佛教聲聞法中，完全是錯誤推論而不是根據史實考證出來的。

如今證明大乘經教是在 佛陀弘法的時期已開始弘傳的，四阿含的多部經典也明確的四處留有大乘佛教弘傳的蛛絲馬跡；而且 佛陀說過：一切諸佛都是歷經無量劫**修菩薩行**，**習佛菩提**而成佛的。從來都不是**修聲聞行**，**習解脫道**而成佛的，所以不管您是在家或出家，都應當恭敬供養最後身菩薩及諸地菩薩才是。這樣的心態與作法，既可以培植廣大福德，也可以獲得佛菩提法的實證；乃至未來 彌勒尊佛降生時，可以在**聲聞**三**會**時的龍華樹下親證阿羅漢果。也可以在證得阿羅漢果以後，於第二、三轉法輪時期，迴心大乘而證入菩薩妙法，成爲菩薩僧中的一分子。所以說，比丘們亦當供養　彌勒菩薩，以此能得大福故，取證佛菩提的見道或修道功德，都將因此而獲得助益故。這也有《增壹阿含經》卷十一的經文可以證明：

【爾時世尊告諸比丘：「有二法與凡夫人得大功德，成大果報；得甘露味，至無爲處。云何爲二法？**供養父母**，是謂二人獲大功德，成大果報。若復**供養一生補處菩薩**，獲大功德，得大果報。是謂比丘！施此二人獲大功德，受大果報；得甘露味，至無爲處。」】由此聖教，修學大乘法的比丘、比丘尼眾，若是有智之人，千萬不可迷信僧衣身分而墮於聲聞法中，應追隨菩薩而修學大乘法，取法　佛陀初入滅時五百比丘追隨童女　迦葉菩薩的舊事。這是由於大乘法教只論修證高下，不議論在家或出家身分的緣故。成佛與否，不是依出家或在家身分來確定，而是憑般若實相智慧與諸地無生法忍是否圓滿來確定的。以此緣故，若無最後身菩薩可以歸依，退而求其次，歸依及隨學於諸地乃至十迴向、十行位，下至十住、七住位的賢位菩薩們，都能使您在解脫道及佛菩提道中獲得極大的利益，因爲他們都可以隨分助您親證解脫果或佛菩提果。

此外，平實往年每見許多比丘或比丘尼，獨住於山區小磚屋中用功靜坐求悟，往往浪擲一生時間，終究無能得證，都是因爲缺乏善知識指導所致；這都是因爲自己獨居用功，極難成就，不論是在般若禪的開悟見道上面，或是在解脫道的修證上面，或是在禪定的修證上面，或是無生法忍的修證上面，都是很少有機會可以實證的；除非是往世多劫一再證悟的乘願再來菩薩，雖未離胎昧，自參自修一段時間以後仍然可以輕易悟入；否則的話，仍然應當依止善知識學法，才容易有所成就，才不會浪擲一生而抱恨捨壽。

譬如《增壹阿含經》卷二十三如是記載：【爾時，生漏婆羅門往至世尊所，共相問訊，在一面坐。爾時婆羅門白世尊曰：「在閑居穴處，甚爲苦哉；獨處隻步，用心甚難。」世尊告曰：「如是，梵志！如汝所言：『閑居穴處，甚爲苦哉；獨處隻步，用心甚難。』所以然者，我曩昔未成佛道時，爲菩薩行，恒作是念：『在閑靜穴處，甚爲苦哉；獨處隻步，用心甚難。』」婆羅門白佛言：「若有族姓子，以信堅固，出家學道；今沙門瞿曇最爲上首，多所饒益，爲彼朋類而作獎導。」】阿含中的這個說法，正是今時諸多出家獨住用功修行的比丘、比丘尼眾，應當注意及省思之處。

如同　釋尊初轉法輪說法的多次說法聚會，也都是聲聞眾得悟聲聞菩提，沒有大乘菩薩悟入般若及種智的；要等到第二、第三法輪時期，才會有菩薩證悟般若及種智的。相同的是，當來下生　彌勒尊佛也是廣說三乘菩提的，但是在聲聞菩提時期將會有**聲聞三會**說法，在這初轉法輪時期的三會說法中悟入者，也都是聲聞眾，都只能證得聲聞阿羅漢果，不能證得菩薩所證的智慧與果位。所以，今世已在聲聞法中修學解脫道的比丘們，若是今世不願親近在家菩薩獲得聲聞果證，則應要歸命於　彌勒菩薩，將來便有機緣可以在　彌勒尊佛座下聽聞解脫道法義而當場成爲阿羅漢，所以也是應當歸命菩薩而不是歸命聲聞羅漢的，因爲聲聞羅漢們都不會長久住世來等待您的；當他成爲阿羅漢以後，捨壽一定會入無餘涅槃的，不可能再有下一世來等候您、陪伴您修證解脫道。而　彌勒菩薩成佛時，卻一定能使您斷除五上分結，當場證得阿羅漢果，當生取證無餘涅槃，這當然也有阿含部的經文爲證：

佛說：【「彌勒如來當壽八萬四千歲。般涅槃後，遺法當存八萬四千歲。所以然者，爾時眾生皆是利根，其有善男子、善女人，欲得見彌勒佛及**三會聲聞**眾，及雞頭城，及見蠰佉王并四大藏珍寶者；欲食自然粳米，并著自然衣裳，身壞命終生天上者；彼善男子、善女人當勤加精進，無生懈怠。亦當供養諸**法師**（法師是指說法之師，不一定是出家人）、承事，名華、擣香種種供養，無令有失。如是，阿難！當作是學。」】（《增壹阿含經》卷四十四）

爲何說將來**彌勒尊佛初轉法輪的**三會**都是聲聞法義的聚會**呢？在前段經文以外還有四阿含經文爲證，佛說：【「以此功德惠施彼人，使成無上正眞之道；持此誓願之福，施成**三乘**，使不中退。復持此八關齋法，用學**佛道**、**辟支佛道**、**阿羅漢道**。諸世界學正法者亦習此業，正使將來彌勒佛出現世時如來、至眞、等正覺，值遇彼會，使得時度。彌勒出現世時**聲聞三會**，初會之時九十六億比丘之眾，第二之會九十四億比丘之眾，第三會九十二億比丘之眾，皆是阿羅漢，諸漏已盡。」】（《增壹阿含經》卷三十八）　彌勒成佛後的初轉法輪時，將有**聲聞三會**專門宣說解脫道，那時與會的人將可以取證阿羅漢果。假使您是**聲聞法**中的出家眾或在家眾，當然都應該恭敬、供養最後身菩薩的　彌勒，這將使您在未來　彌勒菩薩成佛時，確定可以獲得聲聞法的阿羅漢果證；您若堅持歸依聲聞羅漢而不歸依菩薩，在彌勒菩薩成佛前，將不能獲得冥佑而引生證悟佛菩提的因緣，也不能獲得羅漢冥佑而證悟聲聞菩提；因爲羅漢們的意根已滅，於無餘涅槃中是不可能與您感應道交而在定中、夢中加持您引生證悟機緣的。

將來 彌勒尊佛出現於人間初轉法輪時，將會在龍華樹下先有**聲聞**三**會**廣度聲聞人成阿羅漢以後，才會開始轉入第二轉法輪的般若期而宣說般若，然後再宣說方等諸經及唯識種智增上慧學，如此展開大乘佛教的弘傳。當來下生 彌勒尊佛如是，此一時代的 釋迦世尊亦復如是；這是因爲此時的娑婆世界眾生具足五濁，若不使他們先證解脫果，他們將會對三大阿僧祇劫才能成就的佛菩提道，完全沒有信心：不可能信受現世無法成就的佛地境界。

觀乎當來下生 彌勒尊佛時的人類壽命八萬四千歲，善根具足了，尚且要先有**聲聞**三**會**來建立大信心，何況現在百歲時期的人根陋劣，當然不可能直接弘演大乘法，當然要先弘傳二乘菩提解脫道，然後才能弘演大乘教，所以大乘教一定要放在後面來弘傳的；既是在後面才弘傳的，而且是很難證悟的，實證般若及種智的人一定是極少數，而且菩薩證悟後開始弘傳的時間一定是很晚期的，所以剛開始時的聲勢一定是很小的。如同今天的正覺同修會弘法十餘年了，勢力仍然很小，根本不能與各大山頭的廣大信眾相提並論；這個道理其實不難理解，只是大家被印順誤導久了，先入爲主的觀念所障，也不想自己深入思惟求證，所以只有很少人會細加思索，多數人就跟著印順走入歧路了！平實今天提出來，希望對大乘法中的佛門一切大師與學人都有助益。

將來假使有佛出世了，一切學佛人都應當依止於佛，不應再以諸菩薩為最終依止了：只能作為同時依止而不該作為最後依止。這不但是法上應該如此，也因為依佛才能獲得 佛陀授記的緣故。如同本節所舉示《增壹阿含經》卷十一的佛語開示說：諸佛出現在人間，一定會為某些層次的得法不退菩薩們授記。在同一部經典卷二十七中，佛陀也是這樣子說的：【聞如是 一時佛在舍衛國祇樹給孤獨園。爾時世尊告諸比丘：「**如來出現世時，必當為五事。云何為五？一者當轉法輪，二者當度父母，三者無信之人立於信地**（使尚未對大乘法生起信心的人，為他們說法而建立大乘法的信心，促使大乘佛教成立而具足菩薩乘）**，四者未發菩薩意、使發菩薩心，五者當授將來佛決。若如來出現世時，當為此五事。是故，諸比丘！當起慈心向於如來。如是，比丘！當作是學。**」爾時諸比丘聞佛所說，歡喜奉行。」】所以一切修學菩薩道、修學聲聞道的四眾學人，都應該對當來下生 彌勒尊佛生起歸依之心；縱使 彌勒菩薩今時是示現為天人身的在家相，仍然是我們應該歸命的，都應該生起慈心而恭敬、供養的。

第十三章　印順《唯識學探源》的大項錯謬

第一節　略說

平實心中的想法是：印順法師一定是從來不唱誦《心經》，也是不贊成門徒**如實**註解《心經》的。他最反對的思想或法義，就是有**一個常住不壞的實相心恆住不壞**，因為他不能證得，一定會反對《心經》眞心常住的妙義而加以曲解；若是有人想要請他**如實**註解《心經》，一定是會遭受白眼的。因為：假使他贊成《心經》的妙理，他就不能再以**蘊處界緣起性空**的**一切法空**道理來宣揚般若了！也將不能再以**性空唯名**的戲論來定義般若了！所以他一定會對家喻戶曉的《心經》所說眞心常住的正義加以曲解。大家試著想想看：

一、假使眞的有一個常住不壞的如來藏實相心——四阿含諸經 佛陀說的本際識常住——他既沒有親證，要如何向大家示現為一個眞實悟得般若智慧的人呢？當他弘揚藏密外道應成派中觀邪見時又如何能使人生起信心呢？

二、假使眞的有一個常住不壞的如來藏本識實相心，他不得不承認了，那麼將要如何圓成他的「般若即是性空唯名」的說法呢？豈不是要改為「般若是性有眞空」呢？因爲**性空唯名**的意思是說，諸法體性都是無常空，所以都是唯有名言之說而無實體，都是**虛相法**。

三、假使眞的有一個常住不壞的如來藏實相心常住，假使無餘涅槃中實有本識常住而不墜入斷滅空中，那麼他在《妙雲集》中的「蘊處界滅相不滅即是眞如」的說法，又要如何成立呢？是不是要改爲「滅除五蘊後獨存如來藏而成爲眞實的如」呢？那他的四十一冊書籍就全部都要重寫了！

四、假使眞的有一個常住不壞的如來藏實相心，而這個常住不壞的實相心本識是本來已在的不曾有生之法，是具有能生蘊處界萬法的有自性心，是無始以來本就清淨的心體，是無始以來就一直都是不生亦不滅的心體，那就是本來自性清淨涅槃了，正是大乘菩薩的深妙法所修、所證、所弘揚的妙義，又何必要如同二乘聖人死後滅除五蘊、十八界以後才成爲涅槃境界呢？那他所主張的「滅除一切法以後成爲一切法空了，才是證得涅槃，才是成佛之道」的說法，又要如何繼續宣揚呢？

五、假使眞的有一個常住不壞的如來藏實相心，這個常住眞心是不是遍三界都存在著的？那麼天界當然就可以有佛法正在弘傳，決非只有人類才能證這個實相心的，那他所推廣的**人間佛教**，把佛法侷限在人間的說法，是不是也應該改變了！那他又要如何繼續推廣**人間佛教**的理念呢？

六、假使眞的有一個常住不壞的如來藏實相心，他否定阿含部《央掘魔羅經》的說法，也將不能成立，他是否得要改變一向對《央掘魔羅經》的否定態度？改說這一部經典確實是原始佛法初轉法輪時期的經典？

七、假使眞的有一個常住不壞的如來藏實相心，眞的有四阿含中所說的能生名與色的本識心入胎識，那當然一定是能生萬法的心，才有可能是常住的，才有可能是能生名色的心；這樣一來，他主張《般若經》的中心思想，是在證悟一切法無自性空，所以是性空唯名。這道理又如何能成立呢？

八、假使眞的有一個常住不壞的如來藏實相心入胎識常住，那麼印順主張說：佛法中只有二種涅槃，是聲聞解脫道所證的有餘涅槃與無餘涅槃。也就跟著無法成立了，因爲常住不壞心既然確實存在，這樣一來，這個常住心本來就是不生不滅的涅槃了，那麼菩薩們所證的本來自性清淨涅槃，以及諸佛所證的無住處涅槃，就都是眞實可證的境界了，就會導致他否定菩薩所證的本來自性清淨涅槃的主張，成爲虛妄說了。

九、印順說：「所以《般若經》說：二乘的智與斷，都是菩薩無生法忍。」（《般若經講記》p.61）但是般若經中不曾有這樣的開示，這只是印順故意扭曲般若經義以後的說法。假使如同《心經》所說有一個常住不壞的如來藏實相心，他這句話就得改變了；因爲二乘的智與斷，都只是在斷除我見、我執與我所執而已，都只是在蘊處界上面修斷，從來不涉及出生名色的第八識如來藏的修證；但是菩薩的無生法忍，卻是必須先證悟如來藏而發起根本智、後得智，然後進修一切種智才能發起諸地無生法忍；假使眞的如同《心經》所說，有一個常住不壞的如來藏實相心，而他所說的二乘智斷既然同於菩薩的無生法忍，那他就得改變說法：求證二乘的智慧一定要先修證如來藏，不能只是斷除我見、我執、我所執，那麼他就必須**如實**註解《心經》而不能加以曲解了，因爲《心經》正是宣講本識如來藏心的最簡捷、而且是流通最廣、影響最大的一部經典。可是這樣一來，他就得要全面翻修《妙雲集》等四十一冊書中的所有說法了。

十、印順是把三乘菩提都會歸於聲聞法現觀蘊處界無常空的解脫道中，以這個解脫道的法理來統貫三乘菩提而合併爲唯一佛乘。但是佛法中所說的唯一佛乘，卻是把二乘菩提會歸於眞如佛性的如來藏法中，剛好是與印順的說法全然相反的。印順會歸三乘菩提於世俗法蘊處界的緣起性空，沒有實相法如來藏可證，所以不必親證法界萬法本源的如來藏、本識，就不必親證阿含所說的**能出生名色**的本識入胎識，這與大乘般若的《心經》所說剛好完全顛倒。假使他眞的信受《心經》所說的：確實有一個常住不壞的如來藏實相心，由這個常住的實相心來顯示蘊處界……等世間、出世間法都是緣起故無常、無常故空。那麼印順思想體系中的所有法義就都無法建立了，所以他心中決定不會認同《心經》所說**本已不墮於一切法中的常住眞實心**，不信《心經》所說的眞心常住涅槃中。所以他當然要反對《心經》而從來不會加以認同的，當然要〈心經講記〉一般的加以曲解，除非他也信受了《心經》。

假使眞的像《心經》所說的：確實有一個常住不壞的如來藏實相心，從來不墮於一切法中，那麼第十一、十二、十三……等無盡的過失，都將會從印順的四十一冊書籍中不斷的被已悟的菩薩們挖掘與顯露出來，說之不盡；以後自然會有本會中的同修們，以學術論文的方式一一寫出來，公諸於全球佛學學術界，讓大家更能確實的掌握印順思想的「精華」，更確實的理解到印順思想的**反傳統佛法**及**新創佛法**的本質。由此緣故，印順心中決不可能承認《心經》所說的**蘊處界等一切法空之中實有常住不壞的眞實心存在**，這才是印順的中心思想所在。如果不能理解印順思想的這個基準點，假使不能理解印順心中所想的佛法就是無因論的外於眞心本識的一切法緣起性空，不知他就是這種**無因論外道見**的思想，那麼研究印順的思想時就會偏離印順思想的本質，所言不免都會成爲佛學學術界的戲論、或是嚴重的誤解印順思想。

但是，不論印順和他的門徒們是否相信有常住不壞的眞實心如來藏（佛陀在四阿含中所說的本識、入胎識），印順和他的門徒們，都不能不接受本識常住心的存在。這只需以非常明顯的兩個理由來說明就夠了，不必說到很多：

第一、假使沒有這個第八識本識的存在，那麼阿含解脫道的四果修證就不能成立了：因爲 佛說意識是依當世的五色根爲緣才能生起的，而每一世的五色根又不可能帶到下一世去，所以意識心是不可能從前世轉生過來的，也是不可能轉生到下一世去的；而印順又否定第七識意根及第八識本識，那麼初果人死後意識就永滅而成爲斷滅空了，又將如何能把初果人實修解脫道而獲得的見地種子，帶到他即將出生的欲界天中？又將如何歷經七次的人天往返而取證阿羅漢果、出離生死苦？一定是早就在死亡時成爲斷滅境界了！這樣子，印順及他們的門徒們修學佛法、弘揚佛法都將唐捐其功，又有什麼意義呢？

第二、印順主張意識細心可以去到未來世，所以滅掉意識粗心以後不會成爲斷滅境界，所以他的言外之意是說：滅盡五陰、十八界一切法後的無餘涅槃中並非斷滅，因爲仍然有意識的細心存在不壞。但是他不敢公開這樣子講，更不敢公然寫在書中，只能以暗示的手法寫在書中，希望有人能讀懂他想要表達而不敢公然寫在書中的這個意思。因爲他顧慮到自己將會因此被人指責是常見外道，也要顧慮到別人指責他公然違背 佛陀的阿含聖教。常見外道都是以意識的粗心、細心或極細心而說爲常住不壞心，但 佛在四阿含中早就說過：這是常見外道見。所以 佛陀在四阿含中特別提出兩個教示：一是「**意、法爲緣生意識**」，二是「**諸所有意識，一切皆意法爲緣生**」。

但是印順在他的書中都故意不提起 佛陀這二段聖教，卻反過來暗示說：細意識不等於意識。所以他實際上正是個常見外道見者。意識是一定會在入胎時或進入無餘涅槃時滅除的，那麼他弘揚解脫道法義所能證得的「涅槃」，豈不正是斷滅境界？他爲了補救這個缺失，所以又發明一個新說：蘊處界滅後的滅相是不會再滅失的，滅相不滅就是眞如、就這樣如如而住，這就是般若的眞實義。可是蘊處界滅盡後，意識心是不會再存在的，在不許有如來藏獨存的前提下，都沒有任何一法存在了，那又能有誰「就這樣如如而住」而說爲眞如呢？這不正是癡人說夢話麼？不正是以虛狂語在誑惑學佛人麼？

於四阿含諸經中，處處可以見到唯識增上慧學的蛛絲馬跡；但這並不能取作**唯識學發源於四阿含**的立論證據，理由有三：

一、四阿含所說的解脫道法理，都不可能離開第八識**本際**——不能離**本識如來藏**——而說蘊處界的緣起性空，這是因爲解脫道中所說的緣起緣滅法，都必須是依止於蘊處界根源的第八識如來藏所執藏的法種現行，才有可能生起；若離第八識如來藏，則無明的現行與蘊處界的緣起緣滅，就都成爲無因而起、無因而滅的虛妄見了！違背**有因有緣世間集**、**有因有緣世間滅**的聖教。也一定會成爲善惡業種子都無所依，使得因果報應都是在**無因唯緣**的錯亂情況下亂報的狀況了！在所有全部法界中，實際上也不可能外於如來藏心體而會有蘊處界出現在三界中，也不可能會有大梵天（譬如一神教的造物主）存在，何況能「創造」有情的名色身心？既然外於本識如來藏就沒有上帝及眾生的蘊處界，當然也就不可能有蘊處界的緣起性空可說了；所以，最原始的四阿含中固然曾說過如來藏心體，解脫道的修證固然不必親證本識如來藏的所在，但是四阿含的修證及行門，卻都不能離開如來藏心體而有，所以應該說：四阿含解脫道的修證及行門，都是依如來藏心體——四阿含諸經所說的本識——涅槃的實際而有的。因此緣故，當然不可以說唯識學發源於四阿含，反而應該說四阿含的法理必須依於唯識增上慧學所證的本識如來藏而成立，反而是四阿含要依唯識增上慧學才能建立與存在，無餘涅槃才有可能被實證，否則，無餘涅槃的修證就都將成爲不可能了，因爲一定會墮入斷滅境界中，以此邪見捨報後墜入三惡道。

二、四阿含所說的解脫道緣起法、緣生法，其觀行的對象永遠都是世俗法蘊處界；其觀行的結果是斷盡我執、我所執而滅盡十八界，進入無餘涅槃中；若離唯識學所說的萬法主體如來藏識，則阿羅漢入了無餘涅槃界以後，將同於斷見外道所說的斷滅境界，所以 世尊在初轉法輪時所說的解脫道，爲了免除斷見外道的附會與批評，也爲了建立阿羅漢們的正見、斷除「可能成爲斷滅見」的懷疑心，就不得不先略說無餘涅槃界中確實有界（功能種子），涅槃確實不是斷滅空；必須在大乘法弘揚之前先說涅槃之中確實有本際不滅，免除阿羅漢們「入無餘涅槃時成爲斷滅境界」的恐懼。這就是佛在四阿含諸經中有時必須提到唯識增上慧學所說如來藏的緣故，但也都只是點到即止，說明確實有這個本識的常存不滅，只說一句話就帶過去了，並不加以細說。所以才會在長阿含二乘解脫道的出離觀、以及大乘佛菩提道的安隱觀中略微說到，但也都是點到為止，都不加以細說的。

三、在四阿含諸經中，雖然也曾多處說到唯識學的名相，但是都不像解脫道法義那樣的細說，都是純粹只有名相而已。由此可知，唯識學中的極少數法義或名相曾在四阿含的解脫道中被　佛說出來了，卻只是用來預先防止常見、斷見外道對佛法的抵制或夤緣；眞正的唯識學法義，還是得要等到第三轉法輪時期宣講方等經、唯識經時，才開始正式深入宣講的。由此可見唯識學不是從四阿含解脫道的法義中漸漸演變發展出來的，反而是從一切種智的唯識系經典中，先行分析出來建立、護持二乘菩提的解脫道。

由這三個道理，所以在四阿含諸經中，不得不有時舉說唯識學中的名相，但卻不加以細說、廣說，而都留待第二轉法輪時才有散落於般若諸經中的處處**略說**，又留待第三轉法輪時的方廣唯識諸經中，才有了條理分明而且**詳細的宣說**。這是最原始的初轉法輪四阿含經典中，以及原始佛法的第二、第三轉法輪諸經中具載的史實，並不是單憑平實的空口徒言就能取信於人的，這也是至今仍有初轉法輪的四阿含諸經可以稽查證明的。所以，不許因為四阿含中的經典有時會提到唯識學的名相，就說：「唯識學是起源於聲聞佛教，然後才漸漸演變發展出第三轉法輪的唯識諸經。」事實眞相是：阿含部專講的解脫道，若無唯識增上慧學所說的第八識及種種法來支持；阿含部諸經若摒棄了唯識學中的種種法的支持，則四阿含諸經所說的二乘解脫道正理，將會處處失漏而乖違法界正理與眞相，則將無法賡續流傳至今而不被常見及斷見外道中的任何一種所破，平實今日更將無法把阿含的解脫道義理加以廣弘而不被外道破壞。

所以：唯識增上慧學中的第八識如來藏妙義，以及《華嚴經》與唯識諸經所說「三界唯心、萬法唯識」的中心法義與理證，才是四阿含所說二乘解脫道據以成立的妙法，才是四阿含解脫道的涅槃正理所依止的根本教義。所以，大乘經及本緣部的經中如此說：　釋尊成佛後，思惟佛菩提道難以解說，眾生聽了也難以理解，更難以實證，因此而曾經想要進入無餘涅槃界中，不想出世說法。後來大梵天請求常轉法輪之後，才從唯一佛乘的廣大無邊佛法中，析出較為簡單而容易理解修證的解脫道來，先為眾生宣說解脫之道，這就是初轉法輪的長阿含與中阿含諸經。眾生聽受了阿含部的解脫之道，由於都只是蘊處界等現象界中的法義，比較容易理解與實證；有了解脫道的實證以後，較易信受大乘難知難解的妙法，就可以進一步漸漸的為眾生宣說般若之道，進入第二轉法輪時期；但即使如此，也還不能立即就宣講第三轉法輪的方廣唯識極深妙法義，必須等待實證解脫而轉入大乘的少數阿羅漢位的菩薩們，已經實證本識如來藏而理解般若正理，並且進修般若而能通達以後，才可能進入第三轉法輪時期，再進一步宣講方等唯識增上慧學的深妙經典。這是一切真悟菩薩深入觀察三乘菩提以後，一定可以證實的道理，除非他是悟錯了。（至於雜阿含與增一阿含諸經，其實本是大乘經，但被二乘人聽聞結集以後已變成二乘的解脫道經典了。）

所以，阿含解脫道絕對不是大乘法義的依據或根本，反而應該說大乘法義才是阿含解脫道法義的依據及根本。然而佛菩提道的真見道是極為困難的，而且這個見道不是漸修就能獲得的次第法，而是要靠剎那間的頓悟來獲得的，在悟緣未熟以前，根本就不知道要如何證入，也無法藉由等待或次第加行來漸漸積累而獲得，所以自古以來親證者極少，眾生根本就不可能直接信解與親證。然而解脫道較為粗淺，也都是現前可以觀察得到的蘊處界法，只要有真正的善知識教導，是確實可以努力漸修而次第親證的，眾生比較容易修學與親證，非如大乘見道的頓悟入理並無次第與軌則可以漸證；所以在考量眾生的根性與因緣以後，佛陀訂定了淺深次第而先說二乘菩提的解脫道：聲聞道與緣覺道。等到眾生得證解脫以後，對佛寶與法寶有了大信心，也能引生對於聲聞僧寶的大信心了，這時才有機緣進入第二轉法輪時期，宣講本識為中心的般若眞實義，使得佛弟子四眾可以有人證悟佛菩提而入眞見道位中。在眞見道位後轉入相見道中，次第進修而漸漸通達般若以後，才能開始第三轉法輪時期的宣講一切種智，教導菩薩們如何進修十地的無生法忍，依據般若智慧的通達而開始修學唯識增上慧學：以實證而非閱讀理解，以實證而非學術研究，來親證及進修唯識增上慧學。

所以大乘增上慧學的唯識種智妙理，必須列在最後才說。這才是三乘佛法匯歸一乘道的眞義所在，若不是如此的次第施設，想要直接以一佛乘的深妙正理，在娑婆世界度化五濁具足的眾生，絕對是不可能的，所以應該說：修學佛法要以阿含解脫道為先，要以大乘道的般若為次，要以方廣唯識的增上慧學為後。但是，也應該認清楚：般若智慧其實是依唯識增上慧學才能成立，解脫慧則是要依般若的中道心（四阿含所說的本識、入胎識）爲依。從這兩方面來認知三乘菩提，再把解脫道的二乘菩提匯歸於大乘的無生法忍一切種智中，才是眞正唯一佛乘的妙理。

在印順的《唯識學探源》書中，處處以不究竟的聲聞解脫道取代大乘菩薩的成佛之道，卻又嚴重的誤會了阿含的解脫道法義，並且都以否定涅槃實際的錯誤的緣起性空謬理，全面取代四阿含所說以涅槃實際而說的緣起性空正理；再以如是錯會後的解脫道謬理，全面取代大乘經典中以如來藏爲中心而宣講的般若正理，最後則是全面否定唯識增上慧學爲虛相的、專說名相的戲論，將最究竟勝妙的一切種智增上慧學，曲解爲「只有虛妄六識」的唯識學，所以成爲他所說的**虛妄唯識**門，全面捨棄**眞實唯識**門的八識心王勝妙法義與修證。由於印順的中心思想已經極嚴重的偏斜了，所以他從偏斜的中心思想再發展出來的般若與唯識的觀念、知見，就偏斜得更嚴重了。由此緣故，他的書中處處都有極多的錯誤，今於此章中，只列舉其《唯識學探源》中之特別重大錯誤者論究之；小誤之處不勝枚舉，顧慮篇幅的緣故，今且暫時置而不論。

第二節　莫將阿含解脫道誤認為成佛之道

印順既以錯會後的解脫道取代佛菩提道，否定大乘諸經而謗爲非佛說，故依四阿含內容而唱言：佛不曾以成佛之道教人。由此而說解脫道即是成佛之道，那麼今天爲了印順**人間佛教**奉行者的道業實證來著想，從考量這些人此世修習解脫道的立場來著眼，就應當爲他們特地說明解脫道修習的入手處：應當如實知四阿含所說的四聖諦眞義，不能徒以文字表相所知的四聖諦爲滿足。否則都將難以斷除我見（身見）與我執的。如今便舉　佛說**如實知四聖諦**的聖教，敬奉印順教派的**人間佛教**信徒四眾：

【如是我聞　一時佛住舍衛國祇樹給孤獨園。爾時世尊告諸比丘：「當勤方便修習禪思，內寂其心。所以者何？比丘禪思內寂其心，精勤方便者，如是如實顯現。云何如實顯現？老死如實顯現，老死集、老死滅、老死滅道跡如實顯現，生、有、取、愛、受、觸、六入處、名色、識、行如實顯現，行集、行滅、行滅道跡如實顯現，此諸法無常、有爲、有漏，如實顯現。」佛說此經已，諸比丘聞佛所說，歡喜奉行。】（《雜阿含經》卷十五第 367 經）

語譯如下：【如是我聞 一時佛陀住在舍衛國祇樹給孤獨園。當時世尊告訴諸比丘說：「應當精勤而有方便善巧的修習禪觀與思惟，向內寂靜自己的覺知心。爲了什麼而這樣子說呢？比丘們修習禪觀與思惟而向內寂靜自己的覺知心，並且懂得精勤而且善巧方便修習的人，像這樣如實的顯現是在如實的顯現什麼呢？就是老與死的所有內容都如實觀察思惟而充分的顯現出來，老死的廣集、老死的滅除、老死滅除的方法都如實的顯現出來，被自己所了知；如是，生、有、取、愛、受、觸、六入處、名色、識、行等支的四聖諦，也都如實的顯現出來；五陰中的行陰廣集、行陰滅除、行陰滅除的方法與次第過程，也都如實顯現出來了，使得這些緣生法及五陰諸法的無常體性、有爲體性、有漏體性都如實的顯現出來。」佛陀說完了這部經以後，諸比丘們聽聞佛陀所說的法義，都歡喜的奉行。】

這就是說，對於十二因緣法所說的緣起法，應該依於一一的緣生法確實的觀行與思惟：色陰及受想行識四陰是什麼原因而會世世不斷的生起，導致不斷的流轉生死而痛苦無量？名與色是從何處出生的？心所法又是如何連續的引生？這些法的內容如何？這些法的苦、集、滅、道四諦又是如何？這些都弄清楚了，就不會再墮入我見、常見中，隨後漸漸的走上解脫道的見道後應該進修的法道中，完成見道後的修道過程時就可以成爲阿羅漢了；所以必須對五陰、十二處、六入、十八界等法，以及對五陰的種種心所法，都加以實際觀行而確實理解；實際觀行而理解以後，無明就斷除了，就不會再去投胎而流轉生死不盡了！但是這些觀行，都是在蘊處界的內容及其生滅性、染污性上來說的，都不必涉及本識的親證；對於本識常住不壞的法理，只要相信　佛陀所說涅槃之中確實有本識常住不滅，使自己能確實斷除我執，也就足夠取證四果了！

其次，原始佛法的定義若是以佛口親說爲原則，就不應當只定位於四阿含所說的解脫道，應該函蓋大乘的成佛之道；而原始佛法四字難免被認爲是最離形而且原始的，若只定義爲原始而離形的，即成不具足三乘佛法的初轉法輪時期佛法，專爲滅度一切有緣於二乘法的聲聞人，只須斷除我見、我執、我所執就夠了，不必親證本識——法界萬法的根源。然而成佛之道的內容與次第，卻是以萬法根源的如來藏心體的不生不滅等中道性，以及如來藏所含藏的一切種子功能作爲修證中心的法，這卻是只在第二、三轉法輪時期所講的大乘經中才有的，所以大乘經法才是眞正的成佛之道。而第二、第三轉法輪諸經卻已由四阿含證明也是佛說；由此可知四阿含諸經所說內涵，都是原始而不完全的，都是屬於初轉法輪時期的粗淺法義；除了部分本是第二、三轉法輪時期所說的經典，譬如《央掘摩羅經》等雜阿含部、增一阿含部的經典，都被二乘結集成解脫道的經典以外，其餘所說都屬於二乘法中的解脫道，也都不曾說到般若實相智慧的修證與原理，更不曾說到大乘成佛之道的次第內容與修道的內容，所以都與成佛之道無關，只能使人成爲阿羅漢或辟支佛。

既然如是，當知應將初轉法輪的四阿含諸經歸類爲原始、雛形的佛法，這是說四阿含諸經中所說的佛法只具備佛法雛形的緣故，尚未宣示成佛之道的法義與原理故；由是緣故， 世尊必須於初轉法輪的阿含解脫道講完以後，再依本識——非心心——的不生不滅、不來不去、不常不斷、不一不異、不垢不淨……等中道性來宣演般若正義，令諸弟子親證本識「非心心、無心相心、不念心」，然後再從所證「**非心心**」心體的中道自性作基礎，重新生起現觀，由此第八識非心心如來藏的深入現觀，才能成就般若實相智慧，滿足三賢位中的修行；由此緣故不應將第二轉法輪的大乘般若經典謗爲 佛滅後的弟子們長期創造結集所成的後人所說經。

復次，第二轉法輪的般若諸經中，對於成佛之道的內容，也都只說到三賢位而已，尚未述及諸地菩薩修學一切種智的無生法忍詳細內涵，只是略說而已；如是，則 世尊法化因緣尚未圓滿，即不應示現涅槃而取滅度。然而 世尊應身已然在人間取滅度了，不再於此世界以應身示現為人身了，由是緣故，世尊必須在第二轉法輪的般若諸經之後繼以第三轉法輪，再說方等唯識種智諸經，演示如來藏中一切種子等法，令諸菩薩修習一切種智妙法，方能助令諸地菩薩學有所依，進修方等諸經所說唯識一切種智之義理，由此可以漸次發起諸地之現觀，久劫之後終能成就佛道。若未如是宣說第三轉法輪方等唯識諸經，則 佛陀的化緣顯然尚未圓滿，怎能就取滅度？以此緣故，判知第三轉法輪的唯識種智究竟成佛之道，必是 佛所親口宣說者，焉可心生疑惑而否定之？若無前後共三轉法輪而具足所有佛法，又怎能說是完整的佛教勝法？以此緣故，那些排斥第二、三轉法輪諸大乘經典的學佛人，眞可說是無智之人了。

由是緣故，原始而離形的佛法是不值得在排斥大乘經典的心態下加以崇拜的，不值得在排斥無餘涅槃所依本識的情況下加以推崇的；必須是在依止大乘經典、依止涅槃本際的前提下，原始而離形的四阿含諸經才值得尊崇。若沒有大乘佛法如來藏妙法的支持，若無四阿含所說的涅槃本識的支持，四阿含的解脫道正義，便難免落入「一切法緣起性空而同於斷見外道」的危機與本質中，使得四阿含的本質同於斷見外道。與其效法安慧、佛護、清辨、寂天、阿底峽、宗喀巴、印順等人否定本識常住的事實以後，再來新創意識細心常住不滅說，再來新創滅相不滅的眞如說，再來新創業果報系統的新說，不如直接承認 佛陀在四阿含中所說的本識眞實有，然後能確實斷除我見與我執；進而虛心的求證本識的所在，期能發起眞正的般若實相智慧，期能進修而圓滿般若實相智慧，期能在此基礎上進修諸地的無生法忍，位階諸地摩訶薩位。

但若不能實際上認清「原始佛法」的眞實法義與面貌，將 佛陀在四阿含中所說的涅槃本際常住法加以否定，然後再另外施設另一個所謂常住而不可知、不可證的意識細心，卻故意捨棄了 佛陀所說確實可以親證的眞正常住的本識，豈是有智慧的學佛人？不幸的是那些崇尙原始而只具雛形的聲聞法的學術研究者，譬如印順、星雲、證嚴、聖嚴……等人，都不能自外於此，仍繼續以印順法師的邪見在誤導廣大學佛人。

這些人，若不能改變繼承自印順的藏密外道應成派中觀邪見所有錯誤的見解，繼續否定大乘如來藏妙義——繼續否定四阿含中 佛陀所說無餘涅槃中的本際識——則將使他們所學、所修、所說諸法的本質，全部都與斷見外道相同，對三乘菩提都是永遠無法實證的，於己於他都無所益。在如是情況下，出家以後全缺應供時若不能忖己德行，空披佛教法衣，卻不能在實際上迴轉供養而以法義利益任何一位佛弟子，又有什麼意義？於此，必須大聲勸請：儘快捨棄否定七、八識的藏密外道應成派中觀見，儘快求證涅槃本際識，才能使自己心中對於滅盡十八界以後是否斷滅的疑慮，徹底消除掉，我見才有可能眞的滅除，才能成就初果人的解脫見地、預入聖流中，使斷三結的知見轉成見地，不再停留於斷三結的知見中，也不再落入意識境界常見之中。否則，想要眞的實證初果解脫，是連一絲一毫的機會都不會有的，更別說是發起般若實相的智慧了。假使能認清楚這一點，現前體認到這一點，就不會再以誤會後的解脫道，來取代成佛之道了！不但道業一定可以轉進而獲得見道，也一定會有因緣實證般若中道的實相觀。剩下的問題則是：能否放得下面子！公開懺悔以往毀謗本識如來藏的重罪。

第三節　真我與無我的困擾

眞我與無我的意涵，一直困擾著學佛人；自從有佛法以來一直都是如此，不是近代學佛人才有如此問題存在。這個問題，早在聲聞部派佛教時期就已經存在了，這個問題也是導致聲聞佛教部派分裂的原因之一，不單是戒律的看法不同（但是當時與聲聞佛教同時弘傳數百年的大乘佛教仍然法同一味、並未分裂），這和近代學佛人在這問題上的困擾是相同的。假使 佛陀入滅以後的聲聞聖凡弟子，都對**我與無我**的意涵有確實的證解，就不會產生聲聞佛教的部派分裂事相了！當時的佛教最多將會只有大、小乘法義的區別而已，絕不會有聲聞部派佛教的種種異說了！這種因爲聲聞聖凡諸人對於**無我與眞我**的見解不同而產生的分裂現象的背後原因，也正是外道常見與斷見等修行者所爭執的題目；佛門中的凡夫大師與學人，若已深入學法時，必然也會存在這個困擾，這是古今都同而無殊異的。所以古時聲聞教中的凡夫法師們，若不能認同阿羅漢所說**無餘涅槃中仍有眞我實際常住不滅**的教言，當然會不斷的分裂出去，導致更多聲聞佛教部派分裂的事相出現。對我與無我的爭執是一直存在佛門與外道中的，後來聲聞部派佛教當然也不能自外於其中，有經文爲證：

《雜阿含經》卷五第 110 經載云：【一時佛住毘舍離獼猴池側，毘舍離國有尼揵子，聰慧明哲、善解諸論，有聰明慢，所廣集諸論，妙智入微；爲眾說法，超諸論師。每作是念：「諸沙門、婆羅門無敵我者，乃至如來亦能共論。諸論師輩聞我名者，頭頟津腋下汗、毛孔流水。我論議風，能偃草折樹、摧破金石、伏諸龍象，何況人間諸論師輩，能當我者？」時有比丘名阿濕波誓，晨朝著衣持鉢，威儀詳序，端視平涉，入城乞食。爾時薩遮尼揵子有少緣事，詣諸聚落，從城門出；遙見比丘阿濕波誓，即詣其所，問言：「沙門瞿曇爲諸弟子云何說法？以何等法教諸弟子、令其修習？」阿濕波誓言：「火種居士！世尊如是說法教諸弟子，令隨修學，言：『諸比丘！於色當觀無我，受想行識當觀無我。此五受陰勤方便觀，如病、如癰、如刺、如殺，無常、苦、空、非我。』」薩遮尼揵子聞此語，心不喜，作是言：「阿濕波誓！汝必誤聽，沙門瞿曇終不作是說。若沙門瞿曇作是說者，則是邪見，我當詣彼難詰令止。」】

這就是說，凡是常見外道見者，都不樂意聽聞五陰無常、苦、空、無我等說法。這不但是外道中如是，今時的佛門之中也如是，古時的佛門之中也如是，都不樂意聽聞，也都不樂意信受蘊處界無常故無我的說法。但因爲阿含諸經中，佛陀常常開示說：「意法爲緣生意識。」所以常常有人就另外建立意識覺知心的種種變相境界，認爲意識覺知心住在那些不同於平常有妄想、妄念的境界中時，就變成眞心而不是原來的意識心了！這也是墮入常見外道見中，不樂意遵循佛說聖教的人。

數年來，台灣的印順、聖嚴、證嚴、星雲、惟覺等人正是如此，全都墮入意識常見之中。河北的淨慧法師更是如此，不能安忍於平實所說「離念靈知是意識心、是生滅法」，所以曾經指使座下弟子蒐集平實贈閱給大陸同胞的書籍，加以焚燒洩恨，導致本會後來不得不停止對他寄贈書籍。這些當代的大法師們都是現成的事例，都是由於不能安忍於佛說的蘊處界無我的聖教，曲解以後將妄心意識的變相謊稱爲眞實常住的不壞心、常住我，都不能了知意識心的無常無我內涵，更何況能親證涅槃本際心的如來藏識？當然是沒有能力正確了知眞我與無我的義涵。

佛弟子眾都是因爲不懂眞我的常住，也不懂蘊處界我的虛妄——特別是不懂識陰中的意識覺知心的虛妄——畏懼無我而產生邪見，落入常見中而自以爲已離常見，更不懂眞我全無**五陰我**所擁有的眾生性。這不但是當代大法師們與諸學人的常態，古時就已經是如此的，所以您對那些大法師們，也就不必苛責了！因爲斷我見的事情，本來就不容易，除非有眞善知識攝受而正確的教導，加上自己如理作意的觀行而確定下來。有經文爲證，《雜阿含經》卷二載云：

【比丘白佛：「善哉所說，歡喜隨喜。更有所問：世尊！云何得無『**我慢**』？」佛告比丘：「多聞聖弟子，不於色見我、異我、相在；不於受、想、行、識見我、異我、相在。」比丘白佛：「善哉所說，更有所問：何所知、何所見，盡得漏盡？」佛告比丘：「諸所有色，若過去、若未來、若現在，若內若外、若粗若細、若好若醜、若遠若近，彼一切**非我**、**不異我**、**不相在**。**受**、**想**、**行**、**識**，**亦復如是**。**比丘！如是知**，**如是見**，**疾得漏盡**。」爾時會中復有異比丘，鈍根無知，在無明㲉，起惡邪見而作是念：「若無我者，作無我業，於未來世，誰當受報？」】

這正是 佛陀在世時常常遇見的異比丘、愚比丘，聞法之後轉生異見而異忍、異修、異行；當時這種比丘都是被稱爲異比丘，表示在佛門中的這種人不與眾比丘的正見相同。然而現在來檢驗當代南、北傳佛教中的這類人，正是處處都有；不單是出家人，在家人也大多如此；不單是小法師、小居士，大法師與大居士也大多如此。可見我見的斷除，在今時末法時代是有多麼的困難了！即使平實苦口婆心的說了十來年，也辛苦的寫作了許多書籍，處處從理證與教證上作了許多方面的解說，但是信者仍然不能趨近半數，也仍有許多大師在抵制而繼續造作謗法的大惡業之中。由此可見我見的斷除是很不容易的，必須先捨棄了原有的錯誤見解，先捨棄了眷屬貪著、名師崇拜的錯誤觀念以後，才有可能願意閱讀及實地深入思惟與觀察，然後才有可能斷除我見。

然而現代學佛人，在被印順和一分日本佛學研究者誤導了數十年以後，深心之中相信**六識論**了，以後再聽到平實說有七、八識時，心中總是懷疑：「第八識**本識**究竟是實有，或只是如同印順所指稱的方便施設而已？可能事實上並無這個本際識的存在吧？」所以現代修學解脫道的聲聞人，想要眞正的斷除我見而取證聲聞初果乃至阿羅漢時（假設正覺同修會外的現代人，仍然有人能證初果及阿羅漢果），也都必然會面對一個困擾：依據四阿含聖教，必須五陰、十八界都應該滅除淨盡了，才能取證無餘涅槃而出生死；但是滅盡五陰十八界以後，五陰十八界自我都已經不存在了，是誰住於無餘涅槃之中？若無第八識實存，則無餘涅槃是否不可避免的會成爲斷滅境界？雖然曾經閱讀阿含部經典中 佛陀所說的聖教：「**無餘涅槃並非斷滅境界，是生死的本際，是真實、清涼、寂靜，是常住不變。**」在讀過平實的著作細說以後，也知道一切眾生的生死流轉，知道一切有情的生死都是從這個本際識出生而流轉的，可是這個本際識究竟要如何才能實證？才能確信這個本識是確實存在的？才能確認捨報時滅盡十八界自我以後，不會是斷滅？由此實證，才能確實相信 佛所說的「涅槃是**眞實**、清涼、**常住不變**、絕對寂靜」，我見與我執就可以確實斷滅。在實證之前，只有對佛語聖教、對當代菩薩所說有絕對信心的人，才有可能在現觀陰界入的全然虛妄以後，斷了我見、我執而不會再返墮我見、常見之中。

今人都不知五陰是從常住法、本住法中出生的，常住法即是第八識如來藏，也是無餘涅槃的實際，一切有情的生死都是從這個心中流注出來的，這正是禪宗祖師們明心時所證悟的眞心，這才是眞實常住、永遠不間斷、永遠不壞滅的眞實法，這就是眞實我；阿羅漢滅盡五陰十八界以後，剩下這個本識獨存而無見聞覺知，成爲無餘涅槃，所以涅槃不是斷滅空，而是離熱惱的清涼，並且是**常住不變**的**眞實**而無絲毫蘊處界存在。但這個本識眞心是出生六識心的第八識，不是識陰所攝的緣生、緣滅的意識心等六識心或意根，所以是常住法；相對於意識心的虛妄無我，就說祂是眞我，但祂是從來都不會自覺有我的，從來不會暫起一刹那的自我認知與自我執著的，所以也說是**無我性**的**眞我**。

意識心我，是有生、有滅的虛妄法，所以**意識我**當然是無我性的，因爲不是常住法，故不能說意識是實我、常我、眞我；但意識心的無我性，是因爲無常故無我，是依賴他法才能緣生的無常法，所以是無我；然而出生意識心的第八識心體，只是從來都沒有意識的貪瞋癡等眾生我性，所以也說是無我性的心。祂既非意識所攝的緣生法，又是本住的常住法，也是清涼而無熱惱的，更是絕對寂靜而從來不曾墜入六塵中的心，又因爲是能出生**蘊處界我**、能出生**意識我**的常住心，既是從來沒有「**意識我**的無常空」，又是從來都「不自覺眞實有我」的無我性，當然可以說是眞實我。但印順等人不知其中的大差異，卻說禪宗實證眞我如來藏的眞悟祖師們是違背無我法，是自性見。這正是把芒果當作西瓜，妄將無意識我性的**眞我**第八識，與自覺有我、假我的**無實我**性的第六意識混爲一譚，當然是牛頭與馬嘴亂配一場的笑話，所以這些人都是愚癡無智的凡夫。在此，借用阿含專家楊郁文先生的話來指稱這些人，是極爲正確的：

「愚癡無聞凡夫疑：無我，則誰活？誰受苦樂？」（東初出版社 1993 年六月《阿含要略》391 頁）這眞是一語道出世俗人心中的想法了，但是楊先生也難免要被自己這句話所責備，一樣是不能自外的。

所以眞正的解脫道聲聞佛法，應該說是實證蘊處界無我——全都無常故無我——但是也要絕對信受 佛陀在四阿含中所說的「一切眾生都各有流轉生死的本際，各有一個常住不壞的本識，也是無餘涅槃的實際。」然後才有可能在實地觀察以後，把蘊處界所攝的全部自己都全然的否定，確實現觀蘊處界所有自我的虛妄，我見才能毫無懷疑的眞正斷除，此後就不會再落入離念靈知意識境界中，也不會再於心中有所懷疑的告訴自己說：「**意識離念靈知仍然有可能是常住的法吧？**」才是眞實取證聲聞解脫道的初果解脫。

眾生總是對**蘊處界無我**的正理，在深心中有著恐懼心的，只有出離心很強烈的人，才能眞的信受 佛所說的蘊處界無我，不必信有第八識本際常住。有經爲證，《中阿含經》卷五十四如是記載：【**比丘復問曰：「世尊！云何因內有恐怖耶？」世尊答曰：「比丘者，如是見、如是說：『彼或昔時無，設有，我不得。』彼如是見、如是說，憂感煩勞，啼哭椎胸而發狂癡。比丘！如是，因內有恐怖**

也。〕】由於無法實證本際識，恐懼蘊處界的所有自我都滅盡了以後，會成爲斷滅空，所以心中就有了恐懼；也對出家修行產生了反悔的心態，又不願返俗而被人恥笑，所以心中「憂慼煩勞，啼哭椎胸而發狂癡」。

也有人因爲聞熏**無我**的道理，知道**無我**的道理才是眞理，但是仍然恐懼**無我**、不樂**無我**，這正是古今佛門中很常見的事情，今時的佛門大師與學人之中，正是處處可見的；非但今時如此，古時也是如此的。如同經中所載：【時諸比丘語闡陀言：「色無常，受、想、行、識無常。一切行無常，一切法無我，涅槃寂滅。」闡陀語諸比丘言：「我已知色無常，受想行識無常；一切行無常，一切法無我，涅槃寂滅。」闡陀復言：「然我不喜聞：一切諸行空寂、不可得。愛盡、離欲、涅槃，此中云何有我？而言『如是知、如是見，是名見法。』」第二、第三，亦如是說。】（《雜阿含經》卷十第 262 經）

闡陀比丘雖然聽聞了比丘轉述及闡釋 佛陀所說的法義，但是仍然不樂意無我，這都是由於恐懼成爲斷滅的緣故，對於外法五陰的滅盡有恐怖，所以不樂意信受奉行。縱使已在善知識的指導下而現觀了蘊處界全都無常故無我、故空，但是仍然不願意接受，所以乃至三度宣稱：已知無我而不樂意接受無我。

這難道只是古人才如此嗎？現代的佛門大師們所說及所寫的書中，不也都是如此嗎？否則，在熏習過蘊處界無常故無我、意識是因緣所生法以後，怎會如同凡夫古人一樣的沈墜於意識心境界中，始終斷不了我見、證不了初果？假使能**眞正的實證了眞我如來藏**，或是絕對信受有眞我如來藏常住不壞，就能對**內法如來藏的**不能實證無所恐怖，也能對外法五陰的滅盡無所恐怖，就不會再恐懼蘊處界滅盡後的無我空了，對於佛法就會轉入眞實、實際而非想像的境界中了，解脫道及大乘佛菩提的見地就隨著生起了。平實往年至今一直推薦大家學習親證如來藏的方法，目的也就在此。

更有一種人，常年自稱是證悟的禪師或禪和子，自稱已知無我，已證眞我，卻是仍然將生滅無常的意識心執取爲常住的心體，然後以**有我性**的意識心不執著**自我的存在**，而說爲已證得無我，但這其實正是執我；當他們認定意識心是常住法時，就已經是執取自我爲不滅法了，正是將無常故無我性的意識心誤認爲常住我，將生滅性的意識自我認定爲常住不滅法，再故意不對意識覺知心的自己生起執著的念頭；但推究實際情況，他們對覺知心意識的執著作意，卻是一直都存在著的；這就是禪宗古今同墮離念靈知意識心的假禪和的墮處，屬於錯悟的禪宗祖師，不免常常被藏密外道的黃教應成派中觀師所破。研究西藏「佛教」的法國人戴密微，在《吐番僧諍記》書中所描述的，當年與藏密蓮花戒上師論諍的支那禪僧，正是這種錯悟而沈墜於我見中的禪宗僧人，與蓮花戒上師同墮離念靈知心中，又不像蓮花戒有系統的學過因明學的辯論方法，就想要與蓮花戒諍論，那位支那禪僧當然要被破斥而慘敗了！

凡是誤墮於意識心中的禪宗祖師或當代大法師們，常被印順……等人指責為外道梵我、外道神我，或是被他們指責為自性見外道，原因正是與常見外道同樣墮於神我、梵我之意識境界中，或是墜入意識覺知心的變相境界中，當然不免要被責為未斷我見的人。但是印順……等應成派中觀見者，從來都是否定如來藏第八識的實存；至於藏密外道中的自續派中觀見者所謂的實證如來藏，其實也都是未知未證如來藏的人，都是不知涅槃實際、生死本際的凡夫；這二大派的中觀師，雖然都是口口聲聲宣稱無我，其實心中都與闡陀同樣恐懼墮於**無我斷滅見**中，所以古今的一切應成派中觀師才會主張生滅法的意識心可以常住不滅，所以自續派中觀師才會主張觀想成功的中脈裡的明點就是常住的如來藏，或將離念靈知意識心認定為如來藏；由於恐懼墜落斷滅境界中，所以印順才會另立**意識細心常住不滅**的妄說，所以才會有人新創**業果報系統常住**說，用來貫串三世因果，冀望能遠離斷滅境界，所以這些人都是具足我慢之人（我慢並不是因爲對別人生慢而說爲我慢，而是對自己的存在有所喜樂。或者認爲應該有一個**不執著自己**的覺知心繼續存在，認爲這個見解才是正確的，全都是我慢相）。我慢不斷的人，必定會繼續接受後有，再受生死苦；乃至修至三果時，若不能斷除我慢，即無可能取證第四果，有漏與無明漏將繼續存在，捨壽後都難免捨陰以後再次取陰，不斷的受生所以永遠不離生死。有經文爲證：

【佛告仙尼：「我諸弟子聞我所說，不悉解義而起**慢無間等**。非無間等故，慢則不斷。慢不斷故，捨此陰已，與陰相續生。是故，仙尼！我則記說：『是諸弟子身壞命終，生彼彼處。』所以者何？以彼有餘慢故。仙尼！我諸弟子於我所說能解義者，彼於諸慢，得無間等。得無間等故，諸慢則斷。諸慢斷故，身壞命終，更不相續。」】（《雜阿含經》卷五第 105 經）

由於所證是誤會的解脫道，不是**眞實**而**寂滅**的無間等法，我慢的作意就會無間等的存在不斷，我慢就永無可能滅除，死後一定會再受後有。僅只是墮入永不間斷的我慢中，就無法取證無間等法的無餘涅槃；所以，一絲一毫的我慢相（因自我的存在而使深心中保有極深沈而難以覺知的喜樂）都不應該繼續存在，除非您不想快速的解脫生死，而是專修菩薩道的人。既然如此，當然不可再認取**有間等法**的意識心，不論是哪一種意識境界：粗意識、細意識、極細意識。

【「觀察色無常，受、想、行、識無常。如是思惟，斷一切欲愛、色愛、無色愛、掉、慢、無明。所以者何？無常想者，能建立無我想。聖弟子住無我想，心離我慢，順得涅槃。」】（《雜阿含經》卷十第 270 經）由以上經文聖教，可知**我慢**的斷除，是一切想要取證無餘涅槃、想要出離三界生死的人，都必須要做的觀行與決斷。然而我慢的意涵，如今也已經廣被大師們誤解了，當然是連他們自己都斷不了我慢的，又怎能教導學人斷除我慢而取證第四果？所以我慢的如實理解，是阿含解脫道的學人必須確實認知的重要法義。但是，如何是我慢？正是說**因我起慢**，所以因我起慢的我慢，是對自己五陰的存在有所喜樂，不是面對他人而生起的慢，譬如《中阿含經》卷四十九所載：

【「復次，阿難！有五盛陰：色盛陰，覺、想、行、識盛陰。謂比丘如是觀興衰：是色，是色習，是色滅；是覺、想、行、識，是識，是識習，是識滅。若此五盛陰有我慢者，彼即滅也。阿難！若有比丘如是觀時，則知五陰中我慢

已滅，是謂正知。】」這已經很清楚的說明了，我慢的內容就是對自己的存在仍有喜樂，也就是**因我起慢**的意思；這純粹是對自己的存在有所喜樂，不是面對別人時生起的由分別比較而生的慢，更不是面對別人時明明知道自己不如別人而又在心中生起的過慢——有過失的慢。假使對自己的存在仍有喜樂的作意，不論這個自我多麼微細，都成為我慢相；有我慢相存在，就無法不生起中陰身，就會再度受生入胎或受生於欲、色天界；或者雖無中陰身，卻一定會因無色界定的緣故而受生到無色界去，絕對無法脫離三界生死苦的，這都是由於喜樂有自己存在著，這就是我慢相的功能。

以上是從**無我**來說，但是，舉凡無我的法義，都是依本際識如來藏所出生的蘊處界來說的，一定是所生法才會被說為無我法。若是眞我，一定是本住、常住的不壞法，不屬於蘊處界所攝的法，而且一定是出生蘊處界的心，才能說是眞我。凡是眞我，即是眞實之主，而眞實之主一定是自在者——是自己可以單獨存在者，絕對不必依靠任何一法就能獨自存在，永不斷滅，才是眞實主、眞實**自在**者。若不是眞實之主，不是萬法之主，則不是眞我，則不能自在，必須依靠他法為緣才能與所緣的他法同時存在。

觀察禪宗古今錯悟者所證的離念靈知，正是藉緣而生、而住，藉緣而運作的虛妄法，不能自己單獨存在，所以不是自在法。最容易觀察的一點是：假使五色根壞滅時，或是被打擊而不能正常運作時，離念靈知心還能存在嗎？這已經顯示離念靈知心不是自在法了！或如：五色根極困累而眠熟時，離念靈知心能否獨自存在？或如觀察：離念靈知心能否離於五色根而獨自存在？這是對禪宗錯悟者所作的最好的觀察或自我檢查，也是對於藏密自續派中觀見者所證的如來藏（觀想所成的中脈裡的明點，或是離念靈知心）最好的觀察方式。若是離開意識心的觀想作意時，明點就不能存在而消失了；既是依意識的觀想才能有明點的存在，這個中脈明點當然是不自在法，密宗祖師們怎能說它是自在法而能出生五陰呢？顯然他們是極無智慧的愚人。

再來觀察應成派中觀師所建立的**意識細心**，不論他們新建立的意識心能細至何種程度，最細之意識心絕對不會超過非想非非想定中的意識心，但卻仍然是要假借意根、五色根與非非想定的法塵爲緣，這個極細意識才能生存於人間，仍是緣生的虛妄法；也是一定要藉意識擁有的非非想定定力爲緣，才能出生在無色界的非非想天中；都是必須有他法爲緣才能出生、才能存在的生滅心，若離所依的諸緣，就無法單獨存在了，當然不是常住的萬法眞實主，當然都是**無常故無眞我性**的無我法，不是自在心。禪宗眞悟者所證的心卻是如來藏，是出生離念靈知心的常住心，是出生意識粗心、細心、極細心的第八識，這才是本住的常住法，才能稱爲主。這個第八識如來藏（四阿含中所說的本識）卻是可以離開一切法而獨自存在的，能獨存於滅除十八界後一無所有的無餘涅槃中，也是可以被親證者現前證實祂的**自在性**的心，這才可以說是萬法之主、眞實之主，才可以說是**眞實我**，但這個眞實我卻沒有絲毫的意識我性、五陰我性、六入我性，所以是無我性的眞我、自在我、常住我、不變我。最主要的是：祂是能獨自存在的自在心，所以是眞我。

但外道及佛門凡夫大師們，常將永遠都不得自在（永遠不能獨自存在）的意識心誤認爲常住的眞主，這在古時就已經是如此的，不是傳到末法時代今天的台灣、大陸、南洋才如此的。譬如《雜阿含經》卷五第 110 經所載：【薩遮尼犍子白佛言：「色實是我人。」佛告火種居士：「**我今問汝，隨意答我。譬如國王，於自國土有罪過者，若殺、若縛、若擯、若鞭、斷絕手足；若有功者，賜其象馬、車乘、城邑、財寶，悉能爾不？」答言：「能爾，瞿曇！」**佛告火種居士：

「凡是主者，悉得自在不？」答言：「如是，瞿曇！」佛告火種居士：「汝言色是我，受、想、行、識即是我。得隨意自在、令彼如是，不令如是耶？」時薩遮尼犍子默然而住。】不能自己單獨存在而必須依靠他法才能存在者，就是不能自在的緣生法，即名之爲無常故無我的假我、非我；所以，佛陀的意思是很清楚的：**唯有本來自在常住而永不滅者，方可名之爲我**。這就是眞我。

佛陀所說的無我，從來不曾墮入斷滅論、無因論、世俗論（常見論）中，因爲緣生而無常、故無常住不壞我性的是蘊處界，而無我性的蘊處界背後卻有一個能生蘊處界的眞我存在；當眞我本識在出生蘊處界時，雖然也要依靠自己所生的眾緣才能出生，但祂自己卻不必依緣就能獨自存在，而三界中的一切蘊處界都是從這個本識中出生的；人間任何蘊處界的出生，都是有助緣也有根本因的；助緣是無明、父精母血、四大種子、山河大地，根本因則是本識如來藏。而印順派的學說卻是：只要有無明、父精母血、山河大地、四大種子，藉此眾緣就能出生蘊處界，不必有如來藏爲根本因，只需眾緣就夠了。這正是**無因論**外道見：眾緣會合即能出生蘊處界。但這將產生極多的過失，僅說其中的一項就夠印順派的大師與學人們頭痛了：「**無明是住在何處？在虛空中？在物質**

中？在父精中或是在母血中？或是在山河大地？或是在四大中？」僅僅這些粗淺的問題，他們就無法答覆了！因爲不論他們怎麼答，都是違背法界實相的；每一個問題的回答若違背了法界的實相，就一定都會有許多的過失伴隨著他們的答覆，不免又要被人更深入的難倒而更加難堪。印順學派中人，一向都主張緣起性空的無我，但是卻都否定本識的常住而落入**無因論**、**世俗論**、**斷滅論**中，不論他們如何狡辯施設種種學說，終究不能自外於以上所說斷滅論、無因論、世俗論等三種本質，終究不能遠離斷、常二見與無因論的範疇。

不能外於此三種本質的原因有三：一、印順學派所說的法義都是世俗法，不離蘊處界的生滅相，從來不涉及實相，所以都是世俗論。這是因爲印順派的所有大師與學人們，從來都是落在世俗法蘊處界中，他們單從蘊處界等世俗法來說緣起性空，與 世尊在四阿含中依本識的常住、寂靜、不生滅、眞實等前提，來說世俗法蘊處界緣起性空，完全相違背。所以，同樣是在說世俗法蘊處界的緣起性空，但印順派是在否定了本識眞實、常住的前提下，來說世俗法的緣起性空，所以他的世俗法不同於 世尊所說的世俗諦，因此而無法斷我見，當然不能稱之爲世俗諦，只能說爲世俗論了！當然與解脫道的眞諦不相應。

以何緣故而名爲實相法？是說：從世俗萬法中去找到世俗萬法生起的根本源頭，也從世俗法中同時存在的實相法中，找到所出生的萬法屆時就會壞滅的原因。這就是實證了萬法法界的眞實相。但是印順派的所有法師與學人們，從來都不曾碰觸到這個萬法的實相，也不肯信受萬法生起存在的背後確實有此實相心，所以不能實證法無我性的本際識，所說當然不是實相法。而他們都是在三界世俗法的蘊處界中用心的，卻又恐懼墜入斷滅境界中，所以不得不新創「佛法」，另行建立意識細心常住說，建立意識不滅說，建立全新的佛法名相：業果報系統。所以他們是**必須一再演變**「佛法」的，不演變就無法在佛教界繼續生存了。由此緣故，他們所說的解脫道，是與世尊所說的解脫道完全相左的，是不理解阿含解脫道正法而將自己所誤會的佛法加以演變修改之後的**非佛法**，當然不是眞正的佛法。他們所說、所修、所證，既然都是在違背 世尊意旨的**無因而起**的**緣起性空觀**中廣作文章，當然是無因論外道見，與 佛陀解脫道中說的「名色由本識出生、本識是無餘涅槃的實際」的**有因有緣論**的解脫道正好相反，所以他們都是**無因論**外道見者，緣此而無法斷我見證果。

二、印順學派一向都以生滅法的蘊處界爲中心而說佛法，其佛法即成爲生滅法。這是因爲他們從來不曾離開過蘊處界等生滅法來說佛法，然後企圖從蘊處界生滅法中建立或創造一個不生滅法，所以就建立了「滅相不滅說」，主張蘊處界滅盡以後的滅相不可能會再被滅除了，詭辯爲實相法，說是常住的如。但滅相是一定會被滅除的，因爲滅相只是依蘊處界存在時的意識覺知心所認知的「蘊處界滅盡後的空無」而說爲滅相，既是依意識的認知而說有一個蘊處界滅盡後的滅相，在未來蘊處界都滅盡時沒有意識存在了，這時滅相的認知也將隨著意識的滅失而滅失了，所以滅相當然不復存在了。又，滅相是依蘊處界而存在的，是依蘊處界的存在而施設將來蘊處界滅盡時的無境界空；當未來把蘊處界滅盡時，就沒有蘊處界的滅相觀念可以施設了，依蘊處界的存在而施設的滅相也就隨著不存在了，已經成爲斷滅境界了，又怎能說是不滅的法呢？所以印順依生滅性的蘊處界來施設不滅的法性，是絕無可能成功的，最多就只能是空言狡辯罷了！所以，印順派的學說仍然無法脫離生滅法的範疇，永遠都無法與實相的不生不滅相應，永遠都無法與涅槃的常住不變相應，因爲都是依世俗法的蘊處界而建立的，當然不離世俗法而不能觸及到實相法，所以說印順學派的法義都是**世俗論**，從來都不能觸及實相論，緣此而無法斷我見證果。

三、印順學派因爲宗本於藏密外道應成派中觀六**識論**邪見，所以堅決否定第七識意根、第八識如來藏，因此只能以緣起性空世俗法來取代實相法；如是單以世俗法蘊處界緣起性空的世俗論，取代大乘菩提而誑稱爲般若實相智慧，誑稱爲成佛之道，正應名之爲假般若、假佛法；因爲他們的建立法既與 世尊所弘傳的阿含解脫道正義違背，也與大乘佛菩提道的實相法全然違背。長阿含中 佛說大乘法是**安隱觀**，不是出離觀；這表示有一個本來常住的心存在，可以世世入胎而出生五陰、十八界有情眾生，而三界內外從無一個方法可以滅除這個本識心。一切佛弟子若已實證這個心，我見就跟著斷除了，心中不必再恐懼滅盡十八界自我以後會成爲斷滅境界，所以心中即得安隱而住。但是二乘菩提解脫道，只能將蘊處界全部滅盡而出離三界生死，卻無法安隱的住於現觀眞實常住的安隱境界中，只能住於出離生死的**出離觀**中，所以只能名爲**出離觀**。可是印順派的學說卻與 佛陀所說的**出離觀**全然不同，沒有常住法的本識作爲無餘涅槃的法性，所以他的無餘涅槃本質正是**斷滅論**，當然無法出離三界生死，所以印順派的所有法師、居士們，都是緣此而無法斷我見、無法取證初果。

若改依大乘法的般若來說，平實仍然說印順派的學說是斷滅論。這都是因爲他建立的「滅相眞如」絕對不是眞實法、也絕對不是如如法的緣故，只是依生滅法的蘊處界而建立一個只能存在於覺知心中的觀念而已；不是能在滅盡五陰以後獨自存在的法體，即是緣生法；緣生則必緣滅，當然不許名爲眞如。然而 佛在四阿含中所說的涅槃卻是**眞實**、**常住不變**；印順的思想卻一直都是斷滅空而想像不空，所以印順的法義當然不是佛法。既然他建立的滅相眞如說，是**依生滅法的蘊處界而建立**，要依生滅法的蘊處界暫時存在時，才能有這個滅相眞如可說，不是能在蘊處界滅盡而成爲斷滅空無時，仍有這個滅相眞如的觀念繼續存在，所以他在解說般若實相時所說的滅相眞如說，仍然是虛妄想：既是依生滅法的蘊處界而建立的生滅法，也是蘊處界滅盡後不可能再存在的無常法。所以他的般若就成爲一**切法空**的**斷滅論**，就成爲**性空唯名**的戲論了！

檢討印順學說會墜落於**無因論**、**世俗論**、**斷滅論**的原因，都是因爲對於眞我與無我的眞義全部嚴重誤會所致；而他會產生嚴重誤會的原因，則是由於已被先入爲主的藏密外道邪見所囿，所以他永遠都會以藏密應成派中觀六識論的邪見，來理解及說明三乘菩提一切佛法，必然全盤錯誤；所以當他遇到四阿含諸經中所說與他的六識論相牴觸的地方，就只好以曲解的方法、或是扭曲佛意的方法來斷句取義，留下前後無法連貫起來的經句不管，繼續曲解下去，造成捨壽前十年之中，對平實所作的種種評議都無能回應的窘境。假使他年輕時不信受藏密外道六識論的應成派中觀邪見，就不會有以後不斷違背聖教與理證的邪說繼續寫出來誤導眾生了！若能符合聖教與理證，就一定能對眞我與無我的道理區分得很清楚，就有實相智慧不斷的生起，也能不畏懼自己所弘揚的佛法，會被佛門正見或佛門外的外道見所破。

所以說，眞我即是四阿含中所說的涅槃本際的本識，也就是入胎識；這個入胎識、本識，正是一切有情流轉生死的所依，也是一切二乘聖人取證無餘涅槃時的所依，也是一切大乘賢聖修證佛道及成佛時一切種智的所依。所以，蘊處界是無常故無我的，但是這個無常故無我的蘊處界，卻是依涅槃本際的入胎識本識而生起、而存在、而運作的，而本識是常住不變的、寂靜的、眞實存在的、無我性而清涼無熱惱的、有眞實功德的心體，所以是眞我。這個**我與無我**的道理，是一切修學大乘佛菩提道的佛弟子都應該深入瞭解的，也是一切修學解脫道的人都應該稍加理解的；否則的話，終將會死在諸經中**有時說我**、**有時說無我**的經句下，永遠透不過去，永遠與解脫道及佛菩提道的修證無緣，永遠都將在外門修學解脫道與佛菩提道，同於聲聞部派佛教某些否定本識者一樣：永遠無法斷我見、我執，永遠不能眞的證果而繼續對斷的演變「佛法」。

綜觀印順的四十一冊（近年由他的門徒們另增一冊）書籍所說，他一向是否定眞我如來藏的，對於四阿含中處處說眞我本識的存在，以及處處開示**否定本識存在後將會產生的過失**，以及四阿含中 佛陀所說**本識絕非意識**的意思，他其實都是知道的，但是卻因爲無力實證第七、八識，所以仍然以藏密外道的應成派中觀邪見所主張的六識論，作爲他的中心思想，故意將四阿含中 佛所說的本識加以否定。他的否定手法是很細膩、很委婉、很有計劃而持續進行的，學人稍有不察，就會被他所矇騙。這裡舉出一個本識與意識同時同處的阿含聖教，如何被印順法師以婉轉細膩手法加以扭曲的實例，來證明印順口是心非的心行，以及他婉轉細膩的扭曲手法。印順先舉證經文而如實的說明，藉以取信於學人，使學人對他生起無所懷疑的信受心：

【「阿難！緣識有名色，此為何義？若識不入母胎者，有名色不？」答曰：「無也。」「若識入胎不出者，有名色不？」答曰：「無也。」「若識出胎，嬰孩壞敗，名色得增長不？」答曰：「無也。」「阿難！若無識者，有名色不？」

答曰：「無也。」「阿難！我以是緣，知**名色由識**，緣識有名色。**我所說者，義在於此**。阿難！緣名色有識，此為何義？若識不住名色，則識無住處；若無住處，寧有生老病死憂悲苦惱不？」答曰：「無也。」「阿難！**若無名色，寧有識不？**」答曰：「無也。」「阿難！我以此緣，知識由名色，緣名色有識。我所說者，義在於此」。識與名色，是同時相依而共存的，經文說得非常明白。名色支中有識蘊，同時又有識支，這二識同時，似乎不是六識論者所能圓滿解說的。】

（《唯識學探源》p.18～p.19）

在這一段阿含部的經文中，世尊的意思是說：若無本識入胎，就無法有一個心來執取父精母血及四大種子來生長五色根及出生意識等六識，就不可能有名與色的出生、成長與存在；也就是說，意識等六識與色身，都是由本識入胎而製造、出生、成長、存在的。反過來說：這個本識若無祂自己所出生的名色(名當然包含意識在內)，本識就不可能存在於三界中而被有智之人所親證、所現觀，因此 世尊說：「**若識不住名色，則識無住處。**」本識若不住於名色中，即是不住於三界中，就不會再有生死流轉了。所以學人應該把自己的本識脫離於名色而不再入於三界一切名色中，那就是出離三界生死了！所以 世尊這麼問阿難：「若識不住名色，則識無住處；若無住處，寧有生老病死憂悲苦惱不？」阿難答說：不會再有生死了。假使沒有本識住於名色中，也就沒有生死了，更不會因爲出生於三界中而有種種痛苦的存在了。所以說，本識一定要有所繫緣，才會在三界中示現；若離開名色也就沒有繫緣了，那就不可能會在三界中看得到本識了，三界中就沒有自己本識存在了，所以 世尊問阿難尊者說：「阿難！若無名色，寧有識不？」阿難答覆說：「無也。」 世尊接著總結說：「阿難！我以此緣，知『識由名色，緣名色有識』。我所說者，義在於此。」這就是說：**緣識有名色**，是從名色出生的根源來說的；**緣名色有識**，則是反轉過來，是從**本識一定要有名色爲助緣才能示現在三界中**的事實來說的。

這絕對不是說：本識要藉著名色才能存在或出生。因爲名色既然是由本識製造及出生的，當然本識不可能由名色來出生祂，當然是說本識要有名色才能存在於三界中運作，否則就只好獨住於「三界外」了。但是印順故意暗示說：本識是由名色出生的。他這樣暗示，是有無量無邊過失的，當他被人從這裡提出質疑時，是絕對無法回答的；不但是他，不但是平實，即使是諸佛，假使認同他的說法時，一旦被人從這個問題提出質疑，也將同樣是無法回答的。但他總是有意無意的這樣誤導眾生，處處以暗示的手法重複不斷的同樣宣說，達成催眠性的效果，使眾生覺得本識如來藏其實是不存在的，只是方便施設的建立法，所以心中隨著印順認爲實際上並無本識存在，當然也就沒有本識可證了！大眾被催眠以後，當然就會隨從他的說法而大膽的否定本識了。這從以下他的說法中可以漸次的證明出來，但他卻是藉著大眾對經文的不如實知而作了舉證，讓大眾誤以爲他是如實說的（本識的存在與常住不變，是佛在阿含中的聖教，對於想要親證解脫果的您是極重要的知見，所以必須細加辨正，免除斷滅空的恐怖）。

印順接著又說：【二、依**認識論**為基礎的觸境繫心觀：純粹從認識論的見地，說明觸境繫心的**十支**說，像《雜阿含經》（卷一二．二九四經）。凡是說識支是六識的，也可以參考。因為**入胎識是不通於六識**的；**說六識，一定是指認識六塵境界的了別識。**】（《唯識學探源》p.19～p.20）

印順這一段話，有正有訛。正說是：「入胎識是不通於六識的；說六識，一定是指認識六塵境界的了別識。」這是依經文的眞義來直解，所以是正確的說法。訛說是：「純粹從認識論的見地，說明觸境繫心的**十支**說，像《雜阿含經》（卷一二．二九四經）。」但是，十支因緣所講的識，是說本識與六識並存的，也就是說本識是與意識同時同處並存的，是六識的根源，所以本識不是意識心。印順所說的《雜阿含經》卷十二第二九四經，世尊是這麼說的：

【爾時世尊告諸比丘：「愚癡無聞凡夫無明覆，愛緣繫，得此識身。內有此識身，外有名色，此二因緣生觸；此六觸入所觸，愚癡無聞凡夫苦樂受覺，因起種種；云何為六？眼觸入處，耳鼻舌身意觸入處。若黠慧者無明覆，愛緣繫，得此識身；如是內有識身、外有名色，此二緣生六觸入處，六觸所觸故，智者生苦樂受覺。……」……爾時世尊告諸比丘：「諦聽、善思！當為汝說。諸比丘！彼愚癡無聞凡夫無明所覆，愛緣所繫，得此識身；彼無明不斷，愛緣不盡，身壞命終還復受身；還受身故不得解脫生老病死憂悲惱苦。所以者何？此愚癡凡夫本不修梵行向正盡苦究竟苦邊故，是故身壞命終還復受身。還受身故不得解脫生老病死憂悲惱苦。若黠慧者無明所覆，愛緣所繫，得此識身；彼無明斷，愛緣盡；無明斷、愛緣盡故，身壞命終更不復受；不更受故得解脫生老病死憂悲惱苦。所以者何？彼先修梵行，正向盡苦、究竟苦邊故，是故彼身壞命終更不復受；更不受故，得解脫生老病死憂悲惱苦。」】（《雜阿含經》卷十二）

語譯如下：【爾時世尊告訴諸位比丘說：「愚癡無聞的凡夫眾生由於被無明

所遮覆，被貪愛五陰的因緣繫縛，所以受生而出生以後又如同前世一般由新的五陰來獲得這個本識的功能（身即是功能之意）。此時是內有這個本識的功能，外有受想行識等名與五色根、五塵等色，再由本識與名色等二法和合運作的因緣而出生了觸；這六種能夠相觸而產生的六入被受想行識所觸知，愚癡無聞凡夫的苦樂受覺就出現了，因此就生起種種什麼樣的六種觸的入處呢？就是眼觸的色入之處，耳鼻舌身乃至意觸的法入之處。若是一般黠慧的人由於被無明所遮覆，貪愛五陰的因緣所繫縛，入胎出生而如同前世一樣重新獲得這個本識的功能了；這麼一來，內有本識的功能，外有名色五陰，由這本識與名色五陰二種因緣就出生了六種觸的入處，六觸入所觸的緣故，有世間智慧的人就出生了苦樂受的感覺。……」……爾時世尊告諸比丘：「詳細的聽著！善於思惟著！我即將爲你們演說。諸位比丘們！那些愚癡無聞的凡夫被無明所遮覆，被貪愛五陰的因緣所繫縛，死後去投胎而由新的五陰來獲得這個本識的功能；那些人無明不能斷除以致貪愛五陰的因緣不能斷盡，身壞命終以後一再的受生而擁有五陰身心；一再受生而擁有五陰身心的緣故，不能解脫生老病死憂悲惱的痛苦。爲什麼這樣說呢？這一種愚癡凡夫是本來就不修學清淨行，不能趣向正確的滅盡諸苦，不能確實了知諸苦邊際的緣故，由於這種緣故而在身壞命終時，生生世世一再的領受五陰身心。一再領受五陰身心的緣故，不能解脫生老病死憂悲惱等痛苦。若是這種黠慧而被無明所遮覆，被貪愛五陰身心的因緣所繫縛，世世獲得這個本識功能的人；他假使無明斷除了，貪愛五陰身心的因緣斷盡了；也就是無明斷除了，貪愛五陰身心的因緣斷盡的緣故，身壞命終以後就永遠不會再去領受未來世的五陰身心了；不再領受的緣故，就獲得解脫生老病死憂悲惱等痛苦。為何這樣說呢？他已經先修學清淨行，正確的趣向滅盡苦因、確實了知眾苦邊際的緣故，由這個緣故，他身壞命終以後就永遠不再領受未來世的五陰身心了；永遠不領受的緣故，就能解脫生老病死憂悲惱等痛苦。」】

這是說，意識若已確定不願再去投胎，本識就不會去入胎、不去三界任何一處受生，就不會有未來世的五陰來擁有本識，就不會如 佛所說「得此識身」，就解脫於生死的輪迴了，就不再有輪迴的痛苦了！也就不得此識身，就解脫生死痛苦了！但菩薩悟後發願世世常住人間來自度度他、共成佛道、利樂眾生，所以就留惑潤生再去入胎，來世的五陰具足時就又出生於人間了；但是菩薩出生以後並不是由入胎而住、入胎製造五陰身心的本識，來擁有五陰身心；反而是由被生的、新生的五陰身心，來獲得本識、擁有本識，由五陰身心將本識的功能據爲己有，當作是自內我，這正是唯識學中所說的「眾生恆內執阿賴耶識心體爲自內我」的意思。未離胎昧的菩薩如是，眾生也如是；差別只是在於菩薩能夠現觀眾生是如何把各自的本識據爲己有，而菩薩運用本識的功能時卻了了分明的證知：**其實自己應該附屬於本識，因爲自己是由本識所製造而出生的；自己是虛妄的，本識卻是眞實而常住不變的**。由此緣故，菩薩不同於眾生，不會恆內執我。但印順可能是誤會此經中**得此識身**的意涵，誤以爲本識是可以由自己另行設法獲得的五陰以外的心、法，所以產生了本識虛妄的想法。

然而，本識若是虛妄法，又如何會被 佛說爲常住不變呢？又如何能住胎而製造出五陰身心來呢？這是他迴避而不敢面對的問題，乾脆認定六識論的邪說，否定本識的存在，這個問題就迴避掉了！但是不敢面對這個問題來解決，接下去的佛法理路就無可避免的整個偏斜了。但他還是有一些世間智慧，知道「**入胎識是不通於六識的；說六識，一定是指認識六塵境界的了別識**」，這樣一來，不就很清楚的表明六識之外還另有一個能入胎而住的識，這個識是與認識六塵境界的六識心——特別是意識心——並不相同。因爲初入胎時，全新的下一世意識還沒生起而不存在，入胎而住的識當然不會是意識；等到四、五個月以後，五色根漸漸有了一些雛形而生起了基本功能時，才能有極爲昧略、粗糙的新一世的意識心生起；在此以前都是沒有意識存在的，所以入胎而住的識、入胎後製造五色根的識，當然不可能是了別六塵的意識心。從他這一段文字中，至少可以證明他是知道這個道理的；可惜的是他不肯面對問題而求證這個本識的所在，就直接一口否定祂，於是連求證祂的動機都不存在了，當然不可能投入禪宗去求證祂；於是單靠意識的推敲與思惟、研究，便越走越偏，才會寫出《妙雲集》等四十一冊的藏密外道應成派中觀的邪見書籍來。

從這一段經文及印順所說的以上文字中，意思正是說：**本識與名色同時同處並存，但本識不是意識心，所以不可能是意識的粗心、細心或極細心。**而且本識是涅槃的實際，是愚、凡有情不可能認識的，故也是愚類的定性聲聞聖人所不能認識的，所以絕對不是單靠印順所說的**認識論**的知見所能了達的；因爲認識論的見解只能猜測三界中的世俗法：蘊處界所攝的種種法。舉凡意識的一切粗細心，都含攝在廣義的認識論中，都是藉三界修定的法，具足四禪與四空定時就可以具足認識三界所有意識的；然而本識不是藉由次第定法就能認識出來的，一定要依靠正見的熏習而出生了實證的智慧以後，才能頓時證得，才能在證得以後加以識知的，絕對不是認識論的「見地」所能了達的。但是印順從這裡就開始加以扭曲，以便使後面全然否定本識的說法可以使人信受。而且，十支因緣觀的法義，是在說明名色的所由，所以說的是本識如來藏，是法界實相的第八識入胎識，不是禪定實證者所能了知的意識粗、細心，更不是認識論的印順所能了知的。但印順不懂十支因緣法，或知而故意扭曲，所以從這一段經文來誤導眾生，妄說本識等於認識論中所說的意識細心，同屬意識心所攝。

他在上面所引證的經文後面，加上許多扭曲的解釋，然後作出結論：【從生命相互依存的見解去考察，發見了**識和名色，是展轉相互為緣而存在**的。觀察到識支，可說已經圓滿，經裡也曾說「齊識而還，不復能過」。但是，**假使把識看成生死的根本，那決不是釋尊所許可的**。嗏啼比丘受佛的呵斥，也就在此。所以，在生命依持以上，更說明了生死本源的緣起觀。】（《唯識學探源》p. 23）他在這裡公然的說：本識和名色是互相依存的，若本識沒有名色，是無法存在的。但是當他這個說法被質疑時，可就無法回答了：本識在名色出生以前是否存在著？本識入胎以前是還沒有名色的，這時究竟有沒有本識存在？若沒有本識離名色而與意根同時存在，又如何能入住母胎而由本識出生了名色？不管是誰接受他在《妙雲集》書中的那些說法時，遇到有人提出這些質難，都是無法回答的，不但印順等人必將如是，假使平實、諸大菩薩乃至諸佛，若接受了六識論時，同樣都將無法回答，除非親證本識而不認同印順的說法。

由他的這些文字中，可以看出他常用的一貫手法：他總是先作出經文舉證，讓人誤以爲他的舉證都是如實的；當大眾對他的說法有所信賴以後，他再作出扭曲而錯誤的結論，使人相信他扭曲以後的說法，於是就不再信受有本識常住了。當大眾都不再信受本識的常住時，我見就必然無法斷除了；這時即使聽聞或閱讀經典中 世尊所說「滅盡五陰、十八界就能取證無餘涅槃」的正確說法，也不會再認同了；即使口中認同了，深心中也會暗地抵抗的，於是就在唯恐墜入斷滅境界的情況下，深心之中仍然會認爲意識或意根一定是常住的，深心中的認知就會與理智的意識心互相掙扎、抗衡，於是我見就深植於心中而牢不可拔，這時雖知五陰的所有內容與虛妄，我見仍然是斷不了的，於是解脫果的取證就遙遙無期了！此後就只能空修一世的解脫道，最後唐捐其功而世世捨壽重新再來，必將枉修未來的無量世，都是不可能有所證的。所以他說的「**假**

使把識看成生死的根本，那決不是釋尊所許可的。」當然是妄說；因為世尊在四阿含中，不但常常說本識是常住的，也說本識是名色之根本，正是有情生死的本際、根本。釋尊並且更進一步說明：若不信受有這個本識的「常住不變、眞實」，這樣的比丘就是**於內有恐怖**而且是**於外有恐怖**的愚癡比丘。

至於印順所說的「嗏啼比丘受佛的呵斥，也就在此。」事實上是否眞的如他所說這樣呢？茶帝（《大正藏》的電子佛典中是「[口*茶]帝比丘」，本書中代以「茶」字，因為電腦字形中並無彼字可用）比丘被 佛陀訶責的原因，不是印順所說的**把本識看成生死的根本**，反而是與印順同墮於**把意識看成生死流轉的根本所依**，都同樣是認為意識心可以來往三世；印順與茶帝比丘同樣是認為意識心可以去到未來世，因為印順有時認為意識細心是執持業種的心，是實行因果律的常住心，是可以來往三世的；但在他所舉證的這一段經文中，印順的說法卻反而是被 世尊所訶責的。假使您還有印象，應該會記得本書第一輯的第三章第三節中，已經舉示茶帝**比丘堅持意識心可以往生去未來世而被訶責**的經文全文；茶帝比丘正是因此而被諸比丘訶責，但是仍堅決不改變看法，所以諸比丘向 佛陀告發，就被 佛陀召見而告誡了，但印順卻顚倒了經文眞義而說。

所以，印順在他的書中其實是故意反說的，但 佛陀意思是說意識不能去到未來世。意識也是被含攝在生滅性的名色中，也是被本識所出生的；而本識是出生意識的常住心，在意識尚未出生之前就已經存在了，才能入胎而製造出名色（含意識）。本識若離名色而不再藉名色示現在三界中時，就沒有生死熱惱等一切痛苦了！這才是 世尊的本懷。但是印順卻完全不顧 佛陀的本懷，故意加以反轉顛倒而說；並且以 佛陀破斥他的邪見的經句，顛倒反說而用來證明他說的道理是正確的；這不必舉證極多的經教來證明他的顛倒說法，單從他在上面這三段說法中所舉示的 世尊聖教中，就已經充分的證明出來了！

所以，平實作出這樣的論斷：印順若不是愚癡到完全讀不懂四阿含聖教，就是故意扭曲經義來配合藏密外道的應成派中觀六識論邪見，將四阿含諸經中的義理細膩而婉轉的加以扭曲，用以支持藏密外道應成派中觀的六識論邪見，特地誤導眾生，使眾生一世修學佛法都將不可能實證解脫果，永遠無法斷除我見，更將不可能實證般若實相智慧。

第四節 增一與雜阿含本是大乘經，但被結集為二乘經

由於印順法師信受藏密外道的應成派中觀六識論邪見，以它作爲自己的中心思想，所以對四阿含諸經的認知就產生了錯誤，因此他一生〈遊心法海六十年〉以後，反而嚴重的誤會佛法，自陷於空手而出寶山的憾事中。若只是空入、空出寶山，倒也無傷大雅，偏偏他多造諸書而誤導了當代大法師及廣大的學佛人，因此也造成了他謗法與謗聖的大惡業，都是由於不知佛教史實：**四阿含中有許多經典本屬大乘經，但被與聞的二乘聖凡諸人結集成二乘菩提的解脫道經典了！**印順於此史實無知，又誤信藏密黃教的應成派中觀六識論邪見，才會使他陷入謗法、破法的大惡業中。雜阿含、增一阿含其實本來都該是大乘經典，演說的法理本屬大乘法義，所以有關中道、界、種子、熏習、三乘部眾、大乘、一乘、一切種智、眞實、如、眞如、本識、常住不變、諸地菩薩、十二地菩薩、六度波羅蜜、十度波羅蜜……等等大乘唯識增上慧學的法相，都已出現在增一阿含及雜阿含諸經中了！

但因二乘聖人未證如來藏無相心故，未得大乘無相心三昧的緣故，不知般

若理趣，更不知種智深妙法，是故恭聞 佛陀宣說大乘經典時，只能對其中與解脫道有關的開示能成就念心所，在 佛陀入滅後隨即進行的第一次五百結集，又不肯邀請諸菩薩們共同參與，就把他們聽聞的大乘經典自行結集在雜阿含與增一阿含中，當然就成爲徒有大乘法名相的聲聞解脫道經典了！他們自認爲已將所有佛說的經典都結集完成了，當然不可能得到菩薩們的認同，當然要另外依照 佛陀所說的大乘般若及種智的實際法義另行結集。知道了這個事實以後，當然不可以說唯識增上慧學是源於阿含經的，因爲阿含經中的唯識學名相都是聲聞人從大乘經典中聽來的，然而二乘聖凡諸人卻將親自聽聞的大乘唯識經典，結集成只有講授解脫道而沒有講授佛菩提道的阿含經典了！

所以：唯識學的法義，其實不是從阿含經典中演化出來的，而是本源於 佛陀在第三轉法輪時期所演述的大乘經典，不是印順從文字表面所知道的「源出四阿含」；並且部派分裂後的佛教，都是聲聞法的部派佛教，那些聲聞人絕無智慧能從聲聞解脫道中演變出大乘佛菩提道的，因爲聲聞人是不曾實證本識如來藏的，連般若總相智都沒有，何況能有別相的後得無分別智？更何況是更深奧勝妙的道種智？是故聲聞部派佛教是絕無可能演變發展出大乘法來的。正因爲大乘經典被二乘聖凡諸人結集成爲二乘法義的解脫道經典了，所以在聲聞羅漢大迦葉尊者完成第一次結集以後當眾誦出時，所有出家與在家菩薩們聽到聲聞人誦出他們結集的所謂大乘經典的內容時，一定會發覺處處漏失了深妙法義而變得很淺化，也完全失去了佛菩提的正義；大失所望的結果，當然會在現場提出溝通，當聲聞人不認同再做修正時，只好不滿的聲明：「**吾等亦欲結集。**」當然要依大乘經典的實質而隨即另行結集大乘經典。聲聞部的大迦葉尊者等人，對於禪宗的大迦葉菩薩等出家、在家四眾菩薩們另外結集大乘經典的事，當然不會加以支持，因爲他們認爲大乘經典已經由他們結集完成了！認爲菩薩四眾另行結集大乘經典是不必要的，他們也預知菩薩們結集成的大乘經典，一定會顯示大迦葉阿羅漢等人對佛法的修證是不究竟的。

有何證據而平實膽敢公然宣稱雜阿含與增一阿含本是大乘經典？除了以上各章節中的舉證以外，另有雜阿含部的經文爲證：《雜阿含經》卷二十第558經如是記載：【如是我聞　一時佛住俱睒彌國瞿師羅園，爾時尊者阿難亦住俱睒彌國瞿師羅園。時有異比丘得**無相心三昧**，作是念：「**我若詣尊者阿難所，問尊者阿難：『若比丘得無相心三昧，不勇、不沒，解脫已住，住已解脫。此**

無相心三昧何果?世尊說此何功德?』尊者阿難若問我言:『比丘!汝得此無相心三昧耶?我未曾有。』實問異答,我當隨逐尊者阿難;脫有餘人問此義者,因而得聞。」彼比丘即隨尊者阿難,經六年中,無有餘人問此義者,即自問尊者阿難:「若比丘問**無相心三昧**,不勇、不沒,解脫已住,住已解脫。世尊說此是何果、何功德?」尊者阿難問彼比丘言:「比丘!汝得此三昧(耶)?」彼比丘默然住。尊者阿難語彼比丘言:「若比丘得無相心三昧,不勇、不沒,解脫已住,住已解脫,世尊說此是智果、智功德。」尊者阿難說此法時,異比丘聞其所說,歡喜奉行。】

這部經中說的三昧是**無相心**三昧,大異於解脫道的法義;在解脫道的修證上,從來都是只有**滅度**的法,不曾有**不滅而度**的法;從來都是只有常與諸法相應的心(有相心的意識覺知心)不曾說過實證**無相心**的三昧。在一切有情的心識中,依欲界具足八識心王(色界及無色界都不具足八識心王)來看,八識心王之中只有第八識可以認定爲眞正的無相心;由於祂是從來不曾與六塵相應,所以不會有任何的心相出現,絕對不會有意根與識陰六識等心的心行法相出現,故在般若諸經中,第八識心被稱爲無心相心、非心心、無住心、不念心、菩薩心、佛心。也由於祂無始劫以來就一直都是不與六塵相應的，所以永遠不會有前七識的種種煩惱心所法出現，當然不會有種種**心相**出現，所以祂才是眞正的**無相心**。

當有人親證這個實相心而轉依於祂以後，由於並無境界生起，所以心中不會生起勇猛興奮之心行，故得**不勇而住**；但是確實有這個心可證、可觀、可配合而起用，所以轉依祂以後也就不會如同聲聞人斷滅了自己一般的沈沒，所以也說**不沒而住**。轉依於祂以後，了知自己的虛妄性，了知本際、實際是本來就解脫，不必滅盡自己而求取解脫，所以說：「**不勇、不沒，解脫已住，住已解脫**。」只有大乘法中親證本識的人，才能有這種智慧與心境，聲聞法是斷我見與我執以後，清涼、**滅盡**、**寂靜**而**沈沒**的，並非**不勇**、**不沒**而解脫的**安住**。初悟菩薩證得這個實相心、**無相心**而不退失者，成就**無相心**三**昧**時，卻是只有解脫智慧及**法界實相智慧**的果實，也是只有能爲人宣說解脫的**智功德**，並沒有多了什麼有爲法上的證境，所以說是**不勇**、**不沒**的解脫而**住**的「**智果、智功德**」。這個無相心三昧，阿羅漢們都無法以聲聞解脫道的實證境界來說明，卻是與大乘般若的實證完全契合的；由此看來，這顯然也是**大乘經典被結集爲二乘經**的證據之一，這是一切眞正悟得實相心的菩薩們都可以現前觀察而親自加以證實的；可見這一部經典正是大乘經典，卻被聲聞人結集成二乘經了。

又如《雜阿含經》卷三十七第 1024 經的記載：【如是我聞　一時佛住舍衛國祇樹給孤獨園。爾時尊者阿濕波誓住東園鹿母講堂，身遭重病，極生苦患。尊者富鄰尼瞻視供給，如前跋迦梨修多羅廣說。謂說三受，乃至轉增無損。佛告阿濕波誓：「汝莫變悔。」阿濕波誓白佛言：「世尊！我實有變悔。」佛告阿濕波誓：「汝得無破戒耶？」阿濕波誓白佛言：「世尊！我不破戒。」佛告阿濕波誓：「汝不破戒，何爲變悔？」阿濕波誓白佛言：「世尊！我先未病時，得身息樂正受，多修習。我於今日不復能得入彼三昧，我作是思惟：將無退失是三昧耶？」佛告阿濕波誓：「我今問汝，隨意答我。阿濕波誓！汝見色**即是我、異我、相在**不？」阿濕波誓白佛言：「不也！世尊！」復問：「汝見受、想、行、識**是我、異我、相在**不？」阿濕波誓白佛言：「不也！世尊！」佛告阿濕波誓：「汝既不見色**是我、異我、相在**，不見受、想、行、識**是我、異我、相在**，何故變悔？」阿濕波誓白佛言：「世尊！不正思惟故。」佛告阿濕波誓：「若沙門、婆羅門三昧堅固，三昧平等；若不得入彼三昧，不應作念：『我於三昧退減。』若復聖弟子不見色**是我、異我、相在**，不見受、想、行、識**是我、異我、相在**，但當作是覺知：**貪欲永盡無餘，瞋恚、愚癡永盡無餘**。貪恚癡永盡無餘已，一切漏盡，無漏、心解脫、慧解脫，現法自知作證：我生已盡，梵行已立，所作已作。自知不受後有。」佛說是法時，尊者阿濕波誓不起諸漏，心得解脫，歡喜踊悅；歡喜踊悅故，身病即除。佛說此經，令尊者阿濕波誓歡喜隨喜已，從坐起而去。差摩迦修多羅，如五受陰處說。】

如是演說五陰與眞實我本識之間的關係是「非我、不異我、不相在」，如是聖教，在《雜阿含經》中的同義語共有一百二十處之多；另外又演說五陰是否眞的「是我、異我、相在」的同義語，在《雜阿含經》中則有一百五十七處之多；這種開示，在眞悟的菩薩們看來，眞是太貼切了！這樣的開示，絕對是進入第二、三轉法輪的般若中觀時期，以及唯識種智時期所說的經典；這已經清楚的表示五陰是與眞正的我——本識入胎識——同時同處而不一亦不異的，這絕對不會是在初轉法輪的聲聞法時期所說的經典；被結集時的順序，也是排列在長阿含、中阿含後面的「雜部、增一部」，難道不是外於聲聞法的第二、三轉法輪時期所說，而由各聲聞羅漢分別聽聞結集於五百聲聞的結集中嗎？這難道可以說是聲聞法中應有的法義嗎？若說是聲聞人應有、應修證的法義，那麼人間就不該曾經有不證本識的阿羅漢了，就該全都迴心而成為大乘菩薩了！這難道還不足以證明這些經典是大乘般若經中的說法嗎？但卻是由聲聞人結集在四阿含中。

而且前面各章節中的舉證，也已同樣證明這一點了！所以說，《雜阿含經、增一阿含經》本來就是大乘經典，這是確切而無可懷疑的證據；只因為是被不懂大乘法的聲聞人結集的緣故，所以法義就全部變成二乘解脫道的法義了，但卻很明白的隱藏著大乘法的密意，而聲聞人卻都沒有能力了知。以此緣故，只有未證本識的人，或一味迷信印順法的人，才會對此證據有所懷疑而不能信受。但是增一與雜阿含中的大乘經典，卻是被二乘聖凡諸人結集成為專講解脫道的二乘經典了！而當時聲聞人私心中認為他們已經把大乘經典結集完成了！由這一部經典中說到的般若總相智的表淺事相來看，這已經足夠證實大乘佛教是在 佛陀第二轉法輪的般若時期就已經存在著，而且聲聞羅漢們也是與菩薩們共同參與聞法的；但是大乘佛教的弘揚時間晚於聲聞法，是被 佛陀排在聲聞教以後才演說的，弘演的時間較晚；又因為是極難親證的深妙法，所以佛陀在世時尚未聲勢廣大的發揚出來，卻絕非佛世之時沒有大乘佛教的弘傳！

又如增一阿含部的經典，如前數章、數節中所舉示的經文中，處處說到三乘法，處處說到三乘部眾，也處處說到大乘法中的六度波羅蜜、十度波羅蜜、諸地菩薩，也說到一切種智、涅槃眞實、常住不變……等大乘經典法義中的名相等；乃至雜阿含部的《央掘魔羅經》中更明確的說到如來藏的總相，在在處處都能證實增一阿含及雜阿含的許多經典，其實都本屬大乘經典，只因爲聲聞聖人共同參與聽聞時，無法對大乘般若及種智生起勝解，是故無法產生對於大乘法義的念心所，所以無法記持大乘法義，就只能針對聽得懂的解脫道相應的部分，結集成爲二乘解脫道的經典了！這也是事實上存在的證據，誰也不能否定的。所以說雜阿含與增一阿含本就是大乘法義的經典，而被大迦葉等五百位二乘聖凡諸人結集成解脫道的經典了！菩薩們知道了如此的結集成果時，當然不可能會滿意，當然必須另外尋求結集，而成爲二乘聖凡諸人不太樂意承認卻也不敢否定的大乘般若、唯識種智的經典了！

是故大乘行者應當歸結於眞實的三昧耶，因爲小乘聖人所證的三昧耶，並非眞實的三昧耶，而是實證世俗諦的蘊處界空所得的三三昧：空、無相、無願，沒有常住心、無相心的實證，所以證得無我以後是**寂靜**、**滅盡**而心境**沈沒**。但是大乘眞實心的三昧耶，雖然同樣被命名爲空、無相、無願，卻是眞實法而不是滅盡法，是第一義諦而不是世俗諦，是不勇而且不沒的解脫安住。假使阿羅漢證得這個**無相心**的三昧，心境絕對立即產生變化，不再**寂靜**、**滅盡**而**沈沒**的，也一定會特地發起悲願而重新生起一分思惑，世世常住人間利樂眾生、修菩薩行。誠如大乘法中的《大方等大集經》卷十二所說的：

【爾時金剛堅根世界，慧憍如來諸菩薩等，語無言菩薩言：「善男子！汝住何地，能作是答？」無言菩薩言：「善男子！如佛所說，菩薩摩訶薩若住戒地，能如是答。」「善男子！善哉善哉！唯願解說如是戒地。」「善男子！若無**身住**、**心住**、**意住**、**内住**、**外住及内外住**，即是住戒。善男子！若無相、無命、無作、無行即是住戒。若有菩薩住如是戒，即是無住。若無住者，終不生念：『我能出聲有所演說。』善男子！如汝所問『住在何地，能如是答』者，我住法性實相法界，能如是答。若如是**知法真實**者，則**無覺觀**；若無覺觀，云何有說？」諸菩薩言：「善男子！如是說時，爲何所說？」「善男子！如是說時，即說二法：一者滅盡，二者不出；一者過去，二者未來。現在不住，故不可說。善男子！過去之法不可作相，未來、現在亦復如是。若使有人於三世法而作相者，即是顛倒。是故一切諸法之義，不可宣說；一切法義，身口意等所不能說。何以故？無業無作，無有色貌，無有口業，無有覺觀；猶如響相，如佛化故。善男子！**諸佛菩薩凡所言說，皆逆世語**，是故一切諸佛菩薩不可思議。諸佛菩薩所有智慧，不可思議、不可窮盡、不動法界。」爾時一切菩薩摩訶薩同聲讚歎無言菩薩：「善哉！善哉！善能分別如是法門，令我等輩得大利益，并得覲見如是無量諸大菩薩。」】

無相心眞實法，是從來都無覺觀的，是現法實證無覺觀的；不是如同二乘聖人一般將有覺有觀意識心的覺觀全面否定，然後加以滅盡；而是意識心繼續有覺有觀，但意識心卻實證本無覺觀的本識無相心；所以在意識繼續有覺有觀的境界下，現觀無覺無觀的無相心，也爲人這樣解說無覺無觀的無相心。不但這一部經中如是說，如同前面第六章第二節所舉示的阿含中 世尊開示：「如是比丘**不知不見，如是知見**。」是一樣的道理。凡是所證智慧三三昧的標的，是有覺有知的意識心，是有覺知心自性存在的意識，就不是眞實的無覺無觀智慧三昧耶；因爲那種三三昧在重病來臨時，是無法再入的，所以不是眞實三昧耶。

聲聞聖人在斷除我見以後，或是證得三果以後，若知見不足，而想要在五色根生病嚴重時繼續入住四禪、四空定等三三昧中，是一定會遭受遮難的；假使不能以世俗諦的空、無相、無願等智慧境界的三昧耶來觀察，就會退轉於二乘聖諦的三昧耶。所以阿濕波誓尊者才會有退轉心出現，對佛法有所懷疑；好在他有 佛陀親自開示，提示他現觀五陰**是我**？**異我**？**相在**？於是他了知眞我與五陰我的異同，於是純從智慧的空、無相、無願的三三昧來觀察，就了知由於病痛而不能進入禪定三昧中，其實與解脫的證境無關，改從**無相心**來觀察身病，其實都只是身病，與眞實的自己全然無關，所以就不退失於解脫道的智慧證境，也能了知無相心的自住境界了，從此以後五陰再大病痛也都與他無關了。

由此看來，從解脫道的立場來看四禪四空定三昧耶時，禪定的三昧耶其實不是眞實的三昧耶，只有解脫智慧的三昧耶，以及大乘無相心的智慧三昧耶才是眞實的三昧耶，不會因爲病痛的緣故而喪失解脫智慧、實相般若智慧故。禪定的三昧耶，是一定會與色身的病痛有關聯的，是會被五色根的不正常現象所影響，因爲那是意識心的境界，當嚴重的疾病出現時五色根就不能正常運作了，於是意識跟著不正常，想要進入四禪與四空定時就會產生障礙；這其實不是禪定退失了，而是色身使然，是由色身使得依附色身而有的意識心不能正常運作，於是與意識相應的禪定就無法正常的現前了；所以世間禪定的境界，與滅除五陰或證悟無相心而引生的解脫智慧定、般若智慧定並不相同，故說解脫與般若眞實智慧才是眞實的三昧耶；若是錯會了解脫道的知見與實證境界，猶如藏密外道的古今法王與上師們，不論說得多麼好聽勝妙，不論所說的三昧名稱多麼響亮，其實都如同花拳繡腿，在解脫生死上是絲毫都派不上用場的。

若從大乘法來說，聲聞解脫道智慧畢竟只是出離觀的小小智慧而已，在入滅以後進入涅槃時，解脫道的智慧也是永遠滅除而成爲灰身泯智的，所以從親證佛菩提的菩薩們所證的無相心智慧立場來看，那是不究竟的三昧耶；只有佛菩提智，在留惑潤生而永不入滅的過程中，才是可以永遠存在於三界中而利樂有情、永無窮盡的，才是眞正究竟的三昧耶。因爲大乘法中究竟的三昧耶，是本來就無覺無觀的，不是後來才修學成功的，是絕對不會被色身的病痛影響而致失去的，是第八識無相心本就一直存在著的**離一切六塵覺觀**的三昧耶。

這種三昧耶境界，是無始劫來就如此的，即使現在您悶絕而不省人事了，您的本識也還是仍然如此；當您證知這個事實而能現前證驗時，您便如同阿濕波誓一樣證得無相心三昧，成爲大乘賢聖。但這種三昧耶的親證，是一般學人及諸大法師，乃至不迴心的聲聞阿羅漢都無法體會與想像的；凡夫大法師們更無法想像臆測，當然會為了名聞、利養與眷屬欲而故意暗示：**這不是正法**。乃至如同印順追隨左道密宗的寂天、宗喀巴等凡夫祖師一般，故意明著否定。這種無相心三昧耶的智慧一向是與俗人所知所想完全相悖的，所以大乘經及二乘經中都有一種說法，表明了佛法背俗的事實。在大乘經典中，就如這一部經中所說的：「**諸佛菩薩凡所言說，皆逆世語，是故一切諸佛菩薩不可思議。**」

在二乘經典中也有同樣的說法，但是卻勸誡眾人千萬不要亂說佛法：「**不知其義，慎無妄言；佛之明法與俗相背，俗之所珍，道之所賤；清濁異流，明愚異趣；忠佞相仇，邪常嫉正。**」（阿含部《羅云忍辱經》）世人總是喜歡生死流轉中的種種法，不喜歡涅槃相應的無為法；在佛門中的凡夫大師們也是一樣，口說想要解脫，其實心中不喜歡解脫，只喜歡相似解脫：**以意識自我常住於一念不生境界中，誤以為即是無餘涅槃的實證**。當菩薩再來人間，說出正確的解脫正理時，他們是不會喜歡與認同的，仍然是喜歡意識心常住於人間、天界，永遠都不會喜歡把意識的自己滅除而說為解脫。以此緣故，如佛所說：「**俗之所珍，道之所賤；清濁異流，明愚異趣；忠佞相仇，邪常嫉正。**」所以平實出道弘法初期，雖不評論任何人，全都加以讚歎，卻仍然難免被大法師們一概否定；這都是由於法道不同的「清濁異流」而產生「**邪常嫉正**」所致。後來眼見善心相待及讚歎以後仍然不得正面的回應，仍然無法停止他們繼續誤導廣大學人以及誣謗正法，就只能指名道姓辨正彼此法義的正邪所在了。

亦如大乘經中的《大樹緊那羅王所問經》卷二所載：【「諸般若寶，是智慧寶，即是寶住三昧之體。若菩薩得寶住三昧，一切眾寶皆悉來集。緊那羅王！喻如大海爲眾流主，集一切寶；一切眾寶皆悉來歸，於是海中出生諸寶。如是，緊那羅王！菩薩得是寶住三昧，爲諸一切眾生之主，集一切寶，一切法寶皆悉歸趣。緊那羅王！寶住三昧能集一切諸法之寶，是中不斷於三寶種；是寶住三昧，名爲集聚諸法之寶。」爾時天冠菩薩白言：「世尊！是大樹緊那羅王，已逮得是寶住三昧耶？」佛言：「善男子！汝今自問大樹緊那羅王，當爲汝說。」時天冠菩薩即問大樹緊那羅王：「緊那羅王！汝今已逮得是菩薩寶住三昧耶？」答言：「善男子！是三昧中無住無得。是三昧中無有得者，而是三昧非色受想行識；而是三昧非色可見、無聲可聞，非是住相、非是滅相，無有處相，非無相，非一相。所言相者，都無有相，無能爲作。三昧相者，自無有相，亦非無相。是三昧相，應如是修。善男子！是三昧者等一切法，若等諸法，亦等於我；若等於我，亦同等於一切眾生。是故，善男子！是三昧，等一切眾生；何以故？一切眾生即是空相，空相是三昧相；一切眾生即是無相相，無相相是三昧相；一切眾生即是無願相，無願相是三昧相；一切眾生及一切法是寂靜相，寂靜相是三昧相；一切眾生是無我相，無我相是三昧相。三昧相者，無能以身觸，無能以心觸。凡可觸法，若等不等，一切皆爲善調伏故而演説之。」時天冠菩薩即白佛言：「希有！世尊！是大樹緊那羅王，處在如是放逸之中，乃能演說甚深妙法。」佛言：「善男子！菩薩從慧方便地中，出生示現一切所作，不爲一切所作染污。」】

這正是般若的實證者才能聽得懂的法義，未證得本識而發起般若智慧的二乘聖人，縱使極力聽聞也是無法憶持的，何況能結集之？而其中所說法義都是全然違背當代大師們所說的相似佛法。若有因緣得使大樹緊那羅王在此時代受生於人間，再來演說如是般若正法時，也將不可避免的會受到當代大師們的抵制與毀謗的，這都是因爲**佛法背俗**的緣故；當代大師之所珍，則是眞道之所賤；當代大師之所賤者，則是眞道之所珍；想要期待當代大師對他加以擁護支持，是絕無可能的事。所以平實在末法時代出世演說甚深妙理，而且與他們的法大不相同，會被大法師們謗爲邪魔外道則是必然之事，無可避免；只有少數有智之人能在數年熏習以後而得正確的識知，然後投入妙法中實證之。且不說大乘般若菩提智，即使是四阿含聲聞菩提較淺法義，被如實的演說出來時，都難以被當代大法師們認同了，何況是大乘極深妙的般若及種智法義，又怎有可能被當代的凡夫大師們所認同呢？所以深妙正法在末法時代弘傳，一定是困難重重的，不可能勢如破竹的順利，這都是由於眞正的佛法一向**與俗相背**所致。

若想快速的擴大弘法勢力，只要隨順於世俗法，再加上行銷手法輔助就可以達成了。藏密外道的「法王」與上師們，很懂得這個道理，而他們的法義本質也正是世俗法，所以在他們套用佛法三**昧耶**的響亮名相以後，配合世俗人所喜愛的求財、求眷屬、求欲樂的雙身法，施設了雙身法的三昧耶理論與實修法，再依外道法本質的**淫樂定**來設立三昧耶戒，這樣當然可以在西洋地區迅速的獲得支持；但是在中國地區，由於儒家禮教的熏陶，關於雙身法的部分就只能暗中密傳而明著說謊：自稱是清淨的，早就沒有修習雙身法了。如此公然欺騙世人以後，卻暗中極力勾引較有姿色的異性徒弟淫合。藏密外道一向都以自創的外道法三昧耶，來取代正法的三昧耶，這是配合一般人對於淫欲的喜樂，隨順於世俗法而弘傳的，是與初聞佛法的世俗人極爲相應的，是投世人之所好的，所以他們配合宣傳行銷手法來弘傳時，擴張的速度就非常的快了！

他們慣常的手法是：以假作眞、以假代眞。譬如佛教中有種種三昧耶，他們就以印度教的雙身法欲樂境界，取代佛教中種種與世俗欲樂境界相背的清淨三昧耶。所以他們施設了密宗獨有的三昧耶戒：**若是已受密宗獨有的金剛三昧耶戒，就可以師徒上床、師兄姊上床合修雙身法而亂倫，也可以和至親的血親合修雙身法而亂倫，乃至誘惑顯教中的比丘尼與他們合修雙身法，玷污僧尼而認爲不犯戒、欺騙世人而說合乎佛戒**。他們自己被祖師們熏習邪見，深深的相信這樣是不犯邪淫地獄罪的。不但如此，在宗喀巴的《密宗道次第廣論》中，還特別提醒：必須依密宗三昧耶戒的規定，每日十六個小時合修雙身法。直到獲得淫樂境界中的第四喜以後，還必須每天撥時間與異性合修而保持第四喜不退。這就是藏密外道妄說的三昧耶，其實都與眞正的三昧耶完全無關，也與世間禪定的三昧耶修證完全無關，而且事實上是必定會遮障四禪四空定等三昧的實證：越是努力修證雙身法，必與初禪的實證距離越遠；越是努力實修雙身法，就與解脫智慧及般若實相智慧相距越遠。

但是他們卻妄說是眞正的大乘法義、佛教禪定，卻也能使許多人相信而盲目的隨從；這都是因爲他們的法義是世俗人所喜樂的境界，譬如求財、求眷屬、求欲樂、求世名、求神通（其實修藏密法門絕對得不到神通，因爲越修雙身法就越與神通相悖），但這都是世俗人所喜愛的。對於一般眞正想要學佛的人來說，由於藏密善於包裝表相，又常以破斥魔說的作爲，使人誤以爲他們不是魔，誤以爲他們眞的是正法。世人再也不會想到藏密自己正是邪魔淫樂之法，因爲他們是以破斥魔說的身相而示現的，使人誤認爲他們是破魔而非魔屬。而且他們是公然宣稱比顯教的佛陀證量更高的法門，一般人聽了當然會直覺密宗簡直是絲毫不可評論的，在尚無道種智而無力檢別的情況下，有誰膽敢出來否定他們呢？

所以，這裡特別要強調一點：**並非自己說是最高的就是最高的，不是自己說是正確的就是正確的；一切都要經得起教證與理證的考驗，也要經得起別人對法義的質疑，才是最勝妙、最究竟、最正確的佛法。**同理，對於諸經中的義理，也是要依憑正確的實證與深入的研讀以後，才能評判其正僞與位階的高低。不能一味迷信表相大師的說法，因爲他們大多是經由行銷手法獲得大名聲與世俗地位的，所說的道理多屬錯誤，因此學人們不能不加以簡擇。而經典眞僞的分判，更須有大智慧——特別是要具有法眼——才能判定其眞僞，才能判定結集時的背景與時機，這絕對不是尚未斷結、尚未破參的凡夫大師們所能了知的；乃至斷除三縛結而又破參明心，生起了大乘眞見道的般若實相智慧以後，縱使已有根本無分別智、後得無分別智，在尚無道種智以前，也常常無法了知經典眞僞與結集的背景及動機。

所以，印順等人以未斷我見、未證無相心的凡夫身，妄評經典的眞僞而否定大乘經典爲佛說的事實，謗爲部派佛教後的聲聞法弟子演變、創造、編集出大乘經典；又將三乘妙義全都必須依止的本識，謗爲實無而假有的方便說，由此而成就**毀謗菩薩藏**的一**闡提**重罪，眞是太大膽了！又如凡夫大師們，顧念名聞、利養與眷屬，私底下極力否定大乘法、極力否定如來藏勝義、極力否定大善知識，都是愚癡人：只顧慮短短數十年的名聞、利養與眷屬，都不顧念未來無量世的長劫果報及道業，都只能說是身披僧衣而愚不可及的俗人。

今由雜阿含與增一阿含的內容，在這一節及前面的章節中舉證，已經證明雜阿含與增一阿含本是大乘經典，但因爲是二乘聖凡在第二、三轉法輪時與會聽聞而結集起來的，不是由證悟的菩薩們結集所成的，因此失去大乘般若及種智的妙義，只成爲聲聞解脫道法義的經典，由此可以證明一件事實：所有出家與在家菩薩們，當他們知道聲聞聖凡諸人結集所成的大乘般若種智法義，竟然都變成二乘解脫道的法義，使大乘般若及種智的法義全然喪失了，必然會當場表示要另外結集大乘經典。所以大乘經典的結集，一定是在四阿含諸經結集的第一次五百結集後不久就開始的事；絕無可能是在聲聞部派佛教分裂的數百年後，因爲那時已經沒有親聞大乘經典的菩薩們在世了！大迦葉菩薩、阿難菩薩，在專門結集戒律的第二次（七百）結集時，也都已經不在人間了！而菩薩們的悲心特重，護法之心也特重，遠超過二乘聖凡諸人，怎有可能當場表示要另外結集大乘經典以後，卻沒有結集的動作？怎能一直等到第二結集以後還沒有結集極重要經典的動作？一直拖延到數百年後才開始結集？這是稍思即能理解的事情，印順等人卻都沒有想到，也許是故意漠視而不說吧？

而且第二次七百結集時，只是專門結集十事非法的聲聞戒律而沒有結集法藏；那時大迦葉及阿難尊者，以及 彌勒、文殊菩薩等人，都已經不在人世了！可見大乘經典遲到「第三次或其後才結集」，不可能是事實。傳說中七葉窟外大乘經典的千人結集，一定是在第二次的七百結集之前就完成了的，一定是在五百結集後就隨即展開了。若是在七百結集以後才開始結集的，絕無可能；因為那時距離　佛陀入滅已經一百一十年了，與聞大乘經的菩薩們必然都已捨壽了，還有誰能結集遠勝於二乘阿含經典的大乘經典出來？若有人主張說，大乘諸經是聲聞佛教分裂後的部派佛教之後數百年的聲聞人共同演變創造而結集出來的，那就意味著說：**他們認為　佛陀的智慧遠不如後代的聲聞人**。然而現見後代傳授了《瑜伽師地論》妙法的　彌勒菩薩，都還是無比恭敬　釋迦世尊的，論中所說的法義也都不能超越　釋迦世尊大乘經典的，卻又是諸地菩薩們所崇敬隨順修學的；連　彌勒菩薩都不敢自創佛經，還有哪一群部派佛教的聲聞人能演變創造出遠比二乘阿含諸經、遠比菩薩諸論更為勝妙的大乘經典來？乃至今日平實智慧增上以後，無人能挑戰，而深心中仍對大乘經典無比恭敬與隨順，都不敢絲毫妄想能演變或創造大乘經典，所以印順的說法是極為荒唐的。

所以，對這些與法義有關聯的結集背景事相，也必須有確實的理解；否則，在聽聞別人否定大乘經典以後，您就不可能信受大乘經典了；以此緣故，當然就跟著失去修學大乘成佛之道的因緣了。想要求證佛菩提，卻又否定專門宣演佛菩提的大乘經典；想求證成佛之道的見道功德，卻又否定專門講解大乘見道眞義的般若經典；這樣故意以二乘解脫道小法來取代大乘見道的般若系經典的印順、證嚴、星雲、聖嚴等人，怎能在大乘法中有所實證呢？當他們否定了大乘經典第八識勝義時，也將無可避免的會與二乘解脫道的眞實義相違背，於解脫道的修證必將產生嚴重的偏差，絕無可能眞斷我見、常見，當然一定是永無實證見道智慧的機會了！因爲二乘解脫道的實證，全都是從大乘法義中分析出一小部分來開示的；若是違背了大乘法義而演說二乘解脫道，將會與法界實相牴觸、悖離，所說之法必然不免會有種種過失出現。

由此緣故，不得不在此一節中，特地再舉實例，來證明雜阿含與增一阿含本屬大乘法的事實；但也必須讓大家實地瞭解這二大部的阿含經典中的「大乘經典」是只有二乘法義存在，不曾談及大乘法義的理論與實修，卻又同時存留著許多大乘法教的名相。由此事實，讓大家對三乘菩提有了正確的看法與態度，然後不論修證二乘菩提解脫道，或是實證初果、二果以後轉而修證大乘佛菩提道，都能以正確的看法與態度，進入三乘菩提中修學而獲得眞修實證，不再茫然無知的無所適從而只空言無益的亂學一世了！

第五節　學佛者應當親近真善知識、遠離邪見

蘊處界無我的親證是很困難的，但是大乘法中眞我本識的親證又更爲困難。許多古今大師自以爲已斷我見、自認爲已證無我，但其實多是未證言證的，往往是未證無我而仍然落在蘊處界我中，卻公然宣稱已經實證無我了！往往是錯會意識的變相，落入意識心的種種變相中，不知自己仍未脫離識陰的範疇，卻自稱已經實證眞我如來藏了！這些人都經不起教證與理證上的檢驗，若是親近了這些未證謂證、未悟說悟的表相大師們，想要親證三乘菩提可就全無希望了，注定是要空來人間一趟的，所以親近眞正善知識就顯得非常重要了！

蘊處界無我的取證都已經是極爲困難的事了，想要進一步取證法界實相心眞我如來藏，就更爲困難了！所以四阿含中有如此記載，說斷除我見而取證初果，是無比困難的事情：【佛告阿難：「於意云何？離車童子競射門孔、箭箭皆入，此爲難耶？破一毛爲百分而射一毛分，箭箭悉中，此爲難耶？」阿難白佛：「破一毛百分，射一分之毛，箭箭悉中，此則爲難。」佛告阿難：「未若於苦聖諦生如實知，此則甚難。如是，苦集聖諦、苦滅聖諦、苦滅道跡聖諦如實知

見，此則甚難。」爾時世尊而說偈言：一毛爲百分，射一分甚難；觀一一苦陰，非我難亦然。】（《雜阿含經》卷十五第 405 經）

由此可知：想要確實了知五陰的四聖諦而證知五陰的虛假，由此而斷除我見，是非常困難的。所以眞正想要學佛者，不論是修學阿含解脫道，或是修學大乘般若與種智，在學法首要的見道一事上，都應該親近眞正善知識，建立正確知見與觀行方向以後，才有可能確實斷除我見而證初果，才能眞的親證法界實相心如來藏而生起般若中觀智慧。

學佛應當親近善知識，莫親近惡知識。親近惡知識，一定會被惡知識籠罩而墜入我見、常見中；若被惡知識誤導爲已斷我見、已離斷常二見，不但將永遠不能斷除我見、常見、斷見，永生永世輪迴不已，也將會成就大妄語業，後果不堪想像。若是親近眞善知識，則能斷我見、能離斷常見，漸得出離三界生死，乃至一世得出三界，也無大妄語的惡業。這也是有四阿含的經典爲證的：

【「若比丘，自善知識，與善知識，俱善知識共和合，當知必修惡露，令斷欲；修慈，令斷恚；修息出息入，令斷亂念；修無常想，令斷我慢。若比丘得無常想者，必得無我想；若比丘得無我想者，便於現法斷一切，我慢得息，

滅盡、無爲、涅槃。」】

語譯如下：【「假使比丘自己就是善知識，或者自身不是善知識而與善知識同住，或者常與諸善知識在一起而共和合安住，應當知道無我的修證是必需修證惡露觀行之法，這可以使人斷除淫欲的貪愛；修習慈心觀，可以使人斷除瞋恚的心行而出離色界；修學息出息入之觀行法門，繫心一境而使人斷除散心亂念；修學五陰（特別是離念靈知、覺知心的）無常之想，可以使人斷除以往**喜愛自己一直存在的我慢上分結**。如果比丘已證得無常想的話，必定會證得無我想；若是比丘已證得無我想的話，便能夠於現前一切法中斷除一切執著，喜愛自我常存的微細我慢就可以停息了，捨壽後當然就能滅盡五陰的自己，就是證得無爲法、證得涅槃了。」】（《中阿含經》卷十）

然而欲斷我見與我執的人，必須有眞正的善知識教導，才能免於墜入意識等虛妄心中，不會再具足我見而自以爲已斷我見，成爲增上慢人；也才不會誤會我慢的眞義，不會有具足我慢卻自以爲沒有我慢的過失，不會成爲增上慢人。觀乎今時諸方大法師、大居士等人未能斷除我見，而又自以爲已證初果者，都是肇因於未曾或不肯親近眞正善知識所致。由此可知親近眞善知識的重要了！但是親近善知識之前，必須先降伏慢與過慢，才會願意親近善知識；也必須在降伏慢與過慢以後，先正確的認清誰才是眞正的善知識，否則不免會依止錯了！是故，認清楚眞正之法師、眞正之善知識，方是一切學人首要之務。

既應親近眞實法師，那麼云何名爲法師？也就不可不知了！佛於《雜阿含經》卷一第26經，如是開示云：【如是我聞　一時佛住舍衛國祇樹給孤獨園，爾時有異比丘來詣佛所，頭面禮足，却住一面，白佛言：「如世尊所說**法師**，云何名爲**法師**？」佛告比丘：「善哉！善哉！汝今欲知如來所說**法師**義耶？」比丘白佛：「唯然！世尊！」佛告比丘：「諦聽！善思！當爲汝說。」佛告比丘：「若於色說是生厭、離欲、滅盡、寂靜法者，是名**法師**。若於受想行**識**說是生厭、離欲、滅盡、寂靜法者，是名**法師**。是名**如來所說法師**。」時彼比丘聞佛所說，踊躍歡喜，作禮而去。】

是故，若所說法不能令人確實斷除我見者，即非法師。我們也可以這樣來作法師的定義：若有人說法時，使人認定識陰中的某一心，譬如認定意識粗心、意識細心、意識極細心爲常住的眞心如來藏，就無法使人「於識生厭」，也一定會因爲落入意識心中，所以無法離開六塵而常常與欲相應，常與五欲和合而生貪愛；無法離六塵境界就不得寂靜法，當然無法在捨壽時滅盡意識而不能實證涅槃；像這樣子教導四眾學人的大法師們，都不能稱爲法師。若能依照佛陀這個定義而弘法的人，若能自謙而言未證無我、未斷三結的人，也可以稱爲法師，因爲已經能爲人宣說五陰都是應該生厭的，應該寂靜、滅盡、涅槃，所以仍是法師，縱然自身尚未眞斷我見，也是無妨。

若不能如此爲人宣說，一向落在意識心中，不教徒眾們生厭而遠離、寂靜、滅盡，就不是眞實法師；若再加上不能謙言未證，而以未斷三縛結之凡夫身，冒膺賢聖，自墮我見、斷常見之中而教導弟子們同墮我見之中，卻都自稱已證聖果，也爲人作錯誤的果位印證，則都屬於假名法師，不論是出家或在家都一樣。一切弘法人都應當遵照 佛陀這個開示，確定自己是不是眞實的法師。

一切善知識都應該教導學人斷除邪見的，舉凡邪見， 佛都已曾指示應當殺滅之。何況誹謗正法之事，云何能令其容受於佛教道場之中？這有四阿含的經教爲證：【佛告聚落主：「若以三種法，馬猶不調，當如之何？」聚落主言：「便當殺之。」……佛言：「聚落主！三事調伏，猶不調者，便當殺之。所以者何？莫令我法有所屈辱。」調馬聚落主白佛言：「瞿曇法中，殺生者不淨。

瞿曇法中不應殺，而今說言『不調伏者亦當殺之』。」佛告聚落主：「如汝所言：『如來法中，殺生者不淨，如來不應有殺。』聚落主！然我以三種法調御丈夫，彼不調者，不復與語、不復教授、不復教誡；聚落主！若如來調御丈夫不復與語、不復教授、不復教誡，豈非殺耶？」調馬聚落主白佛言：「瞿曇！若調御丈夫不復與語、不復教授、不復教誡，眞爲殺也。」】（《雜阿含經》卷三十二第 909 經）

於僧團中，舉凡心性不調伏者，尚且皆應默擯之，以此爲殺；何況邪見能壞佛教正法根本，能壞眾生的法身慧命，焉可容許邪見繼續存在於佛門中？是故一切佛門四眾弟子悉應殺滅邪見，不令得存：不論是對於自己仍有的邪見，或是對於諸方大師正在誤導眾生的邪見。

爲免自己淪墜三途，所以從來都不謗法，這種作法雖然亦善，然而更應該勤加功力，彌補缺漏之處，方能具足根器而能承受正法妙雨，終能實修實證。譬如不缺不漏的善淨好瓶，若遇正法妙雨，即能承受而善持之；若是往世習法以來未值無量數佛而修供養，又對善知識加以妄評者，即非善妙法瓶；便如棄地陶瓶而有缺漏，應當勤加功夫、修治彌補；若不肯如是多劫勤加彌補修治，設若偶逢特別善妙的殊勝大乘正法之時，即不能承受：隨受隨失、隨聞隨謗。

如是之人，即是邪見謗聖，是故對於眞實解脫之道將會永遠不能信受，寧願信受離念靈知意識覺知心，寧可執持意識心而墮於常見外道邪見中，不肯一時暫捨，捨壽後難免三途惡報。平實如此說法，仍然是極爲寬鬆的說法，並不嚴格，因爲此時已是末法之世，無法對學人作較高水準的要求；若是如 佛正法時期所言，則是更爲嚴謹的：【意解脫不滿足、慧解脫不滿足故，則爲謗聖邪見；邪見因緣故，身壞命終、生惡趣泥梨中。】（《雜阿含經》卷三十二第 916 經）亦如 佛言：【邪見趣泥梨路，正見向涅槃之道。】（《增一阿含經》卷三十七第 10 經）

是故邪見中的我見、身見，應當儘速除去，不可使其暫得停留。欲斷我見、邪見者，則當親近眞正善知識，遠離假名善知識，以免自害及轉而害人。復次，一切比丘、比丘尼，皆當以親證解脫道正法、親證佛菩提道正法爲志，皆當以親證三乘菩提爲志；莫以出家眾之表相而行於世間法之貪求：廣積錢財、求大名聲；更勿與藏密外道喇嘛貪著邪淫者爲伍，以免使得世人輕視佛教僧寶。

當代佛教正法之滅沒，最大原因乃是出家法師們「非法言法、法言非法」，不勤求正法的覺悟，常以相似佛法、不實佛法而自以爲悟，用來取代眞實了義正法，是故導致正法漸漸滅沒。如是現象， 佛陀早已預見：【如是我聞 一時佛住舍衛國祇樹給孤獨園。爾時尊者摩訶迦葉住舍衛國東園鹿子母講堂，晡時從禪覺，往詣佛所，稽首禮足，退坐一面，白佛言：「世尊！何因何緣世尊先為諸聲聞少制戒時，多有比丘心樂習學；今多為聲聞制戒，而諸比丘少樂習學？」佛言：「如是！迦葉！命濁、煩惱濁、劫濁、眾生濁、見濁，眾生善法退減故，大師為諸聲聞多制禁戒，少樂習學。迦葉！譬如劫欲壞時，真寶未滅，**有諸相似偽寶出於世間；偽寶出已，真寶則沒**。如是！迦葉！**如來正法欲滅之時，有相似像法生；相似像法出世間已，正法則滅**。譬如大海中船，載多珍寶，則頓沈沒；如來正法則不如是，漸漸消滅。如來正法不為地界所壞，不為水、火、風界所壞；乃至惡眾生出世，樂行諸惡、欲行諸惡、成就諸惡；**非法言法、法言非法，非律言律、律言非律；以相似法，句味熾然；如來正法於此則沒。**」

（《雜阿含經》卷三十二第906經）

這意思是說：若非正法而被大師們說是正法，當正法被大師們說為非法、不如法時，就是相似佛法、似像佛法出現在人間了；這時佛門大眾假使沒有共識，不能將非法及相似的像法逐出佛門以外，將會使正法滅失而不再能弘傳了！如今眼前所見的各大山頭，正是 佛陀所說的「**以相似法，句味熾然**」，正是表相佛法、相似佛法的書籍汗牛充棟了，大師們都在這些相似佛法上面，以種種勝妙言句、眾生喜愛的言句，說得句味熾然，如此將正法幾乎全面滅沒了，使得正法不能突顯於大眾面前；這種情況若繼續發展下去，將會如同 佛陀預記的情況一般：「**如來正法於此則沒。**」亦如外道法的藏密坦特羅「佛教」，屬於左道密宗，全部法義都是外道法，千餘年前已在天竺取代了正法，使得正法之寶滅沒了；左道密宗後來又在西藏地區傳揚開來，如今卻在世界各處流竄，被無知的大法師們廣爲推崇而大大的弘揚開來，正法幾至滅沒不存、危如絲縷。佛門四眾若想要免除佛法滅歿的現象提前到來，只有親近眞正善知識而求證眞正的三乘菩提法，修學以後獲得實證，用以大力救護眾生，相似佛法就不會再如同僞寶淹沒眞寶一般的淹沒正法了！所以說，親近眞善知識而建立正法的修證與弘傳，極爲重要，這正是 佛陀的咐囑，是吾人應該力行的。由此緣故，一切心存鄉愿的佛門中人，都應該體認到這個危機的存在而思有以治之。

又如經中具說「邪見令人墮落惡趣乃至地獄」，以此緣故也應當親近眞善知識，眞善知識能使人遠離邪見故。譬如四阿含中具載 佛陀的教示：

【如是我聞：一時佛住王舍城迦蘭陀竹園。時有遮羅周羅那羅聚落主來詣佛所，面前問訊慰勞；問訊慰勞已，退坐一面，白佛言：「瞿曇！我聞古昔歌舞戲笑耆年宿士作如是說：『若伎兒於大眾中歌舞戲笑、作種種伎，令彼大眾歡樂喜笑；以是業緣，身壞命終，生歡喜天。』於此瞿曇法中，所說云何？」佛告聚落主：「且止！莫問此義。」如是再三，猶請不已。佛告聚落主：「我今問汝，隨汝意答，……此人被縛，豈不轉增急耶？」聚落主言：「如是！瞿曇！」佛言：「聚落主！古昔眾生亦復如是，不離貪欲、瞋恚、癡縛：緣彼嬉戲歡樂喜笑，更增其縛。」聚落主言：「實爾！瞿曇！彼諸伎兒令其眾生歡樂喜笑，轉增貪欲、瞋恚、癡縛；以是因緣，身壞命終生善趣者，無有是處。」佛告聚落主：「若言『古昔伎兒能令大眾歡樂喜笑，以是業緣生歡喜天』者，是則邪見。若邪見者應生二趣：若地獄趣、若畜生趣。」說是語時，遮羅周羅那羅聚落主悲泣流淚，爾時世尊告聚落主：「是故我先三問不答，言：『聚落主！且止！莫問此義。』」】（《雜阿含經》卷三十二第 907 經）

假使佛門四眾都以親證三乘菩提爲志，就應當親近眞善知識而修習實證；眞善知識能以自身所證三乘菩提眞實智慧，轉而廣利四眾，因此就能使世尊正法久住人間，人天都能獲得安樂。若只實證三乘菩提之一，下至不能實證的弘法之師，都應該隨著自己的修證內容或解知的內容，誠實的弘揚正法，不作過解、過說；也應當隨順正法，千萬別再非法言法、法言非法。諸外道輩隨順於邪見，死後尚且難逃下墮惡道的命運，何況身在佛門之中而毀謗正法為非法？以上敬錄四阿含中的佛說文句，即是聖教明證，凡我佛門弟子四眾、大師與學人，都應慎之！再慎之！

更不可專在世間法上的戒律清淨、神足飛行、五種神通上面用心而輕視真善知識，乃至更進一步出生了過慢、慢過慢，由此緣故而無根誹謗善知識之人、之法。譬如世尊告誡說：【「戒律之法者，世俗常數；三昧成就者，亦是世俗常數；神足飛行者，亦是世俗常數。智慧成就者，此是第一之義。」】（《增壹阿含經》卷三十八）何以故？謂如是類人，聽聞正法時，終將以其世俗法中之證境而生慢於善知識，不知解脫智慧、般若智慧之重要與功德，便繼續以其邪見而作種種妄語，終將不肯依善知識為其詳細說明之正理而信受之，對善知識所說正理也不肯如理作意而思惟之，故意扭曲而解釋善知識之法義；乃至明知善知識所說確為正理，然因我所（名聞、利養、眷屬、面子）執著的緣故，終將繼續以種種牽強狡辯之言而謗善知識所言正理，繼續抵制正法，終將難免成就大惡業。

譬如提婆達多以世俗持戒表相而諍於 世尊正教，他提出更爲刻苦的五法：一、只許穿糞掃衣，二、日唯一食，三、只許托缽乞食而不受宴請，四、不食葷腥之施物，五、夏天只許露地而住，冬天只許住草菴而不許住精舍。但這些都只是表相的清淨，心地中終究仍是不清淨的，而且也是沒有解脫智慧或般若智慧的親證，終究與解脫功德、般若智慧功德、種智智慧功德無關。刻苦持戒一世之後，若不犯戒，只能生到欲界天中享福，終究於佛法解脫及般若、種智都無所證，不是眞實的正法。然而這樣苦行持戒，難免會生起過慢、增上慢，因此而轉生謗法、謗善知識的行爲出來。由於妄語及謗法的緣故，捨壽時難免墮落地獄、餓鬼、畜生道中，長劫暗冥、受諸尤重純苦，誠可憐憫！平實如是諸言雖然語重，然而心誠，願諸佛門四眾審細思之、辨之！思有補救。

聲聞出家之人所爲何事？無非勤求解脫果證之智慧，以及將此智慧用來度化眾生罷了。然而出家人若是自不得度（不斷我見）而能教人斷我見者，無有是處；不斷我執而言能教他人斷我執者，亦無有是處；不知如何斷我見、我執，而能教人斷我見我執、取證佛法解脫果者，更無有是處；如是之人又將如何弘揚佛法而說爲利生呢？這種人究竟是要弘揚何種內涵的佛法呢？由此緣故，一切出家法師皆當勤求眞斷我見、勤求能斷我執之法，然後繼之以親證實相而入大乘；這是因爲出家修學大乘法的唯一目的，就是廣利眾生同證解脫，或是廣利眾生同證般若實相智慧，不該只是爲了一己的利益而在大乘法中出家。

如 佛所說：【「猶如有人自己沒溺，復欲渡人者，終無此理；己未滅度，欲使他人滅度者，此事不然。如有人自不沒溺，便能渡人，可有此理；今亦如是，自般涅槃，復使他人取滅度者，可有此理。」】（《增一阿含經》卷四十三）是故莫以凡夫身，示人以聲聞聖僧之相；莫以凡夫之見，教人以解脫之道；更勿效法藏密外道的紅、白、花教等自續派中觀愚人，以常見外道見之離念靈知意識心或淫樂中一心受樂之意識心，取代佛菩提道之如來藏第八識心。何以故？難免陷人於大妄語之地獄業中故，亦難免「以外道法取代正法」的大惡業故。更莫如同藏密外道的黃教，一味否定第八識本識的正理，以免成就謗菩薩藏的一闡提大惡業。 佛於四阿含諸經中亦說：「妄說佛法者即是謗佛。」更何況是誣謗最勝妙的本識如來藏正法，而謗爲外道的神我、梵我，當知必屬無間地獄果報的大惡業。而這些大惡業，都要依靠三乘菩提的正確見道，才能遠離；是故應當勤求正斷我見之理，千萬別再安住於意識境界中，自以爲已斷我見、已證聖果。必須依照正確的教導，如實的勤作觀行、實斷我見，然後才可以說自己確實已經能度眾生解脫，才可以自視為已經得度的解脫道修行者、弘法者。若還沒有解脫果的智慧，往往會使別人也同樣陷入大妄語業中，古今所見皆同，不是今時才有這種現象，這也有四阿含中的佛語為證：【「今我眾中比丘亦復如是：心意闇鈍、無有慧明，不別生死位，不別**魔之橋船**；意欲渡生死之流，不習於禁戒之法，便為**波旬**得其便也。從邪道求於涅槃，望得滅度，終不果獲；**自造罪業，復墮他人著罪中**。」】（《增壹阿含經》卷三十九）假使自己不想未證言證，也不想要誤陷他人於大妄語罪中，就應該以 世尊如上聖教作為殷鑑，遠離邪道，勤求解脫道、佛菩提道智慧，實證之後用以自安，兼以利樂人、天。

在末法時期，常常會有人以微不足道的世間智慧，想要測度真善知識的出世間智慧，乃至測度阿羅漢所不能測知的菩薩智慧；更有甚者，以凡夫身而極力貶抑大善知識的智慧，這些都是愚癡無智的俗人。這種事相，不但是在外道中普遍的存在，也是在當今的佛門中普遍存在；不但現在存在，也是古時就已經存在的事情。且舉古時佛世的外道為證，以證今時有此現象也都是正常事：

《雜阿含經》卷二十一第574經：【如是我聞 一時佛住菴羅聚落菴羅林中，

與諸上座比丘俱。時有尼犍若提子與五百眷屬詣菴羅林中，欲誘質多羅長者以爲弟子。質多羅長者聞尼犍若提子將五百眷屬來詣菴羅林中，欲誘我爲弟子。聞已，即往詣其所，共相問訊畢，各於一面坐。時尼犍若提子語質多羅長者言：「汝信沙門瞿曇得無覺無觀三昧耶？」質多羅長者答言：「我不以信故來也。」阿耆毘言：「長者！汝不諂、不幻、質直，質直所生。長者！若能息有覺有觀者，亦能以繩繫縛於風。若能息有覺有觀者，亦可以一把土斷恒水流。我於行住坐臥，智見常生。」質多羅長者問尼犍若提子：「爲信在前耶？爲智在前耶？信之與智，何者爲先？何者爲勝？」尼犍若提子答言：「信應在前，然後有智。信智相比，智則爲勝。」質多羅長者語尼犍若提子：「我已求得，息有覺有觀，內淨一心，無覺無觀三昧，生喜樂，第二禪具足住。我晝亦住此三昧，夜亦住此三昧，終夜常住此三昧，有如是智，何用信世尊爲？」尼犍若提子言：「汝諂曲、幻僞、不直，不直所生。」質多羅長者言：「汝先言我『不諂曲、不幻、質直，質直所生』，今云何言『諂曲、幻僞、不直，不直所生』耶？若汝前實者，後則虛；後實者，前則虛。汝先言：『我於行住坐臥，智見常生。』汝於前後小事不知，云何知過人法？若知、若見安樂住事？」長者復問尼犍若提子：

「有於一問、一說、一記論，乃至十問、十說、十記論，汝有此不？若無一問、一說、一記論乃至十問、十說、十記論，云何能誘於我？而來至此菴羅林中欲誘誑我。」於是尼揵若提子，息閉、掉頭，反拱而出，不復還顧。】

這正是無智外道，連初禪都不能證得，就否定初禪的證境；還懷疑 佛陀有沒有實證禪定境界，還想要以完全沒有實證的極粗淺無知的世俗聰明，妄想轉易有修有證的佛弟子轉入其外道法中，確實是極爲可笑的事情。但是今時的佛門中也有這種人；所以也有佛門法師假冒平實往世的師尊，寄來信函，想要矇騙平實入其常見外道法中，著實可笑。更有各大山頭名師，自覺平實的妙法會間接的顯示他們都悟錯了，以前不該擁有的「證悟聖者」表相將會被平實的法義戳破，所以心生不悅，作出種種抵制與私下毀謗的事行與言語。這些都屬於無智之人所作的愚行，單單顧慮短短一世的名聞、利養與法眷屬，都不顧念未來無量世的極苦果報與法身慧命的遮障，都是因小失大的愚人。

復次，佛教道場應當回歸古時清淨自持、安貧樂道之風，萬勿如同今時諸大道場效法世俗人，專在道場之廣大宏偉、富麗堂皇以及追求世名上面用心。且以 佛在《增一阿含經》卷三十五第五經的開示，作爲此書最後的勸請。羅列此經之全文如下，表非斷章取義之說：

【聞如是一時，佛在舍衛國祇樹給孤獨園。爾時世尊語迦葉曰：「汝今年已朽邁，無少壯之意，宜可受諸長者衣裳及其飲食。」大迦葉白佛言：「我不堪任受彼衣食，今此衲衣、隨時乞食，快樂無比。所以然者：將來當有比丘形體柔軟，心貪好衣食，便於禪退轉，不復能行苦業。又當作是語：『過去佛時，諸比丘等亦受人請、受人衣食。我等何爲不法古時聖人乎？』坐貪著衣食故，便當捨服爲白衣，使諸聖賢無復威神，四部之眾漸漸減少；聖眾已減少，如來神寺復當毀壞；如來神寺已毀壞故，經法復當凋落。是時眾生無復精光，以無精光，壽命遂短。是時，彼眾生命終已，皆墮三惡趣。猶如今日眾生之類，爲福多者皆生天上；當來之世爲罪多者，盡入地獄。」

世尊告曰：「善哉善哉！迦葉！多所饒益，爲世人民作良友福田。迦葉當知：吾般涅槃後千歲餘，當有比丘於禪退轉，不復行頭陀之法，亦無乞食、著補衲衣，貪受長者請其衣食；亦復不在樹下閑居之處，好喜莊飾房舍；亦不用大小便爲藥，但著餘藥草極甘美者。或於其中貪著財貨、吝惜房舍，恒共鬥諍。爾時檀越施主篤信佛法，好喜惠施、不惜財物；是時檀越施主命終之後盡生天上，比丘懈怠者死入地獄中。如是！迦葉！一切諸行皆悉無常，不得久保。」

「又，迦葉當知：將來之世，當有比丘剃鬚髮而**習家業**，**左抱男、右抱女**；又執箏簫，在街巷乞食。爾時檀越施主受福無窮，況復今日至誠乞食者？如是！迦葉！一切行無常，不可久停。迦葉當知：將來之世，若有沙門比丘，當捨八種道及七種之法；如我今日於三阿僧祇劫所集法寶，將來諸比丘以爲歌曲，在衆人中乞食以自濟命；然後檀越施主飯彼比丘衆，猶獲其福，況復今日而不得其福乎？我今持此法，付授迦葉及阿難比丘；所以然者，吾今年老，以向八十；然如來不久當取滅度，今持法寶付囑二人，善念誦持，使不斷絕，流布世間。其有過絕聖人言教者，便爲墮邊際。是故今日囑累汝經法，無令脱失。」

是時大迦葉及阿難即從座起，長跪叉手，白世尊言：「以何等故，以此經法付授二人，不囑累餘人乎？又復如來衆中，神通第一不可稱計，然不囑累？」世尊告迦葉曰：「我於天上、人中，終不見此人能受持此法寶如迦葉、阿難之比。然**聲聞中**亦復不出二人上者，過去諸佛亦復有此二人受持經法，如今迦葉、阿難比丘之比，極爲殊妙。所以然者，過去諸佛頭陀行比丘，法存則存、法沒則沒。然我今日迦葉比丘留住在世，彌勒佛出世，然後取滅度；由此因緣，今迦葉比丘勝過去時比丘之眾。又阿難比丘云何得勝過去侍者?過去時諸佛侍者,聞他所說,然後乃解。然今日阿難比丘,如來未發語便解;如來不復語是,皆悉知之。由此因緣,阿難比丘勝過去時諸佛侍者。是故,迦葉、阿難!吾今付授汝,囑累汝此法寶,無令缺減。」爾時世尊便說偈言:

一切行無常,起者必有滅;無生則無死,此滅最為樂。

是時,大迦葉及阿難聞佛所說,歡喜奉行。】

由於大迦葉是聲聞法中的苦行者(不是禪宗不苦不樂行的大迦葉菩薩)從不貪求供養,如是教導弟子眾,絕對不會使世人對出家人生起厭惡之心,聲聞正法就能久住於人間,確實是護持聲聞正法的妙行;阿難尊者則是多聞強記第一,此二人實是聲聞法中的不二人選;若欲使聲聞解脫道長久流傳於人間,應當將聲聞法付囑大迦葉與阿難尊者。若是付囑於貪得利養者,付囑少聞多忘者,聲聞解脫道正法必然不受民眾護持,必然多所散失,不久即便壞散於人間。

已舉佛教界謗法、大妄語、妄說佛法的過失,平實所說法義正真無過,則必有人由於不能毀謗平實所弘 世尊正法,難免轉而謗人,誣謗平實為邪魔外道,故意編造莫須有的事相來毀謗平實。這也是正覺同修會成立以來三次法難時曾所經歷的事實，何況是名聞、利養已經大受影響的各大山頭大法師們，而不私下造作言語誹謗的惡業？如是之人都是有大過失的，凡我佛門學佛之人，對於一切能導致後世嚴重不可愛異熟果報的大過失言語，萬勿人云亦云，都應該注意而遠離之，以免後世多劫的大苦患。由此緣故，再舉佛語聖教，勸勉佛門大眾遠離無根毀謗賢聖的惡業，也能遠離轉傳謠言毀謗賢聖的無心之過，後後無量世中一定可得安樂，乃至實證三乘菩提，如是圓滿此書：

【佛告比丘：「彼梵天說如是偈，為眞正言，佛所印可。所以者何？我今如來、至眞、等正覺亦說此義：

夫士之生，斧在口中；所以斬身，由其惡言。
應毀者譽，應譽者毀；口為惡業，身受其罪。
技術取財，其過薄少；毀謗賢聖，其罪甚重。
百千無雲壽、四十一雲壽，謗聖受斯殃，由心口為惡。」】（《長阿含經》卷十九）

復次，求法者親近善知識、隨學於善知識時，應當以誠心而求，莫以盜法心態而求。盜法心態而求佛法，有大過失，也是佛陀所不許的，有四阿含中的經文為證：【佛告須深：「今當說譬，其智慧者以譬得解。譬如國王，有防邏者捉捕盜賊，縛送王所，白言：『大王！此人劫盜，願王處罪。』王言：『將罪人去，反縛兩手，惡聲宣令周遍國中。然後將出城外刑罪人處，遍身四體劖以百矛。』彼典刑者受王教令，送彼罪人反縛兩手，惡聲宣唱周遍城邑，將出城外刑罪人處，遍身四體劖以百矛。日中，王問：『罪人活耶？』臣白言：『活。』王復敕臣：『復劖百矛。』至日晡時，復劖百矛，彼猶不死。」佛告須深：「彼王治罪，劖以三百矛；彼罪人身，寧有完處如手掌不？」須深白佛：「無也！世尊！」復問須深：「時彼罪人劖以三百矛因緣，受苦、極苦劇不？」須深白佛：「極苦！世尊！若劖以一矛，苦痛難堪！況三百矛，當可堪忍？」佛告須深：「此尚可耳！若於正法、律，盜密出家，盜受持法爲人宣說，當受苦痛，倍過於彼。」佛說是法時，外道須深漏盡意解。佛說此經已，尊者須深聞佛所說，歡喜奉行。】（《雜阿含經》卷十四第 347 經）

所以親近善知識是極重要的。若親近惡知識，譬如印順、證嚴、星雲、聖嚴……等不承認第七、八識的假名大師們，難免被他們誤導而走入邪見中，跟隨他們否定七、八二識而成就了否定正法、破壞正法大惡業。推究印順其人的惡見來源，也是因爲親近了藏密外道惡知識，被藏密應成派中觀的六識論邪見所誤導；後來的學人若進而信受佛學學術界所謂的阿賴耶識權威史密豪森先生的邪見，也將會有跟隨著全面否定七、八識的惡行出現。但史密豪森不知四阿含中早已隱語密意說有七、八識了，所以依據後出的《瑜伽師地論》為根據，立論說：阿賴耶識心體是在論的〈本地分〉中才出現的，原始佛法中並未說有阿賴耶識心體；又說意根在論中的〈攝抉擇分—證明分〉中仍然尚未建立起來，是到後面的〈流轉分〉中才建立起來的。所以他認為在此論出現以前，佛法中是尚未建立意根末那識的；他也認為：阿賴耶識心體及意根是隨著論的寫作而在寫到後面時才想到，那時才又次第建立意根的。

這種想法是非常荒謬的，稍有智慧的世間人都不會相信他的說法，所有曾經寫過書的人也都不會相信這種說法的；因為寫書之前就已經先把內容與次第都構思好了以後，才會動手開始寫作的。即如平實寫書之前，都是先將目錄編排妥當以後，才開始各章節內容的寫作，所以史密豪森的說法是很荒唐的。但更荒唐的是：晚年以佛陀身分自居的印順，竟然會一生都不長進，至死仍然信受類似這種荒唐推論的說法。他是根據藏密古人類似這種荒唐的說法而寫出《妙雲集》等邪見書籍的。

不但如此，在四阿含諸經中，其實早就處處**隱語密說**有第八識本識阿賴耶心體了，已經明說是入胎而住、而出生名色的阿賴耶識心體了（入胎後的初期，名只有意根，當然尚無意識生起），並不是史氏所說的後來才由 彌勒菩薩在《瑜伽師地論》中，初始建立意根與阿賴耶識心體。但是光憑口說，讀者及印順派的大師們都不可能完全信受，就會直接影響到解脫道法義修證的方向與取捨，導致無法實際進入正法中獲得實證；由此緣故，此書中大多不舉示大乘經典、論典中有關七、八識的聖教而說，總是以四阿含諸經中的證據來說，以證明四阿含中早已說過有意根及阿賴耶識心體的存在。此書中也已列舉四大部阿含的經文，證明二乘聖人都是由於信受 佛說實有本識常住不變，才能實斷我見與我執的；這是有四阿含中的經文實例可以證明的，可見史密豪森的說法是完全違背佛教史實的，然而印順等人聲稱是精通於文獻考證的人，卻會信受與史實相悖的藏密古人同樣的類似說法，眞是荒謬。

但是台灣至今仍然有南傳佛法的法師，常常將阿含部經典斷章取義而說：「談論阿羅漢與如來入滅以後是有或無，阿含中說這些事的討論都是無記。」他們這樣說的目的，無非是想要逃避平實加之於他們的法義質難：「否定了第八識以後，入無餘涅槃時是不是斷滅空？」雖然 佛陀偶爾會說這些問題的討論是無記，但那是在宣揚二乘解脫道法義時，爲了使凡夫位的弟子們專心一志的觀行蘊處界的虛妄，以便斷結而取證聲聞出離生死的解脫果，所以在專講解脫道的第一轉法輪時期，對於凡夫弟子們都一向不記說這個問題的，是因爲在尚未斷我見以前就來討論這個問題，無益於解脫道的觀行，但卻不是從來都不作記說的。有經文爲證：

世尊爲鬘童子開示說：【「『世有常』，我不一向說此；以何等故，我不一向說此？此，**非義相應、非法相應，非梵行本，不趣智、不趣覺、不趣涅槃，是故我不一向說此**。如是，『世無常、世有底、世無底、命即是身、爲命異身異，如來終、如來不終、如來終不終、如來亦非終亦非不終』，我不一向說此；以何等故？我不一向說此？此，非義相應、非法相應，非梵行本；不趣智、不趣覺、不趣涅槃，是故我不一向說此也。何等法我一向說耶？此義我一向說：苦、苦習、苦滅、苦滅道跡，我一向說。以何等故？我一向說此？此，是義相應、是法相應，是梵行本，趣智、趣覺、趣於涅槃，是故我一向說此。是爲『**不可說者則不說，可說者則說**』。當如是持，當如是學。」】（《中阿含經》卷六十）

佛陀是「**不可說者則不說，可說者則說**」，正因爲尚未見道的凡夫，一開始就想探討入涅槃後是斷滅或是仍有心獨存，這是無意義的；不如讓他們直接開始觀行蘊處界的虛妄性、緣生性、無常性、無我性、將來必滅性，斷了三縛結以後，再來探討滅盡蘊處界後的涅槃，究竟是有或無，才是對學人比較直接有益的教導，所以 佛陀說：「**此**（涅槃後是有或無的問題），**非義相應、非法相應，非梵行本；不趣智、不趣覺、不趣涅槃，是故我不一向說此也。**」但是遇到因緣成熟而應該說明時， 佛陀也會說明的，只是對於仍無必要討論這個問題的人，就不說明，而要他們先斷我見、常見以後再來探討，所以 佛說：「**不可說者則不說，可說者則說。**」並且吩咐弟子們：「**當如是持，當如是學。**」

但是到了解脫道的後期，即將轉入第二轉法輪的般若期之時，就爲有疑問的弟子們解疑釋惑，不再是一**向不記說**了；所以才會有焰摩迦比丘的典故中，**如來滅後不可說是無，不許說阿羅漢入滅後是斷滅的**經文記載，不許弟子四眾有斷滅空的邪見存在；才會有荼帝比丘等人曾被 佛陀當面責備及開示，而焰摩迦也因爲認知如來與阿羅漢們入涅槃以後不是斷滅的緣故，所以在舍利弗反問以後，不再恐懼墜入斷滅境界中，因此而斷了我見及我執，成爲阿羅漢。再由闡陀比丘對涅槃成為斷滅空無的邪見執著不捨，因此而被 佛陀訶責的事件中，也可以證明 佛陀對這個問題，並不是一向都認為是無記論的。

由此可知，涅槃後有、涅槃後無的討論，並非全是無記論，只是觀機施教而在不須解說之時，為學人說這個問題是無記之論；但是確實親斷我見與我執的聖者來說，這是一定要討論清楚的，在四阿含諸經中也是有幾個地方為此特別提出討論的；或是對於不弄清楚這個問題就無法斷我見、斷我執的佛弟子，就會為他們詳細的說明。所以，那些堅持六識論的南傳佛法法師與居士們，都不該逃避這個問題的討論；除非他們眞的已經確信涅槃後非斷滅，是眞實而非斷滅空、是清涼而無六塵中的一切熱惱、是絕對寂靜而無六塵喧鬧的，心中都不懷疑入涅槃以後是斷滅空，全然信受涅槃中確實有本識如來藏獨存不滅。

鬘童子（古時大乘佛教中示現在家身的出家菩薩）正是因為這個問題的討論而被 佛陀訶責，所以在同一部經中 佛並且舉譬喻為他解說。所以涅槃後是有或無的議題，絕對不是在一切時中都屬於無記論，只是應該暫緩討論這個問題，先對蘊處界的緣生緣滅加以觀行，先斷我見以後再來探討涅槃後有無的問題、再來探討入涅槃後是否確實有本識繼續存在的問題。有經文為證：【「猶如有人身被毒箭，因毒箭故受極重苦；彼見親族憐念愍傷，為求利義饒益安隱，便求箭醫。然彼人者方作是念：『未可拔箭，我應先知彼人如是姓、如是名、如是生，為長短粗細？為黑、白、不黑不白？為剎利族，梵志、居士、工師族？為東方、南方、西方、北方耶？未可拔箭，我應先知彼弓為柘、為桑、為槻、為角耶？未可拔箭，我應先知弓扎，彼為是牛筋、為獐鹿筋、為是絲耶？未可拔箭，我應先知弓色為黑、為白、為赤、為黃耶？未可拔箭，我應先知弓弦為筋、為絲、為紵、為麻耶？未可拔箭，我應先知箭幹為木、為竹耶？未可拔箭，我應先知箭纏為是牛筋、為獐鹿筋、為是絲耶？未可拔箭，我應先知箭羽為飄鷂毛、為鵰鷲毛、為鶤雞毛、為鶴毛耶？未可拔箭，我應先知箭鏃為錍、為矛、為鈹刀耶？未可拔箭，我應先知作箭鏃師如是姓、如是名、如是生，為長短粗細？為黑、白？不黑不白？為東方、西方、南方、北方耶？』彼人竟不得知，於其中間而命終也！若有愚癡人作如是念，若世尊不為我一向說『世有常』者，我不從世尊學梵行，彼愚癡人竟不得知，於其中間而命終也。」（《中阿含經》卷六十）

以此緣故，聲聞解脫道的弘法者，不應再將這個問題一向都推說為無記之論，不應再對阿含部的經文斷章取義而說這個問題並不重要，是一向屬於無記之談，就一直以這個藉口來迴避別人對他所執著的六識論的質疑。當他不斷迴避這個質疑時，他就會在深心中恐懼斷了我見、我執以後，滅盡十八界時將會成爲斷滅境界，他自己終將無法確實的斷除我見。因爲：此一邪見深植心中而不能被自己所發覺時，他的我見就永遠不可能滅除，他對我見的斷除，深心（世人說的潛意識）中就會一直有所猶豫而不肯確實的斷除，解脫道修證也就遙遙無期了！這一類人，必須先確定「八識論爲正確的佛理，入無餘涅槃後仍有本識獨存」，然後才有可能不再恐懼墜入斷滅空中，才能安心的斷我見而生起實證初果的見地；否則口中常說「已斷我見、已離斷常二見，已證二果、三果」，終究不可能成就斷、證的實質，大妄語業是逃不掉的。在此書末，建議您依止於專修實證的佛門宗教師，莫再依止學術研究者譬如印順、聖嚴……等人；若因錯學佛法而建立邪見、否定正法、毀謗賢聖，成就地獄業，可眞不值得。

長　跋

這一套《阿含正義》是以《唯識學探源》作爲副書名的；如今此書中處處援引初轉法輪的四阿含經典原文中談到唯識學中的種種法相，證明四阿含諸經中有許多的法義，其實本是二乘聖凡諸人親聞大乘法義而結集成的，所以處處有第三轉法輪諸經中所說的唯識增上慧學的影子存在（但聲聞僧結集經典時並未邀請在家、出家菩薩們共同參與）。在第一結集時，本來就已定位爲聲聞人的經典結集，主要是以長阿含及中阿含爲主的；但是由於聲聞人在 佛陀進入第二、三轉法輪時期時，也曾一同與聞般若諸經及唯識諸經，必然會有人陸續誦出他們所能記得的大乘經中與解脫道有關的部分，在眾人紛雜誦出的情況下，就結集成爲雜阿含了。雜阿含預定的篇幅完成後，仍然會有聲聞人將他們所曾與聞的大乘經典誦出（雖然只能記得與解脫道有關的部分），於是就又增加一經；如是一增而再一增，增而至十仍不能止，十又增一，一再增一，於是成爲增一阿含。雜阿含及增一阿含諸經，說穿了本來就是大乘經典；只是聲聞人沒有親證般若、沒有親證種智，對於大乘經典的憶持，只能記住與解脫道有關的義理，記不住般若及種智部分，於是這些大乘經典就被結集成爲聲聞法的解脫道經典了；由此緣故，平實主張：唯識學的根源是大乘經典，不是阿含部的經典；因爲四阿含中的唯識學內容本屬於大乘法教，是由聲聞人與聞大乘經典而結集成四阿含中的唯識學名相，本非四阿含所說的聲聞法教中原有的法義；而且阿羅漢與佛在智慧上的差別，正是有無實相般若智慧及有無唯識種智增上慧學；由此緣故，若有人主張唯識學的根源是四阿含的聲聞法教而非大乘法教，則與事實不符。二乘聖凡諸人雖然無法全部聽懂第三轉法輪的大乘種智唯識正理，但是其中與解脫道有關的部分，他們卻是具足念心所的，有經文爲證：

【如是我聞　一時佛住舍衛國祇樹給孤獨園。爾時世尊告諸比丘：「當爲汝等演說**二法**，諦聽！善思！何等爲二？眼、色爲二，耳聲、鼻香、舌味、身觸、意法爲二，是名**二法**。若有沙門、婆羅門作如是說：『是非二者，沙門瞿曇所說二法，此非爲二。』彼自以意說二法者，但有言說；聞已不知，增其疑惑。以非其境界故。所以者何？緣眼、色，眼識生；三事和合緣觸，觸生受，若苦、若樂、不苦不樂；若於此受集、受滅、受味、受患、受離不如實知者，種貪欲身觸、種瞋恚身觸、種戒取身觸、種我見身觸；亦種殖增長諸惡不善法，如是純大苦集皆從集生。如是，耳、鼻、舌、身，**意、法緣、生意識**，三事和合觸，廣說如上。復次，眼緣色，生眼識，三事和合觸；觸緣受，若苦、若樂、不苦不樂；於此諸受集、滅、味、患、離，如是知；如是知已，不種貪欲身觸、不種瞋恚身觸、不種戒取身觸、不種我見身觸、不種諸惡不善法，如是諸惡不善法滅，純大苦聚滅。耳、鼻、舌、身，意、法亦復如是。」佛說此經已，諸比丘聞佛所說，歡喜奉行。】（《雜阿含經》卷八第 213 經）

識陰六識都是藉根塵二法所生，故意識是意根、法塵二法相觸爲緣而生起的生滅法，但也由於有本識、有外緣，才能有意根、法塵二法；有了二法，於是有識陰，所以眾生墜入識陰中，自以爲意識是常住不滅的，因此而生起我見與我執，這正是唯識學的眞理，由此證實解脫道其實只是唯識增上慧學中的一個極小部分而已。但唯識學是成佛之道的一切種智內容，甚深廣大微妙，絕非專修解脫道的二乘聖人所能了知的。現觀四阿含經文中宣講的法義，都只是意識等識陰六識如何藉緣生起、如何是生滅法？了知識陰爲生滅法以後如何解脫等，都是與解脫道相關的，都不涉及佛菩提道的親證本識心，從未涉及大乘及阿含所說本識常住不變妙法的安隱觀如何實證。若是想要親證佛菩提道，當然應該對本識如來藏的親證有所愛樂；如果想要親證聲聞解脫道，不論是斷我見或斷我執，也必須對本識如來藏的實有與常住絕對信受，否則必因恐懼墮於斷滅空而無法確實斷我見；但是您以前若對如來藏一直存有排斥心態，那麼就應該來探討一下排斥心態生起的原因了！關於聽聞本識如來藏妙義（四阿含中 佛陀所說本識）的了義究竟正法而生起煩惱的原因大約有四：

一者、如阿含諸經所載，不知無爲法的本識是不生、不住、不異、不滅，所以於內有恐怖而不能斷除我見；若能了知有爲法的蘊處界全部都是生住異滅，而蘊處界滅後仍有無爲法本識不會生住異滅，於內即無恐怖，我見才能確實斷除而成就因緣觀，這就是十因緣法所說的**名色緣識生**、**名色本謂此識**的義理。經文如下：【如是我聞 一時佛住王舍城迦蘭陀竹園，爾時世尊告異比丘：「我已度疑，離於猶豫，拔邪見刺，不復退轉；心無所著故，何處有我？」爲彼比丘說法，爲彼比丘說賢聖出世空相應緣起隨順法。所謂：「有是故是事有，是事有故是事起；所謂緣無明（則有）行，緣行（則有）識，緣識（則有）名色，緣名色（則有）六入處，緣六入處（則有）觸，緣觸（則有）受，緣受（則有）愛，緣愛（則有）取，緣取（則有）有，緣有（則有）生，緣生（則有）老死憂悲惱苦，如是如是純大苦聚集，乃至如是純大苦聚滅。」如是說法，而彼比丘猶有疑惑猶豫，先不得、得想，不獲、獲想，不證、證想；今聞法已，心生憂苦、悔恨、矇沒、障礙。「所以者何？此甚深處，所謂緣起；倍復甚深難見，所謂一切取離、愛盡、無欲、寂滅、涅槃。如此二法，謂有爲、無爲；有爲者若生、若住、若異、若滅；**無爲者不生、不住、不異、不滅**，是名比丘：諸行苦、寂滅、涅槃。因集故苦集，因滅故苦滅；斷諸逕路，滅於相續；相續滅滅，是名苦邊。比丘！彼何所滅？謂有餘苦；彼若滅止，清涼、息沒，所謂一切取滅、愛盡、無欲、寂滅、涅槃。」佛說此經已，諸比丘聞佛所說，歡喜奉行。】（《雜阿含經》卷十二第 293 經）

確認了本識的常住而不曾有生、不曾住於世間法、不曾變異、不曾刹那斷滅，了知本識是無爲性、常住性、不變異性，就能確實斷除我見，否則即生恐怖而不能斷我見。若否定了本識，竟自以爲能斷我見、我執，解脫道中沒有這種事，前面六輯及此輯中都已舉證阿含聖教，據理說明很清楚了。若是**先不得**而心中作**得想**，先**不獲**而心中作**獲想**，先**不證**而心中作**證想**的人，正是未證謂證、未得言得的人，「今聞法已，心生憂苦、悔恨、矇沒、障礙」，於眞實能令人滅除我見之勝妙法義，仍將心生猶豫、懷疑。以前曾以自身誤會解脫道的義理，由於「不得得想、不獲獲想、不證證想」的緣故而說向眾人，自稱已悟二乘菩提、已證初果乃至四果；或如大乘法中自稱已證眞心、已經開悟的假名聖人，今被證實未斷我見、未證初果、未證眞心、未曾開悟，以此緣故而於心中生起憂苦、悔恨；憂悔而又顧慮面子與名聞利養的緣故，不能斷然公開懺悔而滅除過失，一心遮掩以前未證言證的過失，不肯改易邪見，就一定會使解脫道的智慧、般若實相的智慧，繼續被矇沒、障礙，更不能確實斷除我見、眞證初果解脫功德，更不能實證眞心而得開悟大乘般若。

今此書中單言解脫道的法義，故說：舉凡一切拒斥解脫道正理而繼續認定意識心常住的人，都屬於此類人。有智之人甫聞眞正解脫道所述蘊處界無我正理，了知滅盡蘊處界以後不是斷滅空，實有本識獨存而非斷滅時，莫不欣慶如之：**我今有幸得遇正法，可得解脫果的實證**。此時只要現觀離念靈知心之虛妄與緣生緣滅，我見即斷，親證初果解脫分；此時已經發起解脫道的見地了，三縛結已斷除，怎有可能再以私心、我心而毀謗眞正解脫道的法義呢？若遇到正法以後仍在繼續妄加誹謗的人，一定是仍然不能斷除我見、尚未分證解脫果功德的凡夫。未斷我見、未證解脫果功德的凡夫，而自稱能傳授別人親斷我見正法的說法，是絕無可能成立的，一切具有世間智慧的學人都能體認這個道理。

二者、崇拜僧服故不能斷我見。譬如《雜阿含經》卷四十一：【一時佛住舍衛國祇樹給孤獨園，爾時尊者摩訶迦葉住舍衛國東園鹿子母講堂。時尊者摩訶迦葉晡時從禪覺，往詣佛所，稽首禮足，退坐一面。爾時世尊告尊者摩訶迦葉：「汝當為諸比丘說法、教誡、教授。所以者何？我常為諸比丘說法、教誡、教授，汝亦應爾。」尊者摩訶迦葉白佛言：「世尊！今世比丘**難可教授**，或有比丘**不忍聞說**。」佛告摩訶迦葉：「汝何因緣作如是說？」摩訶迦葉白佛言：「世尊！我見有兩比丘：一名槃稠，是阿難弟子；二名阿浮毘，是摩訶目揵連弟子。彼二人共諍多聞，各言：『汝來！當共論議誰所知多？誰所知勝？』」時尊者阿難住於佛後、以扇扇佛，語尊者摩訶迦葉言：「且止，尊者摩訶迦葉！且忍，尊者迦葉！此年少比丘**少智**、**惡智**。」尊者摩訶迦葉語尊者阿難言：「汝且默然，莫令我於僧中問汝事。」時尊者阿難即默然住。】(《雜阿含經》卷四十一第 1138 經)

同卷第 1139 至 1142 經所說者亦復如是，乃至第 1143、1144 經中所載：當時偷羅難陀比丘尼、低舍比丘尼二人，唯信他們自己的依止師，不信受大迦葉尊者開示，反更出口謗之。斯大迦葉尊者，年高德劭，六通具足，修頭陀苦行，志行高潔，當年彼諸比丘、比丘尼尚且輕之；何況今時余年未及七十，復現居士相，竟然宣說超越聲聞解脫道之大乘佛菩提，是故年輕氣盛之聲聞種性比丘、比丘尼等人，不服余以居士身出而說法者，殆亦事之平常，古今同然。若彼等過慢之人，不公然以文字謗法者，余則不必論之也！然此即是聽聞了義究竟正法時不能安忍之第二種原因：唯信知見邪謬之依止師，緣於其依止師身穿僧服故。然而僧服能教人以解脫道之眞實義乎？其師若脫卻僧服、改著俗服時，智慧又何嘗有所增、減乎？故說崇拜僧衣之年輕比丘、比丘尼等人，都是緣於年輕少學以及不懂事、理的緣故。所以說，年輕氣盛、專依表相而極度崇拜僧衣，是他們不能斷我見的主要原因之一。

三者、不能解義故，謗如來藏、本識法。譬如阿含部經典所言：【爾時文殊師利（故意）語央掘魔羅言：「如來藏者有何義？若一切眾生悉有如來藏者，一切眾生皆當作佛，一切眾生皆當殺、盜、邪婬、妄語、飲酒等不善業跡，何以故？一切眾生悉有佛性（皆有成佛之性），當一時得度。若有佛性者，當作逆罪及一闡提；若有我者、我界，當度一切有；是故世間無有我、無有界，一切法無我，是諸佛教。」佛告文殊師利：「**一切眾生有如來藏**，為無量煩惱覆，如瓶中燈。復次！文殊師利！譬如……。如是！文殊師利！若男子女人作是念言：『我身中有如來之藏，自當得度，我當作惡。』若如是作惡者，爲佛性得度耶？不得度耶？如上所說彼調伏子實有王性而不得度，所以者何？以多放逸故；佛性不度亦復如是，以彼眾生多放逸故。……」文殊師利白佛言：「世尊！一切眾生無本業耶？」佛告文殊師利：「彼有本業，但少（稍）聞此經，無量阿僧祇罪皆悉除滅。……復次文殊師利！譬如一切雲霧覆過，日未出時皆悉障蔽一切世間，日光少（稍）出，一切世間闇障悉滅；如是，阿僧祇大罪積聚，乃至此經日未出時，一切眾生輪迴生死；此經日出，阿僧祇惡大闇積聚，一彈指頃、於如來常恒不變如來之藏，若戲笑說、若隨順他，此及道外，若波羅夷無間惡業阿僧祇罪須臾悉滅。……我說道者，說何等道？道有二種：謂**聲聞道**及**菩薩道**。彼聲聞道者謂八聖道，**菩薩道者謂一切眾生皆有如來藏**。我次第斷諸煩惱，得佛性，不動快樂，甚可愛樂；若不斷（煩惱）者，恒輪轉生死。「我已稱說道，憂悲毒刺拔」，憂悲者謂煩惱義，拔刺者謂如來。我斷除無量煩惱，爲大醫王；汝等當從我受，我當示汝如來之藏。汝等應當作者：**隱覆說義**。如來之所說者：『此生欺誑，汝欺誑汝。』佛出世間如優曇鉢華，得信猶如恒沙金粟（對如來藏得到具足信心的人猶如無量恆河沙中的小金沙一樣的少），亦如盲龜值浮木孔；如是，遇如來應供等正覺如來藏經，不以生死壽果欺誑汝等；自度一切有及一切煩惱病，是故言如來之所說：『精勤諸善法，折伏諸惡心；修福遲緩者，意樂著諸惡。』**此偈我為聲聞說**。又如來藏者極為難得，世間無有如是難得譬類如來之藏，當疾觀察如是如是意樂著諸惡者。比丘自性淨心，心習惡，知『識』過：五垢為首，眾多煩惱前後圍繞。云何『五垢為本、諸煩惱圍繞』？所謂貪欲、瞋恚、睡眠、掉、疑，此五垢壞心。欲淨除五垢本及諸煩惱者，當勤方便；**自性清淨心力**，當勤方便；及未謗修多羅、未成一闡提，當勤方便修習自度。以是義故，說彼心無量客塵煩惱，應當疾疾拔其根本。『意法前行，意勝法生；意法淨信，若說若作，快樂自追，如影隨形。』**我為聲聞乘說此偈意者，謂如來藏義**。**若自性清淨意，是如來藏勝一切法，一切法是如來藏；所作及淨信意法，斷一切煩惱故**。見我界故，若自淨信有如來藏，然後若說若作，得成佛時若說若作，度一切世間。如人見影，見如來藏亦復如是，是故說如影隨形。**」〕**

（阿含部《央掘魔羅經》卷四）

世尊於此阿含部經典中，幾乎已經明說如來藏實存了，但是印順、聖嚴、星雲、證嚴……等人無明所覆、迷悶不解故，讀之仍謂爲無；復因藏密應成派中觀者極力否定一切如來藏經典故，故彼諸人心不生信；又如外國的佛學研究者，所謂的阿賴耶識專家史密豪森、松本史朗等人悉皆讀之不解，還以文字寫在書中，說阿含經典中從來沒有說過第八阿賴耶識。由於這三個原因，導致印順晚年死前仍然不信阿含諸經中早就說過有七、八識的事實，未作補救。以種種緣故，印順……等人假藉**不實考證**所得到的邪說，公然否定第二、三轉法輪之大乘方等經典中所說第七、八識，並且公然宣稱大乘經典都不是 佛陀親口所說。如今平實從四阿含中一一舉證出來，證明四阿含中早就說過有七、八識了！他們如今只能默然，全都不敢在文字上作法義回應。所以說，不信受四阿含諸經所說的本識實有，不知四阿含中早已隱說本識，是印順、證嚴、聖嚴、星雲……等人不能斷除我見的最根本原因。

四者、近代的禪宗錯悟者前曾以所證離念靈知心作爲實相心，今以平實公開宣示：唯有親證如來藏者方是眞實開悟者，其餘皆屬錯悟。彼等心中即生瞋恨，故意誹謗如來藏妙法。爲了毀謗本識如來藏妙法，爲欲否定其存在而使佛門四眾不信受本識妙法，以維護利養故，便捏造不實言論，誣枉平實爲外道、邪魔，謗言**如來藏思想爲外道神我思想**，以此緣故成就誹謗賢聖及毀謗最勝妙、最究竟方等唯識經典的地獄重罪，本質已是一闡提人，何況能斷我見？他們認爲如來藏只是一種思想，不是眞實可證之法，此大邪見必然障礙見道。

若無如來藏本識，三乘菩提的修行，都將成爲虛妄無義而空修梵行，以是緣故　佛言：**【「復次！文殊師利！如知乳有酥故，方便鑽求；而不鑽水，以無酥故；如是！文殊師利！眾生知有如來藏故，精勤持戒淨修梵行。復次文殊師利！如知山有金故，鑿山求金；而不鑿樹，以無金故；如是文殊師利！眾生知有如來藏故，精勤持戒淨修梵行，言我必當得成佛道。復次文殊師利！若無如來藏者，空修梵行，如窮劫鑽水，終不得酥。」】**（阿含部《央掘魔羅經》卷四）若無如來藏者，二乘無學聖人都將成爲空修梵行，因爲二乘聖人捨報而入無餘涅槃時，五蘊、十八界俱滅以後，必定成爲斷滅空，因爲意識心亦是入涅槃時必須滅除之虛妄法故，如是，則二乘聖凡皆成空修梵行，所以印順等人不應否定本識如來藏。

若無如來藏者，則無如來藏所生一切法的緣起性空可知、可證，不會有蘊處界的緣起性空可以觀行與實證，也將不會有如來藏所顯示的般若中道之理可知、可證，則無般若實智可以親證；若無如來藏本識，則無本識所顯示的眞實而如如之**眞如**法性可以現觀、可以親證，一切辛苦殷勤求悟般若的大乘行者，悟前與悟後皆將成爲空修梵行，所悟唯是一**切法空**之斷滅空故。若無如來藏者，則無如來藏所含藏之一切種子可知、可證，則無諸地菩薩一切種智可證，終究永無成佛的可能，將成爲累劫空修梵行！若無如來藏常住身中而有種種運爲，彼諸極力謗毀如來藏之佛護、清辨、月稱、安慧、般若趜多、寂天、阿底峽、宗喀巴、印順、星雲、證嚴……等人，尚且不能活在人間，何況能造作種種毀謗如來藏的惡行？此等眾人之所以不能斷除我見的原因，之所以常住於凡夫見解中的原因，當然是源自否定或不信如來藏常住的惡因。

由是緣故，遠離惡知識就顯得很重要了！但是如何辨別解脫道中的惡知識？在尚未建立擇法覺分之前，都是沒有能力辨別的；在這裡就爲佛門四眾舉出二個現象作爲判別的準繩：一、凡是否定大乘法者，定非解脫道的初果人：以其見取見猶存故，明知大乘法遠勝於二乘菩提故；既已現前明見菩薩修習之佛菩提道法義勝妙，卻仍執意與菩薩相爭而否定之，當知其人仍有見取見，故以鬥爭爲業，故意與菩薩諍；然菩薩唯是據實而言二乘不如，絕無絲毫妄加貶抑之處，所說悉皆如實，故知菩薩所言並非有諍。二、一切否定本識者，皆非三果人，故違阿含佛語聖教故；若是三果人，或能取證中般涅槃、或能取證生般涅槃……乃至能取證上流般涅槃，必定會思索入涅槃後是否斷滅空？

否定本識者，亦非初果人；初果人欲斷我見之時，亦必然繼之以本識的探究，必然深入阿含經義中深究而知有本識常住不滅，方能實斷我見，又焉能否定之？方能遠離 佛所說的凡夫比丘於外有恐怖、於內有恐怖。若不能知此或不信此者，顯然仍墮我見之中，必定會執取種種境界中之某一種意識心爲常住法，才能免於斷滅見；都因誤認意識爲常住之涅槃心故，始能否定本識而自以爲已斷我見。由否定大乘法及否定本識法，可以判斷其人必爲未斷我見之人，初果尚且未證，何況三果？如是之人，不可認作善知識而隨學之，否則難免空過一世，乃至隨其造作謗法之惡業，豈非令人扼腕之事？

假使不想在今世及後世中，因爲聽聞如來藏妙理而生起煩惱、而遮障解脫道及佛菩提道的親證，就應該趕快滅除心中的邪見，回歸四阿含諸經中處處隱說的八識論，那麼實證初果的斷我見、離斷常二見的見地，就成爲可能；想要進一步親證如來藏本識而成爲大乘第七住的**位不退**菩薩，也有可能。若仍然堅持錯誤的六識論，就永無可能了！解脫道的見道及佛菩提道的見道，其可能與不可能，全都只在各人一念抉擇之下，產生了可能與不可能的差別不同。有智慧的您，當然會深入作全盤的瞭解，然後在這個關鍵上作出最正確的抉擇。

對於本識如來藏——入胎識——的認定實有或實無，是修學三乘菩提的一切大師與學人最重要的課題；所以對本識如來藏的實有或實無的認知，絕對不是**無記論**的無意義之事。在二乘聖凡諸人同聞大乘經而結集下來的二乘經典中，佛陀對這件事情的開示，有一句話是非常重要的：**「解名色本，即得應眞。」**意思是說，若能眞實的理解名色是從根本心（本識）中出生的，本識是確實存在的，使得解脫道的修證不會墮在常見外道的意識境界中，也不會使解脫道的果證以及滅盡全部蘊處界自己以後成爲斷滅空，就能在眞善知識的指導下，正確的熏習及觀行蘊處界自我的緣起性空，就能確實斷滅自己的我執，成爲人天應供，乃至迴心進修而成爲眞實如來。由此可見：**對於能出生名色的本識，其認知是否正確，於解脫道及佛菩提道的親證，具有息息相關的緊密關聯性。**

由此緣故，平實爲了想要使佛門四眾普能斷除我見，想要幫助大眾同斷三縛結而證初果，就必須一再舉示四阿含經文，證明本識如來藏、證明入胎識的實有，也證明本識（入胎識）與解脫道的緊密關聯，希望您也能在這上面多所用心，使您的解脫道或佛菩提道的修證，都同樣能獲得廣大而深遠的利益；也期望您能如同平實一般，常常爲南傳佛法中的修學者，或爲北傳佛法的大乘修學者，發揮本識實有的義理，發揮本識確能護持三乘菩提的義理，共同來利益當代佛門中的大師與學法者。以此利樂眾生、護持正法的大行，假以時日、積功累德，他日緣熟時必然會對您的道業產生難以言說的重大影響，使您在解脫道及佛菩提道上都將有所突破。

對於謗法者，於此跋文中，再次誠懇而善意的勸告：謗法者不善，臨命終時惡業方才現行，屆時已無能自救也！所以都應當在尚有機會自我拯救時，明智的作出正確的補救行爲。譬如《雜阿含經》卷四十七第 1244 經云：【一時佛住舍衛國祇樹給孤獨園。爾時世尊告諸比丘：「有燒燃法、不燒燃法。諦聽！善思！當爲汝說。云何燒燃法？若男若女，犯戒、行惡不善法；身惡行成就，口、意惡行成就；若彼後時疾病困苦，沈頓床褥、受諸苦毒，當於爾時，先所行惡悉皆憶念。譬如大山，日西影覆，如是眾生**先所行惡，身口意業諸不善法，臨終悉現**，心乃追悔：『咄哉！咄哉！先不修善，但行眾惡，當墮惡趣受諸苦毒。』

憶念是已，心生燒燃，心生變悔。心生悔已，不得善心；命終後世，亦不善心相續生，是名燒燃法。云何不燒燃？若男子、女人受持淨戒，修眞實法；身善業成就，口、意善業成就；臨壽終時身遭苦患，沈頓床褥眾苦觸身，彼心憶念先修善法：身善行，口、意善行成就。當於爾時攀緣善法：『我作如是身口意善，不爲眾惡；當生善趣，不墮惡趣。』心不變悔。不變悔故，善心命終，後世續善，是名不燒燃法。」】不到生命結束即將開始另一世異熟果報的階段，並不是結算業果的時間，善惡業果報種子是不會現前的；一世所造善惡業的種子，都是在**臨命終時**才會出現，到那時口不能言、身不能作，想要做任何的補救措施，都已無能爲力了！是故曾經謗法、謗賢聖者，於此亦當留意之。而這種事相，平實年輕時曾經在身危時親見一生之有記業全都現前，可證實此經中的佛說，並非無的放矢，絕非聖人施教而設的方便說，有智之人應當正視之，萬勿當作迷信之說。

已曾隨同假名善知識誹謗如來藏正法者，當生慚愧心，勤修懺悔，縱使捨壽之前一直未見好相，其罪亦得以減輕，暫入地獄即得解脫，譬如《佛爲首迦長者說業報差別經》云：【「復有業，能令眾生墮於地獄，**暫入即出**：若有眾生造地獄業，作已怖畏，起增上信，生慚愧心，厭惡棄捨，慇重懺悔、更不重造；如阿闍世王殺父等罪，暫入地獄即得解脫。」於是世尊即說偈言：「若人造重罪，**作已深自責，懺悔更不造，能拔根本業。**」〕

誹謗如來藏法，以及誹謗弘揚如來藏妙法的善知識，正是佛門中、三界中的最重罪，因爲如來藏是一切法根本故，也是一切佛法根本故；三乘菩提若離如來藏，即無菩提可修可證故，故說誹謗如來藏者，若是根本罪、方便罪、成已罪都具足了，就是三界中的最重罪，捨壽後必下無間地獄；佛曾開示說，這是謗菩薩藏，是一闡提人，善根斷盡。若是有根本罪、方便罪，但沒有成已罪，也就是不曾向人誹謗如來藏，其罪則輕，只需在佛像前徵求一人聽聞發露懺悔，完成對首懺，並發願護持如來藏正法而實行之，即可滅罪。若在謗如來藏、謗實義菩薩的行爲上，已有根本罪、成已罪，但不曾施設方便來增加謗如來藏的效果，雖也是地獄罪，但不至於成爲無間地獄罪；只需對眾懺悔，改而護持如來藏正法，即可滅罪。若是具足根本、方便、成已三罪，則是無間地獄罪，只有公開的慇重懺悔，發願並極力護持如來藏正法，方能滅除一闡提重罪，免去無間地獄罪；但仍必須自己日日於佛前發露懺悔及護持正法，且在命終前得見好相，一般地獄之罪方滅。若不見好相者，已有公開懺悔及一生極力護持如來藏妙法的正行，慇重懺悔亦復功不唐捐：暫入地獄中，甫受苦已，不久即得因為心中大懺悔故，即離地獄。

平實在《狂密與眞密》書中說，印順表面上破斥雙身法的偏與邪，卻以**意識常住說**的廣弘手段，暗中支持密宗的雙身法，因爲密宗的雙身法從初喜到第四喜都屬於意識境界。印順若依照四阿含聖教而否定了意識，明示爲生滅法，則密宗的雙身法就全無生存及弘揚的空間了！但印順卻宣稱意識爲常住心，爲三世因果的聯結者。由此故說印順是表面破斥密宗、暗中護持密宗的。如今觀察印順的繼承者，在印順死前、死後，不斷的支持西藏密宗，常與藏密中專修雙身法的邪淫喇嘛們公開往來；並且已經有印順派下的有名法師在近年拜在喇嘛座下，公開歸依邪淫的喇嘛教了！這已經足夠證明平實以前對印順暗中支持藏密雙身法的看法正確。但那些繼續支持藏密外道的印順派法師們，都應該好好把《狂密與眞密》詳讀，深入理解及思惟，比對藏密的密續，才能有智慧作出對自己最有利的事。若仍如以往逃避眞相而不敢面對，不願深入理解，繼續迴避，等到臘月三十到來時，又將如何挽救自己未來無量世的極苦痛異熟果報與法身慧命？

這是平實於此書中的最後勸勉，期盼因此呼籲，能使某些曾謗如來藏妙法者知所懺悔，如理而作；並且投入正法中求證如來藏，期望以實證如來藏而發起的般若無分別智來實際利益眾生，兼以證得如來藏而發起的菩薩智慧與功德來護助自己，確實履踐實相懺而得滅罪；並且應當發起殷重心，盡形壽鼎力護持如來藏正法，則捨壽後即得免除大惡業果報，並能保持位不退的功德。若未證如來藏而能眞實迴心，轉以謗法之舌、之筆而護正法，因此亦可能滅除以往所受邪教導的邪見，依教、依理深入觀行而實證初果；乃至於斷我見後進而再證如來藏實相心，發起般若實相智，進入不退位菩薩數中，成為大乘法中的勝義菩薩僧，豈只得以額手稱慶而已，亦能廣利人天。

至於印順書中所說的**佛法經過演變以後才開展出大乘佛法來**，是全然盲於歷史事實的妄說；因為大乘教是在四阿含後的第二轉法輪時期就已存在的，而且原始佛法前後三轉法輪所宣大乘教義，也是一直都有聲聞人共同聽聞而結集為二乘解脫道經典的，譬如阿含部《佛說玉耶女經》卷一所載：「**汝今修行，可得至佛。佛道不可不學，經不可不聽。吾今得佛稱善，所致大乘教，無男無女，**

樂聞法者隨願所得。」這可見大乘法是在佛世就已存在而被結集於阿含部的二乘經中，事實俱在，焉可任由印順在書中指鹿爲馬？

印順看見聲聞法的部派佛教對於本識的討論與互諍，莫衷一是；又看見大乘佛教在始弘期尚未興盛，卻在後來漸漸凌駕於聲聞佛教之上；又在信受宗喀巴《菩提道次第廣論》前半部法義的基礎上，加上對文獻學研究方法的**限制**與**假設**的無知，所以就認爲：**經過聲聞部派佛教數百年的弘法演變以後，才有大乘佛法的出現及開展，所以大乘經典非佛說**。然而，他只知其然而不知其所以然：部派佛教是由聲聞羅漢大迦葉的聲聞法分派角立而成，全屬聲聞法小乘佛教，不是由 文殊、彌勒、禪宗大迦葉等人繼承的大乘佛教分派角立而成，從來與大乘佛法的弘傳無關；當聲聞佛教分裂爲許多部派時，大乘佛教仍然始終獨立於小乘聲聞法以外，而且始從佛世就已前後不變的一脈繼續弘傳著，是與聲聞法的部派佛教同時並存而弘揚的，才會有 佛陀在世時就已有童女 迦葉菩薩率領五百比丘遊行人間的事實，被阿羅漢們在五百結集的阿含經典中記錄著。如今平實也已舉證四阿含諸經中的證據，證明大乘佛教是佛世已經存在及弘揚的，只是難知、難解、難證、難弘的緣故，在初弘期勢力尚小，不被重視罷了。如今印順卻將小乘佛教聲聞法的部派時期佛教僧人，由於未曾實證本識而對本識猜測認知上的演變，說成是大乘佛教的佛法演變，然後結成佛法有所演變的說法，可說是他對大、小乘佛教史實及法義從來不變的事實，在張冠李戴的情況下所作的嚴重扭曲。所以印順的四十一本著作所說佛法演變思想史的講法，無非是誤會佛教史實及法義的一場笑話罷了！

我們也可以從其他方面來瞭解大乘佛教並非從聲聞法演變出來的事實：

一、印順把雜阿含中的部分經典，以及中阿含、長阿含、增一阿含諸經，定位為聲聞法後來部派佛教時期的產物，他認為：歷經前後數百年時間才結集完成的四大部阿含諸經，一定會產生各說各話的互相矛盾法義，不可避免。但事實上並非如此，四大部阿含始終相互符契，只是他自己不如實瞭解四阿含的經義，誤以六識論常見外道法定義四阿含諸經，所以產生了許多自相矛盾而不可互通的問題。若是有道種智者隨處研讀四阿含，卻都互相呼應、完全相符，並無牴觸之處，可見印順的看法錯誤。

二、若說數量龐大的大乘經典，是佛入滅後數百年間聲聞部派佛教分裂後的產品，在當時物資與人力不充足的情況下，部派分裂、力量分散以後，更無可能結集出數量遠超過四阿含的大乘諸經。所以印順說四阿含是在百年後的第二次七百結集及更後期才全部完成的，所說無法通過檢驗。而且七百結集只結集十事非法的聲聞戒，並未結集法藏，當然不會有阿含經被結集，所以印順主張**四阿含歷經數百年才結集完成**的說法，是昧於事實而妄說。

三、大乘佛教的法義，是本來就獨立於聲聞法外而一直都在弘揚的，本來就不該被列在由聲聞法分裂而成的部派佛教之內。而部派佛教其餘諸派都是聲聞人，對於本識並未親證，所以才不懂大乘經典，常常為了本識法義而有所諍論，造成分裂；既然不懂本識妙法而不能親證，智慧極愚劣，而且阿羅漢越來越少，一代不如一代，怎能有智慧來結集或創造宣講更勝於四阿含聲聞法的大乘本識經典？難道他們全都迴心向大乘了嗎？都親證本識了嗎？都已有地上菩薩的種智了嗎？比前代有了更多的阿羅漢菩薩嗎？若是眞的如此，則應無部派的分裂及後來的南傳佛法、錫蘭佛法，則今天的南傳佛法、錫蘭佛法也都應該屬於大乘佛法了。事實上卻不是如此，可見印順的說法是經不起智者檢驗的。

四、若大乘經典的般若諸經，是數百年後聲聞法各部派後人各自創造編集之經典，必定會有各派「經典」互相衝突牴觸之處，也會有不同時期的前後矛盾之處，如同印順自己寫的書籍中，常有前後不同時期的說法自相矛盾而不可避免，有時甚至同一書中前後自相矛盾，只是在數月或數年間寫成的同一本書中就已發生的事；何況聲聞凡夫的部派佛教前後歷經數百年之久，而能都無演變、都無前後矛盾？然而衡之於現存的大乘經典及四阿含諸經，可以證實大、小乘諸經法義並無互相及前後矛盾處，可見四阿含及大乘經典絕對不是由聲聞教分裂後的各部派各自創造結集的。只有在同一聲聞法、同一大乘而一時結集的情況下，四阿含聲聞法及大乘法，才不會有前後矛盾、諸經牴觸的狀況產生，那就是 佛陀入滅當年就由五百聲聞人結集完成四阿含，五百結集後再由菩薩立即展開七葉窟外千人結集；如今觀察三轉法輪諸經都只有淺深狹廣差別而已，並無互相矛盾之處，而印順對此事實都視而不見。由大乘般若及方廣唯識諸經，沒有絲毫演變也沒有絲毫互相矛盾的事實，可證是同一時間由同一批人——千人窟外結集——來完成的。

五、若是聲聞部派佛教開始數百年或過後數百年中，才由佛弟子們次第創造出方廣部的唯識學一切種智經典，不是 佛陀親口所說，則印順之意顯然是說後代佛弟子智慧遠超過 佛陀。因爲方廣唯識諸經說的是成佛之道，是據以成佛的一切種智智慧，遠超過般若諸經的般若總相智、別相智，更超過四阿含諸經中的解脫道，卻說是後代的弟子創造，當然印順是意謂 佛陀講不出這種勝妙的法義，這難道不是故意謗佛嗎？他的意思似乎是說：釋迦尚未成佛，仍只是一個凡夫或只是一個阿羅漢罷了。當然印順可以解釋為「時機所限」而沒有教授成佛之道，但是如此說法卻顯示了 佛陀化緣尚未圓滿，應該繼續弘法而不該取滅度。然而 佛陀明明已開示說化緣已經圓滿，而且滅度了。以佛之智慧，難道無力安排時機宣揚成佛之大乘道嗎？淺如四阿含的解脫道，難道必須以一世的時間才宣說得完嗎？可見印順刻意扭曲附和藏密中觀的心態了。

六、若方廣唯識種智經典真是後代聲聞部派弟子創造出來的，應當會與四阿含、會與般若諸經都有所矛盾與衝突，但是卻都完全符契而更深妙，可見同是佛說，而由同一批弟子在聲聞人的五百結集後的大乘千人結集中，隨即結集出來。若是等到數百年後再創造、結集，舊人已逝，一定不免記憶的喪失及法義的前後牴觸。如今卻現見阿含解脫道、般若中道智、方廣唯識一切種智的次第井然，而且淺深漸進，圓滿了成佛之道，成就三轉法輪**漸教**之義。由以上諸理，證實七葉窟外的大乘菩薩們千人大結集是歷史事實，只是未在結集的事相上加以明確的記錄罷了！由這個窟外千人結集來完成大乘諸經的保存，才是正確的佛教史實，不是由數百年後的聲聞部派佛教弟子各自創造遠勝於阿含的般若與唯識等大乘經典。

不論是聲聞佛法的小乘佛教，或是佛菩提道的大乘佛教，從如今尚存的四阿含及大乘經典中，都可以證實從來不曾演變過；始從 世尊弘法前後三轉法輪同屬原始佛法的時期，以及末法初期的今日正覺同修會中，正確的佛法都不曾被演變過；乃至將來末法最後五十二年，月光菩薩降生人間時仍將沒有演變，同以第八識如來藏爲三乘菩提的根本。有演變的，永遠都將只是錯會佛法的凡夫之間的事。對於眞悟的人來說，即使是經過三大阿僧祇劫的修行而一一奉事無量諸佛以後，自己成佛時再將前佛及自己所說的法義加以檢視，仍將會發覺全然沒有演變過；有演變的永遠都是未證聲聞菩提、未悟大乘菩提的凡夫之間的事情。

這個原因很簡單，不難理解：聲聞教的小乘解脫之道永遠都是只有一種，就是斷除我見及滅盡我執、我所執，最後滅盡自己蘊處界全部，成爲本識獨存的無見聞覺知、無十八界我的境界；只須如阿含所載相信 佛說確有本識常住，不必親證本識的存在。大乘教的佛菩提不可思議解脫之道，則必須進而親證法界實相的本識，現觀祂的中道性及一切種子。而聲聞道及大乘道同證的無餘涅槃的無境界相與實證方法及理論，是法界中盡未來際都**永遠不可能被改變**的事實，所以是永遠都不可能被演變的；大乘究竟解脫的四種涅槃實證，以及十方三世一切法界的實相也永遠是本識如來藏，永遠都不可能會被演變的；由此緣故，不論是二乘教的小乘、中乘佛法，或是大乘教的佛菩提道，在實證者中，其法義與實質都不可能會有演變。

凡是有所演變的，都只是未證二乘菩提及未悟般若實相的凡夫之間，不斷產生諍論而逐漸改進或漸漸偏離，因此而產生了演變的事相，這些諍論及演變都與大、小乘法中實證的賢聖們無關；所以印順不該將未證、未悟的凡夫們所說的「佛法」不斷演變的凡夫弘法事相，說成是實證的聖者所證、所弘佛法有所演變。不幸的是，印順正是這樣將牛頭逗馬嘴（將二乘聲聞凡夫所說的錯會解脫道的法義，套在大乘實證菩薩所弘揚的佛菩提道法義上）而極力主張佛法有所演變；並且他所認知的解脫道法義又是誤會四阿含佛意的非解脫道佛法。這個事實，是一切學佛人都應該特別留意的，以免學佛時，世世不斷的被這些不事修證的佛學、佛經研究者，從錯誤取材中作出錯誤的結論所誤導。若能避開這種誤導，實事求是的確實修證，就不會再跟隨他們的邪見而盲修瞎練，導致世世都無成績；乃至被他們留下來的書中邪見誤導，世世誤會而跟著他們世世謗法。此是平實請求您特別注意的地方，務必要將邪見種子從您的心田中剷除淨盡，不要留下來障礙自己未來無量世的道業。而聲聞人既未親證大乘法，連入門都不可能，更是永遠都無法創造新的大乘經典；即使是諸地菩薩已經修完第一大阿僧祇劫而進入第二、第三大阿僧祇劫了，也仍然無力創造新的經典，只能寫作論著，何況是尚未入門的部派佛教聲聞人？焉能創造他們完全不懂的大乘經典？印順的說法豈非癡人說夢？

於此前的種種事實舉證中，既已證明四大部阿含諸經及大乘經典是 佛入滅後二年間就已完成的事實，接著再來探討印順的其他明顯過失。譬如印順認爲：《雜阿含經》是最早結集完成的，是第一次五百結集時唯一被結集出來的，而且只是現今《雜阿含經》中的一部分；這一部分才是 世尊的親炙弟子所集成，才完全正確；《雜阿含經》中其餘的經典都不是 世尊所說，而是聲聞部派佛教弟子們的創作，是百餘年後的第二次七百結集所創造編集成功的。所以他的看法是：四阿含絕大多數的經典都不可靠。然而根據聲聞人第二次結集的明文記錄，只是結集十事非法的聲聞律，並未結集法藏，所以根本不可能結集《雜阿含經》。可見印順的說法是毫無事實根據的謬說。

此外，印順認爲：《雜阿含經》的漢譯，是較晚譯出的經典，譯者又是「唯心大乘人」，所以《雜阿含經》也有疑義。印順又認爲：漢譯本的《雜阿含經》中雖已譯出「大乘」，但南傳《相應經》中沒有大乘之名，所以《雜阿含經》是有問題的。然而印順這個看法顯然是有過失的，因爲現今錫蘭佛教的〈巴利三藏〉，是遲至公元五世紀（412年）時，才由小乘人**覺音論師**領銜翻譯而用巴利文寫成的；而**覺音論師**所造的《清淨道論》（漢譯三巨冊棗紅色精裝本 葉均譯 華宇出版社 出版日期未載明），沒有一言一語可以證明他已經斷除我見，對於三縛結的斷除方法與內容也都語焉不詳，講不出所以然來，只是提出一些名相來略作說明；對於二、三、四果的取證方法與內容更是如此，遠不如拙著《阿含正義》的了然分明而且細膩深述，由此可以斷定他仍是未斷我見的凡夫，所以他的經典翻譯及論著，都不宜取作考證前期經典正訛的依據。而且印順不該以後人所寫的論著或經典譯本，作爲考證前期經典的依據，除非後人的經典譯本，是眞悟以後根據佛滅時結集的原文來翻譯，並且經過精通語文的專家核對所譯無誤，方可作爲考證的依據，但那已是根據最原始、最可靠的經典來考證了，非如印順依後人的譯典來考證。

覺音的《清淨道論》是宗本於《解脫道論》而寫的著作，在《清淨道論》漢譯本的書中「小引」開頭如是說：**【「清淨道論」是南傳佛教典籍中最受後人重視的佛書，也是南傳佛教史上最偉大的論師——覺音的劃時代鉅著。】**而覺音論師翻譯述說優波底沙的《解脫道論》（西元一世紀作品，梁代僧伽婆羅已漢譯）時，日本人長井眞琴評論說：**【覺音（西元五世紀）㊟在譯述時，則已完全改變原本的本來面目。】**可見覺音會依自己的見解而擅自改變所譯經、論的法義，也會擅自解釋經、論的法義，不依原義。（註：這是長井的原註）

既然覺音的行事作風如此，他的心態又是小乘聲聞人，而南傳巴利文經典，也是遲至五世紀時才由他率領翻譯出來的，不是最早期、最可靠的譯本，那麼他刻意將所譯巴利文經典中所有大乘法義名相都加以刪除，也是可以思而知之的；所以他翻譯的南傳巴利文經典，一定會與最原始、最可靠的四阿含諸經天竺原文所載不符，這也是很容易判知的事，但是印順爲何偏要取材於這種不可靠的、極後期的錯誤文獻，作爲考證、推論的素材？卻反過來推翻較原始、較可靠，而且是由國家指派高僧嚴謹翻譯，力求翔實而一再字斟句琢的漢譯本？故說印順的心態也是大有可議的。誠如日本人長井眞琴所說：「由此可見，覺音以前已存在有如解脫道論之類的東西。總之，雖然難免有後世的改動，但是漢譯本比巴利本更保留有古代的形式。（Nyanatiloka 比丘在 Visuddhimagga 的序文中也有和我同樣的推測，這眞是一件令人快慰的事。）」（葉鈞譯《清淨道論》上冊 20 頁。〈南方所傳佛典之研究〉220～243 頁）可見遲至西元五世紀南傳佛法中的凡夫覺音論師的巴利文經論譯本，往往「完全改變原本的本來面目」，故其可靠性是受學術界質疑的；但印順卻刻意取作考證的素材，由此可見其心態的一斑了。

印順的偏見與刻意的錯誤取材，在他的書中是隨處可見的。大家最有印象的是他常常取《楞伽經》中所說的「如來是梵」四字，就指責說大乘法教是佛法的梵化；若印順所說確屬事實，則應該說 佛陀在世時就已經是梵化了！譬如《楞伽經》卷四如是說：【「大慧！彼不生即如來異名。大慧！譬如因陀羅釋迦、不蘭陀羅，如是等諸物，一一各有多名，亦非多名而有多性，亦非無自性。如是，大慧！我於此娑呵世界有三阿僧祇百千名號，愚夫悉聞，各說我名而不解我如來異名。大慧！或有眾生知我如來者，有知一切智者，有知佛者，有知救世者，有知自覺者，……，**有知梵者**，有知毘紐者，有知自在者，有知……。大慧！如是等三阿僧祇百千名號不增不減，此及餘世界皆悉知我，如水中月不出不入。彼諸愚夫不能知我，墮二邊故，然悉恭敬供養於我。而不善解知詞句義趣，不分別名，不解自通，計著種種言說章句，於不生不滅作無性想，不知如來名號差別。」】印順據此經文而指責大乘法教是梵化後的法義。

然而事實是否如此？且依**阿含明文所載** 佛之聖教而示印順徒眾及佛門四眾：【「婆私吒！彼梵天者是說如來、無所著、等正覺。**梵是如來**，冷是如來，無煩無熱不離如者，是如來也。」】（《中阿含經》卷三十九〈梵志品〉《婆羅婆堂經》第三）印順對《楞伽經》經文之「考據」方式若可通者，則印順之意應是主張：「中阿含部諸經已經是梵化後的法義了。」若印順之理可通，則佛教全部法義其實都應該是已經梵化之外道法，而 世尊在世時應該已是梵天外道了；因爲四阿含諸經已經證明是第一次五百結集時就全部完成了，而這一段經文正是中阿含裡的經文，顯示是 佛陀在世時的正說。又譬如 世尊傳授實證阿羅漢的法義，但阿羅漢也是外道所主張的，是在 世尊降生人間之前以及當時的外道，都一直在弘揚阿羅漢修證的法義，只是都錯證了。若依印順同樣的邏輯，則四阿含中所說的阿羅漢實證法也應該都是外道法了！但事實卻不是如此，外道口說已得阿羅漢道，其實都是誤會阿羅漢道的法義與實證，只有 世尊所說的阿羅漢道才是正確的阿羅漢道，不可因外道也有在弘揚阿羅漢道，就說四阿含諸經中世尊的法義也是外道的阿羅漢法。

同理，以前的外道以及 佛陀示現在人間之時的外道，都有人自稱已證法界之實相，已實證自心如來，或說是由大梵天創造世界及有情，或說是四大極微、冥性、聲論……等法，但都是誤會實相的說法；因爲他們所說能創造世界及有情的大梵天、冥性……等法，其實都是有情的自心如來，所以 佛說「梵是如來」，是指第八識自心如來，而不是說 佛陀的五陰如來，也不是說色界的大梵天即是如來。印順從弘法事相上的理解，並且基於六識論的邪見來讀經，當然不免誤會楞伽的正理；再由誤會後的理解而演繹出他的思想架構，當然不免偏離佛教弘傳的事實，也偏離正確的法義。由是證據，說印順之理多屬邪見，其考據之說多屬違背教義、違背佛教史實之邪說，本屬破法、破教之行爲，有智之人焉可加以支持而共成破法、破教之大惡業？

又：**原始佛法**一詞若非意指粗糙的佛法雛形，而是指稱同屬佛說之最早期佛法，應說第二、三轉法輪般若系、方廣唯識系諸經，也都屬於原始佛法；因爲都是 佛陀親說的最早期佛法故，而且是在第一次五百結集完成時，菩薩們就已當場提出異議及宣示了：「**吾等亦欲結集。**」隨後不久即在七葉窟外開始了規模更大的千人大結集！這是由 文殊菩薩邀請 阿難尊者共同結集的，是在佛陀入滅後不超過兩年就結集完成了！顯然同樣是佛口親說的正法，怎能隨意加以否定呢？所以原始佛法若是意謂最早期的佛說，本就應該包括初轉法輪到第三轉法輪的所有經典在內，不應取一而捨二，不應取粗劣而捨勝妙，才是符合事實的說法。這是印順等崇尚**佛學學術研究者**，應該改正的地方。

佛門名言云：「**邪人說正法，正法亦成邪；正人說邪法，邪法即成正。**」此如《迴諍論》中敵方所說之質疑偈，若以八識論爲宗旨而說者，即成正說之偈，無人能破之，乃至 龍樹再來亦將如是；若以六識論爲宗旨而說者，即使是 龍樹菩薩的答偈正理，也將成爲邪說，大多數眞正證悟之三賢位菩薩皆能破之；是故 龍樹以八識論爲基準，破壞敵方六識論之質疑偈；破已隨即以敵方論偈，依八識論而作另一正確之解釋，使敵論之偈成爲正法，成爲「正人說邪法，邪法即成正」的事例，《迴諍論釋》初分第三的辨正即是具體事例。平實在《阿含正義》第三輯中取六識論者之論偈而證成本識理者，亦復如是，乃是以八識論爲前提而辨正之，亦將無人能破之，前提及論理皆正故，亦是「正人說邪法，邪法即成正」的事例。於《迴諍論》中 龍樹隨後又以自己之偈論及釋，摧壞敵方依六識論而造之質疑偈論，顯示敵方「邪人說正法，正法亦成邪」的事實，《迴諍論釋》上分第四的辨正即是具體事例。

凡此事實與正理，乃是法界中的眞相，無人能破之。敵論與己論是否能屹立不搖？是否能建立己論或反而能建立敵論，關鍵端在前提爲六識論抑或八識論。如是具體事例，可爲今時後世一切大師與學人之殷鑑；證知學法、弘法一事，絕對不可兒戲。故說一切人學法及欲出世弘法者，非唯應求眞悟，於尋求眞悟之前必須建立正確之大前提：**先確定六識論與八識論二法，究竟何者才是正確的大前提**？然後求證聲聞果或求悟大乘法時，方能有成。更應悟後進求**正**經、**正**論之印證，避免錯將意識變相誤認爲第八識，也應該避開未悟凡夫所造而被未悟凡夫編入〈大藏經〉中的凡夫論著（譬如安慧、清辨……等人所造論著）。已求證而全面符契已，方可出而宣稱所弘之法是**實證**之法，方可廣著諸書來接引有緣學人，否則難免如同印順、達賴、聖嚴、星雲、證嚴等人一般，錯將外道法認作佛法，錯將破法認作弘法，同持六識論邪見而將大量錯說佛法的書籍流通於佛教界，誤導廣大學佛人，正是錯將戕害眾生法身慧命認作利益眾生。於此可以爲今時、後世廣大學人，作出極容易判斷大師是否錯悟的準繩：未證得第八識而堅持六識論的大師們都屬於錯悟者。否定第八識常住者都是「於內有恐怖」所以必定也會「於外法五陰有恐怖」的凡夫，是連我見都斷不了的人，當然更無法悟得第八識而親證法界實相。若是口頭上或文字上承認有第八識而弘傳之，但是卻以意識心爲人印證爲第八識如來藏，也是錯悟者。

在五濁惡世中，正法的維護是很艱難的，卻是佛陀重要的吩咐。《雜阿含經》卷三十二：【佛言：「如是，迦葉！命濁、煩惱濁、劫濁、眾生濁、見濁，眾生善法退減故，大師（佛陀）爲諸聲聞多制禁戒，少樂習學。迦葉！譬如劫欲壞時，眞寶未滅，有諸相似僞寶出於世間；僞寶出已，眞寶則沒；如是，迦葉！如來正法欲滅之時，有相似像法生，相似像法出世間已，正法則滅。譬如大海中船，載多珍寶，則頓沈沒；如來正法則不如是，漸漸消滅；如來正法不爲地界所壞，不爲水、火、風界所壞，乃至惡眾生出世，樂行諸惡、欲行諸惡、

成就諸惡；非法言法、法言非法．非律言律、律言非律，以相似法，句味熾燃，如來正法於此則沒。」】

是故相似佛法是導致未來佛教正法滅沒之原因：「非法言法、法言非法，非律言律、律言非律，以相似法，句味熾燃，如來正法於此則沒。」如今非法言法（把生滅的意識心說爲常住不滅心，宣稱是正法），法言非法（將第八識如來藏正法謗爲外道神我、梵我），非律言律（嚴重破戒的藏密雙身法三昧耶戒說爲能使人成佛的金剛戒），律言非律（清淨的聲聞戒、菩薩戒說爲不究竟法，教人應該轉受邪淫的密教雙身三昧耶戒）的現象已經遍佈於中國佛教界了；同時再以常見外道意識境界，冠以佛法名相而成爲相似佛法，以如是相似佛法的法句大量爲人宣說、大量印書流通，正是「以相似法，句味熾燃」，佛說「如來正法於此則沒」。是故對於相似佛法、以假亂眞的謬說——以意識境界取代第八識實相涅槃境界的謬說——都應該加以舉例辨正，使佛門四眾都如實了知相似佛法，使相似佛法不再繼續存在佛門之中，如來正法始能繼續存在而廣弘之；若不如是，「以相似法、句味熾然，如來正法於此則沒」。期盼佛門四眾都能支持法義辨正，顯示正法與相似佛法的異同所在，佛弟子四眾才能遠離邪見邪修，佛教正法的未來方有光明前景，佛弟子才能世世獲得大利而不致於世世空來人間辛苦；以是緣故，造此《阿含正義》，欲令二十世紀流傳百年的相似佛法終止於二十一世紀，誠願此舉能使佛門法義從此漸得澄清，永無濁穢，常利人天。

又及：原欲於第七輯中，針對印順的《唯識學探源》書中重大錯誤法義，在舉示阿含聖教以後接著一一舉例辨正，藉以導正佛門對正法妙義的嚴重誤解；但因原訂三輯之《阿含正義》已擴增至七輯，由於篇幅所限，此書中僅能針對印順特別嚴重的邪謬處加以舉例及辨正；其餘或大或小的處處過失，容於未來他處若有因緣之時，由平實或餘人另行一一舉例辨正之。

佛子 **平實** 謹跋

二〇〇六年仲夏 書於竹桂山居

佛教正覺同修會〈修學佛道次第表〉

第一階段

* 以憶佛及拜佛方式修習動中定力。
* 學第一義佛法及禪法知見。
* 無相拜佛功夫成就。
* 具備一念相續功夫—動靜中皆能看話頭。
* 努力培植福德資糧，勤修三福淨業。

第二階段

* 參話頭，參公案。
* 開悟明心，一片悟境。
* 鍛鍊功夫求見佛性。
* 眼見佛性〈餘五根亦如是〉親見世界如幻，成就如幻觀。
* 學習禪門差別智。
* 深入第一義經典。
* 修除性障及隨分修學禪定。
* 修證十行位陽焰觀。

第三階段

* 學一切種智真實正理—楞伽經、解深密經、成唯識論…。
* 參究末後句。
* 解悟末後句。
* 透牢關—親自體驗所悟末後句境界，親見實相，無得無失。
* 救護一切眾生迴向正道。護持了義正法，修證十迴向位如夢觀。
* 發十無盡願，修習百法明門，親證猶如鏡像現觀。
* 修除五蓋，發起禪定。持一切善法戒。親證猶如光影現觀。
* 進修四禪八定、四無量心、五神通。進修大乘種智，求證猶如谷響現觀。

佛菩提二主要道次第概要表——二道並修，以外無別佛法

佛菩提道——大菩提道

十信位修集信心——一劫乃至一萬劫

資糧位

初住位修集布施功德（以財施爲主）。
二住位修集持戒功德。
三住位修集忍辱功德。
四住位修集精進功德。
五住位修集禪定功德。
六住位修集般若功德（熏習般若中觀及斷我見，加行位也）。

外門廣修六度萬行

見道位

七住位明心般若正觀現前，親證本來自性清淨涅槃。
八住位起於一切法現觀般若中道。漸除性障。
十住位眼見佛性，世界如幻觀成就。

一至十行位，於廣行六度萬行中，依般若中道慧，現觀陰處界猶如陽焰，至第十行滿心位，陽焰觀成就。

一至十迴向位熏習一切種智；修除性障，唯留最後一分思惑不斷。第十迴向滿心位成就菩薩道如夢觀。

內門廣修六度萬行

遠波羅蜜多

初地：第十迴向位滿心時，成就道種智一分（八識心王一一親證後，領受五法、三自性、七種第一義、七種性自性、二種無我法）復由勇發十無盡願，成通達位菩薩。復又永伏性障而不具斷，能證慧解脫而不取證，由大願故留惑潤生。此地主修法施波羅蜜多及百法明門。證「猶如鏡像」現觀，故滿初地心。

二地：初地功德滿足以後，再成就道種智一分而入二地；主修戒波羅蜜多及一切種智。滿心位成就「猶如光影」現觀，戒行自然清淨。

解脫道：二乘菩提

→ 斷三縛結，成初果解脫

→ 薄貪瞋癡，成二果解脫

→ 斷五下分結，成三果解脫

入地前的四加行令煩惱障現行悉斷，成四果解脫，留惑潤生。分段生死已斷，煩惱障習氣種子開始斷除，兼斷無始無明上煩惱。

近波羅蜜多

修道位

三地：二地滿心再證道種智一分，故入三地。此地主修忍波羅蜜多及四禪八定、四無量心、五神通。能成就俱解脫果而不取證，留惑潤生。滿心位成就「猶如谷響」現觀及無漏妙定意生身。

四地：由三地再證道種智一分故入四地。主修精進波羅蜜多，於此土及他方世界廣度有緣，無有疲倦。進修一切種智，滿心位成就「如水中月」現觀。

五地：由四地再證道種智一分故入五地。主修禪定波羅蜜多及一切種智，斷除下乘涅槃貪。滿心位成就「變化所成」現觀。

六地：由五地再證道種智一分故入六地。此地主修般若波羅蜜多——依道種智現觀十二因緣一一有支及意生身化身，皆自心眞如變化所現，「非有似有」，成就細相觀，不由加行而自然證得滅盡定，成俱解脫大乘無學。

七地：由六地「非有似有」現觀，再證道種智一分故入七地。此地主修一切種智及方便波羅蜜多，由重觀十二有支一一支中之流轉門及還滅門一切細相，成就方便善巧，念念隨入滅盡定。滿心位證得「如犍闥婆城」現觀。

七地滿心斷除故意保留之最後一分思惑時，煩惱障所攝色、受、想三陰有漏習氣種子全部斷盡。

大波羅蜜多

八地：由七地極細相觀成就故再證道種智一分而入八地。此地主修一切種智及願波羅蜜多。至滿心位純無相觀任運恆起，故於相土自在，滿心位復證「如實覺知諸法相意生身」故。

九地：由八地再證道種智一分故入九地。主修力波羅蜜多及一切種智，成就四無礙，滿心位證得「種類俱生無行作意生身」。

十地：由九地再證道種智一分故入此地。此地主修一切種智——智波羅蜜多。滿心位起大法智雲，及現起大法智雲所含藏種種功德，成受職菩薩。

等覺：由十地道種智成就故入此地。此地應修一切種智，圓滿等覺地無生法忍；於百劫中修集極廣大福德，以之圓滿三十二大人相及無量隨形好。

煩惱障所攝行、識二陰無漏習氣種子任運漸斷，所知障所攝上煩惱任運漸斷。

圓滿波羅蜜多

究竟位

妙覺：示現受生人間已斷盡煩惱障一切習氣種子，並斷盡所知障一切隨眠，永斷變易生死無明，成就大般涅槃，四智圓明。人間捨壽後，報身常住色究竟天利樂十方地上菩薩；以諸化身利樂有情，永無盡期，成就究竟佛道。

斷盡變易生死
成就大般涅槃

圓滿成就究竟佛果

佛子蕭平實　謹製
（二〇〇九、〇二　修訂）
（二〇一二、〇二　增補）

佛教正覺同修會 共修現況 及 招生公告　2017/12/21

一、共修現況：（請在共修時間來電，以免無人接聽。）

台北正覺講堂 103 台北市承德路三段 277 號九樓 捷運淡水線圓山站旁 Tel..**總機** 02-25957295（晚上）（**分機：九樓**辦公室 10、11；知客櫃檯 12、13。 **十樓**知客櫃檯 15、16；書局櫃檯 14。 **五樓**辦公室 18；知客櫃檯 19。**二樓**辦公室 20；知客櫃檯 21。）Fax..25954493

第一講堂　台北市承德路三段 277 號九樓

禪淨班：週一晚班、週三晚班、週四晚班、週五晚班、週六下午班、週六上午班（共修期間二年半，全程免費。皆須報名建立學籍後始可參加共修，欲報名者詳見本公告末頁。）

進階班：週一晚班、週三晚班、週四晚班、週五晚班（禪淨班結業後轉入共修）。

增上班：瑜伽師地論詳解：每月單數週之週末 17.50～20.50。平實導師講解，2003 年 2 月開講至今，預計 2019 年圓滿，僅限已明心之會員參加。

禪門差別智：每月第一週日全天　平實導師主講（事冗暫停）。

大法鼓經詳解　詳解末法時代大乘佛法修行之道。佛教正法消毒妙藥塗於大鼓而以擊之，凡有眾生聞之者，一切邪見鉅毒悉皆消殞；此經即是大法鼓之正義，凡聞之者，所有邪見之毒悉皆滅除，見道不難；亦能發起菩薩無量功德，是故諸大菩薩遠從諸方佛土來此娑婆聞修此經。平實導師主講，定於 2017 年 12 月底起，每逢周二晚上開講，第一至第六講堂都可同時聽聞，歡迎已發成佛大願的菩薩種性學人，攜眷共同參與此殊勝法會現場聞法，不限制聽講資格。本會學員憑上課證進入第一至第四講堂聽講，會外學人請以身分證件換證進入聽講（此爲大樓管理處安全管理規定之要求，敬請諒解）；第五及第六講堂（B1、B2）對外開放，不需出示任何證件，請由大樓側門直接進入。

第二講堂　台北市承德路三段 267 號十樓。

禪淨班：週一晚上班。

進階班：週三晚班、週四晚班、週五晚班、週六下午班。禪淨班結業後轉入共修。

大法鼓經詳解：平實導師講解。每週二 18.50~20.50 影像音聲即時傳輸

第三講堂　台北市承德路三段 277 號五樓。

禪淨班：週六下午班。

進階班：週一晚班、週三晚班、週四晚班、週五晚班。

大法鼓經詳解：平實導師講解。每週二 18.50~20.50 影像音聲即時傳輸

第四講堂　台北市承德路三段 267 號二樓。

進階班：週一晚上班、週三晚上班、週四晚上班（禪淨班結業後轉入共修）。

大法鼓經詳解：平實導師講解。每週二 18.50~20.50 影像音聲即時傳輸

第五、第六講堂

念佛班　每週日晚上，第六講堂共修（B2），一切求生極樂世界的三寶弟子皆可參加，不限制共修資格。

進階班：週一晚班、週三晚班、週四晚班。

大法鼓經詳解：平實導師講解。每週二 18.50~20.50 影像音聲即時傳輸。第五、第六講堂爲開放式講堂，不需以身分證件換證即可進入聽講，台北市承德路三段 267 號地下一樓、地下二樓。每逢週二晚上講經時段開放給會外人士自由聽經，請由大樓側面梯階逕行進入聽講。**聽講者請尊重講者的著作權及肖像權，請勿錄音錄影，以免違法；若有錄音錄影被查獲者，將依法處理。**

正覺祖師堂　大溪區美華里信義路 650 巷坑底 5 之 6 號（台 3 號省道 34 公里處 妙法寺對面斜坡道進入）電話 03-3886110　傳眞 03-3881692 本堂供奉 克勤圓悟大師，專供會員每年四月、十月各三次精進禪三共修，兼作本會出家菩薩掛單常住之用。除禪三時間以外，每逢單月第一週之週日 9:00~17:00 開放會內、外人士參訪，當天並提供午齋結緣。教內共修團體或道場，得另申請其餘時間作團體參訪，務請事先與常住確定日期，以便安排常住菩薩接引導覽，亦免妨礙常住菩薩之日常作息及修行。

桃園正覺講堂（第一、第二講堂）：桃園市介壽路 286、288 號 10 樓（陽明運動公園對面）電話：03-3749363（請於共修時聯繫，或與台北聯繫）

禪淨班：週一晚上班（1）、週一晚上班（2）、週三晚上班、週四晚上班、週五晚上班。

進階班：週四晚班、週五晚班、週六上午班。

增上班：雙週六晚上班（增上重播班）。

大法鼓經詳解：平實導師講解。每週二晚上，以台北正覺講堂所錄 DVD 放映；歡迎會外學人共同聽講，不需出示身分證件。

新竹正覺講堂　新竹市東光路 55 號二樓之一　電話 03-5724297（晚上）

第一講堂：

禪淨班：週一晚上班、週五晚上班、週六上午班。

進階班：週三晚上班、週四晚上班（由禪淨班結業後轉入共修）。

增上班：單週六晚上班。雙週六晚上班（重播班）。

大法鼓經詳解：平實導師講解。每週二晚上，以台北正覺講堂所錄 DVD 放映。歡迎會外學人共同聽講，不需出示身分證件。

第二講堂：

禪淨班：週三晚上班、週四晚上班。

大法鼓經詳解：每週二晚上與第一講堂同時播放佛藏經詳解 DVD。

第三、第四講堂：裝修完畢，即將開放。

台中正覺講堂　04-23816090（晚上）

第一講堂　台中市南屯區五權西路二段 666 號 13 樓之四（國泰世華銀行樓上。鄰近縣市經第一高速公路前來者，由五權西路交流道可以快速到達，大樓旁有停車場，對面有素食館）。

禪淨班：週三晚上班、週四晚上班。

進階班：週一晚上班、週六上午班（由禪淨班結業後轉入共修）。

增上班：**增上班**：單週六晚上班。雙週六晚上班（重播班）。

大法鼓經詳解：平實導師講解。每週二晚上，以台北正覺講堂所錄 DVD 放映。歡迎會外學人共同聽講，不需出示身分證件。

第二講堂　台中市南屯區五權西路二段 666 號 4 樓

禪淨班：週一晚上班、週三晚上班、週六上午班。

進階班：週五晚上班（由禪淨班結業後轉入共修）。

大法鼓經詳解：每週二晚上與第一講堂同時播放佛藏經詳解 DVD。

第三講堂、第四講堂：台中市南屯區五權西路二段 666 號 4 樓。

嘉義正覺講堂　嘉義市友愛路 288 號八樓之一　電話：05-2318228

第一講堂：

禪淨班：週一晚上班、週四晚上班、週五晚上班、週六上午班。

進階班：週三晚上班（由禪淨班結業後轉入共修）。

增上班：單週六晚上班。雙週六晚上班（重播班）。

大法鼓經詳解：平實導師講解。每週二晚上，以台北正覺講堂所錄 DVD 放映。歡迎會外學人共同聽講，不需出示身分證件。

第二講堂　嘉義市友愛路 288 號八樓之二。

台南正覺講堂

第一講堂　台南市西門路四段 15 號 4 樓。06-2820541（晚上）

禪淨班：週一晚上班、週三晚上班、週四晚上班、週五晚上班、週六下午班。

增上班：**增上班**：單週六晚上班。雙週六晚上班（重播班）。

大法鼓經詳解：平實導師講解。每週二晚上，以台北正覺講堂所錄 DVD 放映。歡迎會外學人共同聽講，不需出示身分證件。

第二講堂　台南市西門路四段 15 號 3 樓。

大法鼓經詳解：每週二晚上與第一講堂同時播放佛藏經詳解 DVD。

第三講堂　台南市西門路四段 15 號 3 樓。

進階班：週三晚上班、週四晚上班、週六上午班（由禪淨班結業後轉入共修）。

大法鼓經詳解：每週二晚上與第一講堂同時播放佛藏經詳解 DVD。

高雄正覺講堂　高雄市新興區中正三路 45 號五樓 07-2234248（晚上）

第一講堂（五樓）：

禪淨班：週一晚班、週三晚班、週四晚班、週五晚班、週六上午班。

增上班：單週週末下午，以台北增上班課程錄成 DVD 放映之，限已明心之會員參加。

大法鼓經詳解：平實導師講解。每週二晚上，以台北正覺講堂所錄 DVD 放映。歡迎會外學人共同聽講，不需出示身分證件。

第二講堂（四樓）：

進階班：週三晚上班、週四晚上班、週六上午班（由禪淨班結業後轉入共修）。

大法鼓經詳解：每週二晚上與第一講堂同時播放佛藏經詳解 DVD。

第三講堂（三樓）：

進階班：週四晚班（由禪淨班結業後轉入共修）。

香港正覺講堂　☆已遷移新址☆

九龍觀塘，成業街 10 號，電訊一代廣場 27 樓 E 室。

（觀塘地鐵站 B1 出口，步行約 4 分鐘）。電話：(852) 23262231

英文地址：Unit E，27th Floor, TG Place, 10 Shing Yip Street, Kwun Tong, Kowloon

禪淨班：雙週六下午班 14:30-17:30，已經額滿。
雙週日下午班 14:30-17:30。
單週六下午班 14:30-17:30，已經額滿。

進階班：雙週五晚上班（由禪淨班結業後轉入共修）。

增上班：單週週末上午，以台北增上班課程錄成 DVD 放映之。

增上重播班：雙週週末上午，以台北增上班課程錄成 DVD 放映之。

大法鼓經詳解：平實導師講解。雙週六 19:00-21:00，以台北正覺講堂所錄 DVD 放映；歡迎會外學人共同聽講，不需出示身分證件。

美國洛杉磯正覺講堂　☆已遷移新址☆

825 S. Lemon Ave Diamond Bar, CA 91789 U.S.A.
Tel. (909) 595-5222（請於週六 9:00~18:00 之間聯繫）
Cell. (626) 454-0607

禪淨班：每逢週末 15：30~17：30 上課。

進階班：每逢週末上午 10：00~12：00 上課。

大法鼓經詳解：平實導師講解。每週六下午 13：00~15：00 以台北所錄 DVD 放映。歡迎各界人士共享第一義諦無上法益，不需報名。

二、招生公告 本會台北講堂及全省各講堂、香港講堂，每逢**四月、十月**下旬開新班，每週共修一次（每次二小時。開課日起三個月內仍可插班）；但美國洛杉磯共修處之禪淨班得隨時插班共修。各班共修期間皆爲二年半，全程免費，欲參加者請向本會函索報名表（各共修處皆於共修時間方有人執事，非共修時間請勿電詢或前來洽詢、請書），或直接從本會官方網站(http://www.enlighten.org.tw/newsflash/class)或成佛之道網站下載報名表。共修期滿時，若經報名禪三審核通過者，可參加四天三夜之禪三精進共修，有機會明心、取證如來藏，發起般若實相智慧，成爲實義菩薩，脫離凡夫菩薩位。

三、新春禮佛祈福 農曆年假期間停止共修：自農曆新年前七天起停止共修與弘法，正月 8 日起回復共修、弘法事務。新春期間正月初一～初七 9.00～17.00 開放台北講堂、正月初一~初三開放桃園、新竹、台中、嘉義、台南、高雄講堂，以及大溪禪三道場（正覺祖師堂），方便會員供佛、祈福及會外人士請書。美國洛杉磯共修處之休假時間，請逕詢該共修處。

密宗四大派修雙身法，是外道性力派的邪法；又以生滅的識陰作為常住法，是常見外道，是假的藏傳佛教。

西藏覺囊巴以他空見弘揚第八識如來藏勝法，才是真藏傳佛教

佛教正覺同修會　弘法行事表

2017/12/07

1、**禪淨班**　以無相念佛及拜佛方式修習動中定力，實證一心不亂功夫。傳授解脫道正理及第一義諦佛法，以及參禪知見。共修期間：二年六個月。每逢四月、十月開新班，詳見招生公告表。

2、**進階班**　禪淨班畢業後得轉入此班，進修更深入的佛法，期能證悟明心。各地講堂各有多班，繼續深入佛法、增長定力，悟後得轉入增上班修學道種智，期能證得無生法忍。

3、**增上班　瑜伽師地論**詳解　詳解論中所言凡夫地至佛地等 17 師之修證境界與理論，從凡夫地、聲聞地……宣演到諸地所證無生法忍、一切種智之眞實正理。由平實導師開講，每逢一、三、五週之週末晚上開示，僅限已明心之會員參加。2003 年二月開講至今，預定 2019 年講畢。

4、**大法鼓經**詳解　詳解末法時代大乘佛法修行之道。佛教正法消毒妙藥塗於大鼓而以擊之，凡有眾生聞之者，一切邪見鉅毒悉皆消殞；此經即是大法鼓之正義，凡聞之者，所有邪見之毒悉皆滅除，見道不難；亦能發起菩薩無量功德，是故諸大菩薩遠從諸方佛土來此娑婆聞修此經。平實導師主講。定於 2017 年 12 月底開講，歡迎已發成佛大願的菩薩種性學人，攜眷共同參與此殊勝法會聽講。

本經破「有」而顯涅槃，以此名爲眞實的「法」；眞法即是第八識如來藏，《金剛經》《法華經》中亦名之爲「此經」。若墮在「有」中，皆名「非法」，「有」即是五陰、六入、十二處、十八界及內我所、外我所，皆非眞實法。若人如是俱說「法」與「非法」而宣揚佛法，名爲擊大法鼓；如是依「法」而捨「非法」，據以建立山門而爲眾說法，方可名爲眞正的法鼓山。此經中說，以「此經」爲菩薩道之本，以證得「此經」之正知見及法門作爲度人之「法」，方名眞實佛法，否則盡名「非法」。本經中對法與非法、有與涅槃，有深入之闡釋，歡迎教界一切善信（不論初機或久學菩薩），一同親沐　如來聖教，共沾法喜。由平實導師詳解。不限制聽講資格。

5、**精進禪三**　主三和尚：平實導師。於四天三夜中，以克勤圓悟大師及大慧宗杲之禪風，施設機鋒與小參、公案密意之開示，幫助會員剋期取證，親證不生不滅之眞實心——人人本有之如來藏。每年四月、十月各舉辦二個梯次；平實導師主持。僅限本會會員參加禪淨班共修期滿，報名審核通過者，方可參加。並選擇會中定力、慧力、福德三條件皆已具足之已明心會員，給以指引，令得眼見自己無形無相之佛性遍佈山河大地，眞實而無障礙，得以肉眼現觀世界身心悉皆如幻，具足成就如幻觀，圓滿十住菩薩之證境。

6、**不退轉法輪經**詳解　本經所說妙法極為甚深難解，時至末法，已然無有知者；而其甚深絕妙之法，流傳至今依舊多人可證，顯示佛學眞是義學而非玄談，其中甚深極妙令人拍案稱絕之第一義諦妙義，平實導師將會加以解說。待《大法鼓經》宣講完畢時繼續宣講此經。

7、**阿含經**詳解　選擇重要之阿含部經典，依無餘涅槃之實際而加以詳解，令大眾得以現觀諸法緣起性空，亦復不墮斷滅見中，顯示經中所隱說之涅槃實際—如來藏—確實已於四阿含中隱說；令大眾得以聞後觀行，確實斷除我見乃至我執，證得**見到**眞現觀，乃至**身證**……等眞現觀；已得大乘或二乘見道者，亦可由此聞熏及聞後之觀行，除斷我所之貪著，成就慧解脫果。由平實導師詳解。不限制聽講資格。

8、**解深密經**詳解　重講本經之目的，在於令諸已悟之人明解大乘法道之成佛次第，以及悟後進修一切種智之內涵，確實證知三種自性性，並得據此證解七眞如、十眞如等正理。每逢週二 18.50~20.50 開示，由平實導師詳解。將於《大法鼓經》講畢後開講。不限制聽講資格。

9、**成唯識論**詳解　詳解一切種智眞實正理，詳細剖析一切種智之微細深妙廣大正理；並加以舉例說明，使已悟之會員深入體驗所證如來藏之微密行相；及證驗見分相分與所生一切法，皆由如來藏—阿賴耶識—直接或展轉而生，因此證知一切法無我，證知無餘涅槃之本際。將於增上班《瑜伽師地論》講畢後，由平實導師重講。僅限已明心之會員參加。

10、**精選如來藏系經典**詳解　精選如來藏系經典一部，詳細解說，以此完全印證會員所悟如來藏之眞實，得入不退轉住。另行擇期詳細解說之，由平實導師講解。僅限已明心之會員參加。

11、**禪門差別智**　藉禪宗公案之微細淆訛難知難解之處，加以宣說及剖析，以增進明心、見性之功德，啓發差別智，建立擇法眼。每月第一週日全天，由平實導師開示，僅限破參明心後，復又眼見佛性者參加（事冗暫停）。

12、**枯木禪**　先講智者大師的《小止觀》，後說《釋禪波羅蜜》，詳解四禪八定之修證理論與實修方法，細述一般學人修定之邪見與岔路，及對禪定證境之誤會，消除枉用功夫、浪費生命之現象。已悟般若者，可以藉此而實修初禪，進入大乘通教及聲聞教的三果心解脫境界，配合應有的大福德及後得無分別智、十無盡願，即可進入初地心中。親教師：平實導師。未來緣熟時將於正覺寺開講。不限制聽講資格。

註：本會例行年假，自 2004 年起，改爲每年農曆新年前七天開始停息弘法事務及共修課程，農曆正月 8 日回復所有共修及弘法事務。新春期間（每日 9.00~17.00）開放台北講堂，方便會員禮佛祈福及會外人士請書。大溪區的正覺祖師堂，開放參訪時間，詳見〈正覺電子報〉或成佛之道網站。本表得因時節因緣需要而隨時修改之，不另作通知。

佛教正覺同修會　贈閱書籍 目錄　　2015/09/29

1.**無相念佛**　平實導師著　回郵 10 元
2.**念佛三昧修學次第**　平實導師述著　回郵 25 元
3.**正法眼藏—護法集**　平實導師述著　回郵 35 元
4.**真假開悟簡易辨正法&佛子之省思**　平實導師著　回郵 3.5 元
5.**生命實相之辨正**　平實導師著　回郵 10 元
6.**如何契入念佛法門**（附：印順法師否定極樂世界）平實導師著　回郵 3.5 元
7.**平實書箋**—答元覽居士書　平實導師著　回郵 35 元
8.**三乘唯識**—如來藏系經律彙編　平實導師編　回郵 80 元
（精裝本　長 27 cm　寬 21 cm　高 7.5 cm　重 2.8 公斤）
9.**三時繫念全集**—修正本　回郵掛號 40 元（長 26.5 cm×寬 19 cm）
10.**明心與初地**　平實導師述　回郵 3.5 元
11.**邪見與佛法**　平實導師述著　回郵 20 元
12.**菩薩正道**—回應義雲高、釋性圓…等外道之邪見　正燦居士著　回郵 20 元
13.**甘露法雨**　平實導師述　回郵 20 元
14.**我與無我**　平實導師述　回郵 20 元
15.**學佛之心態**—修正錯誤之學佛心態始能與正法相應　孫正德老師著　回郵35元
附錄：平實導師著《**略說八、九識並存…等之過失**》
16.**大乘無我觀**—《悟前與悟後》別說　平實導師述著　回郵 20 元
17.**佛教之危機**—中國台灣地區現代佛教之真相（附錄：公案拈提六則）
平實導師著　回郵 25 元
18.**燈　影**—燈下黑（覆「求教後學」來函等）　平實導師著　回郵 35 元
19.**護法與毀法**—覆上平居士與徐恒志居士網站毀法二文
張正圜老師著　回郵 35 元
20.**淨土聖道**—兼評**選擇本願念佛**　正德老師著　由正覺同修會購贈　回郵 25 元
21.**辨唯識性相**—對「紫蓮心海《辯唯識性相》書中否定阿賴耶識」之回應
正覺同修會 台南共修處法義組 著　回郵 25 元
22.**假如來藏**—對法蓮法師《如來藏與阿賴耶識》書中否定阿賴耶識之回應
正覺同修會 台南共修處法義組 著　回郵 35 元
23.**入不二門**—公案拈提集錦 第一輯（於平實導師公案拈提諸書中選錄約二十則，
合輯為一冊流通之）平實導師著　回郵 20 元
24.**真假邪說**—西藏密宗索達吉喇嘛《破除邪說論》真是邪說
釋正安法師著　回郵 35 元
25.**真假開悟**—真如、如來藏、阿賴耶識間之關係　平實導師述著　回郵 35 元
26.**真假禪和**—辨正釋傳聖之謗法謬說　孫正德老師著　回郵 30 元

27.**眼見佛性**—駁慧廣法師眼見佛性的含義文中謬說

游正光老師著　回郵25元

28.**普門自在**—公案拈提集錦 第二輯（於平實導師公案拈提諸書中選錄約二十則，合輯爲一冊流通之）平實導師著　回郵25元

29.**印順法師的悲哀**—以現代禪的質疑為線索　恒毓博士著　回郵25元

30.**識蘊真義**—現觀識蘊內涵、取證初果、親斷三縛結之具體行門。

—依《成唯識論》及《惟識述記》正義，略顯安慧《大乘廣五蘊論》之邪謬

平實導師著　回郵35元

31.**正覺電子報** 各期紙版本　免附回郵　每次最多函索三期或三本。

(已無存書之較早各期，不另增印贈閱)

32.**現代人應有的宗教觀**　蔡正禮老師 著　回郵3.5元

33.**遠惑趣道**—正覺電子報般若信箱問答錄　第一輯　回郵20元

34.**遠惑趣道**—正覺電子報般若信箱問答錄　第二輯　回郵20元

35.**確保您的權益**—器官捐贈應注意自我保護　游正光老師 著　回郵10元

36.**正覺教團電視弘法三乘菩提 DVD 光碟（一）**

由正覺教團多位親教師共同講述錄製 DVD 8 片，MP3 一片，共 9 片。有二大講題：一爲「三乘菩提之意涵」，二爲「學佛的正知見」。內容精闢，深入淺出，精彩絕倫，幫助大眾快速建立三乘法道的正知見，免被外道邪見所誤導。有志修學三乘佛法之學人不可不看。(製作工本費 100 元，回郵 25 元)

37.**正覺教團電視弘法 DVD 專輯（二）**

總有二大講題：一爲「三乘菩提之念佛法門」，一爲「學佛正知見(第二篇)」，由正覺教團多位親教師輪番講述，內容詳細闡述如何修學念佛法門、實證念佛三昧，以及學佛應具有的正確知見，可以幫助發願往生西方極樂淨土之學人，得以把握往生，更可令學人快速建立三乘法道的正知見，免於被外道邪見所誤導。有志修學三乘佛法之學人不可不看。(一套 17 片，工本費 160 元。回郵 35 元)

38.**佛藏經** 燙金精裝本 每冊回郵 20 元。正修佛法之道場欲大量索取者，請正式發函並蓋用大印寄來索取（2008.04.30 起開始敬贈）

39.**喇嘛性世界**—揭開假藏傳佛教譚崔瑜伽的面紗　張善思 等人合著

由正覺同修會購贈　回郵20元

40.**假藏傳佛教的神話**—性、謊言、喇嘛教　張正玄教授編著　回郵20元

由正覺同修會購贈　回郵20元

41.**隨　緣**—理隨緣與事隨緣　平實導師述　回郵20元。

42.**學佛的覺醒**　正枝居士 著　回郵25元

43.**導師之真實義**　蔡正禮老師 著　回郵10元

44.**淺談達賴喇嘛之雙身法**—兼論解讀「密續」之達文西密碼

吳明芷居士 著　回郵10元

45.**魔界轉世**　張正玄居士 著　回郵10元

46.**一貫道與開悟**　蔡正禮老師 著　回郵10元

47.**博愛**—愛盡天下女人　正覺教育基金會 編印　回郵10元

48.**意識虛妄經教彙編**—實證解脫道的關鍵經文　正覺同修會編印　回郵25元

49.**邪箭囈語**—破斥藏密外道多識仁波切《破魔金剛箭雨論》之邪說

陸正元老師著　上、下冊回郵各30元

50.**真假沙門**—依 佛聖教闡釋佛教僧寶之定義

蔡正禮老師著　俟正覺電子報連載後結集出版

51.**真假禪宗**—藉評論釋性廣《印順導師對變質禪法之批判

及對禪宗之肯定》以顯示真假禪宗

附論一：凡夫知見 無助於佛法之信解行證

附論二：世間與出世間一切法皆從如來藏實際而生而顯

余正偉老師著　俟正覺電子報連載後結集出版　回郵未定

52.**假鋒虛焰金剛乘**—揭示顯密正理，兼破索達吉師徒《般若鋒兮金剛焰》。

釋正安 法師著　俟正覺電子報連載後結集出版

★ 上列贈書之郵資，係台灣本島地區郵資，大陸、港、澳地區及外國地區，請另計酌增（大陸、港、澳、國外地區之郵票不許通用）。尚未出版之書，請勿先寄來郵資，以免增加作業煩擾。

★ 本目錄若有變動，唯於後印之書籍及「成佛之道」網站上修正公佈之，不另行個別通知。

函索書籍請寄：佛教正覺同修會　103台北市承德路3段277號9樓

台灣地區函索書籍者請附寄郵票，無時間購買郵票者可以等值現金抵用，但不接受郵政劃撥、支票、匯票。大陸地區得以人民幣計算，國外地區請以美元計算（請勿寄來當地郵票，在台灣地區不能使用）。欲以掛號寄遞者，請另附掛號郵資。

親自索閱：正覺同修會各共修處。　★請於共修時間前往取書，餘時無人在道場，請勿前往索取；共修時間與地點，詳見書末正覺同修會共修現況表（以近期之共修現況表爲準）。

註：正智出版社發售之局版書，請向各大書局購閱。若書局之書架上已經售出而無陳列者，請向書局櫃台指定洽購；若書局不便代購者，請於正覺同修會共修時間前往各共修處請購，正智出版社已派人於共修時間送書前往各共修處流通。　郵政劃撥購書及 大陸地區 購書，請詳別頁正智出版社發售書籍目錄最後頁之說明。

成佛之道 網站：http://www.a202.idv.tw　正覺同修會已出版之結緣書籍，多已登載於 成佛之道 網站，若住外國、或住處遙遠，不便取得正覺同修會贈閱書籍者，可以從本網站閱讀及下載。　書局版之《宗通與說通》亦已上網，台灣讀者可向書局洽購，售價300元。《狂密與眞密》第一輯~第四輯，亦於 2003.5.1.全部於本網站登載完畢；台灣地區讀者請向書局洽購，每輯約400頁，售價300元（網站下載紙張費用較貴，容易散失，難以保存，亦較不精美）。

正智出版社 籌募弘法基金發售書籍目錄　　2018/05/13

1.**宗門正眼**—公案拈提 第一輯 重拈　平實導師著　500 元

因重寫內容大幅度增加故，字體必須改小，並增為 576 頁 主文 546 頁。比初版更精彩、更有內容。初版《禪門摩尼寶聚》之讀者，可寄回本公司免費調換新版書。免附回郵，亦無截止期限。（2007 年起，每冊附贈本公司精製公案拈提〈超意境〉CD 一片。市售價格 280 元，多購多贈。）

2.**禪淨圓融**　平實導師著　200 元（第一版舊書可換新版書。）

3.**真實如來藏**　平實導師著　400 元

4.**禪—悟前與悟後**　平實導師著　上、下冊，每冊 250 元

5.**宗門法眼**—公案拈提 第二輯　平實導師著　500 元

（2007 年起，每冊附贈本公司精製公案拈提〈超意境〉CD 一片）

6.**楞伽經詳解**　平實導師著　全套共 10 輯　每輯 250 元

7.**宗門道眼**—公案拈提 第三輯　平實導師著　500 元

（2007 年起，每冊附贈本公司精製公案拈提〈超意境〉CD 一片）

8.**宗門血脈**—公案拈提 第四輯　平實導師著　500 元

（2007 年起，每冊附贈本公司精製公案拈提〈超意境〉CD 一片）

9.**宗通與說通**—成佛之道 平實導師著 主文 381 頁 全書 400 頁售價 300 元

10.**宗門正道**—公案拈提 第五輯　平實導師著　500 元

（2007 年起，每冊附贈本公司精製公案拈提〈超意境〉CD 一片）

11.**狂密與真密 一～四輯**　平實導師著　西藏密宗是人間最邪淫的宗教，本質不是佛教，只是披著佛教外衣的印度教性力派流毒的喇嘛教。此書中將西藏密宗密傳之男女雙身合修樂空雙運所有祕密與修法，毫無保留完全公開，並將全部喇嘛們所不知道的部分也一併公開。內容比大辣出版社喧騰一時的《西藏慾經》更詳細。並且函蓋藏密的所有祕密及其錯誤的中觀見、如來藏見……等，藏密的所有法義都在書中詳述、分析、辨正。每輯主文三百餘頁　每輯全書約 400 頁　售價每輯 300 元

12.**宗門正義**—公案拈提 第六輯　平實導師著　500 元

（2007 年起，每冊附贈本公司精製公案拈提〈超意境〉CD 一片）

13.**心經密意**—心經與解脫道、佛菩提道、祖師公案之關係與密意　平實導師述　300 元

14.**宗門密意**—公案拈提 第七輯　平實導師著　500 元

（2007 年起，每冊附贈本公司精製公案拈提〈超意境〉CD 一片）

15.**淨土聖道**—兼評「選擇本願念佛」　正德老師著　200 元

16.**起信論講記**　平實導師述著　共六輯　每輯三百餘頁　售價各 250 元

17.**優婆塞戒經講記**　平實導師述著 共八輯 每輯三百餘頁 售價各 250 元

18.**真假活佛**—略論附佛外道盧勝彥之邪說（對前岳靈犀網站主張「盧勝彥是證悟者」之修正）　正犀居士（岳靈犀）著　流通價 140 元

19.**阿含正義**—唯識學探源　平實導師著　共七輯　每輯 300 元

20.**超意境** CD 以平實導師公案拈提書中超越意境之頌詞，加上曲風優美的旋律，錄成令人嚮往的超意境歌曲，其中包括正覺發願文及平實導師親自譜成的黃梅調歌曲一首。詞曲雋永，殊堪翫味，可供學禪者吟詠，有助於見道。內附設計精美的彩色小冊，解說每一首詞的背景本事。每片 280 元。【每購買公案拈提書籍一冊，即贈送一片。】

21.**菩薩底憂鬱** CD 將菩薩情懷及禪宗公案寫成新詞，並製作成超越意境的優美歌曲。 1.主題曲〈菩薩底憂鬱〉，描述地後菩薩能離三界生死而迴向繼續生在人間，但因尚未斷盡習氣種子而有極深沈之憂鬱，非三賢位菩薩及二乘聖者所知，此憂鬱在七地滿心位方才斷盡；本曲之詞中所說義理極深，昔來所未曾見；此曲係以優美的情歌風格寫詞及作曲，聞者得以激發嚮往諸地菩薩境界之大心，詞、曲都非常優美，難得一見；其中勝妙義理之解說，已印在附贈之彩色小冊中。 2.以各輯公案拈提中直示禪門入處之頌文，作成各種不同曲風之超意境歌曲，值得玩味、參究；聆聽公案拈提之優美歌曲時，請同時閱讀內附之印刷精美說明小冊，可以領會超越三界的證悟境界；未悟者可以因此引發求悟之意向及疑情，眞發菩提心而邁向求悟之途，乃至因此眞實悟入般若，成眞菩薩。 3.正覺總持咒新曲，總持佛法大意；總持咒之義理，已加以解說並印在隨附之小冊中。本 CD 共有十首歌曲，長達 63 分鐘。每盒各附贈二張購書優惠券。每片 280 元。

22.**禪意無限** CD 平實導師以公案拈提書中偈頌寫成不同風格曲子，與他人所寫不同風格曲子共同錄製出版，幫助參禪人進入禪門超越意識之境界。盒中附贈彩色印製的精美解說小冊，以供聆聽時閱讀，令參禪人得以發起參禪之疑情，即有機會證悟本來面目而發起實相智慧，實證大乘菩提般若，能如實證知般若經中的眞實意。本 CD 共有十首歌曲，長達 69 分鐘，每盒各附贈二張購書優惠券。每片 280 元。

23.**我的菩提路**第一輯　釋悟圓、釋善藏等人合著　售價 300 元

24.**我的菩提路**第二輯　郭正益、張志成等人合著　售價 300 元

25.**我的菩提路**第三輯　王美伶等人合著　售價 300 元

26.**我的菩提路**第四輯　陳晏平等人合著　售價 300 元

27.**鈍鳥與靈龜**—考證後代凡夫對大慧宗杲禪師的無根誹謗。

平實導師著　共 458 頁　售價 350 元

28.**維摩詰經講記**　平實導師述　共六輯　每輯三百餘頁　售價各 250 元

29.**真假外道**—破劉東亮、杜大威、釋證嚴常見外道見　正光老師著　200 元

30.**勝鬘經講記**—兼論印順《勝鬘經講記》對於《勝鬘經》之誤解。

平實導師述　共六輯　每輯三百餘頁　售價250 元

31.**楞嚴經講記**　平實導師述　共 **15** 輯，每輯三百餘頁　售價 300 元

32.**明心與眼見佛性**—駁慧廣〈蕭氏「眼見佛性」與「明心」之非〉文中謬說

正光老師著　共 448 頁　售價 300 元

33.**見性與看話頭** 黃正倖老師 著，本書是禪宗參禪的方法論。
內文375頁，全書416頁，售價300元。
34.**達賴真面目**—玩盡天下女人 白正偉老師 等著 中英對照彩色精裝大本 800元
35.**喇嘛性世界**—揭開假藏傳佛教譚崔瑜伽的面紗 張善思 等人著 200元
36.**假藏傳佛教的神話**—性、謊言、喇嘛教 正玄教授編著 200元
37.**金剛經宗通** 平實導師述 共九輯 每輯售價250元。
38.**空行母**—性別、身分定位，以及藏傳佛教。
珍妮·坎貝爾著 呂艾倫 中譯 售價250元
39.**末代達賴**—性交教主的悲歌 張善思、呂艾倫、辛燕編著 售價250元
40.**霧峰無霧**—給哥哥的信 辨正釋印順對佛法的無量誤解
游宗明 老師著 售價250元
41.**第七意識與第八意識？**—穿越時空「超意識」
平實導師述 每冊300元
42.**黯淡的達賴**—失去光彩的諾貝爾和平獎
正覺教育基金會編著 每冊250元
43.**童女迦葉考**—論呂凱文〈佛教輪迴思想的論述分析〉之謬。
平實導師 著 定價180元
44.**人間佛教**—實證者必定不悖三乘菩提
平實導師 述，定價400元
45.**實相經宗通** 平實導師述 共八輯 每輯250元
46.**真心告訴您(一)**—達賴喇嘛在幹什麼？
正覺教育基金會編著 售價250元
47.**中觀金鑑**—詳述應成派中觀的起源與其破法本質
孫正德老師著 分為上、中、下三冊，每冊250元
48.**藏傳佛教要義**—《狂密與真密》之簡體字版 平實導師 著 上、下冊
僅在大陸流通 每冊300元
49.**法華經講義** 平實導師述 共二十五輯 每輯300元
已於2015/05/31起開始出版，每二個月出版一輯
50.**西藏「活佛轉世」制度**—附佛、造神、世俗法
許正豐、張正玄老師合著 定價150元
51.**廣論三部曲** 郭正益老師著 定價150元
52.**真心告訴您(二)**—達賴喇嘛是佛教僧侶嗎？
—補祝達賴喇嘛八十大壽
正覺教育基金會編著 售價300元
53.**次法**—實證佛法前應有的條件
張善思居士著 分為上、下二冊，每冊250元
54.**涅槃**—解說四種涅槃之實證及內涵 平實導師著 上下冊 各350元
預定2018/09/30出版上冊，11月底出版下冊
55.**廣論之平議**—宗喀巴《菩提道次第廣論》之平議 正雄居士著
約二或三輯 俟正覺電子報連載後結集出版 書價未定

56.**末法導護**—對印順法師中心思想之綜合判攝　　正慶老師著　書價未定
57.**菩薩學處**—菩薩四攝六度之要義　　陸正元老師著　　出版日期未定。
58.**八識規矩頌**詳解　　○○居士 註解　出版日期另訂　書價未定。
59.**印度佛教史**—法義與考證。依法義史實評論印順《印度佛教思想史、佛教史地考論》之謬說　正偉老師著　出版日期未定　書價未定
60.**中國佛教史**—依中國佛教正法史實而論。 ○○老師 著　書價未定。
61.**中論正義**—釋龍樹菩薩《中論》頌正理。
孫正德老師著　出版日期未定　書價未定
62.**中觀正義**—註解平實導師《中論正義頌》。
○○法師（居士）著　出版日期未定　書價未定
63.**佛藏經講記**　平實導師述　出版日期未定　書價未定
64.**阿含經講記**—將選錄四阿含中數部重要經典全經講解之，講後整理出版。
平實導師述　約二輯　每輯 300 元　出版日期未定
65.**寶積經講記**　平實導師述　每輯三百餘頁 優惠價 300 元 出版日期未定
66.**解深密經講記**　平實導師述 約四輯　將於重講後整理出版
67.**成唯識論略解**　平實導師著　五～六輯　每輯300 元　出版日期未定
68.**修習止觀坐禪法要講記**　　平實導師述　每輯三百餘頁
將於正覺寺建成後重講、以講記逐輯出版　出版日期未定
69.**無門關**—《無門關》公案拈提　平實導師著　出版日期未定
70.**中觀再論**—兼述印順《中觀今論》謬誤之平議。 正光老師著 出版日期未定
71.**輪迴與超度**—佛教超度法會之真義。
○○法師（居士）著　出版日期未定　書價未定
72.《**釋摩訶衍論**》**平議**—對偽稱龍樹所造《釋摩訶衍論》之平議
○○法師（居士）著　出版日期未定　書價未定
73.**正覺發願文**註解—以真實大願為因 得證菩提
正德老師著　　出版日期未定　　書價未定
74.**正覺總持咒**—佛法之總持　　正圜老師著　出版日期未定　書價未定
75.**三自性**—依四食、五蘊、十二因緣、十八界法，說三性三無性。
作者未定　出版日期未定
76.**道品**—從三自性說大小乘三十七道品　　作者未定　出版日期未定
77.**大乘緣起觀**—依四聖諦七真如現觀十二緣起 作者未定　出版日期未定
78.**三德**—論解脫德、法身德、般若德。　　作者未定　出版日期未定
79.**真假如來藏**—對印順《如來藏之研究》謬說之平議　作者未定 出版日期未定
80.**大乘道次第**　　作者未定　出版日期未定　書價未定
81.**四緣**—依如來藏故有四緣。　作者未定　出版日期未定
82.**空之探究**—印順《空之探究》謬誤之平議　作者未定 出版日期未定
83.**十法義**—論阿含經中十法之正義　　作者未定　出版日期未定
84.**外道見**—論述外道六十二見　　作者未定　　出版日期未定

正智出版社有限公司書籍介紹

禪淨圓融：言淨土諸祖所未曾言，示諸宗祖師所未曾示；禪淨圓融，另闢成佛捷徑，兼顧自力他力，闡釋淨土門之速行易行道，亦同時揭櫫聖教門之速行易行道；令廣大淨土行者得免緩行難證之苦，亦令聖道門行者得以藉著淨土速行道而加快成佛之時劫。乃前無古人之超勝見地，非一般弘揚禪淨法門典籍也，先讀爲快。平實導師著 200元。

宗門正眼—**公案拈提**第一輯：繼承克勤圜悟大師碧巖錄宗旨之禪門鉅作。先則舉示當代大法師之邪說，消弭當代禪門大師鄉愿之心態，摧破當今禪門「世俗禪」之妄談；次則旁通教法，表顯宗門正理；繼以道之次第，消弭古今狂禪；後藉言語及文字機鋒，直示宗門入處。悲智雙運，禪味十足，數百年來難得一睹之禪門鉅著也。平實導師著　500元（原初版書《禪門摩尼寶聚》，改版後補充爲五百餘頁新書，總計多達二十四萬字，內容更精彩，並改名爲《宗門正眼》，讀者原購初版《禪門摩尼寶聚》皆可寄回本公司免費換新，免附回郵，亦無截止期限）（2007年起，凡購買公案拈提第一輯至第七輯，每購一輯皆贈送本公司精製公案拈提〈超意境〉CD一片，市售價格280元，多購多贈）。

禪—悟前與悟後：本書能建立學人悟道之信心與正確知見，圓滿具足而有次第地詳述禪悟之功夫與禪悟之內容，指陳參禪中細微淆訛之處，能使學人明自眞心、見自本性。若未能悟入，亦能以正確知見辨別古今中外一切大師究係眞悟？或屬錯悟？便有能力揀擇，捨名師而選明師，後時必有悟道之緣。一旦悟道，遲者七次人天往返，便出三界，速者一生取辦。學人欲求開悟者，不可不讀。平實導師著。上、下冊共500元，單冊250元。

眞實如來藏：如來藏眞實存在，乃宇宙萬有之本體，並非印順法師、達賴喇嘛等人所說之「唯有名相、無此心體」。如來藏是涅槃之本際，是一切有智之人竭盡心智、不斷探索而不能得之生命實相；是古今中外許多大師自以爲悟而當面錯過之生命實相。如來藏即是阿賴耶識，乃是一切有情本自具足、不生不滅之眞實心。當代中外大師於此書出版之前所未能言者，作者於本書中盡情流露、詳細闡釋。眞悟者讀之，必能增益悟境、智慧增上；錯悟者讀之，必能檢討自己之錯誤，免犯大妄語業；未悟者讀之，能知參禪之理路，亦能以之檢查一切名師是否眞悟。此書是一切哲學家、宗教家、學佛者及欲昇華心智之人必讀之鉅著。　平實導師著　售價400元。

宗門法眼—**公案拈提**第二輯：列舉實例，闡釋土城廣欽老和尚之悟處；並直示這位不識字的老和尚妙智橫生之根由，繼而剖析禪宗歷代大德之開悟公案，解析當代密宗高僧卡盧仁波切之錯悟證據，並例舉當代顯宗高僧、大居士之錯悟證據（凡健在者，爲免影響其名聞利養，皆隱其名）。藉辨正當代名師之邪見，向廣大佛子指陳禪悟之正道，彰顯宗門法眼。悲勇兼出，強捋虎鬚；慈智雙運，巧探驪龍；摩尼寶珠在手，直示宗門入處，禪味十足；若非大悟徹底，不能爲之。禪門精奇人物，允宜人手一冊，供作參究及悟後印證之圭臬。本書於2008年4月改版，增寫為大約500頁篇幅，以利學人研讀參究時更易悟入宗門正法，以前所購初版首刷及初版二刷舊書，皆可免費換取新書。平實導師著 500元（2007年起，凡購買公案拈提第一輯至第七輯，每購一輯皆贈送本公司精製公案拈提〈超意境〉CD一片，市售價格280元，多購多贈）。

宗門道眼—**公案拈提**第三輯：繼宗門法眼之後，再以金剛之作略、慈悲之胸懷、犀利之筆觸，舉示寒山、拾得、布袋三大士之悟處，消弭當代錯悟者對於寒山大士……等之誤會及誹謗。亦舉出民初以來與虛雲和尚齊名之蜀郡鹽亭袁煥仙夫子——南懷瑾老師之師，其「悟處」何在？並蒐羅許多眞悟祖師之證悟公案，顯示禪宗歷代祖師之睿智，指陳部分祖師、奧修及當代顯密大師之謬悟，作爲殷鑑，幫助禪子建立及修正參禪之方向及知見。假使讀者閱此書已，一時尚未能悟，亦可一面加功用行，一面以此宗門道眼辨別眞假善知識，避開錯誤之印證及歧路，可免大妄語業之長劫慘痛果報。欲修禪宗之禪者，務請細讀。平實導師著 售價500元（2007年起，凡購買公案拈提第一輯至第七輯，每購一輯皆贈送本公司精製公案拈提〈超意境〉CD一片，市售價格280元，多購多贈）。

楞伽經詳解：本經是禪宗見道者印證所悟眞僞之根本經典，亦是禪宗見道者悟後起修之依據經典；故達摩祖師於印證二祖慧可大師之後，將此經典連同佛鉢祖衣一併交付二祖，令其依此經典佛示金言、進入修道位，修學一切種智。由此可知此經對於眞悟之人修學佛道，是非常重要之一部經典。此經能破外道邪說，亦破佛門中錯悟名師之謬說，亦破禪宗部分祖師之狂禪：不讀經典、一向主張「一悟即成究竟佛」之謬執。並開示愚夫所行禪、觀察義禪、攀緣如禪、如來禪等差別，令行者對於三乘禪法差異有所分辨；亦糾正禪宗祖師古來對於如來禪之誤解，嗣後可免以訛傳訛之弊。此經亦是法相唯識宗之根本經典，禪者悟後欲修一切種智而入初地者，必須詳讀。　平實導師著，全套共十輯，已全部出版完畢，每輯主文約320頁，每冊約352頁，定價250元。

宗門血脈—**公案拈提**第四輯：末法怪象—許多修行人自以爲悟，每將無念靈知認作眞實；崇尚二乘法諸師及其徒眾，則將外於如來藏之緣起性空—無因論之無常空、斷滅空、一切法空—錯認爲 佛所說之般若空性。這兩種現象已於當今海峽兩岸及美加地區顯密大師之中普遍存在；人人自以爲悟，心高氣壯，便敢寫書解釋祖師證悟之公案，大多出於意識思惟所得，言不及義，錯誤百出，因此誤導廣大佛子同陷大妄語之地獄業中而不能自知。彼等書中所說之悟處，其實處處違背第一義經典之聖言量。彼等諸人不論是否身披袈裟，都非佛法宗門血脈，或雖有禪宗法脈之傳承，亦只徒具形式；猶如螟蛉，非眞血脈，未悟得根本眞實故。禪子欲知佛、祖之眞血脈者，請讀此書，便知分曉。平實導師著，主文452頁，全書464頁，定價500元（2007年起，凡購買公案拈提第一輯至第七輯，每購一輯皆贈送本公司精製公案拈提〈超意境〉CD一片，市售價格280元，多購多贈）。

宗通與說通：古今中外，錯誤之人如麻似粟，每以常見外道所說之靈知心，認作眞心；或妄想虛空之勝性能量爲眞如，或錯認物質四大元素藉冥性（靈知心本體）能成就吾人色身及知覺，或認初禪至四禪中之了知心爲不生不滅之涅槃心。此等皆非通宗者之見地。復有錯悟之人一向主張「宗門與教門不相干」，此即尚未通達宗門之人也。其實宗門與教門互通不二，宗門所證者乃是眞如與佛性，教門所說者乃說宗門證悟之眞如佛性，故教門與宗門不二。本書作者以宗教二門互通之見地，細說「宗通與說通」，從初見道至悟後起修之道、細說分明；並將諸宗諸派在整體佛教中之地位與次第，加以明確之教判，學人讀之即可了知佛法之梗概也。欲擇明師學法之前，允宜先讀。平實導師著，主文共381頁，全書392頁，只售成本價300元。

宗門正道—**公案拈提**第五輯：修學大乘佛法有二果須證解脫果及大菩提果。二乘人不證大菩提果，唯證解脫果；此果之智慧，名爲聲聞菩提、緣覺菩提。大乘佛子所證二果之菩提果爲佛菩提，故名大菩提果，其慧名爲一切種智函蓋二乘解脫果。然此大乘二果修證，須經由禪宗之宗門證悟方能相應。而宗門證悟極難，自古已然；其所以難者，咎在古今佛教界普遍存在三種邪見：1.以修定認作佛法，2.以無因論之緣起性空—否定涅槃本際如來藏以後之一切法空作爲佛法，3.以常見外道邪見（離語言妄念之靈知性）作爲佛法。如是邪見，或因自身正見未立所致，或因邪師之邪教導所致，或因無始劫來虛妄熏習所致。若不破除此三種邪見，永劫不悟宗門眞義、不入大乘正道，唯能外門廣修菩薩行。平實導師於此書中，有極爲詳細之說明，有志佛子欲摧邪見、入於內門修菩薩行者，當閱此書。主文共496頁，全書512頁。售價500元（2007年起，凡購買公案拈提第一輯至第七輯，每購一輯皆贈送本公司精製公案拈提〈超意境〉CD一片，市售價格280元，多購多贈）。

狂密與真密：密教之修學，皆由有相之觀行法門而入，其最終目標仍不離顯教經典所說第一義諦之修證；若離顯教第一義經典、或違背顯教第一義經典，即非佛教。西藏密教之觀行法，如灌頂、觀想、遷識法、寶瓶氣、大聖歡喜雙身修法、喜金剛、無上瑜伽、大樂光明、樂空雙運等，皆是印度教兩性生生不息思想之轉化，自始至終皆以如何能運用交合淫樂之法達到全身受樂爲其中心思想，純屬欲界五欲的貪愛，不能令人超出欲界輪迴，更不能令人斷除我見；何況大乘之明心與見性，更無論矣！故密宗之法絕非佛法也。而其明光大手印、大圓滿法教，又皆同以常見外道所說離語言妄念之無念靈知心錯認爲佛地之眞如，不能直指不生不滅之眞如。西藏密宗所有法王與徒眾，都尚未開頂門眼，不能辨別眞僞，以依人不依法、依密續不依經典故，不肯將其上師喇嘛所說對照第一義經典，純依密續之藏密祖師所說爲準，因此而誇大其證德與證量，動輒謂彼祖師上師爲究竟佛、爲地上菩薩；如今台海兩岸亦有自謂其師證量高於 釋迦文佛者，然觀其師所述，猶未見道，仍在觀行即佛階段，尚未到禪宗相似即佛、分證即佛階位，竟敢標榜爲究竟佛及地上法王，誑惑初機學人。凡此怪象皆是狂密，不同於眞密之修行者。近年狂密盛行，密宗行者被誤導者極眾，動輒自謂已證佛地眞如，自視爲究竟佛，陷於大妄語業中而不知自省，反謗顯宗眞修實證者之證量粗淺；或如義雲高與釋性圓…等人，於報紙上公然誹謗眞實證道者爲「騙子、無道人、人妖、癩蛤蟆…」等，造下誹謗大乘勝義僧之大惡業；或以外道法中有爲有作之甘露、魔術……等法，誑騙初機學人，狂言彼外道法爲眞佛法。如是怪象，在西藏密宗及附藏密之外道中，不一而足，舉之不盡，學人宜應愼思明辨，以免上當後又犯毀破菩薩戒之重罪。密宗學人若欲遠離邪知邪見者，請閱此書，即能了知密宗之邪謬，從此遠離邪見與邪修，轉入眞正之佛道。

平實導師著 共四輯 每輯約400頁（主文約340頁）每輯售價300元。

宗門正義—公案拈提第六輯：佛教有六大危機，乃是藏密化、世俗化、膚淺化、學術化、宗門密意失傳、悟後進修諸地之次第混淆；其中尤以宗門密意之失傳，爲當代佛教最大之危機。由宗門密意失傳故，易令 世尊本懷普被錯解，易令 世尊正法被轉易爲外道法，以及加以淺化、世俗化，是故宗門密意之廣泛弘傳與具緣佛弟子，極爲重要。然而欲令宗門密意之廣泛弘傳予具緣之佛弟子者，必須同時配合錯誤知見之解析、普令佛弟子知之，然後輔以公案解析之直示入處，方能令具緣之佛弟子悟入。而此二者，皆須以公案拈提之方式爲之，方易成其功、竟其業，是故平實導師續作宗門正義一書，以利學人。全書500餘頁，售價500元（2007年起，凡購買公案拈提第一輯至第七輯，每購一輯皆贈送本公司精製公案拈提〈超意境〉CD一片，市售價格280元，多購多贈）。

心經密意—心經與解脫道、佛菩提道、祖師公案之關係與密意。二乘菩提所證之解脫道，實依第八識心之斷除煩惱障現行而立解脫之名；大乘菩提所證之佛菩提道，實依親證第八識如來藏之涅槃性、清淨自性、及其中道性而立般若之名；禪宗祖師公案所證之眞心，即是此第八識如來藏；是故三乘佛法所修所證之三乘菩提，皆依此如來藏心而立名也。此第八識心，即是《心經》所說之心也。證得此如來藏已，即能漸入大乘佛菩提道，亦可因證知此心而了知二乘無學所不能知之無餘涅槃本際，是故《心經》之密意，與三乘佛菩提之關係極爲密切、不可分割，三乘佛法皆依此心而立名故。今者平實導師以其所證解脫道之無生智及佛菩提之般若種智，將《心經》與解脫道、佛菩提道、祖師公案之關係與密意，以演講之方式，用淺顯之語句和盤托出，發前人所未言，呈三乘菩提之眞義，令人藉此《心經密意》一舉而窺三乘菩提之堂奧，迥異諸方言不及義之說；欲求眞實佛智者、不可不讀！主文317頁，連同跋文及序文…等共384頁，售價300元。

宗門密意—公案拈提第七輯：佛教之世俗化，將導致學人以信仰作爲學佛，則將以感應及世間法之庇祐，作爲學佛之主要目標，不能了知學佛之主要目標爲親證三乘菩提。大乘菩提則以般若實相智慧爲主要修習目標，以二乘菩提解脫道爲附帶修習之標的；是故學習大乘法者，應以禪宗之證悟爲要務，能親入大乘菩提之實相般若智慧中故，般若實相智慧非二乘聖人所能知故。此書則以台灣世俗化佛教之三大法師，說法似是而非之實例，配合眞悟祖師之公案解析，提示證悟般若之關節，令學人易得悟入。平實導師著，全書五百餘頁，售價500元（2007年起，凡購買公案拈提第一輯至第七輯，每購一輯皆贈送本公司精製公案拈提〈超意境〉CD一片，市售價格280元，多購多贈）。

淨土聖道—兼評日本本願念佛：佛法甚深極廣，般若玄微，非諸二乘聖僧所能知之，一切凡夫更無論矣！所謂一切證量皆歸淨土是也！是故大乘法中「聖道之淨土、淨土之聖道」，其義甚深，難可了知；乃至眞悟之人，初心亦難知也。今有正德老師眞實證悟後，復能深探淨土與聖道之緊密關係，憐憫眾生之誤會淨土實義，亦欲利益廣大淨土行人同入聖道，同獲淨土中之聖道門要義，乃振奮心神、書以成文，今得刊行天下。主文279頁，連同序文等共301頁，總有十一萬六千餘字，正德老師著，成本價200元。

起信論講記：詳解大乘起信論**心生滅門**與**心眞如門**之眞實意旨，消除以往大師與學人對起信論所說**心生滅門**之誤解，由是而得了知眞心如來藏之非常非斷中道正理；亦因此一講解，令此論以往隱晦而被誤解之眞實義，得以如實顯示，令大乘佛菩提道之正理得以顯揚光大；初機學者亦可藉此正論所顯示之法義，對大乘法理生起正信，從此得以眞發菩提心，眞入大乘法中修學，世世常修菩薩正行。平實導師演述，共六輯，都已出版，每輯三百餘頁，售價各250元。

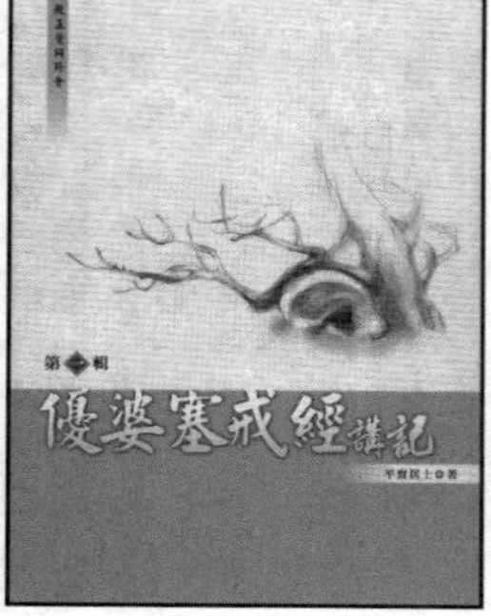

優婆塞戒經講記：本經詳述在家菩薩修學大乘佛法，應如何受持菩薩戒？對人間善行應如何看待？對三寶應如何護持？應如何正確地修集此世後世證法之福德？應如何修集後世「行菩薩道之資糧」？並詳述第一義諦之正義：五蘊非我非異我、自作自受、異作異受、不作不受……等深妙法義，乃是修學大乘佛法、行菩薩行之在家菩薩所應當了知者。出家菩薩今世或未來世登地已，捨報之後多數將如華嚴經中諸大菩薩，以在家菩薩身而修行菩薩行，故亦應以此經所述正理而修之，配合《楞伽經、解深密經、楞嚴經、華嚴經》等道次第正理，方得漸次成就佛道；故此經是一切大乘行者皆應證知之正法。平實導師講述，每輯三百餘頁，售價各250元；共八輯，已全部出版。

真假活佛—略論附佛外道盧勝彥之邪說：人人身中都有眞活佛，永生不滅而有大神用，但眾生都不了知，所以常被身外的西藏密宗假活佛籠罩欺瞞。本來就眞實存在的眞活佛，才是眞正的密宗無上密！諾那活佛因此而說禪宗是大密宗，但藏密的所有活佛都不知道、也不曾實證自身中的眞活佛。本書詳實宣示眞活佛的道理，舉證盧勝彥的「佛法」不是眞佛法，也顯示盧勝彥是假活佛，直接的闡釋第一義佛法見道的眞實正理。眞佛宗的所有上師與學人們，都應該詳細閱讀，包括盧勝彥個人在內。正犀居士著，優惠價140元。

阿含正義—唯識學探源：廣說四大部《阿含經》諸經中隱說之眞正義理，一一舉示佛陀本懷，令阿含時期初轉法輪根本經典之眞義，如實顯現於佛子眼前。並提示末法大師對於阿含眞義誤解之實例，一一比對之，證實唯識增上慧學確於原始佛法之阿含諸經中已隱覆密意而略說之，證實 世尊確於原始佛法中已曾密意而說第八識如來藏之總相；亦證實 世尊在四阿含中已說此藏識是名色十八界之因、之本—證明如來藏是能生萬法之根本心。佛子可據此修正以往受諸大師（譬如西藏密宗應成派中觀師：印順、昭慧、性廣、大願、達賴、宗喀巴、寂天、月稱、……等人）誤導之邪見，建立正見，轉入正道乃至親證初果而無困難；書中並詳說三果所證的**心解脫**，以及四果**慧解脫**的親證，都是如實可行的具體知見與行門。全書共七輯，已出版完畢。平實導師著，每輯三百餘頁，售價300元。

超意境ＣＤ：以平實導師公案拈提書中超越意境之頌詞，加上曲風優美的旋律，錄成令人嚮往的超意境歌曲，其中包括正覺發願文及平實導師親自譜成的黃梅調歌曲一首。詞曲雋永，殊堪翫味，可供學禪者吟詠，有助於見道。內附設計精美的彩色小冊，解說每一首詞的背景本事。每片280元。【每購買公案拈提書籍一冊，即贈送一片。】

鈍鳥與靈龜：鈍鳥及靈龜二物，被宗門證悟者說爲二種人：前者是精修禪定而無智慧者，也是以定爲禪的愚癡禪人；後者是或有禪定、或無禪定的宗門證悟者，凡已證悟者皆是靈龜。但後來被人虛造事實，用以嘲笑大慧宗杲禪師，說他雖是靈龜，卻不免被天童禪師預記「患背」痛苦而亡：「**鈍鳥離巢易，靈龜脫殼難**。」藉以貶低大慧宗杲的證量。同時將天童禪師實證如來藏的證量，曲解爲意識境界的離念靈知。自從大慧禪師入滅以後，錯悟凡夫對他的不實毀謗就一直存在著，不曾止息，並且捏造的假事實也隨著年月的增加而越來越多，終至編成「鈍鳥與靈龜」的假公案、假故事。本書是考證大慧與天童之間的不朽情誼，顯現這件假公案的虛妄不實；更見大慧宗杲面對惡勢力時的正直不阿，亦顯示大慧對天童禪師的至情深義，將使後人對大慧宗杲的誣謗至此而止，不再有人誤犯毀謗賢聖的惡業。書中亦舉證宗門的所悟確以第八識如來藏爲標的，詳讀之後必可改正以前被錯悟大師誤導的參禪知見，日後必定有助於實證禪宗的開悟境界，得階大乘眞見道位中，即是實證般若之賢聖。全書459頁，售價350元。

我的菩提路第一輯：凡夫及二乘聖人不能實證的佛菩提證悟，末法時代的今天仍然有人能得實證，由正覺同修會釋悟圓、釋善藏法師等二十餘位實證如來藏者所寫的見道報告，已爲當代學人見證宗門正法之絲縷不絕，證明大乘義學的法脈仍然存在，爲末法時代求悟般若之學人照耀出光明的坦途。由二十餘位大乘見道者所繕，敘述各種不同的學法、見道因緣與過程，參禪求悟者必讀。全書三百餘頁，售價300元。

我的菩提路第二輯：由郭正益老師等人合著，書中詳述彼等諸人歷經各處道場學法，一一修學而加以檢擇之不同過程以後，因閱讀正覺同修會、正智出版社書籍而發起抉擇分，轉入正覺同修會中修學；乃至學法及見道之過程，都一一詳述之。其中張志成等人係由前現代禪轉進正覺同修會，張志成原爲現代禪副宗長，以前未閱本會書籍時，曾被人藉其名義著文評論 平實導師（詳見《宗通與說通》辨正及《眼見佛性》書末附錄…等）；後因偶然接觸正覺同修會書籍，深覺以前聽人評論平實導師之語不實，於是投入極多時間閱讀本會書籍、深入思辨，詳細探索中觀與唯識之關聯與異同，認爲正覺之法義方是正法，深覺相應；亦解開多年來對佛法的迷雲，確定應依八識論正理修學方是正法。乃不顧面子，毅然前往正覺同修會面見平實導師懺悔，並正式學法求悟。今已與其同修王美伶（亦爲前現代禪傳法老師），同樣證悟如來藏而證得法界實相，生起實相般若眞智。此書中尙有七年來本會第一位眼見佛性者之見性報告一篇，一同供養大乘佛弟子。全書四百頁，售價300元。

我的菩提路第三輯：由王美伶老師等人合著。自從正覺同修會成立以來，每年夏初、冬初都舉辦精進禪三共修，藉以助益會中同修們得以證悟明心發起般若實相智慧；凡已實證而被平實導師印證者，皆書具見道報告用以證明佛法之眞實可證而非玄學，證明佛法並非純屬思想、理論而無實質，是故每年都能有人證明正覺同修會的「實證佛教」主張並非虛語。特別是眼見佛性一法，自古以來中國禪宗祖師實證者極寡，較之明心開悟的證境更難令人信受；至2017年初，正覺同修會中的證悟明心者已近五百人，然而其中眼見佛性者至今唯十餘人爾，可謂難能可貴，是故明心後欲冀眼見佛性者實屬不易。黃正倖老師是懸絕七年無人見性後的第一人，她於2009年的見性報告刊於本書的第二輯中，爲大眾證明佛性確實可以眼見；其後七年之中求見性者都屬解悟佛性而無人眼見，幸而又經七年後的2016冬初，以及2017夏初的禪三，復有三人眼見佛性，希冀鼓舞四眾佛子求見佛性之大心，今則具載一則於書末，顯示求見佛性之事實經歷，供養現代佛教界欲得見性之四眾弟子。全書四百頁，售價300元。

我的菩提路第四輯：由陳晏平等人著。中國禪宗祖師往往有所謂「見性」之言，所言多屬看見如來藏具有能令人發起成佛之自性，並非《大般涅槃經》中如來所說之眼見佛性。眼見佛性者，於親見佛性之時，即能於山河大地眼見自己佛性，亦能於他人身上眼見自己佛性及對方之佛性，如是境界無法爲尚未實證者解釋；勉強說之，縱使眞實明心證悟之人聞之，亦只能以自身明心之境界想像之，但不論如何想像多屬非量，能有正確之比量者亦是稀有，故說眼見佛性極爲困難。眼見佛性之人若所見極分明時，在所見佛性之境界下所眼見之山河大地、自己五蘊身心皆是虛幻，自有異於明心者之解脫功德受用，此後永不思證二乘涅槃，必定邁向成佛之道而進入第十住位中，已超第一阿僧祇劫三分有一，可謂之爲超劫精進也。今又有明心之後眼見佛性之人出於人間，將其明心及後來見性之報告，連同其餘證悟明心者之精彩報告一同收錄於此書中，供養眞求佛法實證之四眾佛子。全書380頁，售價300元，預定2018年6月30日發行。

楞嚴經講記：楞嚴經係密教部之重要經典，亦是顯教中普受重視之經典；經中宣說明心與見性之內涵極爲詳細，將一切法都會歸如來藏及佛性—妙眞如性；亦闡釋佛菩提道修學過程中之種種魔境，以及外道誤會涅槃之狀況，旁及三界世間之起源。然因言句深澀難解，法義亦復深妙寬廣，學人讀之普難通達，是故讀者大多誤會，不能如實理解佛所說之明心與見性內涵，亦因是故多有悟錯之人引爲開悟之證言，成就大妄語罪。今由平實導師詳細講解之後，整理成文，以易讀易懂之語體文刊行天下，以利學人。全書十五輯，全部出版完畢。每輯三百餘頁，售價每輯300元。

勝鬘經講記：如來藏爲三乘菩提之所依，若離如來藏心體及其含藏之一切種子，即無三界有情及一切世間法，亦無二乘菩提緣起性空之出世間法；本經詳說無始無明、一念無明皆依如來藏而有之正理，藉著詳解煩惱障與所知障間之關係，令學人深入了知二乘菩提與佛菩提相異之妙理；聞後即可了知佛菩提之特勝處及三乘修道之方向與原理，邁向攝受正法而速成佛道的境界中。平實導師講述，共六輯，每輯三百餘頁，售價各250元。

菩薩底憂鬱CD將菩薩情懷及禪宗公案寫成新詞，並製作成超越意境的優美歌曲。1.主題曲〈菩薩底憂鬱〉，描述地後菩薩能離三界生死而迴向繼續生在人間，但因尚未斷盡習氣種子而有極深沈之憂鬱，非三賢位菩薩及二乘聖者所知，此憂鬱在七地滿心位方才斷盡；本曲之詞中所說義理極深，昔來所未曾見；此曲係以優美的情歌風格寫詞及作曲，聞者得以激發嚮往諸地菩薩境界之大心，詞、曲都非常優美，難得一見；其中勝妙義理之解說，已印在附贈之彩色小冊中。2.以各輯公案拈提中直示禪門入處之頌文，作成各種不同曲風之超意境歌曲，值得玩味、參究；聆聽公案拈提之優美歌曲時，請同時閱讀內附之印刷精美說明小冊，可以領會超越三界的證悟境界；未悟者可以因此引發求悟之意向及疑情，眞發菩提心而邁向求悟之途，乃至因此眞實悟入般若，成眞菩薩。3.正覺總持咒新曲，總持佛法大意；總持咒之義理，已加以解說並印在隨附之小冊中。本CD共有十首歌曲，長達63分鐘，附贈二張購書優惠券。每片280元。

禪意無限CD平實導師以公案拈提書中偈頌寫成不同風格曲子，與他人所寫不同風格曲子共同錄製出版，幫助參禪人進入禪門超越意識之境界。盒中附贈彩色印製的精美解說小冊，以供聆聽時閱讀，令參禪人得以發起參禪之疑情，即有機會證悟本來面目，實證大乘菩提般若。本CD共有十首歌曲，長達69分鐘，每盒各附贈二張購書優惠券。每片280元。

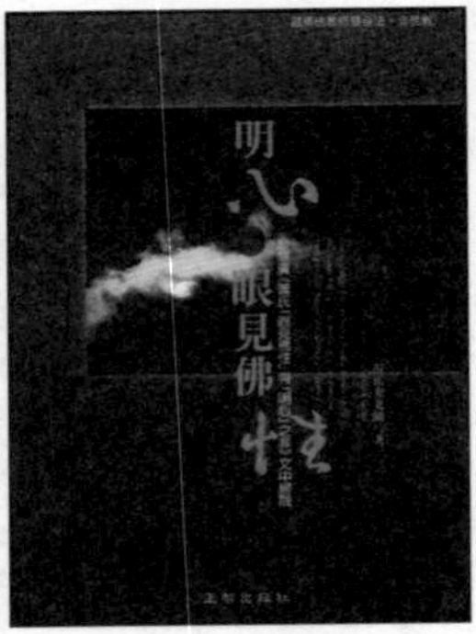

明心與眼見佛性：本書細述明心與眼見佛性之異同，同時顯示了中國禪宗破初參明心與重關眼見佛性二關之間的關聯；書中又藉法義辨正而旁述其他許多勝妙法義，讀後必能遠離佛門長久以來積非成是的錯誤知見，令讀者在佛法的實證上有極大助益。也藉慧廣法師的謬論來教導佛門學人回歸正知正見，遠離古今禪門錯悟者所墮的意識境界，非唯有助於斷我見，也對未來的開悟明心實證第八識如來藏有所助益，是故學禪者都應細讀之。游正光老師著　共448頁　售價300元。

見性與看話頭：黃正倖老師的《見性與看話頭》於《正覺電子報》連載完畢，今結集出版。書中詳說禪宗看話頭的詳細方法，並細說看話頭與眼見佛性的關係，以及眼見佛性者求見佛性前必須具備的條件。本書是禪宗實修者追求明心開悟時參禪的方法書，也是求見佛性者作功夫時必讀的方法書，內容兼顧眼見佛性的理論與實修之方法，是依實修之體驗配合理論而詳述，條理分明而且極為詳實、周全、深入。本書內文375頁，全書416頁，售價300元。

維摩詰經講記：本經係 世尊在世時，由等覺菩薩維摩詰居士藉疾病而演說之大乘菩提無上妙義，所說函蓋甚廣，然極簡略，是故今時諸方大師與學人讀之悉皆錯解，何況能知其中隱含之深妙正義，是故普遍無法爲人解說；若強爲人說，則成依文解義而有諸多過失。今由平實導師公開宣講之後，詳實解釋其中密意，令維摩詰菩薩所說大乘不可思議解脫之深妙正法得以正確宣流於人間，利益當代學人及與諸方大師。書中詳實演述大乘佛法深妙不共二乘之智慧境界，顯示諸法之中絕待之實相境界，建立大乘菩薩妙道於永遠不敗不壞之地，以此成就護法偉功，欲冀永利娑婆人天。已經宣講圓滿整理成書流通，以利諸方大師及諸學人。全書共六輯，每輯三百餘頁，售價各250元。

真假外道：本書具體舉證佛門中的常見外道知見實例，並加以教證及理證上的辨正，幫助讀者輕鬆而快速的了知常見外道的錯誤知見，進而遠離佛門內外的常見外道知見，因此即能改正修學方向而快速實證佛法。游正光老師著　。成本價200元。

金剛經宗通：三界唯心，萬法唯識，是成佛之修證內容，是諸地菩薩之所修；般若則是成佛之道（實證三界唯心、萬法唯識）的入門，若未證悟實相般若，即無成佛之可能，必將永在外門廣行菩薩六度，永在凡夫位中。然而實相般若的發起，全賴實證萬法的實相；若欲證知萬法的眞相，則必須探究萬法之所從來，則須實證自心如來—金剛心如來藏，然後現觀這個金剛心的金剛性、眞實性、如如性、清淨性、涅槃性、能生萬法的自性性、本住性，名爲證眞如；進而現觀三界六道唯是此金剛心所成，人間萬法須藉八識心王和合運作方能現起。如是實證《華嚴經》的「三界唯心、萬法唯識」以後，由此等現觀而發起實相般若智慧，繼續進修第十住位的如幻觀、第十行位的陽焰觀、第十迴向位的如夢觀，再生起增上意樂而勇發十無盡願，方能滿足三賢位的實證，轉入初地；自知成佛之道而無偏倚，從此按部就班、次第進修乃至成佛。第八識自心如來是般若智慧之所依，般若智慧的修證則要從實證金剛心自心如來開始；《金剛經》則是解說自心如來之經典，是一切三賢位菩薩所應進修之實相般若經典。這一套書，是將平實導師宣講的《金剛經宗通》內容，整理成文字而流通之；書中所說義理，迥異古今諸家依文解義之說，指出大乘見道方向與理路，有益於禪宗學人求開悟見道，及轉入內門廣修六度萬行。講述完畢後結集出版，總共9輯，每輯約三百餘頁，售價各250元。

空行母—性別、身分定位，以及藏傳佛教：本書作者爲蘇格蘭哲學家，因爲嚮往佛教深妙的哲學內涵，於是進入當年盛行於歐美的假藏傳佛教密宗，擔任卡盧仁波切的翻譯工作多年以後，被邀請成爲卡盧的空行母（又名佛母、明妃），開始了她在密宗裡的實修過程；後來發覺在密宗雙身法中的修行，其實無法使自己成佛，也發覺密宗對女性岐視而處處貶抑，並剝奪女性在雙身法中擔任一半角色時應有的身分定位。當她發覺自己只是雙身法中被喇嘛利用的工

具，沒有獲得絲毫應有的尊重與基本定位時，發現了密宗的父權社會控制女性的本質；於是作者傷心地離開了卡盧仁波切與密宗，但是卻被恐嚇不許講出她在密宗裡的經歷，也不許她說出自己對密宗的教義與教制下對女性剝削的本質，否則將被咒殺死亡。後來她去加拿大定居，十餘年後方才擺脫這個恐嚇陰影，下定決心將親身經歷的實情及觀察到的事實寫下來並且出版，公諸於世。出版之後，她被流亡的達賴集團人士大力攻訐，誣指她爲精神狀態失常、說謊……等。但有智之士並未被達賴集團的政治操作及各國政府政治運作吹捧達賴的表相所欺，使她的書銷售無阻而又再版。正智出版社鑑於作者此書是親身經歷的事實，所說具有針對「藏傳佛教」而作學術研究的價值，也有使人認清假藏傳佛教剝削佛母、明妃的男性本位實質，因此洽請作者同意中譯而出版於華人地區。珍妮·坎貝爾女士著，呂艾倫 中譯，每冊250元。

霧峰無霧—給哥哥的信：本書作者藉兄弟之間信件往來論義，略述佛法大義；並以多篇短文辨義，舉出釋印順對佛法的無量誤解證據，並一一給予簡單而清晰的辨正，令人一讀即知。久讀、多讀之後即能認清楚釋印順的六識論見解，與眞實佛法之牴觸是多麼嚴重；於是在久讀、多讀之後，於不知不覺之間提升了對佛法的極深入理解，正知正見就在不知不覺間建立起來了。當三乘佛法的正知見建立起來之後，對於三乘菩提的見道條件便將隨之具足，於是聲聞解脫道的見道也就水到渠成；接著大乘見道的因緣也將次第成熟，未來自然也會有親見大乘菩提之道的因緣，悟入大乘實相般若也將自然成功，自能通達般若系列諸經而成實義菩薩。作者居住於南投縣霧峰鄉，自喻見道之後不復再見霧峰之霧，故鄉原野美景一一明見，於是立此書名爲《霧峰無霧》；讀者若欲撥霧見月，可以此書爲緣。游宗明　老師著　售價250元。

假藏傳佛教的神話—性、謊言、喇嘛教：本書編著者是由一首名叫「阿姊鼓」的歌曲爲緣起，展開了序幕，揭開假藏傳佛教—喇嘛教—的神秘面紗。其重點是蒐集、摘錄網路上質疑「喇嘛教」的帖子，以揭穿「假藏傳佛教的神話」爲主題，串聯成書，並附加彩色插圖以及說明，讓讀者們瞭解西藏密宗及相關人事如何被操作爲「神話」的過程，以及神話背後的眞相。作者：張正玄教授。售價200元。

達賴真面目—**玩盡天下女人**：假使您不想戴綠帽子，請記得詳細閱讀此書；假使您不想讓好朋友戴綠帽子，請您將此書介紹給您的好朋友。假使您想保護家中的女性，也想要保護好朋友的女眷，請記得將此書送給家中的女性和好友的女眷都來閱讀。本書爲印刷精美的大本彩色中英對照精裝本，爲您揭開達賴喇嘛的眞面目，內容精彩不容錯過，爲利益社會大眾，特別以優惠價格嘉惠所有讀者。編著者：白志偉等。大開版雪銅紙彩色精裝本。售價800元。

喇嘛性世界—**揭開假藏傳佛教譚崔瑜伽的面紗**：這個世界中的喇嘛，號稱來自世外桃源的香格里拉，穿著或紅或黃的喇嘛長袍，散布於我們的身邊傳教灌頂，吸引了無數的人嚮往學習；這些喇嘛虔誠地爲大眾祈福，手中拿著寶杵（金剛）與寶鈴（蓮花），口中唸著咒語：「唵．嘛呢．叭咪．吽……」，咒語的意思是說：「我至誠歸命金剛杵上的寶珠伸向蓮花寶穴之中」！「喇嘛性世界」是什麼樣的「世界」呢？本書將爲您呈現喇嘛世界的面貌。當您發現眞相以後，您將會唸：「噢！喇嘛．性．世界，譚崔性交嘛！」作者：張善思、呂艾倫。售價200元。

末代達賴—性交教主的悲歌：簡介從藏傳僞佛教（喇嘛教）的修行核心—性力派男女雙修，探討達賴喇嘛及藏傳僞佛教的修行內涵。書中引用外國知名學者著作、世界各地新聞報導，包含：歷代達賴喇嘛的祕史、達賴六世修雙身法的事蹟，以及《時輪續》中的性交灌頂儀式……等；達賴喇嘛書中開示的雙修法、達賴喇嘛的黑暗政治手段；達賴喇嘛所領導的寺院爆發喇嘛性侵兒童；新聞報導《西藏生死書》作者索甲仁波切性侵女信徒、澳洲喇嘛秋達公開道歉、美國最大假藏傳佛教組織領導人邱陽創巴仁波切的性氾濫，等等事件背後眞相的揭露。作者：張善思、呂艾倫、辛燕。售價250元。

第七意識與第八意識？—穿越時空「超意識」「三界唯心，萬法唯識」是佛教中應該實證的聖教，也是《華嚴經》中明載而可以實證的法界實相。唯心者，三界一切境界、一切諸法唯是一心所成就，即是每一個有情的第八識如來藏，不是意識心。唯識者，即是人類各各都具足的八識心王——眼識、耳鼻舌身意識、意根、阿賴耶識，第八阿賴耶識又名如來藏，人類五陰相應的萬法，莫不由八識心王共同運作而成就，故說萬法唯識。依聖教量及現量、比量，都可以證明意識是二法因緣生，是由第八識藉意根與法塵二法爲因緣而出生，又是夜夜斷滅不存之生滅心，即無可能反過來出生第七識意根、第八識如來藏，當知不可能從生滅性的意識心中，細分出恆審思量的第七識意根，更無可能細分出恆而不審的第八識如來藏。本書是將演講內容整理成文字，細說如是內容，並已在《正覺電子報》連載完畢，今彙集成書以廣流通，欲幫助佛門有緣人斷除意識我見，跳脫於識陰之外而取證聲聞初果；嗣後修學禪宗時即得不墮外道神我之中，得以求證第八識金剛心而發起般若實智。平實導師 述，每冊300元。

黯淡的達賴—失去光彩的諾貝爾和平獎：本書舉出很多證據與論述，詳述達賴喇嘛不爲世人所知的一面，顯示達賴喇嘛並不是眞正的和平使者，而是假借諾貝爾和平獎的光環來欺騙世人；透過本書的說明與舉證，讀者可以更清楚的瞭解，達賴喇嘛是結合暴力、黑暗、淫欲於喇嘛教裡的集團首領，其政治行爲與宗教主張，早已讓諾貝爾和平獎的光環染污了。本書由財團法人正覺教育基金會寫作、編輯，由正覺出版社印行，每冊250元。

人間佛教—實證者必定不悖三乘菩提　「大乘非佛說」的講法似乎流傳已久，卻只是日本人企圖擺脫中國正統佛教的影響，而在明治維新時期才開始提出來的說法；台灣佛教、大陸佛教的淺學無智之人，由於未曾實證佛法而迷信日本人錯誤的學術考證，錯認爲這些別有用心的日本佛學考證的講法爲天竺佛教的眞實歷史；甚至還有更激進的反對佛教者提出「釋迦牟尼佛並非眞實存在，只是後人捏造的假歷史人物」，竟然也有少數人願意跟著「學術」的假光環而信受不疑，於是開始有一些佛教界人士造作了反對中國佛教而推崇南洋小乘佛教的行爲，使佛教的信仰者難以檢擇，導致一般大陸人士開始轉入基督教的盲目迷信中。在這些佛教及外教人士之中，也就有一分人根據此邪說而大聲主張「大乘非佛說」的謬論，這些人以「人間佛教」的名義來抵制中國正統佛教，公然宣稱中國的大乘佛教是由聲聞部派佛教的凡夫僧所創造出來的。這樣的說法流傳於台灣及大陸佛教界凡夫僧之中已久，卻非眞正的佛教歷史中曾經發生過的事，只是繼承六識論的聲聞法中凡夫僧依自己的意識境界立場，純憑臆想而編造出來的妄想說法，卻已經影響許多無智之凡夫僧俗信受不移。本書則是從佛教的經藏法義實質及實證的現量內涵本質立論，證明大乘佛法本是佛說，是從《阿含正義》尚未說過的不同面向來討論「人間佛教」的議題，證明「大乘眞佛說」。閱讀本書可以斷除六識論邪見，迴入三乘菩提正道發起實證的因緣；也能斷除禪宗學人學禪時普遍存在之錯誤知見，對於建立參禪時的正知見有很深的著墨。平實導師 述，內文488頁，全書528頁，定價400元。

童女迦葉考—論呂凱文〈佛教輪迴思想的論述分析〉之謬

童女迦葉是佛世率領五百大比丘遊行於人間的歷史事實，是以童貞行而依止菩薩戒弘化於人間的大菩薩，不依別解脫戒（聲聞戒）來弘化於人間。這是大乘佛教與聲聞佛教同時存在於佛世的歷史明證，證明大乘佛教不是從聲聞法中分裂出來的部派佛教的產物，卻是聲聞佛教分裂出來的部派佛教聲聞凡夫僧所不樂見的史實；於是古今聲聞法中的凡夫都欲加以扭曲而作詭說，更是末法時代高聲大呼「大乘非佛說」的六識論聲聞凡夫極力想要扭曲的佛教史實之一，於是想方設法扭曲迦葉菩薩爲聲聞僧，以及扭曲迦葉童女爲比丘僧等荒謬不實之論著便陸續出現，古時聲聞僧寫作的《分別功德論》是最具體之事例，現代之代表作則是呂凱文先生的〈佛教輪迴思想的論述分析〉論文。鑑於如是假藉學術考證以籠罩大眾之不實謬論，未來仍將繼續造作及流竄於佛教界，繼續扼殺大乘佛教學人法身慧命，必須舉證辨正之，遂成此書。平實導師 著，每冊180元。

中觀金鑑—詳述應成派中觀的起源與其破法本質

學佛人往往迷於中觀學派之不同學說，被應成派與自續派所迷惑；修學般若中觀二十年後自以爲實證般若中觀了，卻仍不曾入門，甫聞實證般若中觀者之所說，則茫無所知，迷惑不解；隨後信心盡失，不知如何實證佛法；凡此，皆因惑於這二派中觀學說所致。自續派中觀所說同於常見，以意識境界立爲第八識如來藏之境界，應成派所說則同於斷見，但又同立意識爲常住法，故亦具足斷常二見。今者孫正德老師有鑑於此，乃將起源於密宗的應成派中觀學說，追本溯源，詳考其來源之外，亦一一舉證其立論內容，詳加辨正，令密宗雙身法祖師以識陰境界而造之應成派中觀學說本質，詳細呈現於學人眼前，令其維護雙身法之目的無所遁形。若欲遠離密宗此二大派中觀謬說，欲於三乘菩提有所進道者，允宜具足閱讀並細加思惟，反覆讀之以後將可捨棄邪道返歸正道，則於般若之實證即有可能，證後自能現觀如來藏之中道境界而成就中觀。本書分上、中、下三冊，每冊250元，已全部出版完畢。

實相經宗通：學佛之目的在於實證一切法界背後之實相，禪宗稱之爲本來面目或本地風光，佛菩提道中稱之爲實相法界；此實相法界即是金剛藏，又名佛法之祕密藏，即是能生有情五陰、十八界及宇宙萬有（山河大地、諸天、三惡道世間）的第八識如來藏，又名阿賴耶識心，即是禪宗祖師所說的眞如心，此心即是三界萬有背後的實相。證得此第八識心時，自能瞭解般若諸經中隱說的種種密意，即得發起實相般若——實相智慧。每見學佛人修學佛法二十年後仍對實相般若茫然無知，亦不知如何入門，茫無所趣；更因不知三乘菩提的互異互同，是故越是久學者對佛法越覺茫然，都肇因於尚未瞭解佛法的全貌，亦未瞭解佛法的修證內容即是第八識心所致。本書對於修學佛法者所應實證的實相境界提出明確解析，並提示趣入佛菩提道的入手處，有心親證實相般若的佛法實修者，宜詳讀之，於佛菩提道之實證即有下手處。平實導師述著，共八輯，全部出版完畢，每輯成本價250元。

真心告訴您（一）——達賴喇嘛在幹什麼？ 這是一本報導篇章的選集，更是「破邪顯正」的暮鼓晨鐘。「破邪」是戳破假象，說明達賴喇嘛及其所率領的密宗四大派法王、喇嘛們，弘傳的佛法是仿冒的佛法；他們是假藏傳佛教，是坦特羅(譚崔性交)外道法和藏地崇奉鬼神的苯教混合成的「喇嘛教」，推廣的是以所謂「無上瑜伽」的男女雙身法冒充佛法的假佛教，詐財騙色誤導眾生，常常造成信徒家庭破碎、家中兒少失怙的嚴重後果。「顯正」是揭櫫眞相，指出眞正的藏傳佛教只有一個，就是覺囊巴，傳的是 釋迦牟尼佛演繹的第八識如來藏妙法，稱爲他空見大中觀。正覺教育基金會即以此古今輝映的如來藏正法正知見，在眞心新聞網中逐次報導出來，將箇中原委「眞心告訴您」，如今結集成書，與想要知道密宗眞相的您分享。售價250元。

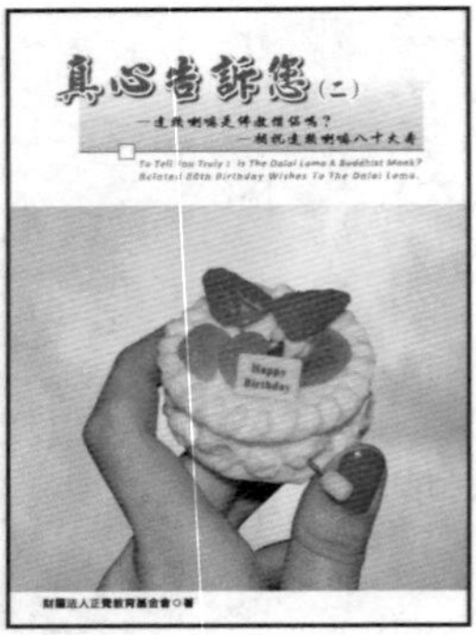

真心告訴您（二）—達賴喇嘛是佛教僧侶嗎？補祝達賴喇嘛八十大壽：這是一本針對當今達賴喇嘛所領導的喇嘛教，冒用佛教名相、於師徒間或師兄姊間，實修男女邪淫，而從佛法三乘菩提的現量與聖教量，揭發其謊言與邪術，證明達賴及其喇嘛教是仿冒佛教的外道，是「假藏傳佛教」。藏密四大派教義雖有「八識論」與「六識論」的表面差異，然其實修之內容，皆共許「無上瑜伽」四部灌頂爲究竟「成佛」之法門，也就是共以男女雙修之邪淫法爲「即身成佛」之密要，雖美其名曰「欲貪爲道」之「金剛乘」，並誇稱其成就超越於（應身佛）釋迦牟尼佛所傳之顯教般若乘之上；然詳考其理論，則或以意識離念時之粗細心爲第八識如來藏，或以中脈裡的明點爲第八識如來藏，或如宗喀巴與達賴堅決主張第六意識爲常恆不變之眞心者，分別墮於外道之常見與斷見中；全然違背 佛說能生五蘊之如來藏的實質。售價300元。

西藏「活佛轉世」制度—附佛、造神、世俗法：歷來關於喇嘛教活佛轉世的研究，多針對歷史及文化兩部分，於其所以成立的理論基礎，較少系統化的探討。尤其是此制度是否依據「佛法」而施設？是否合乎佛法眞實義？現有的文獻大多含糊其詞，或人云亦云，不曾有明確的闡釋與如實的見解。因此本文先從活佛轉世的由來，探索此制度的起源、背景與功能，並進而從活佛的尋訪與認證之過程，發掘活佛轉世的特徵，以確認「活佛轉世」在佛法中應具足何種果德。定價150元。

法華經講義：此書為平實導師始從2009/7/21演述至2014/1/14之講經錄音整理所成。世尊一代時教，總分五時三教，即是華嚴時、聲聞緣覺教、般若教、種智唯識教、法華時；依此五時三教區分為藏、通、別、圓四教。本經是最後一時的圓教經典，圓滿收攝一切法教於本經中，是故最後的圓教聖訓中，特地指出無有三乘菩提，其實唯有一佛乘；皆因眾生愚迷故，方便區分為三乘菩提以助眾生證道。世尊於此經中特地說明如來示現於人間的唯一大事因緣，便是為有緣眾生「開、示、悟、入」諸佛的所知所見——第八識如來藏妙真如心，並於諸品中隱說「妙法蓮花」如來藏心的密意。然因此經所說甚深難解，真義隱晦，古來難得有人能窺堂奧；平實導師以知如是密意故，特為末法佛門四眾演述《妙法蓮華經》中各品蘊含之密意，使古來未曾被古德註解出來的「此經」密意，如實顯示於當代學人眼前。乃至〈藥王菩薩本事品〉、〈妙音菩薩品〉、〈觀世音菩薩普門品〉、〈普賢菩薩勸發品〉中的微細密意，亦皆一併詳述之，開前人所未曾言之密意，示前人所未見之妙法。最後乃至以〈法華大意〉而總其成，全經妙旨貫通始終，而依佛旨圓攝於一心如來藏妙心，厥為曠古未有之大說也。平實導師述已於2015/05/31起開始出版，每二個月出版一輯，共有25輯。每輯300元。

涅槃：真正學佛之人，首要即是見道，由見道故方有涅槃之實證，證涅槃者方能出生死，但涅槃有四種：二乘聖者的有餘涅槃、無餘涅槃，以及大乘聖者的本來自性清淨涅槃、佛地的無住處涅槃。大乘聖者實證本來自性清淨涅槃，入地前再取證二乘涅槃，然後起惑潤生捨離二乘涅槃，繼續進修而在七地心前斷盡三界愛之習氣種子，依七地無生法忍之具足而證得念念入滅盡定；八地後進斷異熟生死，直至妙覺地下生人間成佛，具足四種涅槃，方是真正成佛。此理古來少人言，以致誤會涅槃正理者比比皆是，今於此書中廣說四種涅槃、如何實證之理、實證前應有之條件，實屬本世紀佛教界極重要之著作，令人對涅槃有正確無訛之認識，然後可以依之實行而得實證。本書共有上下二冊，每冊各四百餘頁，對涅槃詳加解說，每冊各350元。預定2018/9出版上冊，2018/11出版下冊。

解深密經講記：本經係 世尊晚年第三轉法輪，宣說地上菩薩所應熏修之唯識正義經典，經中所說義理乃是大乘一切種智增上慧學，以阿陀那識—如來藏—阿賴耶識爲主體。禪宗之證悟者，若欲修證初地無生法忍乃至八地無生法忍者，必須修學《楞伽經、解深密經》所說之八識心王一切種智；此二經所說正法，方是眞正成佛之道；印順法師否定第八識如來藏之後所說萬法緣起性空之法，是以誤會後之二乘解脫道取代大乘眞正成佛之道，尚且不符二乘解脫道正理，亦已墮於斷滅見中，不可謂爲成佛之道也。平實導師曾於本會郭故理事長往生時，於喪宅中從首七開始宣講，於每一七各宣講三小時，至第十七而快速略講圓滿，作爲郭老之往生佛事功德，迴向郭老早證八地、速返娑婆住持正法。茲爲今時後世學人故，將擇期重講《解深密經》，以淺顯之語句講畢後，將會整理成文，用供證悟者進道；亦令諸方未悟者，據此經中佛語正義，修正邪見，依之速能入道。平實導師述著，全書輯數未定，每輯三百餘頁，將於未來重講完畢後逐輯出版。

阿含經講記—小乘解脫道之修證：數百年來，南傳佛法所說證果之不實，所說解脫道之虛妄，所弘解脫道法義之世俗化，皆已少人知之；從南洋傳入台灣與大陸之後，所說法義虛謬之事，亦復少人知之；今時台灣全島印順系統之法師居士，多不知南傳佛法數百年來所說解脫道之義理已然偏斜、已然世俗化、已非眞正之二乘解脫正道，猶極力推崇與弘揚。彼等南傳佛法近代所謂之證果者多非眞實證果者，譬如阿迦曼、葛印卡、帕奧禪師、一行禪師……等人，悉皆未斷我見故。近年更有台灣南部大願法師，高抬南傳佛法之二乘修證行門爲「捷徑究竟解脫之道」者，然而南傳佛法縱使眞修實證，得成阿羅漢，至高唯是二乘菩提解脫之道，絕非究竟解脫，無餘涅槃中之實際尚未得證故，法界之實相尚未了知故，習氣種子待除故，一切種智未實證故，焉得謂爲「究竟解脫」？即使南傳佛法近代眞有實證之阿羅漢，尚且不及三賢位中之七住明心菩薩本來自性清淨涅槃智慧境界，則不能知此賢位菩薩所證之無餘涅槃實際，仍非大乘佛法中之見道者，何況普未實證聲聞果乃至未斷我見之人？謬充證果已屬逾越，更何況是誤會二乘菩提之後，以未斷我見之凡夫知見所說之二乘菩提解脫偏斜法道，焉可高抬爲「究竟解脫」？而且自稱「捷徑之道」？又妄言解脫之道即是成佛之道，完全否定般若實智、否定三乘菩提所依之如來藏心體，此理大大不通也！平實導師爲令修學二乘菩提欲證解脫果者，普得迴入二乘菩提正見、正道中，是故選錄四阿含諸經中，對於二乘解脫道法義有具足圓滿說明之經典，預定未來十年內將會加以詳細講解，令學佛人得以了知二乘解脫道之修證理路與行門，庶免被人誤導之後，未證言證，干犯道禁，成大妄語，欲升反墮。本書首重斷除我見，以助行者斷除我見而實證初果爲著眼之目標，若能根據此書內容，配合平實導師所著《識蘊眞義》《阿含正義》內涵而作實地觀行，實證初果非爲難事，行者可以藉此三書自行確認聲聞初果爲實際可得現觀成就之事。此書中除依二乘經典所說加以宣示外，亦依斷除我見等之證量，及大乘法中道種智之證量，對於意識心之體性加以細述，令諸二乘學人必定得斷我見、常見，免除三縛結之繫縛。次則宣示斷除我執之理，欲令升進而得薄貪瞋痴，乃至斷五下分結…等。平實導師述，共二冊，每冊三百餘頁。每輯300元。

修習止觀坐禪法要講記：修學四禪八定之人，往往錯會禪定之修學知見，欲以無止盡之坐禪而證禪定境界，卻不知修除性障之行門才是修證四禪八定不可或缺之要素，故智者大師云「性障初禪」；性障不除，初禪永不現前，云何修證二禪等？又：行者學定，若唯知數息，而不解六妙門之方便善巧者，欲求一心入定，未到地定極難可得，智者大師名之爲「事障未來」：障礙未到地定之修證。又禪定之修證，不可違背二乘菩提及第一義法，否則縱使具足四禪八定，亦不能實證涅槃而出三界。此諸知見，智者大師於《修習止觀坐禪法要》中皆有闡釋。作者平實導師以其第一義之見地及禪定之實證證量，曾加以詳細解析。將俟正覺寺竣工啓用後重講，不限制聽講者資格；講後將以語體文整理出版。欲修習世間定及增上定之學者，宜細讀之。平實導師述著。

★聲明★

本社於2015/01/01開始調整本目錄中部分書籍之售價，以因應各項成本的持續增加。

＊喇嘛教修外道雙身法，墮識陰境界，非佛教＊

＊弘揚如來藏他空見的覺囊派才是真正藏傳佛教＊

總經銷： 飛鴻 國際行銷股份有限公司

231 新北市新店區中正路 501 之 9 號 2 樓

Tel.02－82186688（五線代表號） Fax.02-82186458、82186459

零售：1.全台連鎖經銷書局：

三民書局、誠品書局、何嘉仁書店

敦煌書店、紀伊國屋、金石堂書局、建宏書局

諾貝爾圖書城、墊腳石圖書文化廣場

2.**台北市**：佛化人生 **大安區**羅斯福路 3 段 325 號 6 樓之 4　台電大樓對面

3.**新北市**：春大地書店 **蘆洲區**中正路 117 號

4.**桃園市**：御書堂 **龍潭區**中正路 123 號

5.**新竹市**：大學書局 **東區**建功路 10 號

6.**台中市**：瑞成書局 **東區**雙十路 1 段 4 之 33 號

佛教詠春書局 **南屯區**永春東路 884 號

文春書店 **霧峰區**中正路 1087 號

7.**彰化市**：心泉佛教文化中心 南瑤路 286 號

8.**高雄市**：政大書城 **苓雅區**光華路 148-83 號

明儀書局 **三民區**明福街 2 號

青年書局 **苓雅區**青年一路 141 號

9.**宜蘭市**：金隆書局　中山路 3 段 43 號

10.**台東市**：東普佛教文物流通處 博愛路 282 號

11.**其餘鄉鎮市經銷書局**：請電詢總經銷**飛鴻**公司。

12.**大陸地區請洽：**

香港：樂文書店

旺角店 :香港九龍旺角西洋菜街 62 號 3 樓

電話 : (852) 2390 3723　email: luckwinbooks@gmail.com

銅鑼灣店 :香港銅鑼灣駱克道 506 號 2 樓

電話 : (852) 2881 1150　email: luckwinbs@gmail.com

廈門：廈門外圖臺灣書店有限公司

地址：廈門市思明區湖濱南路809 號 廈門外圖書城3 樓 郵編：361004

電話：0592-5061658（臺灣地區請撥打 86-592-5061658）

E-mail：JKB118＠188.COM

13.**美國：世界日報圖書部**：紐約圖書部　電話 7187468889#6262

洛杉磯圖書部　電話 3232616972#202

14.**國內外地區網路購書：**

正智出版社 書香園地　http://books.enlighten.org.tw/

（書籍簡介、經銷書局可直接聯結下列網路書局購書）

三民 網路書局　http://www.sanmin.com.tw

誠品 網路書局　http://www.eslitebooks.com

博客來 網路書局　http://www.books.com.tw
金石堂 網路書局　http://www.kingstone.com.tw
飛鴻 網路書局　http://fh6688.com.tw

附註：1.請儘量向各經銷書局購買：郵政劃撥需要八天才能寄到（本公司在您劃撥後第四天才能接到劃撥單，次日寄出後第二天您才能收到書籍，此六天中可能會遇到週休二日，是故共需八天才能收到書籍）若想要早日收到書籍者，請劃撥完畢後，將劃撥收據貼在紙上，旁邊寫上您的姓名、住址、郵區、電話、買書詳細內容，直接傳眞到本公司 02-28344822，並來電 02-28316727、28327495 確認是否已收到您的傳眞，即可提前收到書籍。 **2**.因台灣每月皆有五十餘種宗教類書籍上架，書局書架空間有限，故唯有新書方有機會上架，通常每次只能有一本新書上架；本公司出版新書，大多上架不久便已售出，若書局未再叫貨補充者，書架上即無新書陳列，則請直接向書局櫃台訂購。 **3**.若書局不便代購時，可於晚上共修時間向正覺同修會各共修處請購（共修時間及地點，詳閱**共修現況表**。每年例行年假期間請勿前往請書，年假期間請見共修現況表）。 **4**.郵購：郵政劃撥帳號 19068241。 **5**.正覺同修會會員購書都以八折計價（戶籍台北市者為一般會員，外縣市為護持會員）都可獲得優待，欲一次購買全部書籍者，可以考慮入會，節省書費。入會費一千元（第一年初加入時才需要繳），年費二千元。**6.尚未出版之書籍，請勿預先郵寄書款與本公司，謝謝您！** **7**.若欲一次購齊本公司書籍，或同時取得正覺同修會贈閱之全部書籍者，請於正覺同修會共修時間，親到各共修處請購及索取；**台北市讀者**請洽：103 台北市承德路三段 267 號 10 樓（捷運淡水線 圓山站旁）請書時間：週一至週五為 18.00~21.00，第一、三、五週週六為 10.00~21.00，雙週之週六為 10.00~18.00 請購處專線電話：25957295-分機 14（於請書時間方有人接聽）。

敬告大陸讀者：

大陸讀者購書、索書捷徑（尚未在大陸出版的書籍，以下二個途徑都可以購得，電子書另包括結緣書籍）：

1.**廈門外國圖書公司**：廈門市思明區湖濱南路 809 號 廈門外圖書城 3F
郵編：361004 電話：0592-5061658 網址：http://www.xibc.com.cn/

2.**電子書**：正智出版社有限公司及正覺同修會在台灣印行的各種局版書、結緣書，已有『**正覺電子書**』陸續上線中，提供讀者於手機、平板電腦上購書、下載、閱讀正智出版社、正覺同修會及正覺教育基金會所出版之電子書，詳細訊息敬請參閱『正覺電子書』專頁：
http://books.enlighten.org.tw/ebook

關於平實導師的書訊，請上網查閱：
成佛之道 http://www.a202.idv.tw
正智出版社 書香園地 http://books.enlighten.org.tw/

中國網採訪佛教正覺同修會、正覺教育基金會訊息：

http://big5.china.com.cn/gate/big5/fangtan.china.com.cn/2014-06/19/content_32714638.htm

http://pinpai.china.com.cn/

★ 正智出版社有限公司售書之稅後盈餘，全部捐助財團法人正覺寺籌備處、佛教正覺同修會、正覺教育基金會，供作弘法及購建道場之用；懇請諸方大德支持，功德無量。

★ 聲 明 ★

本社於 2015/01/01 開始調整本目錄中部分書籍之售價，以因應各項成本的持續增加。

* 喇嘛教修外道雙身法、墮識陰境界，非佛教 *

* 弘揚如來藏他空見的覺囊派才是真正藏傳佛教 *

換書及道歉公告

《法華經講義》第十三輯，因謄稿、印製等相關人員作業疏失，導致該書中的經文及內文用字將「**親近**」誤植成「清淨」。茲爲顧及讀者權益，自 2017/8/30 開始免費調換新書；敬請所有讀者將以前所購第十三輯初版首刷及二刷本，攜回或寄回本社免費換新，或請自行更正其中的錯誤之處；郵寄者之回郵由本社負擔，不需寄來郵票。同時對因此而造成讀者閱讀、以及換書的困擾及不便，在此向所有讀者致上最誠懇的歉意，祈請讀者大眾見諒！錯誤更正說明如下：

一、第 256 頁第 10 行~第 14 行：【就是先要具備「**法親近處**」、「**眾生親近處**」；法**親近**處就是在實相之法有所實證，如果在實相法上有所實證，他在二乘菩提中自然也能有所實證，以這個作爲第一個**親近**處——第一個基礎。然後還要有第二個基礎，就是瞭解應該如何善待眾生；對於眾生不要有排斥或者是貪取之心，平等觀待而攝受、親近一切有情。以這兩個**親近**處作爲基礎，來實行其他三個安樂行法。】。

二、第 268 頁第 13 行：【具足了那兩個「**親近處**」，使你能夠在末法時代，如實而圓滿的演述《法華經》時，那麼你作這個夢，它就是如理作意的，完全符合邏輯去完成這個過程，就表示你那個晚上，在那短短的一場夢中，已經度了不少眾生了。】

正智出版社有限公司 敬啓

售後服務—換書啓事（免附回郵） 2017/12/05

《楞伽經詳解》第三輯初版免費調換新書啓事：茲因 平實導師弘法早期尚未回復往世全部證量，有些法義接受他人的說法，寫書當時並未察覺而有二處（同一種法義）跟著誤說，如今發現已將之修正。茲爲顧及讀者權益，已開始免費調換新書；敬請所有讀者將以前所購第三輯（不論第幾刷），攜回或寄回本公司免費換新；郵寄者之回郵由本公司負擔，不需寄來郵票。因此而造成讀者閱讀、以及換書的不便，在此向所有讀者致上萬分的歉意，祈請讀者大眾見諒！

《楞嚴經講記》第 14 輯初版首刷本免費調換新書啓事：本講記第 14 輯出版前因 平實導師諸事繁忙，未將之重新閱讀而只改正校對時發現的錯別字，故未能發覺十年前所說法義有部分錯誤，於第 15 輯付印前重閱時才發覺第 14 輯中有部分錯誤尚未改正。今已重新審閱修改並已重印完成，煩請所有讀者將以前所購第 14 輯初版首刷本，寄回本公司免費換新（初版二刷本無錯誤），本公司將於寄回新書時同時附上您寄書來換新時的郵資，並在此向所有讀者致上最誠懇的歉意。

《心經密意》初版書免費調換二版新書啓事：本書係演講錄音整理成書，講時因時間所限，省略部分段落未講。後於再版時補寫增加 13 頁，維持原價流通之。茲爲顧及初版讀者權益，自 2003/9/30 開始免費調換新書，原有初版一刷、二刷書籍，皆可寄來本公司換書。

《宗門法眼》已經增寫改版爲 464 頁新書，2008 年 6 月中旬出版。讀者原有初版之第一刷、第二刷書本，都可以寄回本公司免費調換改版新書。改版後之公案及錯悟事例維持不變，但將內容加以增說，較改版前更具有廣度與深度，將更能助益讀者參究實相。

換書者**免附回郵**，亦無截止期限；舊書請寄：111 台北郵政 73-151 號信箱 或 103 台北市承德路三段 267 號 10 樓 正智出版社有限公司。舊書若有塗鴨、殘缺、破損者，仍可換取新書；但缺頁之舊書至少應仍有五分之三頁數，方可換書。所有讀者不必顧念本公司是否有盈餘之問題，都請踴躍寄來換書；本公司成立之目的不是營利，只要能眞實利益學人，即已達到成立及運作之目的。若以郵寄方式換書者，免附回郵；並於寄回新書時，由本公司附上您寄來書籍時耗用的郵資。造成您不便之處，再次致上萬分的歉意。

正智出版社有限公司 啓

國家圖書館出版品預行編目資料

阿含正義-唯識學探源 第七輯／平實導師著 —初版—
臺北市：正智，2007— 〔民96— 〕
冊； 公分
ISBN:978-986-81358-6-4 （第1輯：平裝）
ISBN:978-986-81358-8-8 （第2輯：平裝）
ISBN:978-986-81358-9-5 （第3輯：平裝）
ISBN:978-986-82992-1-4 （第4輯：平裝）
ISBN:978-986-82992-4-5 （第5輯：平裝）
ISBN:978-986-82992-5-2 （第6輯：平裝）
ISBN:978-986-82992-7-6 （第7輯：平裝）
1.阿含部
221.8 95015882

阿含正義

唯識學探源——第七輯

作 者：平實導師
校 對：蘇振慶 章乃鈞 蔡禮政 劉惠莉
出 版 者：正智出版社有限公司
電話：○二 28327495 28316727（白天）
傳眞：○二 28344822
111台北郵政73-151號信箱
郵政劃撥帳號：一九○六八二四一
正覺講堂：總機○二25957295（夜間）
總 經 銷：飛鴻國際行銷股份有限公司
231新北市新店區中正路501-9號2樓
電話：○二 82186688（五線代表號）
傳眞：○二 82186458 82186459
初版首刷：公元二○○七年八月底 二千冊
初版六刷：公元二○一八年六月 二千冊
定 價：三○○元